2025

Daniela Braga Paiano

COORDENADORAS
Rita de Cássia Resquetti **Tarifa Espolador**

ORGANIZADOR
Matheus Filipe **de Queiroz**

Apresentação de
Maria Berenice Dias

Prefácio de
Nelson Rosenvald

Contratualização das Relações Familiares e Sucessórias

Alessandra Cristina **Furlan** · Ana Luiza Mendes **Mendonça** · Arthur Lustosa **Strozzi** · Beatriz Scherpinski **Fernandes** · Cassia Pimenta **Meneguce** · Conrado Paulino da **Rosa** · Daniela Braga **Paiano** · Dóris **Ghilardi** · Fabiana Domingues **Cardoso** · Fábio Ricardo Rodrigues **Brasilino** · Fernanda Gadotti **Duwe** · Fernando Moreira Freitas da **Silva** · Franciele Barbosa **Santos** · Francisco Tadeu Lima **Garcia** · Guilherme Augusto **Girotto** · Hermano Faustino **Câmara** · Isabela Nabas **Schiavon** · João Antonio **Sartori Júnior** · Juliana Carvalho **Pavão** · Maria Clara Silva de **Lima** · Marina Silva **Pereira** · Matheus Filipe de **Queiroz** · Mathias Carvalho dos **Santos** · Ricardo Vinícius da Silva **Zulli** · Rita de Cássia Resquetti Tarifa **Espolador** · Romualdo Baptista dos **Santos** · Silas Silva **Santos** · Sthéfany Beatriz Ferreira **Bellan**

Dados Internacionais de Catalogação na Publicação (CIP) de acordo com ISBD

C764   Contratualização das relações familiares e sucessórias / organizado por Matheus Filipe de Queiroz ; coordenado por Daniela Braga Paiano e Rita de Cássia, Resquetti Tarifa Espolador. - Indaiatuba, SP : Editora Foco, 2025.

384 p. ; 16cm x 23cm.

Inclui bibliografia e índice.

ISBN: 978-65-6120-539-9

1. Direito. 2. Direito de família. I. Queiroz, Matheus Filipe de. II. Paiano, Daniela Braga. III. Espolador, Rita de Cássia Resquetti Tarifa. IV. Título.

2025-2491   CDD 342.16   CDU 347.61

Elaborado por Vagner Rodolfo da Silva - CRB-8/9410

Índices para Catálogo Sistemático:

1. Direito de família 342.16

2. Direito de família 347.61

Daniela Braga **Paiano**
Rita de Cássia Resquetti **Tarifa Espolador**

ORGANIZADOR
Matheus Filipe **de Queiroz**

Apresentação de
Maria Berenice Dias

Prefácio de
Nelson Rosenvald

Contratualização das **Relações Familiares** e **Sucessórias**

Alessandra Cristina **Furlan** · Ana Luiza Mendes **Mendonça** · Arthur Lustosa **Strozzi** · Beatriz Scherpinski **Fernandes** · Cassia Pimenta **Meneguce** · Conrado Paulino da **Rosa** · Daniela Braga **Paiano** · Dóris **Ghilardi** · Fabiana Domingues **Cardoso** · Fábio Ricardo Rodrigues **Brasilino** · Fernanda Gadotti **Duwe** · Fernando Moreira Freitas da **Silva** · Franciele Barbosa **Santos** · Francisco Tadeu Lima **Garcia** · Guilherme Augusto **Girotto** · Hermano Faustino **Câmara** · Isabela Nabas **Schiavon** · João Antonio **Sartori Júnior** · Juliana Carvalho **Pavão** · Maria Clara Silva de **Lima** · Marina Silva **Pereira** · Matheus Filipe de **Queiroz** · Mathias Carvalho dos **Santos** · Ricardo Vinícius da Silva **Zulli** · Rita de Cássia Resquetti Tarifa **Espolador** · Romualdo Baptista dos **Santos** · Silas Silva **Santos** · Sthéfany Beatriz Ferreira **Bellan**

2025 © Editora Foco

Coordenadoras: Daniela Braga Paiano e Rita de Cássia Resquetti Tarifa Espolador

Organizador: Matheus Filipe de Queiroz

Autores: Alessandra Cristina Furlan, Ana Luiza Mendes Mendonça, Arthur Lustosa Strozzi, Beatriz Scherpinski Fernandes, Cassia Pimenta Meneguce, Conrado Paulino da Rosa, Daniela Braga Paiano, Dóris Ghilardi, Fabiana Domingues Cardoso, Fábio Ricardo Rodrigues Brasilino, Fernanda Gadotti Duwe, Fernando Moreira Freitas da Silva, Franciele Barbosa Santos, Francisco Tadeu Lima Garcia, Guilherme Augusto Girotto, Hermano Faustino Câmara, Isabela Nabas Schiavon, João Antonio Sartori Júnior, Juliana Carvalho Pavão, Maria Clara Silva de Lima, Marina Silva Pereira, Matheus Filipe de Queiroz, Mathias Carvalho dos Santos, Ricardo Vinícius da Silva Zulli, Rita de Cássia Resquetti Tarifa Espolador, Romualdo Baptista dos Santos, Silas Silva Santos e Sthéfany Beatriz Ferreira Bellan

Revisora: Carmen Fontes (carmenfontesgmail.com)

Diretor Acadêmico: Leonardo Pereira

Editor: Roberta Densa

Coordenadora Editorial: Paula Morishita

Revisora Sênior: Georgia Renata Dias

Revisora Júnior: Adriana Souza Lima

Capa Criação: Leonardo Hermano

Diagramação: Ladislau Lima e Aparecida Lima

Impressão miolo e capa: FORMA CERTA

DIREITOS AUTORAIS: É proibida a reprodução parcial ou total desta publicação, por qualquer forma ou meio, sem a prévia autorização da Editora FOCO, com exceção do teor das questões de concursos públicos que, por serem atos oficiais, não são protegidas como Direitos Autorais, na forma do Artigo 8º, IV, da Lei 9.610/1998. Referida vedação se estende às características gráficas da obra e sua editoração. A punição para a violação dos Direitos Autorais é crime previsto no Artigo 184 do Código Penal e as sanções civis às violações dos Direitos Autorais estão previstas nos Artigos 101 a 110 da Lei 9.610/1998. Os comentários das questões são de responsabilidade dos autores.

NOTAS DA EDITORA:

Atualizações e erratas: A presente obra é vendida como está, atualizada até a data do seu fechamento, informação que consta na página II do livro. Havendo a publicação de legislação de suma relevância, a editora, de forma discricionária, se empenhará em disponibilizar atualização futura.

Erratas: A Editora se compromete a disponibilizar no site www.editorafoco.com.br, na seção Atualizações, eventuais erratas por razões de erros técnicos ou de conteúdo. Solicitamos, outrossim, que o leitor faça a gentileza de colaborar com a perfeição da obra, comunicando eventual erro encontrado por meio de mensagem para contato@editorafoco.com.br. O acesso será disponibilizado durante a vigência da edição da obra.

Impresso no Brasil (6.2025) – Data de Fechamento (6.2025)

2025

Todos os direitos reservados à
Editora Foco Jurídico Ltda.
Rua Antonio Brunetti, 593 – Jd. Morada do Sol
CEP 13348-533 – Indaiatuba – SP
E-mail: contato@editorafoco.com.br
www.editorafoco.com.br

COORDENADORAS, ORGANIZADOR E AUTORES

SOBRE AS COORDENADORAS

Daniela Braga Paiano: Pós-doutora e doutora em Direito Civil pela Faculdade de Direito de São Paulo (USP). Professora da graduação e do Programa de Mestrado e Doutorado em Direito Negocial da Universidade Estadual de Londrina (UEL). Coordenadora e Professora da Pós-graduação em Família e Sucessões (UEL). Coordenadora do projeto de pesquisa "Contratualização das Relações Familiares e Sucessórias". Autora e coordenadora de livros. Associada ao IBDFAM, ao IBERC e às Civilistas.

Rita de Cássia Resquetti Tarifa Espolador: Doutora em Direito Civil pela Universidade Federal do Paraná (UFPR). Professora do Departamento de Direito Privado e do Programa de Mestrado e Doutorado em Direito Negocial na Universidade Estadual de Londrina (UEL). Coordenadora do projeto de pesquisa "Negócios Biojurídicos" (UEL), vinculado ao CNPq. Autora e coordenadora de livros. Associada ao Agendas, ao IBERC e às Civilistas.

SOBRE O ORGANIZADOR

Matheus Filipe de Queiroz: Mestrando em Direito Negocial pela Universidade Estadual de Londrina (UEL). Pós-Graduando em Direito de Família e Sucessões pela Escola Brasileira de Direito (EBRADI). Pós-Graduando em Direito, Processo e Execução Penal pelo Instituto de Direito Constitucional e Cidadania (IDCC). Advogado.

SOBRE OS AUTORES

Alessandra Cristina Furlan: Doutora em Direito Civil pela Faculdade de Direito da Universidade de São Paulo (USP). Professora adjunta no Centro de Ciências Sociais Aplicadas, Campus de Cornélio Procópio, da Universidade Estadual do Norte do Paraná (Uenp).

Ana Luiza Mendes Mendonça Mestra em Direito Negocial pela Universidade Estadual de Londrina (UEL), Graduada em Direito pela UEL. Especialista em Direito de Família e Sucessões e em Direito Ambiental. Professora. Advogada.

Arthur Lustosa Strozzi: Doutorando e Mestre em Direito (UEL). Bolsista CAPES-PDPG-Consolidação no período do Doutoramento. Professor Assistente-A junto ao Departamento de Direito Público da Universidade Estadual de Londrina. Advogado civilista.

Beatriz Scherpinski Fernandes: Mestra em Direito Negocial pela Universidade Estadual de Londrina (UEL). Especialista em Direito Penal e Processual Penal pelo Instituto de Direito Constitucional e Cidadania (IDCC). Especialista em Direito Civil pelo Centro Universitário Leonardo da Vinci (UNIASSELVI).

Daniela Braga Paiano: Pós-doutora e doutora em Direito Civil pela Faculdade de Direito de São Paulo (USP). Professora da graduação e do Programa de Mestrado e Doutorado em Direito Negocial da Universidade Estadual de Londrina (UEL). Coordenadora e Professora da Pós-graduação em Família e Sucessões (UEL). Coordenadora do projeto de pesquisa "Contratualização das Relações Familiares e Sucessórias". Autora e coordenadora de livros. Associada ao IBDFAM, ao IBERC e às Civilistas.

Dóris Ghilardi: Doutora em Ciência Jurídica (Univali/SC), Mestra em Ciência Jurídica (Univali/SC), Professora Adjunta II, da Universidade Federal de Santa Catarina (UFSC), na área de Direito Civil (graduação e pós graduação stricto sensu); Coordenadora do Programa de Pós Graduação em Direito (PPGD/UFSC).

Cassia Pimenta Meneguce: Mestra em Direito Negocial pela Universidade Estadual de Londrina (UEL). Especialista em Direito Constitucional (2008). Professora de Direito Civil. Servidora Pública do Tribunal de Justiça do Estado do Paraná (TJPR).

Conrado Paulino da Rosa: Pós-Doutor em Direito (UFSC). Doutor em Serviço Social (PUCRS). Mestre em Direito – UNISC. Professor da Graduação e do Mestrado em Direito da Fundação Escola Superior do Ministério Público do Rio Grande do Sul (FMP/RS). Coordenador da Pós-graduação em Direito de Família e Sucessões (FMP/RS). Coordenador da Mentoria Direito em Prática.

Fabiana Domingues Cardoso: Doutora e Mestre em Direito (PUC-SP). Advogada, Palestrante, Professora e Parecerista em Direito de Família e Sucessões. Diretora na Comissão Especial de Advocacia de Família e Sucessões da OAB/SP. Diretora no IBDFAM-SP. 2ª Vice-presidente da Comissão de Inclusão e Diversidade da FALP. Coordenadora do Curso "Planejamento Sucessório na prática", do Instituto de Direito Contemporâneo-IDC. Membro da AIJUDEFA.

Fábio Ricardo Rodrigues Brasilino: Pós-Doutor pela Università degli Studi di Messina – Itália. Doutor em Direito (FADISP). Mestre em Direito Negocial (UEL). Especialista em Direito Internacional e Econômico (UEL). Especialista em Metodologia de Ensino (UNOPAR). Membro do Instituto de Direito Privado. Professor, Advogado e Parecerista.

Fernanda Gadotti Duwe: Doutoranda e Mestre em Direito pela Universidade Federal de Santa Catarina, editora jurídica, mediadora judicial e extrajudicial.

Fernando Moreira Freitas da Silva: Pós-doutor em Direito pela UFPR. Doutor em Direito do Estado pela USP. Mestre em Direito Negocial pela UEL. Juiz de Direito do TJMS. Professor da Escola da Magistratura de MS.

Franciele Barbosa Santos Mestra em Direito Negocial pela Universidade Estadual em Londrina (UEL). Especialista em Direito Penal e Processo Penal Econômico pela Pontifícia Católica do Paraná (PUC/PR). Especialista em Direito Empresarial e em Lei Geral de Proteção de Dados Pessoais (Legale). Professora na Faculdade FATEC.

Francisco Tadeu Lima Garcia: Mestre em Direito Político e Econômico (Mackenzie). Mestre em Direito Negocial (UEL). Especialista em Direito Tributário (USP). Bacharel em Direito pela Universidade de Araraquara e Bacharel em Ciências Sociais pela Universidade Estadual Paulista Júlio de Mesquita Filho. Advogado.

Hermano Faustino Câmara: Doutor em Direito das Relações Sociais pela UFPR. Mestre em Direito pela UFRN. Professor universitário. Advogado. Procurador-Geral do Município de Irati/PR.

Isabela Nabas Schiavon: Doutoranda e Mestre em Direito Negocial (UEL). Especialista em Direito Civil e Processo Civil (UEL). Especialista em Direito Aplicado pela Escola da Magistratura do Estado do Paraná (EMAP). Graduada em Direito pela Universidade Estadual de Londrina (UEL). Advogada. Professora.

João Antonio Sartori Júnior: Mestrando em Direito Negocial (UEL). Especialista em Direito Aplicado (EMAP). Graduado em Direito pela Faculdade Estadual do Norte Pioneiro (2002). Tabelião de Notas do Estado de São Paulo. Professor de Direito Anhanguera – Campos de Bandeirantes – PR.

COORDENADORAS, ORGANIZADOR E AUTORES **VII**

Juliana Carvalho Pavão: Doutora em Direito (UFPR) Mestre em Direito Negocial (UEL). Especialista em Direito Civil e Processo Civil (UEL). Graduada em Direito pela Universidade Estadual de Londrina (UEL).

Maria Clara Silva de Lima: Bacharel em Direito pela Universidade do Oeste Paulista (Unoeste); Pós--Graduanda em Planejamento Familiar e Sucessório no Centro Universitário Toledo – Prudente, SP.

Marina Silva Pereira: Mestranda em Direito (FMP/RS). Especialista em Direito de Famílias e Sucessões (FMP/RS). Pós-graduanda em Direito de Família e Sucessões pela Faculdade Damásio. Pós-graduanda em Direito Civil e Processo Civil pela Universidade do Vale do Itajaí/SC (UNIVALI).

Matheus Filipe de Queiroz: Mestrando em Direito Negocial pela Universidade Estadual de Londrina (UEL). Pós-Graduando em Direito de Família e Sucessões pela Escola Brasileira de Direito (EBRADI). Pós-Graduando em Direito, Processo e Execução Penal pelo Instituto de Direito Constitucional e Cidadania (IDCC). Advogado.

Mathias Carvalho dos Santos: Graduando em Direito pela Universidade Estadual de Londrina. Trabalho vinculado ao projeto de pesquisa "Contratualização das relações familiares e das relações sucessórias".

Ricardo Vinícius da Silva Zulli: Discente do Curso de Direito da Universidade do Oeste Paulista (Unoeste).

Rita de Cássia Resquetti Tarifa Espolador: Doutora em Direito Civil pela Universidade Federal do Paraná (UFPR). Professora do Departamento de Direito Privado e do Programa de Mestrado e Doutorado em Direito Negocial na Universidade Estadual de Londrina (UEL). Coordenadora do projeto de pesquisa "Negócios Biojurídicos" (UEL), vinculado ao CNPq. Autora e coordenadora de livros. Associada ao Agendas, ao IBERC e às Civilistas.

Romualdo Baptista dos Santos: Mestre e Doutor em Direito Civil (USP). Especialista em Direito Contratual e Direito de Danos (Contratos y Daños) pela Universidade de Salamanca (USAL). Pós-doutorado em Direitos Humanos, Sociais e Difusos pela (USAL). Pós-doutorando em Direito Civil (USP). Autor e coautor de várias obras e artigos jurídicos. Professor convidado em cursos de pós-graduação. Ex-Procurador do Estado de São Paulo.

Silas Silva Santos: Doutor e Mestre em Direito Processual pela Faculdade de Direito da USP; Professor na Universidade do Oeste Paulista (Unoeste); Membro do CEAPRO; Coordenador Regional de Núcleo da Escola Paulista da Magistratura; Juiz de Direito do TJ/SP

Sthéfany Beatriz Ferreira Bellan: Mestra em Direito Negocial pela Universidade Estadual de Londrina (UEL). Especialista em Direito Agrário e Agronegócio (FMP-RS). Advogada.

APRESENTAÇÃO

A vida é dinâmica e as leis são estáticas. Fotografam um dado momento histórico, mas se dirigem ao futuro. Claro que surge um enorme descompasso!

A velha máxima que acreditava na plenitude da legislação sempre levou a um círculo vicioso: o legislador, por medo de comprometer sua reeleição, não atenta à necessidade de regulamentar as situações da população mais vulnerável, de quem é alvo do preconceito social. E, em face da ausência de lei, o juiz não julga.

Ou seja, novas situações que se apresentam, ao não encontrarem referendo na legislação, são condenadas à invisibilidade e excluídas da tutela jurídica.

Surge aí a grande responsabilidade da doutrina: trazer ao debate a realidade da vida como ela é.

Com este referendo é que advogadas e advogados batem às portas do Judiciário. Evidenciam a necessidade de a justiça arrancar a venda que lhe encobre os olhos.

Daí a importância desta obra que traz muitos olhares sobre os mais variados temas que a todos afligem na atualidade.

Uma ferramenta indispensável para quem não encontra na letra fria da lei uma resposta que alcance o ideal da justiça a que todos têm direito.

Maria Berenice Dias

Vice-Presidente Nacional do IBDFAM. Advogada. @mberenicedias

PREFÁCIO

Sou extremamente grato às Professoras Daniela Braga Paiano e Rita de Cássia Resquetti Tarifa Espolador, pelo honroso convite para prefaciar a obra intitulada "Contratualização das relações familiares e sucessórias". O contentamento é duplo, seja pelo notório perfil acadêmico das coordenadoras, como pelo eixo central da obra coletiva, que alinha os contratos às transformações sociais, econômicas e culturais dos últimos tempos, com *locus* privilegiado no direito de família e sucessões. Prestigia-se um instituto milenarmente amadurecido em sua confluência com novos arranjos e comportamentos comunitários.

A configuração das relações familiares acompanha a liquidez do tempo, tornando cada vez mais fluída as relações interpessoais. Persiste o casamento, modelo convencional de constituir família, assim como aqueles expressamente previstos na Constituição Federal (como a União Estável e as Famílias Monoparentais), todavia também possibilitando o surgimento de distintas formas familiares.

No âmbito da contratualização das relações familiares as pessoas buscam a formalização de seus arranjos, confeccionando cláusulas patrimoniais e extrapatrimoniais. Mediante o fortalecimento da liberdade substancial, as partes assumem o papel de protagonistas dos seus próprios interesses, permitido através de espaços infensos à heteronomia estatal, que autodeterminem regras convivenciais e patrimoniais.

O conteúdo vislumbrado nesta obra coletiva marca a finalização do Projeto de Pesquisa denominado Contratualização das Relações Familiares e das Relações Sucessórias, da Universidade Estadual de Londrina (UEL), coordenado pela Profa. Dra. Daniela Braga Paiano, contando com a primorosa participação e contribuição da Profa. Dra. Rita de Cássia R. T. Espolador.

Aqui se materializam os frutos das diligentes pesquisas efetivadas por pesquisadores e professores do Programa de Mestrado e Doutorado em Direito Negocial da Universidade Estadual de Londrina e de juristas de diversas instituições e institutos, como o Instituto Brasileiro de Estudos em Responsabilidade Civil (IBERC), o Instituto Brasileiro de Direito de Família (IBDFAM) e As Civilistas, em níveis de graduação, mestrado e doutorado. Outrossim, o livro conta com a colaboração de professores de outros prestigiosos programas de mestrado e doutorado, como a Fundação Escola do Ministério Público (FMP), Universidade Federal de Santa Catarina (UFSC), Universidade Norte do Paraná (UENP), Universidade de São Paulo (USP) e outras Instituições.

A obra coletiva possui 18 capítulos, abordando questões atinentes ao direito de família ou sucessório por meio do viés negocial, como a necessidade de judicialização ou extrajudicialização de demandas, os pactos/contratos na conjugalidade e na parentalidade, possibilidade de renúncia de direitos, contratos assistenciais, direito aos alimentos, elaboração de negócios jurídicos processuais, entre outros.

O capítulo introdutório da presente obra é assinado por Conrado Paulino da Rosa e Marina Silva Pereira, recebendo como título "Contratos Afetivos Celebrados ao Longo da Relação: Personalização e autonomia na perspectiva do Direito de Família Mínimo". O objetivo principal consiste em responder de que maneira os contratos afetivos celebrados durante o relacionamento podem ser utilizados como instrumentos de personalização das relações afetivas, garantido maior autonomia privada na perspectiva do direito de família mínimo, sob o prisma dos pactos pós-nupciais, contratos intramatrimoniais e intraconvivenciais.

Na sequência, Arthur Lustosa Strozzi apresenta os "Pactos Familiares", ressaltando a alteração do contexto social no direito das famílias, especialmente na crescente busca pela pactuação dos interesses, viabilizada pela autonomia privada. Apresenta tal contexto citando alguns modelos contratuais como o pacto antenupcial, contrato paraconjugal, pacto de convivência e o pacto de coparentalidade, como instrumentos negociais que garantem a segurança jurídica dos envolvidos.

No terceiro capítulo Beatriz Scherpinski Fernandes e Franciele Barbosa Santos discorrem sobre o "Contrato de Namoro na Contemporaneidade", oportunidade em que delimitam a linha tênue referente ao namoro e a união estável, além de apresentar os elementos, requisitos e finalidades do instrumento negocial. Ademais, demonstram a importância do contrato de namoro para os casais que desejam fazer uma gestão patrimonial sem que haja a instrumentalização da relação afetiva por meio deste negócio jurídico.

Posteriormente, por meio do tema "Contrato de Convivência de União Estável na Contemporaneidade", Alessandra Cristina Furlan e Daniela Braga Paiano apontam a possibilidade de as partes elaborarem um contrato apto a dispor sobre questões de cunho patrimonial e extrapatrimonial, delineando a convivência entre as partes. Para tanto, apresentam os requisitos e a forma de estipulação contratual, além de discutir os efeitos oriundos deste instrumento negocial na contemporaneidade.

O quinto capítulo ostenta como título "Do Contrato de Parentalidade", de autoria de Daniela Braga Paiano e Guilherme Augusto Girotto. Os autores apontam a possibilidade de as partes contratarem na esfera da parentalidade, analisando os instrumentos por meio da tricotomia dos planos do negócio jurídico – da existência, validade e eficácia. Na oportunidade, são apresentadas as limitações do conteúdo a ser expresso nessa modalidade contratual.

Em continuação, Cássia Pimenta Meneguce apresenta o "Contrato de gestação de substituição", oportunidade em que tece algumas considerações sobre a regulamentação da reprodução assistida no ordenamento jurídico brasileiro e a viabilidade da gestação de substituição como possibilidade de procriação, inclusive pelo viés dos contratos atípicos no Brasil.

Com o título "A importância da manifestação de vontade nos contratos de criopreservação de embriões frente as situações de rompimento da sociedade conjugal", as professoras Juliana Carvalho Pavão e Rita de Cássia Resquetti Tarifa Espolador desenvolvem os negócios biojurídicos, expondo as técnicas de reprodução humana assistida, discorrendo sobre a regulamentação da temática no Brasil, inclusive apresentando a sua aplicação por meio de casos práticos.

No capítulo oitavo, a professora Fabiana Domingues Cardoso discorre sobre "A contratualização dos alimentos no Direito de Família". Além de conceituar o instituto, a autora demonstra não somente a possibilidade de estipulação da obrigação de pagar alimentos por meio deste viés negocial, como descreve a possibilidade de a parte renunciá-los.

No percurso, Fernando Moreira Freitas da Silva e Hermano Faustino Câmara escrevem sobre "A desistência da maternagem: a autonomia da mulher na disposição do seu corpo e na decisão sobre o futuro do próprio filho". Os autores discorrem acerca da autonomia da mulher para desistir da maternidade, com o desiderato de ampliar o seu poder decisório, seja em relação ao próprio corpo ou na escolha do futuro do seu filho entregue para a adoção.

No artigo intitulado "Responsabilidades e limites parentais na contratualização envolvendo crianças e adolescentes", as autoras Dóris Ghilardi e Fernanda Gadotti Duwe, discorrem sobre a vulnerabilidade de crianças e adolescentes, bem como as responsabilidades parentais na contratualização que as envolve, especialmente no que concerne aos limites impostos a essa contratualização.

Assim como se discute a contratualização das relações familiares, Matheus Filipe de Queiroz trata do tema "O Direito de Família mínimo e as hipóteses de não contratualização das relações familiares", demonstrando que nos casos em que uma das partes seja historicamente vulnerável – como mulheres, pessoas com deficiência e pessoas idosas – há uma linha tênue entre a responsabilidade protetiva do Estado em coexistência com o respeito à autonomia das partes, em seu espaço de contratualização.

Adiante, João Antonio Sartori Júnior discorre acerca da "Extrajudicialização do Direito de Família: considerações incipientes da Resolução 571 do Conselho Nacional de Justiça", trazendo o viés da extrajudicialização para a contratualização das relações familiares, especialmente no que concerne à regulamentação das uniões estáveis.

A temática da "Renúncia à concorrência sucessória do cônjuge: uma análise sob o viés da contratualização das relações sucessórias" é de autoria de Isabela Nabas Schiavon. A autora estabelece um panorama das alterações da posição do cônjuge no direito sucessório, apresentando a possibilidade de renúncia à concorrência sucessória por meio do pacto antenupcial.

O décimo quarto capítulo é intitulado "Relativização da legítima: a vulnerabilidade como critério de revisão no Direito Sucessório". A autora, Ana Luiza Mendes Mendonça, responde em que medida a vulnerabilidade pode ser utilizada como critério de revisão na sucessão, abordando seus impactos, fundamentos legais e possibilidades de implementação no ordenamento jurídico brasileiro.

Na sequência, Sthéfany Beatriz Ferreira Bellan e Francisco Tadeu Lima Garcia apresentam uma perspectiva empresarial da contratualização no artigo intitulado: "*Affectio societatis* e sucessão de quotas por morte nas sociedades limitadas". Os autores estabelecem breves aspectos das sociedades limitadas, tendo como objeto principal a sucessão por morte do sócio nesse tipo societário, realçando a preservação da *affectio societatis* diante da sucessão de quotas.

Prosseguindo, o professor Romualdo Baptista dos Santos, enfrenta a temática dos "Contratos assistenciais: renda vitalícia, alimentos e hipoteca reversa", veiculando as principais modalidades de contratos assistenciais pela perspectiva do direito espanhol e a possibilidade de implementação dos referidos instrumentos no direito brasileiro.

No penúltimo capítulo, "Planejamento sucessório do patrimônio virtual será necessário? Análise da proposta de alteração do Código Civil (PL 4/2025)", Fábio Ricardo Rodrigues Brasilino e Mathias Carvalho dos Santos trabalham a importância do planejamento sucessório, apontando as perspectivas dos bens digitais e a viabilidade de inserção da herança digital no planejamento sucessório como instrumento de tutela civil da personalidade virtual.

Por fim, Silas Silva Santos, Maria Clara Silva de Lima e Ricardo Vinicíus da Silva Zulli abordam a possibilidade de concretização de "Negócios jurídicos processuais em Direito de Família", avaliando as suas potencialidades e os limites desse arranjo processual nas ações que versam sobre direito de família.

Enfim, esse árduo debate fere a questão dos limites morais do mercado. Precificar uma união afetiva, a procriação e outros delicados aspectos da vida privada pode significar uma equivocada maneira de lhes atribuir valor, impondo aquilo que o filósofo Michael Sandel enuncia como "deliberações que a sociedade deve adotar sobre a forma pela qual a monetarização de certos bens os corrompem ou degradam".

Todavia, o fato é que a liberdade positiva transcende o perímetro patrimonial, manifestando-se em situações jurídicas existenciais. A presente obra coletiva reflete o quanto a contratualização das relações familiares e sucessórias gera oportunidades de resguardo dos mais diversos interesses, de cunho patrimonial e extrapatrimonial.

Parabenizo as coordenadoras e o conjunto de autores pelo profícuo empreendimento editorial. Tenho a convicção que a leitura dos diversos textos possibilitará o aprimoramento dos estudos e ampliação da visão sobre a possibilidade de eficaz exercício do consentimento no âmbito familiar e sucessório.

Belo Horizonte, abril de 2025.

Nelson Rosenvald

Pós-Doutor em Direito civil e empresarial. Professor do Doutorado e Mestrado do IDP/DF. Presidente Emérito do Instituto Brasileiro de Estudos de Responsabilidade civil (IBERC). Relator da Comissão de responsabilidade civil na reforma do Código civil. Advogado e parecerista.

SUMÁRIO

COORDENADORAS, ORGANIZADOR E AUTORES V

APRESENTAÇÃO
Maria Berenice Dias IX

PREFÁCIO
Nelson Rosenvald XI

CONTRATOS AFETIVOS CELEBRADOS AO LONGO DA RELAÇÃO: PERSONALIZAÇÃO E AUTONOMIA NA PERSPECTIVA DO DIREITO DE FAMÍLIA MÍNIMO
Conrado Paulino da Rosa
Marina Silva Pereira 1

PACTOS FAMILIARES
Arthur Lustosa Strozzi 21

CONTRATO DE NAMORO NA CONTEMPORANEIDADE
Beatriz Scherpinski Fernandes e Franciele Barbosa Santos 47

CONTRATO DE CONVIVÊNCIA DE UNIÃO ESTÁVEL NA CONTEMPORANEIDADE
Alessandra Cristina Furlan e Daniela Braga Paiano 67

DO CONTRATO DE COPARENTALIDADE
Daniela Braga Paiano e Guilherme Augusto Girotto 91

CONTRATO DE GESTAÇÃO DE SUBSTITUIÇÃO

Cassia Pimenta Meneguce 111

A IMPORTÂNCIA DA MANIFESTAÇÃO DE VONTADE NOS CONTRATOS DE CRIOPRESERVAÇÃO DE EMBRIÕES FRENTE ÀS SITUAÇÕES DE ROMPIMENTO DA SOCIEDADE CONJUGAL

Juliana Carvalho Pavão e Rita de Cássia Resquetti Tarifa Espolador 141

A CONTRATUALIZAÇÃO DOS ALIMENTOS NO DIREITO DE FAMÍLIA

Fabiana Domingues Cardoso 155

DESISTÊNCIA DA MATERNAGEM: A AUTONOMIA DA MULHER NA DISPOSIÇÃO DO SEU CORPO E NA DECISÃO SOBRE O FUTURO DO PRÓPRIO FILHO

Fernando Moreira Freitas da Silva e Hermano Faustino Câmara 169

RESPONSABILIDADES E LIMITES PARENTAIS NA CONTRATUALIZAÇÃO ENVOLVENDO CRIANÇAS E ADOLESCENTES

Dóris Ghilardi e Fernanda Gadotti Duwe 189

O DIREITO DE FAMÍLIA MÍNIMO E AS HIPÓTESES DE NÃO CONTRATUALIZAÇÃO DAS RELAÇÕES FAMILIARES

Matheus Filipe de Queiroz 209

EXTRAJUDICIALIZAÇÃO DO DIREITO DE FAMÍLIA: CONSIDERAÇÕES INCIPIENTES DA RESOLUÇÃO 571 DO CONSELHO NACIONAL DE JUSTIÇA

João Antonio Sartori Júnior 227

RENÚNCIA À CONCORRÊNCIA SUCESSÓRIA DO CÔNJUGE: UMA ANÁLISE SOB O VIÉS DA CONTRATUALIZAÇÃO DAS RELAÇÕES SUCESSÓRIAS

Isabela Nabas Schiavon 245

RELATIVIZAÇÃO DA LEGÍTIMA: A VULNERABILIDADE COMO CRITÉRIO DE REVISÃO NO DIREITO SUCESSÓRIO

Ana Luiza Mendes Mendonça 271

AFFECTIO SOCIETATIS E SUCESSÃO DE QUOTAS POR MORTE NAS SOCIEDADES LIMITADAS

Sthéfany Beatriz Ferreira Bellan e Francisco Tadeu Lima Garcia 289

CONTRATOS ASSISTENCIAIS: RENDA VITALÍCIA, ALIMENTOS E HIPOTECA REVERSA

Romualdo Baptista dos Santos 305

PLANEJAMENTO SUCESSÓRIO DO PATRIMÔNIO VIRTUAL SERÁ NECESSÁRIO? ANÁLISE DA PROPOSTA DE ALTERAÇÃO DO CÓDIGO CIVIL (PL 4/2025)

Fábio Ricardo Rodrigues Brasilino e Mathias Carvalho dos Santos 333

NEGÓCIOS JURÍDICOS PROCESSUAIS EM DIREITO DE FAMÍLIA

Silas Silva Santos, Maria Clara Silva de Lima e Ricardo Vinícius da Silva Zulli 351

CONTRATOS AFETIVOS CELEBRADOS AO LONGO DA RELAÇÃO: PERSONALIZAÇÃO E AUTONOMIA NA PERSPECTIVA DO DIREITO DE FAMÍLIA MÍNIMO

Conrado Paulino da Rosa

Pós-Doutor em Direito – UFSC. Doutor em Serviço Social – PUCRS. Mestre em Direito – UNISC, com a defesa realizada perante a Università Degli Studi di Napoli Federico II, na Itália. Professor da Graduação e do Mestrado em Direito da Fundação Escola Superior do Ministério Público do Rio Grande do Sul – FMP/RS. Coordenador da Pós-graduação em Direito de Família e Sucessões da FMP/RS. Coordenador da Mentoria Direito em Prática. Professor convidado em diversos cursos de especialização nos Estados de SC, PR, ES, SP, RJ, MG, TO, BA e DF. Presidente do IBDFAM/RS. Autor de 17 obras de direito de família e sucessões. Advogado e parecerista especializado em direito de família e sucessões. contato@conradopaulinoadv.com.br.

Marina Silva Pereira

Mestranda em Direito na Fundação Escola Superior do Ministério Público (FMP/RS). Especialista em Direito de Famílias e Sucessões pela Fundação Escola Superior do Ministério Público – FMP/RS. Pós-graduanda em Direito de Família e Sucessões pela Faculdade Damásio. Pós-graduanda em Direito Civil e Processo Civil pela Universidade do Vale do Itajaí/SC (UNIVALI). Integrante do Grupo de Pesquisa sobre "Família, Sucessões, Criança e Adolescente e Constituição Federal", junto ao PPGD da FMP/RS, coordenado pelo Prof. Dr. Conrado Paulino da Rosa. Pesquisadora externa no Projeto de Pesquisa sobre Contratualização das Relações Familiares e Relações Sucessórias. Junto ao PPGD da UEL/PR, coordenado pela Dra. Daniela Paiano. Advogada. Endereço eletrônico: mariinaspereira@gmail.com.

Sumário: Introdução – 1. Direito das famílias contemporâneo na legalidade constitucional – 2. Direito de família mínimo, autonomia privada e personalização das relações afetivas – 3. Pactos pós-nupciais, contratos intramatrimoniais e intraconvivenciais – Considerações Finais – Referências.

INTRODUÇÃO

A busca por construir uma vida a dois com base no amor, alinhamento de ideais e no desejo de compartilhar histórias pode parecer algo natural nos dias de hoje. No entanto, se hoje os relacionamentos são guiados pelo afeto e pela liberdade de escolha, a história revela um passado muito diferente, pois, durante muito tempo, os relacionamentos afetivos foram estabelecidos com base em interesses patrimoniais, alianças políticas e convenções sociais, relegando o sentimento a um papel secundário.

Com o tempo, os anseios individuais por mais liberdade e autonomia culminaram em transformações sociais que refletiram diretamente no Direito das Famílias, que foi se moldando a novas concepções de igualdade e dignidade. As configurações familiares expandiram-se para além dos moldes tradicionais, e a rigidez do passado deu espaço para uma visão mais humanizada, onde os parceiros afetivos passaram a ter maior autonomia para definir o futuro de suas relações.

Nesse contexto, os contratos afetivos surgem como ferramentas jurídicas que, além de regular questões patrimoniais, contemplam disposições de cunho existencial ao refletir a realidade e dinâmicas pessoais de cada casal, promovendo a personalização dessa convivência.

A partir dessa perspectiva, este artigo buscará responder à seguinte questão: de que forma os contratos afetivos celebrados durante o relacionamento podem ser utilizados como instrumentos de personalização das relações afetivas, garantindo maior autonomia privada sob a perspectiva do direito de família mínimo? Para tanto, o objetivo será analisar o papel desses contratos na construção de uma convivência personalizada entre os parceiros e autonomia dos casais, sem comprometer a segurança jurídica necessária às relações afetivas.

Parte-se da hipótese de que a utilização dos contratos afetivos ao longo da relação é pautada na autonomia privada e na mínima intervenção estatal no seio da família, ao conferir maior liberdade negocial aos parceiros. Utilizando-se do método dedutivo, a pesquisa bibliográfica contemplará doutrinas jurídicas e artigos acadêmicos que tratam da contratualização das relações afetivas e da autonomia privada, enquanto a pesquisa documental analisará as normas legais vigentes, como o Código Civil, a Constituição de 1988 e demais normativas aplicáveis.

Ao longo do artigo, espera-se demonstrar que os contratos afetivos celebrados durante o enlace afetivo não apenas fortalecem a autonomia privada de cada casal, mas também representa uma evolução natural do Direito das Famílias, alinhada aos valores e anseios da sociedade contemporânea. Se as relações afetivas são plurais, dinâmicas e construídas com base do afeto e do respeito mútuo, é legítimo que o Direito acompanhe essa evolução, ao oferecer instrumentos que garantam segurança jurídica sem sufocar a liberdade individual.

1. DIREITO DAS FAMÍLIAS CONTEMPORÂNEO NA LEGALIDADE CONSTITUCIONAL

As famílias contemporâneas, com sua diversidade e dinamismo, refletem a complexidade das relações humanas, onde os relacionamentos afetivos, antes estruturados em modelos rígidos e patriarcais, passaram a ser construídos a partir de experiências subjetivas e particulares de cada casal. Paixões, desejos, sonhos, amores e desamores compõem o mosaico das relações modernas, marcadas pela individualidade e pela busca da felicidade a dois.

Ao longo da história, a busca por mudanças, especialmente no final do século XX, foi impulsionada por transformações sociais que redefiniram a qualidade de vida e dos arranjos familiares.[1] A família, como núcleo central da sociedade, não só absorveu essas mudanças, mas se consolidou como um espaço dinâmico para a formação social e formação do indivíduo, sobretudo na sua busca por liberdade, pertencimento e construção de sua personalidade.

O fim da Segunda Guerra Mundial impôs às nações o desafio de reconstruir não apenas suas economias, mas também as estruturas éticas e jurídicas que sustentavam suas sociedades. A superação dos regimes autoritários exigia uma nova ordem de valores, orientada pela proteção da dignidade humana e pela consolidação dos direitos fundamentais. Nesse cenário, era necessário que os países elaborassem textos constitucionais ancorados em preceitos humanistas e solidários, capazes de afastar práticas opressivas e garantir maior equilíbrio entre o poder estatal e as liberdades individuais.[2]

Com a necessidade de redefinir a estrutura jurídica e social no pós-guerra, diversos Estados reformularam suas constituições para consolidar a proteção aos direitos fundamentais e limitar o poder estatal, como forma de prevenir o retorno às atrocidades do passado.[3] Ao mesmo tempo, a superação do positivismo jurídico, que separava o Direito da moral e de outras esferas do conhecimento,[4] trouxe uma nova percepção: o Direito passou a ter sua centralidade na Constituição, que agora orientava não apenas a criação de normas, mas também sua aplicação prática no cotidiano.[5]

---

1. ROSA, Conrado Paulino da; ALVES, Leonardo Barreto Moreira. *Direito de Família Mínimo na prática jurídica*. São Paulo: Editora JusPodivm, 2023. p. 89.
2. TEIXEIRA, Daniele Chaves. Autonomia Privada e a Flexibilização dos Pactos Sucessórios no Ordenamento Jurídico Brasileiro. In: TEIXEIRA, Daniele Chaves (Coord.). *Arquitetura do Planejamento Sucessório*. 3. ed. Belo Horizonte: Fórum, 2022. p. 141.
3. BARROSO, Luís Roberto. O Constitucionalismo Democrático ou Neoconstitucionalismo como ideologia vitoriosa do século XX. *Revista Publicum*, [S. l.], v. 4, p. 14-36, 2018. Disponível em: https://www.e-publicacoes.uerj.br/publicum/article/view/35777. Acesso em: 14 jul. 2024. p. 17.
4. BARROSO, Luís Roberto. O Constitucionalismo Democrático ou Neoconstitucionalismo como ideologia vitoriosa do século XX. *Revista Publicum*, [S. l.], v. 4, p. 14-36, 2018. Disponível em: https://www.e-publicacoes.uerj.br/publicum/article/view/35777. Acesso em: 14 jul. 2024. p. 23.
5. BARROSO, Luís Roberto. Grandes transformações do Direito contemporâneo e o pensamento de Robert Alexy. *Revista Fórum Administrativo*, Belo Horizonte, ano 17, n. 200, p. 9-17, out. 2017. Disponível em: https://editoraforum.com.br/wp-content/uploads/2018/01/artigo-luis-roberto-barroso.pdf. Acesso em: 15 jul. 2024. p. 10-11.

A constitucionalização do Direito trouxe consigo uma transformação essencial na forma como as normas jurídicas são concebidas e aplicadas. Nesse fenômeno, o direito privado passou a ser interpretado sob a ótica constitucional, que estabeleceu diretrizes para todos os ramos jurídicos.

Esse processo transcendeu a interpretação normativa; ele se tornou uma mudança de paradigma. Pela primeira vez na história do direito civil brasileiro, a Constituição passou a definir direitos fundamentais com impacto direto e imediato nas relações jurídicas entre indivíduos, demonstrando a força normativa de seus princípios na vida cotidiana.[6] Com isso, consagrou-se a proteção jurídica não apenas em questões patrimoniais, mas também quanto aos aspectos existenciais, de modo a fortalecer os anseios da não intervenção e repressão estatal na vida privada.[7]

Esse fenômeno transforma a Constituição em um verdadeiro guia interpretativo essencial para a aplicação das leis. Além de promover uma coerência normativa que reforça a proteção dos direitos fundamentais e a concretização dos fins sociais previstos no texto constitucional, assegura que as normas jurídicas estejam alinhadas com os valores e princípios constitucionais.[8]

A interação entre a legislação infraconstitucional e a Constituição trouxe reflexos marcantes no campo do Direito das Famílias.[9] Essa mudança acompanhou a transição da antiga estrutura patriarcal para um modelo mais humanizado, conhecido como família eudemonista. Esse conceito valoriza o bem-estar e a realização pessoal de seus membros, destacando-se por uma abordagem inclusiva que reflete a diversidade contemporânea,[10] onde a família é plural, e não mais preocupada com o "ter", mas com o "ser".[11]

Quando se tem como valor máximo a tutela da pessoa humana, expresso no art. 1º, III da Constituição Federal, fica claro que o vértice do ordenamento

---

6. ROSA, Conrado Paulino da; ALVES, Leonardo Barreto Moreira. *Direito de Família Mínimo na prática jurídica*. São Paulo: Editora JusPodivm, 2023. p. 112-113.
7. PEREIRA, Rodrigo da Cunha. *Princípios fundamentais norteadores do direito de família*. 3. ed. São Paulo: Saraiva, 2016. p. 180-181.
8. RODRIGUES, Francisco Luciano Lima. O fenômeno da constitucionalização do direito: seus efeitos sobre o direito civil. In: RUZYK, Carlos Eduardo Pianovski; SOUZA, Eduardo Nunes de; MENEZES, Joyceane Bezerra de; EHRHARDT JÚNIOR, Marcos (Coord.). *Direito Civil Constitucional: a ressignificação da função institutos fundamentais do direito civil contemporâneo e suas consequências*. Florianópolis: Conceito Jurídico, 2014. p. 555-556.
9. LÔBO, Paulo. A constitucionalização do direito civil brasileiro. In: TEPEDINO, Gustavo (Org.) *Direito Civil Contemporâneo. Novos problemas à luz da legalidade constitucional. Anais* [...] Congresso Internacional de Direito Civil-Constitucional da Cidade do Rio de Janeiro. São Paulo: Atlas, 2008. p. 19.
10. MADALENO, Rolf. *Direito de Família*. 7. ed. Rio de Janeiro: Forense, 2017. p. 2.
11. GHILARDI, Dóris. *Economia do afeto*: análise econômica do direito do direito de família. Rio de Janeiro: Lumen Juris, 2015. p. 86.

jurídico brasileiro não está no ter, mas no ser.[12] A constitucionalização do direito civil evidenciou o descompasso do Código Civil de 1916, com os anseios da sociedade, especialmente no que diz respeito às famílias. Estruturado sob uma visão patrimonialista e conservadora, o Código já não representava a realidade social brasileira de sua época, destacando a urgência de mudanças capazes de refletir os novos valores emergentes.[13]

Em crítica ao Código Civil de 1916, Maria Celina Bodin de Moraes afirma que:

> é preciso reconhecer que enquanto o Código Civil correspondeu às aspirações de uma determinada classe social, interessada em afirmar a excelência do regime capitalista de produção, e cujos protagonistas são o proprietário, o marido, o contratante, o testador – na realidade roupagens diversas usadas pelo mesmo personagem – a Constituição Federal, ao contrário, pôs a pessoa humana no centro do ordenamento jurídico ao estabelecer, no art. 1º, III, que sua dignidade constitui um dos fundamentos da República, assegurando, por esta forma, absoluta prioridade às situações existenciais ou extrapatrimoniais.[14]

A busca pela democratização das relações familiares refletiu-se em importantes marcos legislativos, como o Estatuto da Mulher Casada, de 1962, e a Lei do Divórcio, de 1977. Esses diplomas romperam com a concepção tradicional da família patriarcal, ao promover maior igualdade entre cônjuges e filhos, ao mesmo tempo em que inauguraram uma nova fase de fortalecimento dos direitos individuais no âmbito familiar.[15]

Esse movimento de transformação jurídica e social levou à perda da centralidade do Código Civil enquanto regulador exclusivo das relações familiares, ao incorporar valores e anseios da sociedade contemporânea, já naquela época e, com isso, consolidou a igualdade entre cônjuges e filhos, além de reconhecer arranjos familiares para além do matrimônio. Como observa Pietro Perlingieri, "o Código Civil certamente perdeu a centralidade de outrora. O papel unificador do sistema, tanto nos seus aspectos mais tradicionalmente civilísticos quanto

---

12. MEIRELES, Rose Melo Vencelau. *Autonomia Privada e Dignidade Humana*. Rio de Janeiro: Renovar, 2009. p. 03.
13. RODRIGUES, Francisco Luciano Lima. O fenômeno da constitucionalização do direito: seus efeitos sobre o direito civil. In: RUZYK, Carlos Eduardo Pianovski; SOUZA, Eduardo Nunes de; MENEZES, Joyceane Bezerra de; EHRHARDT JÚNIOR, Marcos (Coord.). *Direito Civil Constitucional*: a ressignificação da função institutos fundamentais do direito civil contemporâneo e suas consequências. Florianópolis: Conceito Jurídico, 2014. p. 568-569.
14. MORAES, Maria Celina Bodin de. A Constitucionalização do Direito Civil. *Revista Brasileira de Direito Comparado*. Rio de Janeiro, n. 17. 1999. p. 76.
15. MORAIS, Maria Celina Bodin de. A Família Democrática. V Congresso Brasileiro de Direito de Família, 2005, Belo Horizonte. *Anais do Congresso*. Belo Horizonte: Instituto Brasileiro de Direito das Famílias, 2005. Disponível em: https://ibdfam.org.br/assets/upload/anais/31.pdf. Acesso em: 28. jul. 2024. p. 09.

naqueles de relevância publicista, é desempenhado de maneira cada vez mais incisiva pelo texto constitucional".[16]

Esse avanço levou ao desuso diversas normas do Código Civil de 1916,[17] estruturado sob uma lógica patrimonialista e voltada à matrimonialização das relações familiares.[18] A necessidade de atualização resultou na aprovação do Código Civil de 2002, que trouxe algumas mudanças relevantes. Entretanto, apesar dos esforços, o novo texto normativo não conseguiu traduzir a realidade das famílias brasileiras daquela época, mostrando-se desatualizado em diversos aspectos.[19]

A constitucionalização do direito civil impôs uma releitura dos institutos de direito civil à luz dos valores constitucionais, ao colocar a pessoa humana no centro da disciplina civilista, ou seja, a chamada despatrimonialização do direito privado é resultado do direito civil-constitucional.[20] E o impacto gerado do Direito das Famílias foi real, pois a família, antes vista como uma unidade rigidamente estruturada pelo Estado, com viés patrimonial e patriarcal, passou a ser reconhecida como um espaço de realização pessoal, onde seus membros exercem sua autonomia e liberdade na construção de um projeto de vida em comum.[21]

O direito não é estático e vai muito além de conservar apenas a realidade; ele respira e evolui às transformações sociais e, ao mesmo tempo que se molda a elas, também as impulsiona.[22] Mais do que uma mudança legislativa, as relações privadas desenhadas sob a legalidade constitucional refletem um anseio de mínima intervenção estatal, onde o Estado deve atuar de forma menos intervencionista, permitindo que os indivíduos estabeleçam, dentro dos limites da dignidade e dos direitos fundamentais, as bases e regras que regem suas relações.

Nesse cenário, a autonomia privada, ao funcionar como um verdadeiro poder jurídico particular de criar, modificar ou extinguir situações jurídicas,[23] abre

---

16. PERLINGIERI, Pietro. *Perfis do Direito Civil. Introdução ao Direito Civil Constitucional*. Trad. Maria Cristina de Cicco. 3. ed., rev. e ampl. Rio de Janeiro: Renovar, 2002. p. 6.
17. ROSA, Conrado Paulino da. *Direito de Família Contemporâneo*. 8. ed. rev. atual. e ampl. Salvador: JusPodivm, 2021. p. 57.
18. BOSI, Bárbara Thaiz de Fhatima; PEELLAERT, Françoise. Expansão das relações contratuais no Direito de Família e o papel da boa-fé objetiva: pactos antenupciais, contratos de convivência e de namoro. In: PAIANO, Daniela Braga; ESPOLADOR, Rita de Cássia R. Tarifa. Relações *Jurídicas familiares sob uma ótica contemporânea*. Rio de Janeiro: Lumen Juris, 2018. v. 1, p. 03.
19. PEREIRA, Rodrigo da Cunha. *Divórcio*: teoria e prática. 5. ed. São Paulo: Saraiva, 2016. p. 39-40.
20. MEIRELES, Rose Melo Vencelau. *Autonomia Privada e Dignidade Humana*. Rio de Janeiro: Renovar, 2009. p. 12-13.
21. FARIAS, Cristiano Chaves de; ROSENVALD, Nelson. *Curso de Direito Civil*: Famílias. 9. ed. rev. atual. Salvador: Juspodivm, 2016. p. 47-49.
22. MEIRELES, Rose Melo Vencelau. *Autonomia Privada e Dignidade Humana*. Rio de Janeiro: Renovar, 2009. p. 02-03.
23. AMARAL, Francisco. *Direito Civil*: Introdução. 10. ed. rev. e mod. São Paulo: Saraiva Jur. 2018. p. 350.

caminho para a personalização das relações afetivas por meio da pactuação contratual, manifestação da convergência entre afeto e liberdade no âmbito jurídico.

2. DIREITO DE FAMÍLIA MÍNIMO, AUTONOMIA PRIVADA E PERSONALIZAÇÃO DAS RELAÇÕES AFETIVAS

Sob a perspectiva de um Estado que assume um papel protetor, a Constituição de 1988 buscou conciliar a liberdade da pessoa humana com a relevância que as famílias, em suas diversas configurações, representam para a sociedade e para o próprio ente estatal.[24] Ao mesmo tempo que reconhece essa importância, o ordenamento jurídico estabelece limites para a atuação estatal nas relações familiares, ao garantir maior autonomia aos indivíduos na condução de seus relacionamentos afetivos.

O direito de família mínimo parte justamente desta premissa: o Estado não deve, como regra geral, intervir nas relações familiares. Essa proteção encontra respaldo no ordenamento jurídico brasileiro, especialmente no artigo 1.513 do Código Civil de 2002, que proíbe a interferência de terceiros, sejam eles públicos ou privados, na comunhão de vida estabelecida entre os membros da família.[25]

Essa conquista é um testemunho da importância de respeitar a autonomia das famílias, representadas por seus membros, em conformidade com os valores democráticos da sociedade brasileira. Sobretudo, destaca-se a dignidade da pessoa humana, princípio consagrado como um dos fundamentos da República Federativa do Brasil. A autonomia privada, seja nas relações patrimoniais ou existenciais, deve ser pautada na promoção deste valor.[26]

Quando se defende a intervenção mínima do Estado nos núcleos familiares, defende-se, sobretudo, a ideia de liberdade e autonomia privada, não da família como instituto, mas da realização e do desenvolvimento dos indivíduos que compõem o núcleo familiar.[27]

Conrado Paulino da Rosa e Leonardo Barreto Moreira Alves apontam que "a proteção da família é a proteção mediata, ou seja, no interesse da realização existencial e afetiva das pessoas. Não é a família em si mesma que é constitucio-

---

24. MORAIS, Maria Celina Bodin de; TEIXEIRA, Ana Carolina Brochado. Contratos no Ambiente Familiar. In: TEIXEIRA, Ana Carolina Brocado; RODRIGUES, Renata de Lima (Coord.). *Contratos, famílias e sucessões*: diálogos interdisciplinares. 3. ed. Indaiatuba: Foco, 2023. p. 13-14. E-book (edição Kindle).
25. ROSA, Conrado Paulino da; ALVES, Leonardo Barreto Moreira. *Direito de Família Mínimo na Prática Jurídica*. São Paulo: JusPodivm 2023. p. 161.
26. ROSA, Conrado Paulino da; ALVES, Leonardo Barreto Moreira. *Direito de Família Mínimo na Prática Jurídica*. São Paulo: JusPodivm, 2023. p. 137-139.
27. FARIAS, Cristiano Chaves de; ROSENVALD, Nelson. *Curso de Direito Civil: Famílias*. 9. ed. rev. atual. Salvador: JusPodivm, 2016. p. 48.

nalmente protegida, mas o *locus* indispensável de realização e desenvolvimento da pessoa humana".[28]

O conceito de direito de família mínimo deriva do Direito Penal, área em que ocorre um fenômeno semelhante, e defende-se a ideia de um direito penal mínimo, onde o Estado deve recorrer ao direito penal apenas para proteger bens de maior relevância para a sociedade e como último recurso (ou seja, intervenção mínima), aplicando-o apenas quando outras esferas sociais, como a família, a coletividade, o direito administrativo e o direito civil, por exemplo, se mostram insuficientes para garantir essa proteção.[29]

A proposta não é de um Estado omisso nem de um ente repressor, mas de um Estado Protetor minimalista, capaz de atuar de forma coerente com as demandas e transformações sociais. Esse modelo visa intervir apenas em situações de vulnerabilidade ou quando solicitado, respeitando a autonomia e as dinâmicas familiares.[30]

Junto à mínima intervenção do Estado nas relações afetivas, a autonomia privada é um dos temas de maior relevo no direito das famílias brasileiro, tanto no que concerne aos aspectos materiais quanto aos existenciais.[31] Esse enfoque reflete um anseio antigo, ao reconhecer que o limite da autonomia privada reside na própria liberdade individual, ou melhor, a liberdade no campo familiar tem íntima conexão com o princípio da autonomia privada.[32] Nas palavras de Daniel Sarmento:

> A autonomia significa o poder do sujeito de auto-regulamentar seus próprios interesses, de autogoverno de sua esfera jurídica, e tem como matriz a concepção de ser humano como agente moral, dotado de razão, capaz de decidir o que é bom ou ruim para si, e que deve ter liberdade para guiar-se de acordo com estas escolhas, desde que elas não perturbem os direitos de terceiros nem violem outros valores relevantes da comunidade.[33]

As constantes transformações nas relações familiares, especialmente nas afetivas, evidenciam a impossibilidade de a legislação abranger todas as suas variantes e nuances.[34] Ainda que se tentasse normatizar cada situação, a riqueza

---

28. ROSA, Conrado Paulino da; ALVES, Leonardo Barreto Moreira. *Direito de Família Mínimo na Prática Jurídica*. São Paulo: JusPodivm, 2023. p. 191.
29. ROSA, Conrado Paulino da; ALVES, Leonardo Barreto Moreira. *Direito de Família Mínimo na Prática Jurídica*. São Paulo: JusPodivm 2023. p. 156.
30. CARVALHO, Dimitri Braga Soares de. *A Crise do Direito de Família Codificado no Brasil*. Curitiba: Juruá, 2019. p. 225.
31. FERREIRA, Cristina Gomes. *Pacto Antenupcial obrigatório*. Londrina: Toth, 2024. p. 62.
32. FIGUEIREDO, Luciano. *Pacto Antenupcial*: limites da customização matrimonial. São Paulo: Juspodivm, 2023. P. 146.
33. SARMENTO, Daniel. *Direitos fundamentais e relações privadas*. Rio de Janeiro: Lumen Juris, 2004. p. 154.
34. CARVALHO, Dimitri Braga Soares de. *A Crise do Direito de Família Codificado no Brasil*. Curitiba: Juruá, 2019. p. 48.

e a complexidade das interações sociais sempre ultrapassariam a capacidade de previsão das leis.

Vive-se um período de desconforto com a lei que trata da matéria familiarista, em decorrência da distorção entre as situações jurídicas previstas nas normas e o descompasso da realidade social.[35] A verdade é que o direito codificado não consegue mais atender àquelas pessoas que buscam salvaguarda em situações específicas, o que demonstra que o Direito das Famílias, conforme previsto na lei, já não é suficiente para entregar soluções, principalmente no que tange à conjugalidade, a qual é envolta em singularidades e dinâmicas muito íntimas.[36]

Faz-se necessário, então, na ausência de normas específicas para certas conjunturas, recorrer aos princípios jurídicos como diretrizes e guias, que oferecem resoluções equitativas, justas e éticas para preencher essas lacunas normativas. Ora, é impossível prever expressamente todas as situações que as relações humanas no ambiente familiar podem originar. Por isso, os princípios assumem um papel de especial relevância no campo do direito das famílias.[37]

Pode-se interpretar, assim, a autonomia privada como a verdadeira expressão de liberdade no que diz respeito a quando, o quê, onde e com quem contratar. Em outras palavras, estamos diante de um princípio fundamental que orienta as transações modernas, como bem destacado por Silvia Felipe Marzagão "a contratualização das relações familiares representa, sem qualquer dúvida, a maior compreensão e expressividade da autonomia privada, que precisa ser, para fins ligados ao direito das famílias, compreendida em sua mais moderna tradução".[38]

Nesse sentido, são pertinentes as palavras de Gustavo Tepedino:

> As liberdades fundamentais, asseguradas pela ordem constitucional, permitem a livre atuação das pessoas na sociedade. Expressão de tais liberdades no âmbito das relações privadas é a autonomia privada, tradicionalmente entendida como poder de autorregulação e de autogestão conferido aos particulares em suas atividades. Tal poder, cujo conteúdo se comprime e se expande de acordo com as opções legislativas, constitui-se em princípio fundamental do direito civil, com particular inserção tanto no plano das relações patrimoniais – na teoria contratual, por legitimar a regulamentação da iniciativa econômica pelos próprios interes-

---

35. CARVALHO, Dimitri Braga Soares de. *A Crise do Direito de Família Codificado no Brasil*. Curitiba: Juruá, 2019., 2019. p. 23.
36. MARZAGÃO, Silvia Felipe. *Contratos Paraconjugais*: a modulação da conjugalidade por contrato. São Paulo: Foco, 2023, p. 31.
37. MARZAGÃO, Silvia Felipe. *Contratos Paraconjugais*: a modulação da conjugalidade por contrato. São Paulo: Foco, 2023, p. 33.
38. MARZAGÃO, Silvia Felipe. *Contratos Paraconjugais*: a modulação da conjugalidade por contrato. São Paulo: Foco, 2023, p. 34.

sados –, quanto no campo das relações existenciais – por coroar a livre afirmação dos valores da personalidade inerentes à pessoa humana.[39]

Para tanto, é indispensável considerar o fortalecimento da autonomia privada. Conforme destaca Daniele Chaves Teixeira, a solidificação da autonomia é crucial, pois representa a capacidade de autodeterminação nas situações existenciais subjetivas. Ou melhor, a autonomia deve ser acompanhada de responsabilidade, uma vez que a pessoa deve ter discernimento para tomar decisões sobre si mesma e estar consciente das consequências de seus atos.[40]

Embora a autonomia privada permita uma ampla liberdade contratual, é essencial que se observem os limites estabelecidos pelo ordenamento jurídico brasileiro. Isso inclui o respeito a princípios fundamentais, como a dignidade humana, a proteção dos vulneráveis e a licitude dos acordos, de maneira a garantir que todos os contratos estejam em conformidade com os princípios de boa-fé e lealdade contratual.[41]

O fato é que a autonomia privada concede às pessoas o poder de planejar livremente suas vidas de forma autônoma, como melhor lhes convier, com opção de contratar, deixar de contratar e negociar o conteúdo do contrato. Por isso, deve ser interpretada como reguladora dos interesses individuais, ao amparar a construção de regramentos próprios na intimidade de cada família, especialmente quando tais negócios jurídicos tratarem das questões de conjugalidade.[42]

No contexto dos negócios jurídicos, a autonomia privada representa a liberdade dos envolvidos de definir os termos, o conteúdo e as normas que regerão a relação contratual. A autonomia privada permite que o contrato expresse profundamente a vontade e a autonomia das partes, ao garantir que a regulação dos interesses seja feita de acordo com as necessidades individuais dos contratantes. Mais do que um mero fundamento teórico, trata-se de uma concepção que reflete a ideia de que os negócios jurídicos não são meras formalidades legais, mas verdadeiras expressões das intenções dos envolvidos, as quais devem ser respeitadas e protegidas dentro dos limites do ordenamento jurídico.[43]

---

39. TEPEDINO, Gustavo. Evolução da autonomia privada e o papel da vontade na atividade contratual. *Revista do Ministério Público do Estado do Rio de Janeiro*, n. 53, p. 15-38, 2014. Disponível em: https://www.mprj.mp.br/documents/20184/2489752/WEB_RMP-53_A2014.pdf/. Acesso em: 15 nov. 2024. p. 143-144.

40. TEIXEIRA, Daniele Chaves. Autonomia Privada e a Flexibilização dos Pactos Sucessórios no Ordenamento Jurídico Brasileiro. In: TEIXEIRA, Daniele Chaves (Coord.). *Arquitetura do Planejamento Sucessório*. 3. ed. Belo Horizonte: Fórum, 2022. p. 143.

41. FARIAS, Cristiano Chaves de; ROSENVALD, Nelson. *Curso de Direito Civil* – Famílias. 9. ed. rev. atual. Salvador: JusPodivm, 2016. p. 48.

42. MORAES, Maria Celina Bodin de; TEIXEIRA, Ana Carolina Brochado. Contratos no Ambiente Familiar. In: TEIXEIRA, Ana Carolina Brocado; RODRIGUES, Renata de Lima (Coord.). *Contratos, famílias e sucessões*: diálogos interdisciplinares. 3. ed. Indaiatuba: Foco, 2023. p. 13. E-book (edição Kindle).

43. MARZAGÃO, Silvia Felipe. *Contratos Paraconjugais*: a modulação da conjugalidade por contrato. São Paulo: Foco, 2023. p. 34.

Na atual conjuntura das famílias contemporâneas, os contratos, quando utilizados em um ambiente permeado pelo afeto, não podem mais ser analisados sob uma perspectiva de exclusiva circulação de riquezas, mas devem estar alinhados com os preceitos de dignidade e solidariedade. Para avançar nessa abordagem, é necessário observar tanto o texto constitucional quanto as normas infraconstitucionais, identificando as restrições e parâmetros estabelecidos, a fim de que a liberdade contratual seja exercida em conformidade com as diretrizes normativas.[44]

A evolução do Direito das Famílias e sua aproximação – naquilo que cabe – à estrutura dos negócios jurídicos representa uma transformação significativa no campo jurídico, ao colocar a autonomia privada como princípio central nas relações afetivas.[45] Em um mundo onde as famílias são cada vez mais plurais e dinâmicas, a contratualização das relações familiares representa uma evolução necessária no Direito das Famílias contemporâneo, onde a possibilidade de criar regras personalizadas, adaptadas às realidades individuais, é um passo importante para a promoção da harmonia e da justiça nas relações familiares.[46]

É nesse sentir que se encaminha a doutrina civilista contemporânea ao assegurar aos casais a liberdade de definir as diretrizes que desejam para moldar e conduzir suas relações, respeitando suas particularidades e expectativas.[47] É fundamental que essa liberdade seja exercida de forma responsável, respeitando os limites legais e os direitos fundamentais.[48]

E quando se defende a utilização de contratos no ambiente familiar, baseia-se na ideia de que, como expressão da autonomia privada, apenas o casal é capaz de compreender plenamente o tipo de relação afetiva que deseja construir e os efeitos que espera dela. Desde que seja garantida a proteção aos mais vulneráveis, essa liberdade de escolha permite uma realização efetiva da dignidade humana – um dos principais pilares do ordenamento jurídico brasileiro.[49]

---

44. MARZAGÃO, Silvia Felipe. *Contratos* Paraconjugais: a modulação da conjugalidade por contrato. São Paulo: Foco, 2023. p. 39-41.
45. CARVALHO, Dimitre Braga Soares de. Contratos familiares: cada família pode criar seu próprio direito de família. In: TEIXEIRA, Ana Carolina Brochado; RODRIGUES, Renata de Lima. *Contratos, família e sucessões*: diálogos complementares. 2. ed. Indaiatuba: Foco, 2023. p. 47-48. E-book (edição Kindle).
46. CARVALHO, Dimitre Braga Soares de. Contratos familiares: cada família pode criar seu próprio direito de família. In: TEIXEIRA, Ana Carolina Brochado; RODRIGUES, Renata de Lima. *Contratos, família e sucessões*: diálogos complementares. 2. ed. Indaiatuba: Foco, 2023. p. 48. E-book (edição Kindle).
47. FIGUEIREDO, Luciano. *Pacto Antenupcial*: limites da customização matrimonial. 2. ed. rev. e atual. São Paulo: JusPodivm, 2024. p. 136-137.
48. ROSA, Conrado Paulino da; ALVES, Leonardo Barreto Moreira. *Direito de Família Mínimo na Prática Jurídica*. São Paulo: JusPodivm 2023. p. 164-165.
49. STRAKE, Ana Raquel Fortunato dos Reis. Instabilidade sistêmica do reconhecimento e dos efeitos da união estável para o desenvolvimento econômico brasileiro: uma razão para a contratualização do direito de família. In: TEIXEIRA, Ana Carolina Brocado; RODRIGUES, Renata de Lima (Coord.). *Contratos, famílias e sucessões*: diálogos interdisciplinares. 3. ed. Indaiatuba: Foco, 2023. p. 920. E-book (edição Kindle).

A organização dos contratos no âmbito do Direito das Famílias deve considerar as diferentes etapas da trajetória de um casal ou de uma entidade familiar. À medida que o tempo avança e as mudanças ocorrem, as famílias também evoluem. Para as novas gerações, torna-se essencial um Direito das Famílias renovado e em sintonia com essas transformações.[50]

É nesse contexto que se busca demonstrar a relevância dos contratos conjugais. Esses contratos emergem como instrumentos jurídicos alternativos, flexíveis e adaptáveis, capazes de oferecer uma abordagem personalizada para regular as relações familiares.[51]

3. PACTOS PÓS-NUPCIAIS, CONTRATOS INTRAMATRIMONIAIS E INTRACONVIVENCIAIS

Os contratos afetivos apresentam-se em diferentes modalidades, cada qual com características e funções próprias dentro do ordenamento jurídico brasileiro. Dentre eles, destacam-se os pactos antenupciais, os contratos de convivência, os pactos pós-nupciais, e os contratos intramatrimoniais ou intraconvivenciais, esses últimos também chamados de repactuação da convivência.[52]

Ao longo do tempo, as relações afetivas podem demandar ajustes, afinal, conforme os parceiros amadurecem, novas dinâmicas se descortinam no relacionamento e o que antes era essencial é deixado de lado para que novas realidades se apresentem. A possibilidade de redefinir os termos da convivência, tanto para questões patrimoniais quanto existenciais, deve ser reconhecida como instrumento legítimo para redefinir a vida a dois, seja para adequar questões já pactuadas, seja para incluir disposições antes não previstas.[53]

Nas palavras de Dimitre Braga Soares de Carvalho:

> Estes contratos podem ser uma opção favorável para pessoas /casais que, a despeito de enfrentarem dificuldades ao longo da relação afetiva, não desejam terminar o casamento ou sua união estável, mas gostariam de tornar o vínculo mais forte, interessante e adaptado às mudanças que o tempo impõe na vida de cada indivíduo.[54]

---

50. CARVALHO, Dimitre Braga Soares de. Contratos familiares: cada família pode criar seu próprio direito de família. In: TEIXEIRA, Ana Carolina Brochado; RODRIGUES, Renata de Lima. *Contratos, família e sucessões*: diálogos complementares. 2. ed. Indaiatuba: Foco, 2023. p. 51. E-book (edição Kindle).

51. TEPEDINO, Gustavo. Contratos em Direito de Família. In: PEREIRA, Rodrigo da Cunha. *Tratado de Direito das Famílias*. Belo Horizonte: IBDFAM, 2015. p. 476.

52. CARVALHO, Dimitre Braga Soares de. Contratos familiares: cada família pode criar seu próprio direito de família. In: TEIXEIRA, Ana Carolina Brochado; RODRIGUES, Renata de Lima. *Contratos, família e sucessões*: diálogos complementares. 2. ed. Indaiatuba: Foco, 2023. p. 52. E-book (edição Kindle).

53. ROSA, Conrado Paulino da; ALVES, Leonardo Barreto Moreira. *Direito de Família Mínimo na Prática Jurídica*. São Paulo: Juspodivm 2023. p. 234.

54. CARVALHO, Dimitre Braga Soares de. Contratos familiares: cada família pode criar seu próprio direito de família. In: TEIXEIRA, Ana Carolina Brochado; RODRIGUES, Renata de Lima. *Contratos, família e sucessões*: diálogos complementares. 2. ed. Indaiatuba: Foco, 2023. p. 53. E-book (edição Kindle).

Este artigo concentra sua análise nos pactos pós-nupciais, contratos intrama-trimoniais e intraconvivenciais, dada a pouca exploração desses instrumentos no meio jurídico e sua relevância para casais que desejam revisar ou adaptar acordos previamente estabelecidos. Essas modalidades acompanham as transformações do relacionamento ao longo do tempo e possibilitam ajustes que reflitam as novas dinâmicas da vida em comum.[55]

O pacto pós-nupcial é o instrumento jurídico elaborado após a celebração do casamento, e permite que o casal modifique disposições previamente estabelecidas em um ou formalizar um novo, caso não tenham elaborado anteriormente. Sua principal finalidade concentra-se na modificação de regras previamente estabe-lecidas ou a criação de novas, seja para alterar o regime de bens, seja para criar disposições que reflitam a atual realidade do casal.

Entende-se que a lavratura da escritura pública é indispensável para que tenha validade jurídica, especialmente quando envolve modificações no regime de bens e outras questões patrimoniais que impactam registros imobiliários e direitos de terceiros.

Sabe-se que a alteração do regime de bens ainda depende de autorização judicial, justamente por sua abordagem poder impactar direito de terceiros e da própria disposição patrimonial do casal. A legislação brasileira exige que o regime de bens seja alterado nos termos do art. 1639, parágrafo segundo, do Código Civil, o que garante que a mudança seja válida e resguardada pelo crivo judicial. Esse controle jurisdicional busca assegurar que o acordo entre os cônjuges não seja motivado por fraude ou resulte em prejuízo para uma das partes ou terceiros.[56]

A exigência de autorização judicial para a alteração do regime de bens, contudo, pode estar com os dias contados. O Projeto de Lei 4/2025, proposta que atualiza o Código Civil, prevê em seu § 2º do art. 1.639 a possibilidade de que, após celebrado o casamento ou constituída a união estável, o regime de bens possa ser modificado por escritura pública e só produza efeitos a partir do ato de alteração, ressalvados os direitos de terceiros.[57] Mais uma vitória que reduz a burocracia e diminui os entraves para casais que desejem reorganizar sua vida afetiva e patrimonial.

---

55. CARVALHO, Dimitri Braga Soares de. Contratos Familiares: cada família pode criar seu próprio direito de família. In: TEIXEIRA, Ana Carolina Brocado; RODRIGUES, Renata de Lima (Coord.). *Contratos, famílias e sucessões*: diálogos interdisciplinares. 3. ed. Indaiatuba: Foco, 2023. p. 52. E-book (edição Kindle).

56. FIGUEIREDO, Luciano. *Pacto Antenupcial*: limites da customização matrimonial. 2. ed. rev. e atual. São Paulo: JusPodivm, 2024. p. 183.

57. TARTUCE, Flávio. A reforma do Código Civil e as mudanças quanto ao regime de bens – Parte I. *Migalhas*. 24 abril 2024. Disponível em: https://www.migalhas.com.br/coluna/familia-e-sucessoes/406125/a-reforma-do-codigo-civil-e-as-mudancas-quanto-ao-regime-de-bens. Acesso em: 16 fev. 2025.

Esses pactos são especialmente relevantes em situações em que as circunstâncias econômicas ou pessoais dos cônjuges mudam substancialmente após o casamento. Por exemplo, um casal que inicialmente optou pelo regime de separação total de bens pode, anos depois, decidir que o regime de comunhão parcial seria mais adequado à sua realidade atual, em função de uma mudança nas finanças ou nas expectativas do relacionamento.[58]

Além disso, os pactos pós-nupciais podem incluir cláusulas personalizadas que vão além da mera alteração do regime de bens, abordando questões patrimoniais específicas, como negócios imobiliários, que pela própria formalidade que o ato impõe, conforme já abordado, necessitam ser registrados ou averbados em matrículas de imóveis, e seguem, portanto, a mesma dinâmica dos pactos antenupciais.[59] Ao estabelecer essas regras, os cônjuges ganham flexibilidade e clareza, e previnem disputas e incertezas no futuro, especialmente em casos de separação ou falecimento de um dos cônjuges.[60]

Embora tanto o pacto pós-nupcial quanto os contratos intramatrimoniais possam abranger questões patrimoniais e existenciais, eles apresentam características e finalidades distintas. O pacto pós-nupcial, tradicionalmente associado à modificação ou criação de novas disposições patrimoniais, também pode abordar ajustes existenciais, mas sua formalidade, no entanto, envolve a necessidade de homologação judicial para assegurar a validade de mudanças que impactem o regime de bens.

Os contratos intramatrimoniais, por outro lado, oferecem maior flexibilidade ao possibilitar a criação de regramentos adicionais que regem tanto aspectos existenciais quanto patrimoniais, sem a necessidade de alterar pactos pré-existentes, e, diferentemente dos pactos pós-nupciais, não exigem formalidades, como registro ou averbação no cartório de imóveis ou questões ligadas à publicidade, o que os torna mais acessíveis e adaptáveis às dinâmicas da relação conjugal.[61]

Como destacam Conrado Paulino da Rosa e Leonardo Barreto Moreira Alves, tais contratos possibilitam a celebração de ajustes sobre temas como organização da vida doméstica, criação de filhos, cuidados com animais de estimação, e até

---

58. BONILHA, Natália. Os benefícios dos pactos pré e pós-nupcial. *Conjur*, 29 out. 2021. Disponível em: https://www.conjur.com.br/2021-out-29/natalia-bonilha-beneficios-pactos-pre-pos-nupcial/. Acesso em: 15 nov. 2024. n.p.

59. Art. 244 da Lei n. 6015/1973: "As escrituras antenupciais serão registradas no livro nº 3 do cartório do domicílio conjugal, sem prejuízo de sua averbação obrigatória no lugar da situação dos imóveis de propriedade do casal, ou dos que forem sendo adquiridos e sujeitos a regime de bens diverso do comum, com a declaração das respectivas cláusulas, para ciência de terceiros."

60. FERREIRA, Cristiana Gomes. *Pacto Antenupcial Obrigatório*. Londrina: Thoth, 2024. p. 67.

61. MARZAGÃO, Silvia Felipe. *Contratos Paraconjugais*: a modulação da conjugalidade por contrato. São Paulo: Foco, 2023. p. 72.

mesmo acordos sobre criopreservação de material genético, desde que respeitados os limites da dignidade humana e da ordem pública.[62] E continuam os autores:

> A respeito das situações de cunho econômico, podem existir situações pontuais em que, apesar da manutenção do desejo de permanência em um regime comunheiro, o casal decida a exclusão pontual da comunicabilidade de eventual bem ou direito. Imagine-se, por exemplo, que um deles pretenda realizar uma reforma em bem de origem particular, recebido por doação, herança ou adquirido antes do início do enlace. Em regras, os valores despendidos deveriam comunicar-se por força do inciso IV do artigo 1.660 do diploma civil. Todavia, não se visualiza empecilho para que o casal delibere pela exclusão do patrimônio comum.[63]

De forma semelhante, mas voltado para a união estável, surge o contrato intraconvivencial, ou repactuação da convivência,[64] que desempenha um papel análogo ao do contrato intramatrimonial. Ele permite que os companheiros ajustem determinadas dinâmicas no curso da união estável, oferecendo segurança jurídica e prevenindo conflitos futuros. Além disso, esse instrumento se diferencia do contrato de convivência inicial, pois é voltado para adaptações que refletem a evolução do relacionamento.[65]

Os contratos celebrados durante a constância da união evidenciam uma nova perspectiva sobre as relações afetivas: uma visão que privilegia a adaptabilidade, a comunicação e o respeito mútuo como pilares da união. A possibilidade de ajustar as regras ao longo da relação fortalece a autonomia das partes, permitindo que casais administrem suas uniões de forma dinâmica e responsável.

Embora esses instrumentos contratuais ofereçam uma ampla margem de manobra para o casal, é fundamental lembrar que tanto os pactos pós-nupciais quanto os contratos intramatrimoniais e intraconvivenciais estão sujeitos aos limites legais. A legislação brasileira impõe restrições claras para evitar que a autonomia privada dos cônjuges viole os princípios fundamentais do Direito das Famílias, como a dignidade da pessoa humana, a solidariedade familiar e o respeito aos direitos indisponíveis.[66]

---

62. ROSA, Conrado Paulino da; ALVES, Leonardo Barreto Moreira. *Direito de Família Mínimo na Prática Jurídica*. São Paulo: JusPodivm 2023. p. 234-235.
63. ROSA, Conrado Paulino da; ALVES, Leonardo Barreto Moreira. *Direito de Família Mínimo na Prática Jurídica*. São Paulo: JusPodivm 2023. p. 235.
64. CARVALHO, Dimitri Braga Soares de. Contratos Familiares: cada família pode criar seu próprio direito de família. In: TEIXEIRA, Ana Carolina Brocado; RODRIGUES, Renata de Lima (Coord.). *Contratos, famílias e sucessões*: diálogos interdisciplinares. 3. ed. Indaiatuba: Foco, 2023, E-book edição Kindle. p. 53.
65. ROSA, Conrado Paulino da; ALVES, Leonardo Barreto Moreira. *Direito de Família Mínimo na Prática Jurídica*. São Paulo: JusPodivm 2023. p. 234-237.
66. DANTAS, Rodrigo da Costa. Limites à pactuação entre os cônjuges. *Revista Nacional de Direito de Família e Sucessões*, Brasília, DF, v. 7, n. 37, p. 35-55, jul./ago. 2020. Disponível em: https://www.tjdft.jus.br/institucional/biblioteca/conteudo-revistas-juridicas/revista-nacional-de-direito-de-familia-e-sucessoes/2020-v-7-n-37-jul-ago. Acesso em: 15 nov. 2024.

Ao reconhecer esses contratos como ferramentas legítimas e indispensáveis para a personalização das relações conjugais e convivenciais, o Direito das Famílias reafirma seu papel como garantidor da autonomia privada e da pluralidade de arranjos afetivos. A contratualização contínua não apenas reduz litígios futuros, mas também promove a harmonia e o diálogo entre os cônjuges ou conviventes, por consolidar um modelo jurídico que valoriza tanto os aspectos patrimoniais quanto os existenciais das relações familiares.

O desejo de estruturar as questões afetivas relacionadas à conjugalidade reflete a transformação dos modelos familiares em configurações mais plurais e dinâmicas. Essa evolução destaca a importância de normativas que valorizem as particularidades de cada indivíduo, e coloca a proteção e os interesses dos membros da família em primeiro plano, em vez de enxergar o núcleo familiar como um fim em si mesmo. Assim, são os próprios sujeitos da relação afetiva que constroem o conteúdo de sua convivência, tanto nos aspectos patrimoniais quanto os existenciais.[67]

Nessa dinâmica e atento às mudanças sociais e familiares, o Projeto de Lei n. 4/2025, ou mais conhecido como projeto de reforma do Código Civil, destaca-se como um marco nessa trajetória ao enfatizar a contratualização das relações familiares, proporcionando maior autonomia aos indivíduos para regular suas relações de acordo com suas próprias necessidades e preferências. Com a reforma, os membros da família poderão ajustar suas relações patrimoniais e afetivas de forma mais flexível e personalizada como, por exemplo, a introdução da *sunset clause*, prevista no artigo 1.653-B do projeto.[68]

Essa cláusula, também conhecida como "cláusula do pôr-do-sol", permite que o casal faça um teste do regime de bens durante um período específico, ao final do qual o regime escolhido pode ser alterado. Nesse caso, os parceiros podem estabelecer que, durante os primeiros cinco anos do relacionamento, por exemplo, será adotado o regime de separação de bens e, após esse período, o regime será convertido automaticamente para comunhão parcial de bens.[69]

---

67. CARVALHO, Dimitri Braga Soares de. A crise do direito de família codificado no brasil, os espaços do "não direito", a "família em desordem" e a tendencia de contratualização das relações familiares. In: EHRHARDT JÚNIOR, Marcos; LÔBO, Fabíola (Coord.). *Constitucionalização das relações privadas*: fundamentos de interpretação do direito privado brasileiro. Belo Horizonte: Foco, 2023. p. 47.

68. GAGLIANO, Pablo Stolze. A cláusula do pôr-do-sol (Sunset Clause) no Direito de Família. *Revista Científica da ESA: Reforma do Código Civil*, n. 47, 2024. Disponível em: https://issuu.com/esa_oabsp/docs/edic_a_o_47_2. Acesso em: 15 fev. 2025.

69. GAGLIANO, Pablo Stolze. A cláusula do pôr-do-sol (Sunset Clause) no Direito de Família. *Revista Científica da ESA: Reforma do Código Civil*, n. 47, 2024. Disponível em: https://issuu.com/esa_oabsp/docs/edic_a_o_47_2. Acesso em: 15 fev. 2025. p. 48.

Esse mecanismo confere flexibilidade ao casal para adaptar o regime patrimonial à realidade de cada fase da vida afetiva, garantindo maior segurança jurídica e proteção patrimonial.[70] A liberdade contratual também é expandida pelo artigo 1.639 do anteprojeto, que permite a livre estipulação de bens e interesses, antes ou após o casamento ou a união estável.[71]

Isso significa que os cônjuges ou conviventes podem ajustar contratos que regulem questões patrimoniais, desde que respeitem os limites legais e os princípios constitucionais que norteiam o Direito de Família. Essa liberdade está em conformidade com o Enunciado 635, da VIII Jornada de Direito Civil, que estabelece que os contratos familiares podem incluir cláusulas existenciais, desde que essas cláusulas respeitem a dignidade da pessoa humana, a igualdade entre os cônjuges e a solidariedade familiar.[72]

A reforma propõe uma estrutura jurídica mais personalizada e flexível, que se adapte às particularidades de cada relação, sem a necessidade de seguir um modelo único ou pré-estabelecido. A ampliação da autonomia privada nas relações familiares confere aos indivíduos a capacidade de delinear seus próprios vínculos afetivos e patrimoniais, conforme seus valores e interesses.

Conforme observa Samir Namur, "a lei deve ser a própria ausência da lei, e essa convivência, assunto exclusivo do casal, que é o seu próprio legislador". Essa perspectiva reforça a centralidade da autonomia privada na definição de parâmetros que atendam às particularidades de cada relação,[73] bem como a capacidade do casal de personalizar as regras do casamento conforme suas realidades e objetivos.

Os contratos afetivos manifestam a autonomia privada, de forma plena, ao permitir que cada casal construa suas próprias regras de convivência, sempre respeitando os princípios de igualdade e paridade entre as partes. Essa possibilidade de personalização fortalece a dignidade e a liberdade dos cônjuges ou conviventes, ao mesmo tempo que confere segurança jurídica às suas escolhas.[74]

---

70. GAGLIANO, Pablo Stolze. A cláusula do pôr-do-sol (Sunset Clause) no Direito de Família. *Revista Científica da ESA: Reforma do Código Civil*, n. 47, 2024. Disponível em: https://issuu.com/esa_oabsp/docs/edic_a_o_47_2. Acesso em: 15 fev. 2025. p. 49.

71. NAHAS. Pactos conjugais e convivenciais e o anteprojeto de revisão do Código Civil. *Revista Científica da ESA: Reforma do Código Civil*, n. 47, 2024. Disponível em: https://issuu.com/esa_oabsp/docs/edic_a_o_47_2. Acesso em: 15 fev. 2025. p. 53.

72. NAHAS. Pactos conjugais e convivenciais e o anteprojeto de revisão do Código Civil. *Revista Científica da ESA*: Reforma do Código Civil, n. 47, 2024. Disponível em: https://issuu.com/esa_oabsp/docs/edic_a_o_47_2. Acesso em: 15 fev. 2025. p. 52.

73. NAMUR, Samir. *Autonomia privada para a constituição da família*. Rio de Janeiro: Lumen Juris, 2014. p. 160.

74. MORAES, Maria Celina Bodin de; TEIXEIRA, Ana Carolina Brochado. Contratos no Ambiente Familiar. In: TEIXEIRA, Ana Carolina Brocado; RODRIGUES, Renata de Lima (Coord.). *Contratos, famílias e sucessões*: diálogos interdisciplinares. 3. ed. Indaiatuba: Foco, 2023. p. 15-16. E-book (edição Kindle).

CONSIDERAÇÕES FINAIS

Os contratos afetivos celebrados ao longo da relação representam uma das expressões mais significativas da autonomia privada no Direito das Famílias. Fundamentados no princípio da mínima intervenção estatal, esses instrumentos permitem que os casais componham e ajustem disposições patrimoniais e existenciais conforme suas necessidades e expectativas sem que, para isso, o Estado interfira ou imponha determinados modelos rígidos e tradicionais de convivência.

A afetividade e o desejo de estar junto não são passíveis de controle legislativo, tampouco podem ser regulados por padrões preestabelecidos, pois cada relação se constrói de maneira única e particular, pautada em histórias muito pessoais dos envolvidos. A vida em comum é dinâmica, e as mudanças que ocorrem ao longo do tempo, sejam elas de rotina, valores ou expectativas, fazem parte da maturidade e do próprio crescimento da relação.

A possibilidade de revisar e adaptar acordos já feitos, ou mesmo criar ajustes, fortalece o diálogo e pode evitar muitos conflitos futuros, pois torna a relação mais estável e transparente, afinal, como diz o adágio popular, aquilo que é combinado não sai caro.

Os relacionamentos afetivos contemporâneos são marcados pela pluralidade e pela busca de reciprocidade e realização pessoal. Por isso, é essencial reconhecer que os cônjuges e companheiros devem ser livres para planejar, estabelecer e redefinir suas relações de acordo com seus desejos e expectativas, especialmente quando se trata de aspectos intimamente ligados ao afeto e à convivência. Afinal, mais do que seguir um modelo jurídico predefinido, cada casal deve ter o direito de construir a própria história da forma que melhor atenda às suas necessidades e valores.

REFERÊNCIAS

AMARAL, Francisco. *Direito Civil* – Introdução. 10. ed. rev. e mod. São Paulo: Saraiva Jur. 2018.

BARROSO, Luís Roberto. O Constitucionalismo Democrático ou Neoconstitucionalismo como ideologia vitoriosa do século XX. *Revista Publicum*, [S. l.], v. 4, p. 14-36, 2018. Disponível em: https://www.e-publicacoes.uerj.br/publicum/article/view/35777. Acesso em: 14 jul. 2024.

BARROSO, Luís Roberto. Grandes transformações do Direito contemporâneo e o pensamento de Robert Alexy. *Revista Fórum Administrativo*, Belo Horizonte, ano 17, n. 200, p. 9-17, out. 2017. Disponível em: https://editoraforum.com.br/wp-content/uploads/2018/01/artigo-luis-roberto-barroso.pdf. Acesso em: 15 jul. 2024.

BONILHA, Natália. Os benefícios dos pactos pré e pós-nupcial. *Conjur*, 29 out. 2021. Disponível em: https://www.conjur.com.br/2021-out-29/natalia-bonilha-beneficios-pactos-pre-pos-nupcial/. Acesso em: 15 nov. 2024.

BOSI, Bárbara Thaiz de Fhatima; PEELLAERT, Françoise. Expansão das relações contratuais no Direito de Família e o papel da boa-fé objetiva: pactos antenupciais, contratos de convivência e de namoro. In: PAIANO, Daniela Braga; ESPOLADOR, Rita de Cássia R. Tarifa. Relações *Jurídicas familiares sob uma ótica contemporânea*. Rio de Janeiro: Lumen Juris, 2018. v. I.

GAGLIANO, Pablo Stolze. A cláusula do pôr-do-sol (Sunset Clause) no Direito de Família. *Revista Científica da ESA*: Reforma do Código Civil, n. 47, 2024. Disponível em: https://issuu.com/esa_oabsp/docs/edic_a_o_47_2. Acesso em: 15 fev. 2025.

CARVALHO, Dimitri Braga Soares de. *A Crise do Direito de Família Codificado no Brasil*. Curitiba: Juruá, 2019.

CARVALHO, Dimitre Braga Soares de. Contratos familiares: cada família pode criar seu próprio direito de família. In: TEIXEIRA, Ana Carolina Brochado; RODRIGUES, Renata de Lima. *Contratos, família e sucessões*: diálogos complementares. 2. ed. Indaiatuba: Foco, 2023. p. 47-48. E-book (edição Kindle).

DANTAS, Rodrigo da Costa. Limites à pactuação entre os cônjuges. *Revista Nacional de Direito de Família e Sucessões*, Brasília, DF, v. 7, n. 37, p. 35-55, jul./ago. 2020. Disponível em: https://www.tjdft.jus.br/institucional/biblioteca/conteudo-revistas-juridicas/revista-nacional-de-direito-de-familia-e-sucessoes/2020-v-7-n-37-jul-ago. Acesso em: 15 nov. 2024.

FARIAS, Cristiano Chaves de; ROSENVALD, Nelson. *Curso de Direito Civil: Famílias*. 9. ed. rev. atual. Salvador: JusPodivm, 2016.

FERREIRA, Cristina Gomes. *Pacto Antenupcial obrigatório*. Londrina: Toth, 2024.

FIGUEIREDO, Luciano. *Pacto Antenupcial*: limites da customização matrimonial. São Paulo: JusPodivm, 2023.

GHILARDI, Dóris. *Economia do afeto*: análise econômica do direito do direito de família. Rio de Janeiro: Lumen Juris, 2015.

GOZZO, Débora. *Pacto Antenupcial*. São Paulo: Saraiva, 1992.

LÔBO, Paulo. A constitucionalização do direito civil brasileiro. In: TEPEDINO, Gustavo. (Org.) *Direito Civil Contemporâneo. Novos problemas à luz da legalidade constitucional. Anais [...]* Congresso Internacional de Direito Civil-Constitucional da Cidade do Rio de Janeiro. São Paulo: Atlas, 2008.

MADALENO, Rolf. *Direito de Família*. 7. ed. Rio de Janeiro: Forense, 2017.

MARZAGÃO, Silvia Felipe. *Contratos Paraconjugais*: a modulação da conjugalidade por contrato. São Paulo: Foco, 2023.

MEIRELES, Rose Melo Vencelau. *Autonomia Privada e Dignidade Humana*. Rio de Janeiro: Renovar, 2009.

MORAES, Maria Celina Bodin de. A Constitucionalização do Direito Civil. *Revista Brasileira de Direito Comparado*. Rio de Janeiro, n. 17, p. 74-89, 1999.

MORAES, Maria Celina Bodin de. A Família Democrática. V Congresso Brasileiro de Direito de Família, 2005, Belo Horizonte. *Anais [...]*. Belo Horizonte: Instituto Brasileiro de Direito das Famílias, 2005. Disponível em: https://ibdfam.org.br/assets/upload/anais/31.pdf. Acesso em: 28. jul. 2024.

MORAES, Maria Celina Bodin de; TEIXEIRA, Ana Carolina Brochado. Contratos no Ambiente Familiar. In: TEIXEIRA, Ana Carolina Brocado; RODRIGUES, Renata de Lima (Coord.). *Contratos, famílias e sucessões*: diálogos interdisciplinares. 3. ed. Indaiatuba: Foco, 2023. E-book (edição Kindle).

NAMUR, Samir. *Autonomia privada para a constituição da família*. Rio de Janeiro: Lumen Juris, 2014.

NAHAS. Pactos conjugais e convivenciais e o anteprojeto de revisão do Código Civil. *Revista Científica da ESA: Reforma do Código Civil*, n. 47, 2024. Disponível em: https://issuu.com/esa_oabsp/docs/edic_a_o_47_2. Acesso em: 15 fev. 2025.

PEREIRA, Rodrigo da Cunha. *Princípios fundamentais norteadores do direito de família*. 3. ed. São Paulo: Saraiva, 2016.

PEREIRA, Rodrigo da Cunha. *Divórcio*: teoria e prática. 5. Ed. São Paulo: Saraiva, 2016.

PERLINGIERI, Pietro. *Perfis do Direito Civil. Introdução ao Direito Civil Constitucional*. Trad. Maria Cristina de Cicco. 3. ed., rev. e ampl. Rio de Janeiro: Renovar, 2002.

RODRIGUES, Francisco Luciano Lima. O fenômeno da constitucionalização do direito: seus efeitos sobre o direito civil. In: RUZYK, Carlos Eduardo Pianovski; SOUZA, Eduardo Nunes de; MENEZES, Joyceane Bezerra de; EHRHARDT JÚNIOR, Marcos (Coord.). *Direito Civil Constitucional*: a ressignificação da função institutos fundamentais do direito civil contemporâneo e suas consequências. Florianópolis: Conceito Jurídico, 2014.

ROSA, Conrado Paulino da. *Direito de Família Contemporâneo*. 8. ed. rev. atual. e ampl. Salvador: JusPodivm, 2021.

ROSA, Conrado Paulino da; ALVES, Leonardo Barreto Moreira. *Direito de Família Mínimo na prática jurídica*. São Paulo: Editora JusPodivm, 2023.

SARMENTO, Daniel. *Direitos fundamentais e relações privadas*. Rio de Janeiro: Lumen Juris, 2004.

STRAKE, Ana Raquel Fortunato dos Reis. Instabilidade sistêmica do reconhecimento e dos efeitos da união estável para o desenvolvimento econômico brasileiro: uma razão para a contratualização do direito de família. In: TEIXEIRA, Ana Carolina Brocado; RODRIGUES, Renata de Lima (Coord.). *Contratos, famílias e sucessões*: diálogos interdisciplinares. 3. ed. Indaiatuba: Foco, 2023. E-book (edição Kindle).

TARTUCE, Flávio. A reforma do Código Civil e as mudanças quanto ao regime de bens – Parte I. *Migalhas*, 24 abril 2024. Disponível em: https://www.migalhas.com.br/coluna/familia-e-sucessoes/406125/a-reforma-do-codigo-civil-e-as-mudancas-quanto-ao-regime-de-bens. Acesso em: 16 fev. 2025.

TEIXEIRA, Daniele Chaves. Autonomia Privada e a Flexibilização dos Pactos Sucessórios no Ordenamento Jurídico Brasileiro. In: TEIXEIRA, Daniele Chaves (Coord.). *Arquitetura do Planejamento Sucessório*. 3. ed. Belo Horizonte: Fórum, 2022.

TEPEDINO, Gustavo. Evolução da autonomia privada e o papel da vontade na atividade contratual. *Revista do Ministério Público do Estado do Rio de Janeiro*, n. 53, p. 15-38, 2014. Disponível em: https://www.mprj.mp.br/documents/20184/2489752/WEB_RMP-53_A2014.pdf/. Acesso em: 15 nov. 2024.

TEPEDINO, Gustavo. Contratos em Direito de Família. In: PEREIRA, Rodrigo da Cunha. *Tratado de Direito das Famílias*. Belo Horizonte: IBDFAM, 2015.

PACTOS FAMILIARES

Arthur Lustosa Strozzi

Doutorando e Mestre em Direito Negocial pela Universidade Estadual de Londrina (UEL). Bolsista CAPES-PDPG-Consolidação no período do Doutoramento. Professor Assistente-A junto ao Departamento de Direito Público da Universidade Estadual de Londrina. Advogado civilista. E-mail: arthurstrz@gmail.com.

Sumário: Introdução – 1. Diagnóstico do tempo presente: as transmutações familiares sob perspectiva – 2. Em busca de segurança jurídica: quando os negócios jurídicos servem às famílias; 2.1 Do pacto antenupcial; 2.2 Do contrato paraconjugal; 2.3 Do pacto de convivência; 2.4 Do pacto de coparentalidade – Considerações Finais – Referências.

INTRODUÇÃO

O presente artigo é fruto do projeto de pesquisa intitulado "Contratualização das Relações Familiares e Sucessórias", desenvolvido no âmbito da Universidade Estadual de Londrina, sob a coordenação da Profa. Dra. Daniela Braga Paiano. Este estudo se insere em uma linha de investigação voltada para a análise da crescente utilização dos contratos e pactos no direito de família e sucessões, com o objetivo de compreender suas implicações jurídicas e sociais, além de refletir sobre os desafios e avanços nesse campo.

A configuração das relações familiares tem passado por profundas transformações ao longo dos anos, impulsionadas por mudanças sociais, culturais e demográficas, e os pactos familiares destacam-se como instrumentos para a organização das relações patrimoniais e existenciais entre os indivíduos, conferindo maior previsibilidade e segurança jurídica aos envolvidos. O reconhecimento da autonomia privada no direito de família permite que os pactos se tornem ferramentas eficazes na harmonização dos interesses dos contratantes, respeitando os princípios da dignidade da pessoa humana e da liberdade de planejamento familiar.

No primeiro tópico, analisa-se o crescimento do número de divórcios e sua relação com o aumento dos pactos antenupciais, bem como fenômenos recentes, como o casamento entre pessoas idosas e o chamado "divórcio grisalho", que envolve casais de longa data que optam pela dissolução da união na terceira idade. Essas mudanças refletem a necessidade de planejamento prévio das relações conjugais e patrimoniais, evidenciando a relevância dos pactos familiares.

O segundo tópico explora possíveis negócios jurídicos no âmbito do direito de família que visam proporcionar segurança jurídica aos indivíduos por meio dos pactos familiares. Além disso, discute a forma como esses instrumentos contribuem para a concretização da felicidade, possibilitando que os envolvidos exerçam sua autonomia na definição das regras que regerão suas relações afetivas e patrimoniais. São analisados o pacto antenupcial, o contrato paraconjugal, o pacto de convivência e o pacto de coparentalidade, com uma breve análise sobre o estado atual da matéria e as perspectivas futuras, considerando o Projeto de Lei do Senado 4/2025, que propõe alterações e atualizações no Código Civil brasileiro.

Adota-se a metodologia de natureza teórico-conceitual, com uma pesquisa explicativa voltada à análise de uma hipótese teórica. Emprega-se o método dedutivo, partindo de premissas gerais para a análise de hipóteses concretas, a partir da leitura de teóricos do assunto e da análise de documentos legislativos pertinentes, além de considerar as estatísticas sobre o assunto. O presente estudo objetiva demonstrar a crescente importância dos pactos familiares no cenário jurídico contemporâneo, destacando seu papel na proteção dos direitos e na construção de relações mais equilibradas e previsíveis.

1. DIAGNÓSTICO DO TEMPO PRESENTE: AS TRANSMUTAÇÕES FAMILIARES SOB PERSPECTIVA

"Ninguém se casa para se divorciar" é uma frase popular, muito ouvida no contexto das relações matrimoniais e familiares. Contudo, menos se casa e mais se divorcia: no ano de 2015, o Brasil registrava 1.039.518 casamentos; enquanto, por sua vez, em 2024, o número foi de 924.404, uma redução de 11%, conforme tabela abaixo:

Tabela 1 – Número de Casamentos Registrados no Brasil

2024	924.404
2023	926.827
2022	957.571
2021	921.008
2020	754.950
2019	1.003.625
2018	1.016.836
2017	1.010.716
2016	1.019.850
2015	1.039.518

Fonte: Associação de Notários e Registradores do Brasil.[1]

---

1. ASSOCIAÇÃO DE NOTÁRIOS E REGISTRADORES (ANOREG). *Cartório em números*: especial desjudicialização. 6. ed. 2024. Disponível em: https://www.anoreg.org.br/site/wp-content/uploads/2025/01/Cartorios-em-Numeros-Edicao-2024-V02.pdf. Acesso em: 18 fev. 2025.

Sobre essa redução, deve-se levar em consideração as medidas de precaução adotadas durante a pandemia de COVID-19 que ocorreu durante o período auferido, as quais inviabilizaram a realização de cerimônias matrimoniais e levaram muitos casais a adiarem a formalização da união, conforme apontado pelos pesquisadores do Instituto Brasileiro de Geografia e Estatística (IBGE).[2]

Entre os anos de 2020 e 2021, observou-se um aumento no número de casamentos, sugerindo uma retomada das celebrações matrimoniais em função do avanço das campanhas de vacinação em massa e da flexibilização das medidas de controle da COVID-19. Entretanto, o total de registros de casamentos ainda não ultrapassou a média observada nos cinco anos anteriores à pandemia (2015-2019). Durante o período de 2021 a 2022, houve novo crescimento no número de casamentos registrados, mas o índice permaneceu inferior à média.

Em 2022, foram registrados 420.039 divórcios concedidos em primeira instância ou formalizados por meio de escrituras extrajudiciais, representando um aumento de 8,6% em relação ao total registrado em 2021 (386.813). Esse crescimento também se refletiu na taxa geral de divórcios: o número de divórcios para cada 1.000 pessoas com 20 anos ou mais aumentou de 2,5 em 2021 para 2,8 em 2022.

Outro aspecto observado foi a redução no tempo médio de duração dos casamentos. Em 2010, a média era de aproximadamente 16 anos, enquanto em 2022 esse número caiu para 13,8 anos. Nas Grandes Regiões, o tempo médio variou entre 15,0 e 17,1 anos em 2010, e entre 12,7 e 15,3 anos em 2022.

No que diz respeito à guarda de filhos menores em casos de divórcio, a Lei do Divórcio (Lei 6.515, de 26 de dezembro de 1977) já previa a possibilidade de guarda compartilhada. No entanto, apenas com a promulgação da Lei 13.058, de 22 de dezembro de 2014, essa modalidade passou a ser regra geral, mesmo na ausência de consenso entre os genitores, desde que ambos sejam aptos a exercer o poder familiar. Em 2022, a guarda compartilhada foi adotada em 38% dos casos.

Desde 2023, através Código de Normas do Foro Extrajudicial do Estado do Paraná (CNFE), instituído pelo Tribunal de Justiça do Estado do Paraná (TJPR) por meio do Provimento CGJ 318/2023, publicado em março de 2023, trouxe como inovação a autorização para que cartórios de notas realizem divórcios, mesmo nos casos que envolvam filhos menores de idade. Essa medida, parte do processo de desjudicialização – que consiste na retirada de atos anteriormente restritos à

---

2. INSTITUTO BRASILEIRO DE GEOGRAFIA E ESTATÍSTICA. *Sistema de estatísticas vitais.* Disponível em: https://www.ibge.gov.br/estatisticas/sociais/populacao/9110-estatisticas-do-registro-civil.html. Acesso em: 4 fev. 2025.

esfera judicial –, alinha o Paraná a outros 19 estados brasileiros que já permitiam a realização de separações com filhos por meio de cartórios.

De acordo com a normativa, os cartórios podem formalizar divórcios extrajudiciais desde que as questões relacionadas à guarda, ao regime de convivência e aos alimentos dos filhos menores tenham sido previamente resolvidas no âmbito judicial, sempre com a assistência de um advogado. O artigo 701, § 8º, do CNFE, prevê que o divórcio ou a dissolução de união estável extrajudicial pode ocorrer mesmo na presença de filhos incapazes, desde que suas necessidades já estejam regulamentadas judicialmente.

Após a implementação do referido código, o Colégio Notarial do Brasil – Seção Paraná (CNB/PR) relatou um aumento na procura por cartórios para a realização de divórcios. A principal justificativa para essa mudança de comportamento é a maior economia e agilidade oferecidas pelo procedimento extrajudicial em comparação aos trâmites judiciais tradicionais.

Contudo, é evidente que, na medida em que as partes necessitam recorrer ao Poder Judiciário para regulamentar questões relacionadas à guarda, convivência e alimentos dos filhos, é provável que o divórcio também seja decretado no âmbito judicial.

Outro ponto que justifica o aumento dos divórcios: a morte da culpa no direito de família e a ascensão dele como um direito potestativo. O Supremo Tribunal Federal (STF) decidiu, no Recurso Extraordinário (RE) 1.167.478, Tema 1.053, que a separação judicial não é requisito para o divórcio, tampouco subsiste como figura autônoma no ordenamento jurídico brasileiro, após a promulgação da Emenda Constitucional (EC) 66/2010. A decisão, proferida em 8 de novembro de 2023, teve maioria de votos (8 a 3) e consolidou o entendimento de que o divórcio é um direito potestativo e não deve ser condicionado a requisitos prévios. O relator, ministro Luiz Fux, sustentou que a EC 66/2010 eliminou a separação judicial como exigência, garantindo aos cônjuges o direito de dissolver o vínculo matrimonial sem condicionantes.

A posição foi acompanhada por outros ministros, que reforçaram a liberdade individual de decidir sobre a manutenção ou dissolução do casamento, destacando o princípio da igualdade de gênero e a vedação ao retrocesso social. O ministro Dias Toffoli, por exemplo, ressaltou a importância dessa decisão no combate à violência de gênero, enquanto a ministra Cármen Lúcia enfatizou que o divórcio é uma escolha constitucionalmente protegida. Em contrapartida, os ministros André Mendonça, Nunes Marques e Alexandre de Moraes manifestaram divergência parcial, argumentando que a separação judicial ainda subsiste como instituto autônomo, oferecendo um meio-termo para situações específicas.

A Emenda Constitucional 66/2010, idealizada pelo Instituto Brasileiro de Direito de Família (IBDFAM), foi central para essa transformação. Ela alterou o artigo 226, § 6º, da Constituição, eliminando a necessidade de separação judicial prévia e possibilitando o divórcio direto. O IBDFAM atuou como *amicus curiae* no caso, defendendo a supressão do instituto da separação judicial, o afastamento da discussão de culpa e a promoção da igualdade de gênero e liberdade individual no âmbito do direito de família. Essa decisão representa um marco na desburocratização do divórcio no Brasil, reafirmando sua condição de direito fundamental e autônomo.

Ao utilizar a ferramenta de busca de julgados do Tribunal de Justiça do Estado do Paraná, é possível localizar, na data da escrita do presente artigo, a existência de 320 registros encontrados quando se utiliza como critério de pesquisa as palavras "divórcio" e "direito potestativo". Nas duas câmaras cíveis que analisam matérias atinentes ao direito de família, é possível encontrar um alinhamento para entender o divórcio como um direito potestativo, especialmente em casos envolvendo violência doméstica, decretando-lhe de forma liminar, seja por tutela de evidência ou urgência. Citam-se apenas dois exemplos, um da décima primeira câmara cível e outro da décima segunda câmara cível, conforme a seguintes ementas:

> Direito das famílias. Agravo de instrumento. Divórcio liminar. Tutela de evidência. Direito potestativo. Protocolo para julgamento com perspectiva de gênero. Provimento do recurso. I. Caso em exame. 1. Agravo de instrumento interposto contra decisão que indeferiu pedido de decretação de divórcio em tutela de evidência. Recorrente alega que está separada de fato e ser vítima de violência doméstica praticada pelo cônjuge varão, com medida protetiva em seu favor, alegando o divórcio ser direito potestativo. II. Questão em discussão 2. A questão em discussão consiste em analisar a possibilidade de decretação do divórcio em tutela de evidência, considerando: (i) a natureza potestativa do direito ao divórcio; (ii) os reflexos da alegação de que é vítima violência doméstica praticada pelo cônjuge varão. III. Razões de decidir. 3. O divórcio configura-se como direito potestativo, cuja natureza pressupõe a capacidade de seu titular de interferir unilateralmente na esfera jurídica de outrem, prescindindo de qualquer requisito além da manifestação inequívoca de vontade de um dos cônjuges. 4. A tutela de evidência, prevista no art. 311 do CPC, é cabível quando a petição inicial for instruída com prova documental suficiente dos fatos constitutivos do direito do autor, a que o réu não oponha prova capaz de gerar dúvida razoável. 5. A aplicação do Protocolo para Julgamento com Perspectiva de Gênero- Resolução 492 do CNJ recomenda a solução pretendia como forma de proteção à mulher, em respeito aos princípios da dignidade da pessoa humana e em respeito aos direitos da personalidade. 6. A concessão do divórcio liminar no caso alinha-se com os princípios da Lei Maria da Penha (Lei 11.340/2006), constituindo instrumento eficaz para mitigar os riscos de perpetuação do ciclo de violência. IV. Dispositivo e tese 7. Recurso conhecido e provido. Teses de julgamento: ""1. É cabível a concessão de tutela de evidência para decretar liminarmente o divórcio, quando este se configura como exercício de direito potestativo. 2. A alegação de violência doméstica, analisada sob a égide do Protocolo para

Julgamento com Perspectiva de Gênero, reforça a necessidade de celeridade na dissolução do vínculo matrimonial como medida de proteção à mulher.[3]

Agravo de instrumento. Direito de família ação de divórcio c/c regulamentação de guarda e alimentos. Dissolução do vínculo conjugal em sede de tutela de evidência. Possibilidade. Artigo 311, inciso IV, do Código De Processo Civil. Direito potestativo. Ciência da parte adversa acerca do desejo de não permanecer casada da postulante, ante a separação de fato comprovada. Hipótese que envolve violência doméstica e familiar contra a mulher, tendo havido, inclusive, o deferimento de medida protetiva para não aproximação da ofendida. Aplicação do protocolo de julgamento com perspectiva de gênero. Decisão reformada. Recurso conhecido e provido para decretar o divórcio. 1. A emenda constitucional 66/2010, ao abolir o requisito temporal e a necessidade de prévia separação judicial ou de fato, veio garantir o direito potestativo dos cônjuges ao divórcio. 2. A potestatividade do direito em tela, entretanto, não dispensa a observância dos postulados que regem o direito civil constitucional atual, dos quais se destacam a boa-fé objetiva e a dignidade da pessoa humana, pois embora ao outro cônjuge caiba se sujeitar ao desejo do consorte de não permanecer casado, ante a inexistência de defesa possível a ser oposta, há que se lhe garantir mínima ciência e previsibilidade da imposição do estado civil de divorciado, sobretudo diante dos reflexos patrimoniais e sociais advindos da nova situação jurídica. 3. No caso concreto, resta evidente a ciência da outra parte no tocante ao desinteresse na manutenção do vínculo conjugal, sobretudo diante da separação fática, a qual perdura diante da impossibilidade da aproximação por força das medidas protetivas impostas ao agravado, a respeito das quais a agravante não demonstrou interesse em sua revogação.[4]

Ambos os casos citados aplicam o protocolo para julgamento com perspectiva de gênero, à luz da Resolução 492/2023 do Conselho Nacional de Justiça.[5] Embora a Constituição brasileira promova a igualdade, o país ainda enfrenta profundas desigualdades sociais, reforçadas por práticas culturais, políticas e institucionais. Nesse cenário, o direito pode tanto perpetuar subordinações quanto servir como ferramenta de emancipação social, quando comprometido com a igualdade substancial. O Protocolo para Julgamento com Perspectiva de Gênero, inspirado em modelos internacionais e adaptado à realidade brasileira, busca orientar magistrados para que julguem com atenção as desigualdades de gênero, promovendo a equidade. O documento oferece conceitos, etapas práticas e análises específicas para diferentes ramos do Judiciário, visando uma mudança

---

3. PARANÁ. Tribunal de Justiça do Estado do Paraná. *Agravo de instrumento 0030022-83.2024.8.16.0000.* Relatora: Desembargadora Substituta Sandra Bauermann. Décima Segunda Câmara Cível. Julgamento em 16 dez. 2024.

4. PARANÁ. Tribunal de Justiça do Estado do Paraná. *Agravo de instrumento 0060306-74.2024.8.16.0000.* Relatora: Desembargadora Lenice Bodstein. Décima Primeira Câmara Cível. Julgamento em 11 de nov. 2024.

5. BRASIL. Conselho Nacional de Justiça. *Protocolo para julgamento com perspectiva de gênero 2021.* Disponível em: https://www.cnj.jus.br/wp-content/uploads/2021/10/protocolo-para-julgamento-com-perspectiva-de-genero-cnj-24-03-2022.pdf. Acesso em: 5 fev. 2025.

cultural que favoreça uma sociedade mais justa e solidária, além de consolidar a igualdade substantiva no exercício da jurisdição.[6]

Coaduna-se com a opinião de Marília Pedroso Xavier e William Pugliese quando indicam que a técnica mais adequada para a decretação do chamado divórcio liminar seria a de julgamento antecipado parcial de mérito, ao considerar que não há qualquer necessidade de dilação probatória para se decretar o divórcio, ao vê-lo como um direito potestativo.[7] Principalmente em razão da necessidade de contraditória exigido pelo inciso IV, do artigo 311 do Código de Processo Civil, quando interpretado conjuntamente com o parágrafo único do mencionado dispositivo.

Outro fenômeno social e mundial que deve ser observado no presente artigo é o chamado "divórcio grisalho". Nos Estados Unidos da América, o número de divórcios entre pessoas com mais de 50 anos dobrou entre 1990 e 2010, representando atualmente mais de 25% do total, segundo Susan L. Brown. No Brasil, 25,9% dos divórcios em 2021 envolveram pessoas acima de 50 anos, um leve aumento em relação aos 25,2% de 2019, conforme o IBGE. A idade média dos divorciados no país foi de 43,6 anos para homens e 40,6 para mulheres, e o tempo médio entre casamento e divórcio caiu de 16 anos em 2010 para 13,6 anos em 2021. Tendência similar é observada no México, onde os divórcios acima dos 50 anos quase triplicaram entre 2011 e 2021, e na Espanha, com um aumento de mais de 9.000 casos entre 2013 e 2021. Esses dados refletem mudanças culturais e sociais em torno do casamento e das separações na maturidade.[8]

De acordo com Susan L. Brown e I-Fen Lin,[9] os Estados Unidos têm registrado um aumento expressivo no divórcio grisalho ao longo das últimas cinco décadas. Embora a taxa tenha se mantido relativamente baixa entre 1970 e 1990, dobrou até 2010 e, desde então, estabilizou-se sem variações estatisticamente significativas. Paralelamente, a proporção de divórcios envolvendo indivíduos com 50 anos ou mais cresceu substancialmente, passando de menos de 10% nas décadas de 1970 a 1990 para 25% em 2010 e 33% em 2019, evidenciando o envelhecimento desse fenômeno. Esse crescimento está diretamente relacionado ao envelhecimento da geração Baby Boomer, cujas taxas de divórcio permaneceram elevadas ao longo

---

6. Ver: CAMBI, Eduardo Augusto Salomão. *Direito das famílias com perspectiva de gênero*: aplicação do protocolo de julgamento do Conselho Nacional de Justiça (Recomendação 128/2022 e Resolução 492/2023). Indaiatuba, SP: Foco, 2024.

7. XAVIER, Marília Pedroso; PUGLIESE, William Soares. *Divórcio liminar*: técnica processual adequada para sua decretação. Indaiatuba, SP: Foco, 2022, p. 81.

8. BBC News Brasil. '*Divórcio grisalho*: o crescente fenômeno das separações após décadas de casamento. Disponível em: https://www.bbc.com/portuguese/articles/c2ln72zg5x2o. Acesso em: 05 fev. 2025.

9. BROWN, Susan Love.; LIN, I-Fen. The graying of divorce: a half century of change. *Journal of Gerontology*: social science. v. 77, n. 9, p. 1717-1718.

da vida adulta. Em 2010, essa geração ainda se encontrava na meia-idade, mas, em 2019, já compunha majoritariamente o grupo de adultos mais velhos.

Em contrapartida, a Geração X não apresentou aumento significativo na taxa de divórcio na meia-idade, sugerindo uma possível desaceleração futura do divórcio grisalho. No entanto, a longevidade crescente e as transformações nos padrões conjugais indicam que um número crescente de idosos enfrentará o divórcio em vez da viuvez. Diante desse cenário, torna-se fundamental aprofundar as investigações sobre os impactos do divórcio grisalho na saúde e no bem-estar da população idosa.

Marília Pedroso Xavier afirma que, atualmente, o divórcio é encarado com maior naturalidade, deixando de ser um fator de estigma social. As famílias recompostas, denominadas "famílias mosaico", tornaram-se uma realidade comum, refletindo a diversidade das relações contemporâneas, baseadas no respeito e na compreensão mútua. O ordenamento jurídico brasileiro acompanhou essa evolução ao abolir o "sistema culposo" e reconhecer o divórcio como um direito potestativo, passível de solicitação unilateral. Tal mudança fortalece a autonomia individual e contribui para a prevenção da violência intrafamiliar. No caso do divórcio na maturidade, destacam-se como fatores determinantes a maior longevidade, o desejo de estabelecer novas relações e o término das obrigações parentais. Contudo, essa decisão demanda atenção especial aos aspectos jurídicos e patrimoniais. Enquanto casais mais jovens lidam com questões relacionadas à guarda dos filhos e pensão alimentícia, os casais de mais idade enfrentam desafios como a partilha de bens, a liquidez financeira para a aposentadoria e o planejamento sucessório

Em 2022, o Brasil registrou 74.798 casamentos entre pessoas com mais de 60 anos, o que representa um aumento de 23,5% desde 2018, conforme dados do IBGE. Esse fenômeno está intimamente relacionado aos avanços na saúde e às transformações culturais que tornam o casamento na terceira idade, especialmente aos 60 ou 70 anos, mais frequente do que no passado. O envelhecimento da população brasileira e o aumento da expectativa de vida têm gerado mudanças nas dinâmicas sociais, evidenciando o crescimento dos "casamentos grisalhos".

Além disso, observa-se uma diferença de gênero nos matrimônios: em 2022, 5,37% dos casamentos envolveram homens com 60 anos ou mais, enquanto 2,55% das mulheres estavam nessa faixa etária. Esse padrão é influenciado por fatores culturais, uma vez que homens tendem a reconstruir mais frequentemente suas vidas afetivas após a viuvez ou divórcio, enquanto mulheres, especialmente as mais velhas, frequentemente priorizam o convívio social com familiares. Paralelamente, houve um aumento considerável de casamentos homoafetivos entre idosos, o que reflete uma maior aceitação social e a busca por direitos civis igualitários.

O aumento da longevidade, que passou de 65,3 anos em 1990 para 76,4 anos em 2023, tem ampliado as possibilidades de reconstrução de laços afetivos na maturidade. Casamentos na terceira idade oferecem benefícios emocionais significativos, como a redução do risco de depressão e ansiedade, e impactam positivamente a saúde física, ao promoverem uma rotina mais equilibrada e saudável. Nesse contexto, o casamento vai além de uma questão afetiva, representando uma estratégia importante para garantir o bem-estar e a qualidade de vida na velhice.

O tema do divórcio grisalho e o crescente número de casamentos envolvendo pessoas acima de 70 anos são relevantes neste artigo, pois, em 2024, o Supremo Tribunal Federal, através do Tema 1236, decidiu que indivíduos com 70 anos ou mais podem, mediante pacto antenupcial ou de convivência, afastar o regime da separação obrigatória de bens, garantindo, ainda que não de forma ideal, certa autonomia privada às partes. Formulou-se, portanto, a seguinte tese: "nos casamentos e uniões estáveis envolvendo pessoa maior de 70 anos, o regime de separação de bens previsto no art. 1.614, II, do Código Civil, pode ser afastado por expressa manifestação de vontade das partes, mediante escritura pública".[10]

Outro fator que justifica a relevância da problemática abordada neste artigo é o aumento de mais de 84% no número de pactos antenupciais realizados no Brasil. De acordo com o estudo *Cartório em Números*, foram registrados mais de 855 mil pactos antenupciais no país entre 2006 e 30 de setembro de 2024.[11]

Em fevereiro de 2025, data da elaboração do presente artigo, observa-se a existência de redes sociais dedicadas à busca de parceiros com o objetivo de gerar, adotar e criar filhos em conjunto, sem a formação de um vínculo conjugal, convivencial, amoroso ou afetivo entre os genitores. No Instagram, é possível encontrar o perfil *@coparents.world*,[12] que conta com mais de 9.000 seguidores. Um dos destaques fixados, denominado "candidatos", publica perfis de pessoas interessadas em se tornarem "pai amigo" ou "mãe amiga". Trata-se de um apli-

---

10. BRASIL. Supremo Tribunal Federal. *Agravo em Recurso Extraordinário 1.309.642/SP.* Relator: Ministro Luís Roberto Barroso. Disponível em: https://portal.stf.jus.br/jurisprudenciaRepercussao/tema. asp?num=1236. Acesso: 18 fev. 2023.

11. ASSOCIAÇÃO DE NOTÁRIOS E REGISTRADORES (ANOREG). *Cartório em números:* especial desjudicialização. 6. ed. 2024. Disponível em: https://www.anoreg.org.br/site/wp-content/uploads/2025/01/Cartorios-em-Numeros-Edicao-2024-V02.pdf. Acesso em: 18 fev. 2025.

12. Destaca-se que no próprio perfil da mencionada rede social é possível localizar uma definição do que seria a coparentalidade: "é um termo que se refere à relação de coparentalidade entre pais que não vivem juntos ou que não são casados romanticamente, mas que compartilham a responsabilidade de criar seus filhos. Para ser pais amigos é necessário somente fazer um contato com todos os interesses dos pais sobre os direitos e deveres dos mesmos em relação a criança ou adolescente". Inclusive, em uma das publicações consta a informação de que todos os participantes devem possuir renda de, no mínimo, dois salários-mínimos por mês para que a criança seja criada com dignidade pelas rendas dos "pais-amigos".

cativo que aproxima indivíduos com esse propósito.[13] Esse arranjo configura a denominada família coparental, caracterizada pela decisão de pessoas que, sem estarem vinculadas por uma relação conjugal ou união estável, optam por exercer a parentalidade de forma compartilhada, pautando-se na autonomia privada e sem implicações jurídico-patrimoniais entre os genitores.

À luz das transformações sociais e jurídicas contemporâneas, constata-se que as relações familiares têm se estruturado, cada vez mais, com base na autonomia privada e na liberdade de escolha. O crescimento do divórcio grisalho e o aumento significativo dos casamentos de pessoas idosas evidenciam uma mudança na percepção do matrimônio e das uniões afetivas ao longo da vida. Paralelamente, a flexibilização do regime de bens para indivíduos com 70 anos ou mais representa uma adequação do ordenamento jurídico à nova realidade social, reconhecendo a relevância da autonomia na definição das disposições patrimoniais das relações conjugais.

Nesse cenário, os pactos antenupciais e de convivência assumem papel fundamental, pois possibilitam que os cônjuges e conviventes estabeleçam previamente as normas patrimoniais que devem reger suas uniões, mitigando restrições legais que possam limitar sua liberdade de decisão. Somam-se, ainda, inúmeros outros instrumentos negociais, tais como o pacto de coparentalidade, o pacto de namoro e o pacto de paraconjugalidade. Busca-se, portanto, mediante a celebração de negócios jurídicos, a segurança jurídica que não se encontra nos tribunais e na legislação brasileira. Diante disso, impõe-se a análise aprofundada desses instrumentos e de seus impactos nas dinâmicas familiares.

2. EM BUSCA DE SEGURANÇA JURÍDICA: QUANDO OS NEGÓCIOS JURÍDICOS SERVEM ÀS FAMÍLIAS

Os institutos do Direito Civil têm por finalidade contribuir para a garantia e a ampliação das liberdades individuais, seja no exercício, na preservação ou na expansão dos direitos dos particulares em suas diversas manifestações.[14] As aplicações da autonomia privada ao Direito de Família voltam a ocupar posição central nos debates contemporâneos, fenômeno diretamente relacionado à tendência, observada nos últimos anos, de "contratualização" dessa matéria.

A autonomia privada pode ser conceituada como a liberdade de autorregulação negocial, ou seja, o direito do indivíduo de dispor sobre seus próprios interesses. Nas palavras de Francisco Amaral:

---

13. Ver mais em: https://paisamigos.com/. Acesso em: 18 fev. 2025.
14. RUZYK, Carlos Eduardo Pianovski. As fronteiras da responsabilidade e o princípio da liberdade. *Revista de Direito da Responsabilidade*. Coimbra (Portugal), Ano 4, p. 312-340, 2022, p. 314.

A autonomia privada é o poder que os particulares têm de regular, pelo exercício de sua própria vontade, as relações que participam, estabelecendo-lhe o conteúdo e a respectiva disciplina jurídica. Sinônimo de autonomia da vontade para grande parte da doutrina contemporânea, com ela porém não se confunde, existindo entre ambas sensível diferença. A expressão 'autonomia da vontade' tem uma conotação subjetiva, psicológica, enquanto a autonomia privada marca o poder da vontade no direito de um modo objetivo, concreto e real.[15]

No Direito Italiano, a questão foi analisada por Enzo Roppo, que reconhece a existência de restrições claras à vontade manifestada nos negócios jurídicos. Primeiramente, observa-se uma limitação quanto à própria liberdade de contratar ou não. Além disso, o jurista destaca que tais restrições também podem ser de natureza subjetiva, uma vez que dizem respeito às partes com as quais os contratos são celebrados. No contexto jurídico brasileiro, essa realidade jamais foi – e continua a não ser – diferente.[16]

No que tange às relações familiares, especialmente aquelas estabelecidas entre cônjuges e companheiros, em que frequentemente se defende e se promove a chamada "contratualização", impõe-se a observância das normas cogentes. Ainda que os pactos firmados entre essas partes, muitas vezes marcados pela hipossuficiência econômica de um dos envolvidos, sejam expressão da autonomia privada, sua validade está sujeita aos limites impostos pelo ordenamento jurídico.

Dito isso, conforme afirmado no tópico acima, a chamada "contratualização" no âmbito do Direito de Família refere-se à definição, pelo próprio membro ou grupo familiar, das normas de convivência que devem ser observadas, com o intuito de promover uma relação mais harmônica, respeitando as particularidades de cada indivíduo e minimizando os potenciais conflitos decorrentes dessas diferenças. Nesse contexto, a intervenção do Estado na autonomia privada tem se tornado progressivamente mais restrita, embora continue sendo necessária, atuando essencialmente para assegurar a proteção dos indivíduos, especialmente de crianças e adolescentes, sem desrespeitar a vontade do grupo familiar. O Direito de Família se caracteriza por regular as relações privadas com base na ética familiar, ao mesmo tempo em que está sujeito à imposição de normas de ordem pública, sujeitando-se, quando necessário, à intervenção do poder estatal.

Alguns direitos, por sua natureza intransmissível, irrenunciável, irrevogável e indisponível, não podem ser objeto de contratualização, sob pena de o interesse privado sobrepor-se aos direitos fundamentais, comprometendo a dignidade da pessoa humana. Exemplos dessa impossibilidade incluem a irrevogabilidade do reconhecimento de paternidade, a proibição de renunciar ao direito de contestar

---

15. AMARAL, Francisco. *Direito Civil*: introdução. Rio de Janeiro: Renovar, 5. ed., 2003, p. 347-348.
16. ROPPO, Enzo. *O contrato*. Coimbra: Almeida, 1988, p. 137.

o estado de filiação, a vedação à cessão do poder familiar e a irrenunciabilidade do direito a alimentos.

Sobre a terminologia adotada, prefere-se a utilização da expressão "pactos" familiares e não "contratos". No Brasil, inspirado parcialmente no *Bürgerliches Gesetzbuch (BgB)*, o Código Civil de 1916, não definiu contrato, mas a doutrina inicialmente adotou uma concepção mais ampla, alinhada com as tendências alemã e portuguesa. Para Francisco Cavalcanti Pontes de Miranda, o contrato era visto como o negócio jurídico que estabelece, modifica ou extingue relações jurídicas entre as partes.[17] Com o tempo, consolidou-se na doutrina o conceito italiano de contrato, como exemplificado por Orlando Gomes, que o definiu como um negócio bilateral destinado à criação de um vínculo obrigacional de conteúdo patrimonial.[18]

A Constituição de 1988 adota o modelo democrático de família, no qual não há espaço para discriminação entre os companheiros e cônjuges, e onde os direitos estão diretamente vinculados às responsabilidades. De acordo com Maria Celina Bodin de Moraes, a ordem constitucional representa o marco fundamental de um novo modelo familiar, tendo dado um passo decisivo na democratização da família brasileira.[19] A patrimonialidade da relação contratual é imposta legalmente na Itália, mas não há uma norma equivalente no sistema jurídico brasileiro.

Com a busca pelo direito civil à luz da legalidade constitucional e a despatrimonialização deste ramo jurídico, bem como do contrato, observa-se uma transformação no sistema, que transita entre o personalismo (superação do individualismo) e o patrimonialismo (superação da patrimonialidade voltada para si mesma). Nota-se, portanto, uma prevalência do sujeito sobre o patrimônio. Se a família, conforme o Texto Constitucional, é orientada pela ação democrática, o contrato, independentemente de sua natureza, deve ser entendido como a "relação jurídica subjetiva, nucleada na solidariedade constitucional",[20] com efeitos jurídicos existenciais e patrimoniais, tanto entre os titulares da relação quanto em relação a terceiros.

Embora o Código Civil não defina o contrato, ele o insere nas hipóteses obrigacionais e de constituição societária, sem, contudo, abordar as relações familiares. No que tange ao casamento, o Código utiliza de forma peremptória a nomenclatura "pacto", especialmente no contexto do pacto antenupcial, previsto

---

17. PONTES DE MIRANDA, Francisco Cavalcante. *Tratado de Direito Privado*. Paulo: Revista dos Tribunais, 2012, t. III, Negócios Jurídicos. Representação. Conteúdo. Forma. Prova. São par. 302.
18. GOMES, Orlando. *Contratos*. 26. ed. Rio de Janeiro: Forense, 2009, p. 11.
19. DE MORAES, Maria Celina Bodin. A família democrática. In: PEREIRA, Rodrigo da Cunha (Coord.). *Anais [...] V Congresso de Direito de Família*. Rio de Janeiro: Renovar, 2003, p. 77-78.
20. NALIN, Paulo. *Do contrato*: conceito pós-moderno em busca de sua formalização na perspectiva civil-constitucional. Curitiba: Juruá, 2001, p. 255.

no artigo 1.639, inspirado pela codificação italiana. Por outro lado, a união estável foi inicialmente marginalizada, provavelmente devido ao preconceito a ela associado. No início, era tratada como uma sociedade de fato, o que a vinculava às sociedades empresariais, uma visão que não se aplica nos tempos atuais.

No âmbito familiar, é incumbência dos seus membros estabelecer normas para a convivência entre si, a partir das quais surgem regras fundamentais para que tanto os parceiros da relação quanto a sociedade e o Estado reconheçam e respeitem a unidade familiar e seus integrantes individualmente. A descoberta do significado pessoal na dinâmica familiar é um processo exclusivo dos seus membros, e a interferência de terceiros em questões tão íntimas é inadequada, especialmente quando se trata de indivíduos potencialmente livres e iguais. Assim, a intervenção do Estado é justificada apenas para garantir espaços e liberdades, permitindo que cada pessoa busque sua realização de acordo com suas necessidades e dignidade, dentro do contexto do seu projeto de vida.[21]

Para que as liberdades sejam devidamente concretizadas, as famílias veem nos pactos um meio de assegurar, ou ao menos buscar garantir, segurança jurídica com a mínima intervenção do Estado. No entanto, há uma certa contradição nessa ideia, pois, para garantir o máximo de segurança jurídica, os pactos geralmente são formalizados por escritura pública, seja por exigência legal (por exemplo, no pacto antenupcial), seja por opção das partes (exemplificado, no pacto de convivência).

De maneira objetiva e simplificada, serão apresentadas a seguir algumas espécies de negócios jurídicos familiares que podem ser formalizados. Esses pactos podem ser adaptados e complementados pelos membros ou pelo grupo familiar, de acordo com suas necessidades específicas, desde que respeitem os princípios e normas do ordenamento jurídico brasileiro.

2.1 Do pacto antenupcial

Nas palavras de Luciano Figueiredo, o pacto antenupcial é "um negócio jurídico familiar bilateral, pela qual os nubentes, com autonomia, estruturam, antes do casamento, o regime de bens aplicável ao matrimônio e diverso da comunhão parcial".[22] Contudo, Ana Carla Harmatiuk Matos e Ana Carolina Brochado Teixeira investigam o pacto antenupcial como um instrumento que permite não apenas a regulamentação de questões patrimoniais, mas também a definição de

---

21. MATOS, Ana Carla Harmatiuk; TEIXEIRA, Ana Carolina Brochado. Pacto antenupcial na hermenêutica civil-constitucional. In: MENEZES, Joyceana Bezerra de; CICCO, Maria Cristina de; RODRIGUES, Francisco Luciano Lima (Org.). *Direito civil na legalidade constitucional*: algumas implicações. Indaiatuba: Foco, 2021, p. 19.

22. FIGUEIREDO, Luciano. *Pacto antenupcial*: limites da customização matrimonial. 2. ed. Salvador: JusPodivm, 2024, p. 152.

aspectos existenciais relacionados à entidade familiar, viabilizando o exercício da autonomia privada.

No contexto da nova hermenêutica constitucional, a autonomia privada emerge como um meio para o indivíduo expressar sua liberdade na construção de seu projeto de vida no âmbito familiar. O casamento deixa de ser visto apenas como uma formalidade destinada a legitimar as relações afetivas, passando a ser compreendido como um espaço de realização da comunhão de vida. Essa mudança na concepção jurídica da família, sob a luz do direito civil e da legalidade constitucional, gera a necessidade de assegurar a autonomia privada, tanto nas escolhas patrimoniais quanto nas existenciais do casal, garantindo a comunhão de vida sem a interferência do legislador infraconstitucional.

Matos e Teixeira entendem que o pacto antenupcial se configura como um instrumento negocial celebrado previamente ao casamento, por meio do qual o casal, dentro dos limites legais e no exercício de sua liberdade, pode estabelecer regras para sua comunhão de vida, definindo um estatuto patrimonial comum e, ainda que de forma indireta, abordando aspectos de natureza existencial.

Diante desse contexto, há uma ampla gama de cláusulas passíveis de inclusão nos pactos antenupciais ou na escritura pública declaratória coligada.[23] Dessa forma, o que anteriormente se limitava a um instrumento destinado exclusivamente à regulamentação do regime de bens, tem se consolidado como um referencial para a formalização de negócios jurídicos processuais, como a definição de regras de convivência no âmbito conjugal, a estipulação de cláusulas de compensação pecuniária pelo tempo de casamento,[24] além de disposições relativas à adoção e à inseminação artificial. Importante observar que a implantação de embriões criopreservados *post mortem* requer autorização expressa e inequívoca do falecido, conforme estabelecido pelo precedente do Superior Tribunal de Justiça e pelas Resoluções do Conselho Federal de Medicina. No entanto, considerando que o pacto antenupcial constitui uma escritura pública, tal exigência é superada, viabilizando a realização do planejamento familiar. Inclusive, essa é a tendência prevista no Projeto de Lei do Senado 04/2025, que

---

23. Para cláusulas existenciais consideradas mais controversas, recomenda-se a formalização por meio de escritura pública declaratória, ante a confidencialidade e a possibilidade de suscitação de dúvidas por parte do serviço registral de imóveis. Entre elas, destacam-se a renúncia ao direito concorrencial à sucessão, o direito real de habitação, a fixação de alimentos compensatórios ou indenizatórios, a inclusão de cláusulas de mediação e outras práticas colaborativas, disposições existenciais, estipulação de multa por violação do dever de fidelidade, bem como a possibilidade de adoção ou reprodução assistida, inclusive *post-mortem*.

24. OLIVEIRA, Carlos Eduardo Elias de. Compensação pecuniária por tempo de casamento ou de união estável: uma espécie de alimentos compensatórios prefixados. *Migalhas*. Disponível em: https://www. migalhas.com.br/depeso/420225/compensacao-pecuniaria-por-tempo-de-casamento-ou-de-uniao-estavel. Acesso em: 19 fev. 2025.

dispõe sobre a atualização do Código Civil, à luz do artigo 1.629-Q. Ainda, o artigo 1.629-V, indica que o termo de consentimento deve, ainda, especificar o destino do material genético criopreservado nas hipóteses de dissolução da sociedade conjugal ou convivencial, diagnóstico de doença grave, falecimento de um ou ambos os autores do projeto parental, bem como em caso de desistência do tratamento proposto.

A validade do pacto antenupcial está condicionada a requisitos formais e materiais. Em termos formais, deve ser celebrado por meio de escritura pública lavrada em cartório de notas, sob pena de nulidade, e ser devidamente registrado no Cartório de Registro Civil e de Pessoas Naturais onde o casamento será celebrado. Além disso, para que tenha eficácia plena, o casamento deve se concretizar, pois, na ausência da formalização do matrimônio, o pacto torna-se inócuo.

No aspecto material, o conteúdo do pacto antenupcial deve respeitar os princípios e normas do ordenamento jurídico vigente, sendo vedadas cláusulas que contrariem a dignidade dos cônjuges, os deveres conjugais ou que violem normas de ordem pública. A importância do pacto antenupcial reside na sua capacidade de conferir segurança jurídica às relações patrimoniais entre os cônjuges, prevenindo litígios e garantindo previsibilidade quanto à administração e disposição dos bens do casal. A ausência desse instrumento pode implicar a submissão dos bens ao regime da comunhão parcial, o que pode não refletir os interesses e a realidade econômica dos nubentes. Assim, sua utilização é recomendável, especialmente em casamentos onde há significativo patrimônio pré-existente ou expectativas patrimoniais futuras.

Por fim, destacam-se as tendências futuras que servirão como orientação para as possíveis mudanças:

(i) a denominada *sunset clause* ("cláusula do pôr-do-sol"),[25] também conhecida como "cláusula de caducidade", no âmbito das relações patrimoniais familiares. Nos pactos antenupciais, a experiência estrangeira demonstra a frequente inclusão da *sunset clause*, cláusula que pode extinguir ou modificar substancialmente o acordo patrimonial durante o casamento. Tal estipulação entra em vigor após um determinado período ou mediante a ocorrência de um evento específico. Dessa forma, o casal pode adotar inicialmente um regime patrimonial mais restritivo, flexibilizando-o com o tempo, como em um "período de teste" que visa garantir

---

25. Trata-se de um mecanismo contratual que estabelece um termo ou uma condição resolutiva, cuja ocorrência resulta na modificação de uma situação jurídica ou na cessação de seus efeitos. Essa cláusula simboliza o encerramento de um determinado cenário jurídico e o início de um novo, analogamente ao fenômeno natural do pôr do sol, que dá origem à sua denominação. Sua aplicação não se restringe ao Direito de Família, sendo amplamente utilizada no âmbito das obrigações contratuais e, inclusive, nas relações internacionais.

maior segurança jurídica.[26] O Projeto de Lei do Senado 4/2025, que objetiva a reforma do Código Civil, ao buscar uma maior aproximação entre as normas familiares e a realidade social brasileira, reconheceu a pertinência de um espaço normativo adequado para tais disposições. Assim, a previsão de uma *sunset clause* no âmbito patrimonial do casamento ou da união estável representa um avanço significativo tanto no campo jurídico quanto no social, nos termos do possível art. 1.653-B: "admite-se convencionar no pacto antenupcial ou convivencial a alteração automática de regime de bens após o transcurso de um período de tempo prefixado, sem efeitos retroativos, ressalvados os direitos de terceiro".[27]

(ii) A desjudicialização, viabilizada pela inserção de cláusulas que estabelecem soluções para a guarda e o sustento dos filhos em caso de dissolução da vida conjugal, no âmbito do referido negócio jurídico, impõe ao tabelião a responsabilidade de informar individualmente cada um dos outorgantes sobre o eventual alcance da limitação ou renúncia de direitos. No entanto, tais cláusulas somente produzirão eficácia caso, no momento de seu cumprimento, não se revelem gravemente prejudiciais a um dos cônjuges ou aos descendentes. Ainda, no que se refere à desjudicialização, no Projeto de Lei 4/2025, há a previsão de alteração do regime de bens previamente estipulado mediante escritura pública, que só produz efeitos a partir do ato de alteração, ressalvados os direitos de terceiro (art. 1.639, § 2º); (iii) a negociabilidade e renúncia dos direitos sucessórios,[28] por meio de pacto antenupcial, previsto na proposta de alteração do Código Civil, com a inclusão de cinco parágrafos no artigo 426 da referida legislação, especialmente com destaque para o possível parágrafo 2º, onde prevê: "os nubentes podem, por meio de pacto antenupcial ou por escritura pública pós-nupcial, e os conviventes, por meio de escritura pública de união estável, renunciar reciprocamente à condição de herdeiro do outro cônjuge ou convivente".

Portanto, o pacto antenupcial apresenta-se como uma ferramenta eficaz para a organização patrimonial do casal, contribuindo para a estabilidade e harmo-

---

26. GAGLIANO, Pablo Stolze. A cláusula do pôr-do-sol (sunset clause) no direito de família. *Migalhas*. Disponível em: https://www.migalhas.com.br/coluna/reforma-do-codigo-civil/411333/a-clausula-do-por-do-sol-no-direito-de-familia. Acesso em: 19 fev. 2025.

27. BRASIL. Senado Federal. *Projeto de Lei 4/2025*. Dispõe sobre a atualização da Lei 10.406, de 10 de janeiro de 2002 (Código Civil), e da legislação correlata. Disponível em: https://www25.senado.leg.br/web/atividade/materias/-/materia/166998. Acesso em: 19 fev. 2025.

28. Trata-se de um debate polêmico, no qual é possível observar tendências e posicionamentos divergentes. Alinha-se à corrente doutrinária liderada, em particular, por Mário Luiz Delgado, que defende a viabilidade da renúncia exclusiva aos direitos sucessórios, e não à herança em si. (DELGADO, Mário Luiz. *Direito fundamental de herança*: sob a ótica do titular do patrimônio. Indaiatuba: Foco, 2023). Para expansão do conhecimento à luz do posicionamento contrário, indica-se: TARTUCE, Flávio. *Renúncia prévia a direitos sucessórios*: breves comentários à decisão do Conselho Superior da Magistratura, do Tribunal de Justiça de São Paulo, de setembro de 2023. Disponível em: http://www.flaviotartuce.adv.br/assets/uploads/artigos/447a9-artigo-tartuce-renuncia-previa-heranca.docx. Acesso em: 19 fev. 2025.

nia das relações matrimoniais ao delimitar previamente as regras que regerão o patrimônio comum e a convivência. Soma-se, ainda, que o aumento da autonomia privada já era amplamente esperado, sendo, na verdade, uma necessidade premente. Priorizando a segurança jurídica, a Comissão de Juristas do Senado, sob a presidência do Ministro Luis Felipe Salomão, concluiu pela necessidade de ampliar o espaço de autodeterminação dos cidadãos brasileiros nas questões e vivências do Direito de Família. Não havia mais espaço para um dirigismo estatal. Já há algum tempo, a doutrina reconheceu que a autonomia privada vai além da simples tradução da liberdade contratual, englobando também o reconhecimento da autodeterminação volitiva no âmbito existencial. Isso, porém, não implica a consagração de uma autonomia desregrada, temerária ou anárquica, mas sim uma autonomia que respeita os limites da função social e da boa-fé objetiva. As diversas proposições sugeridas no Livro de Direito de Família evidenciam esse novo espaço de liberdade, conforme citado.

2.2 Do contrato paraconjugal

Na advocacia, a criatividade é essencial, pois possibilita aos advogados a elaboração de estratégias inovadoras e a construção de teses jurídicas inéditas, adaptando-se às particularidades de cada caso e contribuindo para a evolução do próprio ordenamento jurídico. Sílvia Marzagão deparou-se com o seguinte caso: uma mulher, casada sob o regime de separação convencional de bens, precisou abdicar de sua carreira no Brasil para acompanhar o marido, que recebeu uma proposta de emprego no exterior. A primeira sugestão imediata foi a alteração do regime de bens. Contudo, por questões pessoais e patrimoniais, o casal não se sentiu confortável com essa opção. A alternativa proposta foi um modelo de mútua assistência, formalizado por meio de um instrumento particular, no qual foram estabelecidas compensações financeiras periódicas, destinadas a integrar o patrimônio da mulher e custeadas pelo marido. Trata-se do chamado contrato paraconjugal que é:

> negócio jurídico pelo qual duas pessoas casadas modulam sua conjugalidade, estabelecendo direitos e deveres específicos e recíprocos, sempre em busca de comunhão plena de vidas. É, nos termos do art. 445 do CC, um contrato atípico que, como tal, deve observar o disposto no art. 104 do CC: ser firmado por agente capaz e ter objeto lícito.[29]

Ou seja, trata-se de um negócio jurídico que visa modular os efeitos da conjugalidade por meio de instrumento particular, conferindo aos cônjuges maior liberdade contratual, com o objetivo de formalizar compromissos e

---

29. MARZAGÃO, Sílvia Felipe. *Contrato paraconjugal:* a modulação da conjugalidade por contrato. Indaiatuba: Foco, 2023, p. 62.

garantir maior segurança às relações matrimoniais. É claro que esse tipo de contrato pode ser expandido para as uniões estáveis, sob uma denominação diferente e com uma perspectiva adaptada, podendo ser chamado de contrato paraconvivencial.

Existe também outro instrumento jurídico aplicável aos cônjuges após a celebração do casamento, o pacto pós-nupcial, que requer forma e solenidade específicas. No entanto, este estudo não aborda tal instrumento, uma vez que a proposta se concentra em outras abordagens que não exigem tal formalidade.

2.3 Do pacto de convivência

Embora a constituição de uma família convivencial não exija formalidades específicas, observa-se a necessidade de preencher os elementos fundamentais para que seus efeitos sejam devidamente reconhecidos: (i) estabilidade; (ii) publicidade; (iii) continuidade; (iv) ausência de impedimentos matrimoniais; e (v) o *"intuito familiae"*. A união estável gera um conjunto de efeitos de ordem pessoal (art. 1.724 do Código Civil), que se estende também à esfera patrimonial, produzindo consequências que afetam ambos os companheiros, o que, por lógica, demanda uma regulamentação jurídica.

Com o advento das Leis 8.971/1994 e 9.278/1996, o ordenamento jurídico brasileiro estabeleceu que, nas uniões estáveis, há a comunhão dos bens adquiridos a título oneroso durante a convivência. Essas legislações criaram uma presunção de colaboração na aquisição de patrimônio entre os companheiros, pressupondo um esforço recíproco entre eles. Assim, de forma análoga ao casamento, na união estável há o direito à meação dos bens adquiridos por esforço comum durante a convivência, exceto os bens provenientes de sucessão hereditária, doação, aqueles adquiridos antes do início da convivência e os oriundos de sub-rogação. O Código Civil, em seu artigo 1.725, ampliou essa regra ao estabelecer que, "na união estável, salvo contrato escrito entre os companheiros, aplica-se às relações patrimoniais, no que couber, o regime da comunhão parcial de bens". Esse dispositivo é comumente denominado pacto de convivência. Verifica-se, portanto, a presença de uma *condicio iuris*, ou seja, a eficácia do contrato de convivência depende da caracterização da união estável pelos elementos necessários. A convenção não cria a união estável, pois ela se configura no comportamento dos companheiros e não apenas pela manifestação da vontade por escrito.

O pacto de convivência é o negócio jurídico formal celebrado entre duas pessoas que vivem em união estável, estabelecendo o regramento que deve reger a relação convivencial, tanto no aspecto patrimonial quanto no pessoal. Em definição mais apurada, pode ser visto como:

> [...] um negócio jurídico de direito de família, formado por uma relação jurídica subjetiva, com núcleo na solidariedade familiar constitucional. Tal pacto destina-se à autorregulamentação do relacionamento de integrantes de uma união estável, no plano patrimonial e existencial, com o objetivo de atingir a plena emancipação e a felicidade dos celebrantes, e poderá ser celebrado mediante instrumento particular ou escritura pública.[30]

Por se tratar de um negócio jurídico informal e desprovido de formalidades rigorosas, o pacto de convivência não exige solenidades legais específicas, demandando apenas sua formalização por escrito, afastando-se, assim, a forma verbal. Dessa maneira, pode ser celebrado tanto por escritura pública quanto por instrumento particular.

O pacto de convivência possui uma função ainda mais abrangente do que o pacto antenupcial, pois serve como um guia para os companheiros na autorregulamentação de seu relacionamento, tanto no âmbito econômico quanto no existencial. Conforme aponta Leonardo Amaral Pinheiro da Silva, a evolução gradual do pacto antenupcial também se reflete no referido negócio jurídico, que deixou de ser um instrumento limitado à escolha do regime de bens para se tornar um mecanismo que permite a estipulação de disposições personalizadas, conforme as particularidades de cada casal. Assim, pode abranger questões de ordem econômica, financeira ou pessoal, como cláusulas relativas à infidelidade ou à utilização de bens particulares em caso de dissolução da união, desde que não contrariem disposições legais expressas.[31]

O artigo 1.725 do Código Civil dispõe de forma expressa que, "salvo contrato escrito", nas uniões estáveis, aplica-se o regime da comunhão parcial de bens às relações patrimoniais, no que couber. No entanto, em 2021, o Superior Tribunal de Justiça, no julgamento do Recurso Especial 1.845.416, afastou a eficácia retroativa de uma escritura pública que estipulava o regime da separação de bens após uma união estável de trinta e cinco anos. O instrumento mencionava expressamente que os companheiros sempre possuíram rendimentos e patrimônio próprios, sem dependência financeira mútua, e que os bens móveis e imóveis, direitos, saldos bancários e aplicações financeiras eram considerados incomunicáveis, inclusive no caso de falecimento de uma das partes, uma vez que foram adquiridos com esforço individual.

---

30. STROZZI, Arthur Lustosa; PAIANO, Daniela Braga. Pacto ou contrato de convivência? por uma interpretação à luz do direito civil na legalidade constitucional. *Quaderni degli annali della facoltà giuridica*. Serie 5, 2024, p. 77-78. Disponível em: https://pubblicazioni.unicam.it/retrieve/93c4dad8-10a1-44b9-8a8b-beba977f4520/QuadernoAFG-n.5_2024.pdf. Acesso em: 19 fev. 2025.

31. SILVA, Leonardo Amaral Pinheiro da. *Pacto dos noivos*. Rio de Janeiro: Lumen Júris, 2017, p. 33.

O caso ilustra uma intervenção do Poder Judiciário nas relações familiares,[32] contrariando a autonomia privada dos companheiros, que, de forma livre e sem qualquer vício de consentimento, manifestaram a adoção do regime da separação de bens na união estável. Trata-se de uma mera declaração de fato preexistente, pois, sendo a união estável um ato-fato jurídico, qualquer modificação do regime de bens ocorre de forma superveniente, jamais antecedente, dado que sua eficácia está condicionada à existência da união estável (*condicio iuris*).

Posteriormente, em 19 de dezembro de 2022, o Tribunal de Justiça do Estado do Rio de Janeiro editou o novo Código de Normas Extrajudiciais (Provimento CGJ 87/2022), com vigência a partir de 1º de janeiro de 2023. O artigo 390 do referido provimento autoriza a inclusão, nas escrituras públicas de união estável, de cláusulas relativas ao regime de bens, e seu parágrafo primeiro determina que, caso as partes optem pela separação absoluta de bens com efeitos retroativos à data de início da relação, o tabelião deve adverti-las sobre a possível anulabilidade[33] da cláusula, registrando tal observação no ato.

Observa-se, assim, um desacordo entre o Provimento do Tribunal de Justiça do Estado do Rio de Janeiro e o posicionamento consolidado pelo Superior Tribunal de Justiça. Ademais, o Conselho Nacional de Justiça, por meio do Provimento 141, editado em 16 de março de 2023, passou a permitir o processamento do pedido de alteração do regime de bens na união estável diretamente perante o Registro Civil das Pessoas Naturais, desde que o requerimento seja formalizado pessoalmente pelos companheiros perante o registrador ou por procuração por instrumento público.

A Comissão de Juristas responsável pela revisão e atualização do Código Civil perdeu a oportunidade de concretizar ainda mais a autonomia privada, quando reafirmou a impossibilidade de aplicação de efeitos retroativos no pacto de convivência. Inclusive, tamanha a vedação que há duas previsões no Projeto de Lei do Senado 4/2025, que vedam a aplicação de efeitos retroativos. O artigo 1.653-B, diz: "Admite-se convencionar no pacto antenupcial ou convivencial a alteração automática de regime de bens após o transcurso de um período de tempo prefixado, sem efeitos retroativos, ressalvados os direitos de terceiros"; e o artigo 1.656-A: "Os pactos conjugais ou convivenciais poderão ser firmados

---

32. Para se aprofundar no tema e sobre a crítica proferida, sugere-se: STROZZI, Arthur Lustosa; PAIANO, Daniela Braga; GIROTTO, Guilherme Augusto. Da (ir)retroatividade das disposições estabelecidas no contrato de convivência. *In*: JUNIOR, Cildo Giolo et. al. *Direito de família e sucessões II*. Florianópolis: Conpedi, 2023. Disponível em: https://site.conpedi.org.br/publicacoes/4k6wgq8v/qto52gm9/nuO4JyXgCq8Vz33M.pdf. Acesso em: 19 fev. 2025.

33. Verifica-se uma atecnia. Não se trata de anulação do negócio jurídico celebrado, mas o afastamento da sua eficácia.

antes ou depois de celebrado o matrimônio ou constituída união estável; e não terão efeitos retroativos".

A título de conclusão sobre o referido instrumento negocial, a mesma Comissão de Juristas parece estabelecer uma distinção entre dois negócios jurídicos relacionados às uniões estáveis: o pacto convivencial e o contrato de convivência. Essa diferenciação se evidencia no artigo 1.564-B, que dispõe: "Aplica-se à união estável, salvo se houver pacto convivencial ou contrato de convivência dispondo de modo diverso, o regime da comunhão parcial de bens." Observa-se que a expressão "contrato de convivência" aparece unicamente nesse contexto, enquanto o termo "pacto convivencial" é tratado de forma mais ampla, sendo objeto de um capítulo específico intitulado "Dos Pactos Conjugal e Convivencial", inserido no Título II (Do Direito Patrimonial) do Livro IV (Direito das Famílias).

Verifica-se que o denominado "pacto convivencial" corresponde ao instrumento celebrado por meio de escritura pública, conforme expressamente previsto no artigo 1.564-B, o qual estabelece sua nulidade caso não seja formalizado dessa maneira. Ademais, o referido dispositivo menciona a ineficácia do pacto convivencial na hipótese de "não lhe seguir o casamento". Diante disso, surge o questionamento: a chamada pós-eficacização do contrato de convivência, reconhecida em julgados e na doutrina nacional, permanecerá aplicável exclusivamente ao contrato de convivência? Isso porque a proposta de alteração legislativa é clara ao dispor que o pacto convivencial será ineficaz caso não seja sucedido pelo casamento. Parece que há certo equívoco.

Ao estabelecer essa distinção, a Comissão de Juristas, na prática, equiparou a autonomia negocial dos conviventes à dos cônjuges, condicionando, entretanto, sua validade à formalização por escritura pública, em detrimento do instrumento particular. Tal exigência contraria a própria essência das uniões estáveis, caracterizadas pela informalidade e pela flexibilização de requisitos formais. Caso o referido projeto de lei seja aprovado, os companheiros que desejarem renunciar a direitos sucessórios, regulamentar a guarda, a convivência e o sustento de filhos, entre outras disposições, estarão obrigados a formalizar tais ajustes exclusivamente por escritura pública. Isso impõe aos particulares a necessidade de recorrer ao Estado, restringindo sua autonomia e submetendo-os a uma regulação estatal mais rígida.

2.4 Do pacto de coparentalidade

No primeiro tópico do artigo foi mencionada a existência de pessoas que desejam exercer a paternidade ou maternidade sem manter uma relação conjugal ou amorosa. Trata-se das chamadas famílias coparentais, que "se constituem entre pessoas que não necessariamente estabeleceram uma conjugalidade, ou nem mesmo uma relação sexual. Apenas se encontram movidos pelo interesse e deseja em fazer uma parceria de paternidade/maternidade".[34]

No contexto familiar, diversas formas de expressão são reconhecidas, incorporando a autonomia privada nas decisões relacionadas à família. Isso ocorre porque as preferências mais íntimas podem impulsionar a realização individual de cada ser humano. Assim, questões como a definição da estrutura familiar, a continuidade ou o término de um casamento ou união estável, a formalização de um pacto de coparentalidade, entre outras, exemplificam as possibilidades existenciais voltadas à construção da felicidade.

O pacto de coparentalidade surge, precisamente, com essa finalidade: concretizar a realização de um sonho dos genitores, promovendo a parentalidade responsável e orientada pelo melhor interesse da prole. Embora possa haver uma percepção parcial de coisificação do ser humano, esse instrumento permite garantir segurança jurídica aos contratantes e regulamentar questões inerentes ao filho em comum, tais como o método de concepção, a divisão dos custos com procedimentos médicos relacionados à gravidez e eventual fertilização, além das despesas com o parto e a saúde do bebê.

O pacto também pode abranger temas como religião, puericultura, alimentação e nutrição da criança. Além disso, pode dispor sobre aspectos como educação, atividades extracurriculares, uso de tecnologia (internet, tempo de tela), modelo de guarda compartilhada, diretrizes para a tomada de decisões – tanto rotineiras quanto emergenciais – e a definição da pensão alimentícia. Defende-se a desnecessidade de homologação judicial para essas questões, acompanhando a tendência à desjudicialização.

Essa nova modalidade de planejamento familiar, reconhecida como um direito fundamental pela Constituição Federal, assegura às partes a possibilidade de formalizar esse direito por meio do pacto de coparentalidade, sempre resguardando os direitos igualmente fundamentais da criança que vier a nascer.

Trata-se, portanto, de negócio jurídico atípico firmado entre duas pessoas legalmente capazes, com o objetivo de definir cláusulas patrimoniais e existenciais relacionada à concepção, criação, sustento e desenvolvimento de filho comum, sem que haja vínculo afetivo entre os genitores.

Por fim, ressalta-se que o pacto de coparentalidade constitui uma realidade jurídica com implicações normativas, ainda que não haja legislação específica que o regulamente. No entanto, trata-se de uma forma legítima de exercício dos direitos

---

34. ROSA, Conrado Paulino da. *Direito de Família Contemporâneo*. 10 ed. São Paulo. JusPodivm, 2023, p. 253.

e deveres inerentes ao núcleo familiar, expressando a liberdade de planejamento familiar, a qual não pode ser restringida.

CONSIDERAÇÕES FINAIS

Diante da análise proposta, é possível concluir que os pactos familiares desempenham um papel central na configuração das relações jurídicas contemporâneas, principalmente no que se refere à organização patrimonial e ao planejamento das relações existenciais entre os indivíduos. As transformações observadas nas configurações familiares, como o aumento dos divórcios, o casamento de pessoas idosas e o "divórcio grisalho", evidenciam a necessidade de um maior cuidado e previsibilidade nas relações conjugais e patrimoniais. Nesse contexto, os pactos antenupciais e outros instrumentos jurídicos têm se mostrado ferramentas essenciais para proporcionar segurança jurídica e respeito à autonomia dos envolvidos.

Ao refletir sobre os negócios jurídicos no direito de família, constatamos que os pactos familiares não apenas garantem a estabilidade jurídica, mas também promovem a realização da felicidade e a harmonização dos interesses dos contratantes, dentro dos limites da dignidade humana e da liberdade de planejamento familiar. Esse movimento em direção à personalização das relações familiares reforça a importância de um direito dinâmico e flexível, capaz de acompanhar as mudanças da sociedade e das relações humanas.

Ao proceder com a análise das alterações sugeridas pela Comissão de Juristas incumbida da revisão e atualização do Código Civil, observou-se a presença de avanços substanciais e pontos positivos de relevante significância. No entanto, algumas das modificações propostas demandam uma reflexão mais aprofundada, como, por exemplo, a distinção entre pacto convivencial e contrato de convivência, que ainda carece de um exame mais detalhado e minucioso.

Portanto, a crescente utilização dos pactos familiares revela uma tendência que caminha para a construção de um direito de família mais equitativo, pautado pelo respeito às escolhas individuais e pela busca por relações mais equilibradas e previsíveis. O estudo da evolução desses instrumentos jurídicos é fundamental para entender o papel do direito no fortalecimento das relações familiares e na proteção dos direitos dos indivíduos dentro do cenário jurídico contemporâneo.

REFERÊNCIAS

AMARAL, Francisco. *Direito Civil*: introdução. 5. ed. Rio de Janeiro: Renovar, 2003.

ASSOCIAÇÃO DOS NOTÁRIOS E REGISTRADORES DO BRASIL(ANOREG). *Cartório em Números*: especial desjudialização. 6. ed. 2024. Disponível em: https://www.anoreg.org.br/site/wp-content/uploads/2025/01/Cartorios-em-Numeros-Edicao-2024-V02.pdf. Acesso em: 18 fev. 2025.

CABO Almudena de. BBC News Brasil. Divórcio grisalho: o crescente fenômeno das separações após décadas de casamento. *BBC News Brasil*. 15 abr. 2023 Disponível em: https://www.bbc.com/portuguese/articles/c2ln72zg5x2o. Acesso em: 05 fev. 2025.

BRASIL. Conselho Nacional de Justiça. *Protocolo para julgamento com perspectiva de gênero 2021*. Disponível em: https://www.cnj.jus.br/wp-content/uploads/2021/10/protocolo-para-julgamento-com-perspectiva-de-genero-cnj-24-03-2022.pdf. Acesso em: 5 fev. 2025.

BRASIL. Senado Federal. *Projeto de Lei 4/2025*. Dispõe sobre a atualização da Lei 10.406, de 10 de janeiro de 2002 (Código Civil), e da legislação correlata. Disponível em: https://www25.senado.leg.br/web/atividade/materias/-/materia/166998. Acesso em: 19 fev. 2025.

BRASIL. Supremo Tribunal Federal. *Agravo em Recurso Extraordinário 1.309.642/SP*. Relator: Ministro Luís Roberto Barroso. Disponível em: https://portal.stf.jus.br/jurisprudenciaRepercussao/tema.asp?num=1236. Acesso em: 18 fev. 2023.

BROWN, Susan Love; LIN, I-Fen. The graying of divorce: a half century of change. *Journal of Gerontology*: social science. v. 77, n. 9, p. 1710-1720.

CAMBI, Eduardo Augusto Salomão. *Direito das famílias com perspectiva de gênero*: aplicação do protocolo de julgamento do Conselho Nacional de Justiça (Recomendação 128/2022 e Resolução 492/ 2023). Indaiatuba, SP: Foco, 2024.

DE MORAES, Maria Celina Bodin. A família democrática. In: PEREIRA, Rodrigo da Cunha [Coord.]. *Anais* [...] V Congresso de Direito de Família. Rio de Janeiro: Renovar, 2003. Disponível em: https://ibdfam.org.br/assets/upload/anais/31.pdf. Acesso em: 17 fev. 2025.

DELGADO, Mário Luiz. *Direito fundamental de herança*: sob a ótica do titular do patrimônio. Indaiatuba: Foco, 2023.

FIGUEIREDO, Luciano. *Pacto antenupcial*: limites da customização matrimonial. 2. ed. Salvador: JusPodivm, 2024.

GAGLIANO, Pablo Stolze. A cláusula do pôr-do-sol (sunset clause) no direito de família. *Migalhas*. Disponível em: https://www.migalhas.com.br/coluna/reforma-do-codigo-civil/411333/a-clausula-do-por-do-sol-no-direito-de-familia. Acesso em: 19 fev. 2025.

GOMES, Orlando. *Contratos*. 26. ed. Rio de Janeiro: Forense, 2009.

INSTITUTO BRASILEIRO DE GEOGRAFIA E ESTATÍSTICA. *Sistema de estatísticas vitais*. Disponível em: https://www.ibge.gov.br/estatisticas/sociais/populacao/9110-estatisticas-do-registro-civil.html. Acesso em: 4 fev. 2025.

MARZAGÃO, Sílvia Felipe. *Contrato paraconjugal*: a modulação da conjugalidade por contrato. Indaiatuba: Foco, 2023.

MATOS, Ana Carla Harmatiuk; TEIXEIRA, Ana Carolina Brochado. Pacto antenupcial na hermenêutica civil-constitucional. In: MENEZES, Joyceana Bezerra de; CICCO, Maria Cristina de; RODRIGUES, Francisco Luciano Lima (Org.). *Direito civil na legalidade constitucional*: algumas implicações. Indaiatuba: Foco, 2021.

NALIN, Paulo. *Do contrato*: conceito pós-moderno em busca de sua formalização na perspectiva civil-constitucional. Curitiba: Juruá, 2001.

OLIVEIRA, Carlos Eduardo Elias de. Compensação pecuniária por tempo de casamento ou de união estável: uma espécie de alimentos compensatórios prefixados. *Migalhas*. Disponível em: https://www.migalhas.com.br/depeso/420225/compensacao-pecuniaria-por-tempo-de-casamento-ou-de-uniao-estavel. Acesso em: 19 fev. 2025.

PARANÁ. Tribunal de Justiça do Estado do Paraná. *Agravo de instrumento 0030022-83.2024.8.16.0000.* Relatora: Desembargadora Substituta Sandra Bauermann. Décima Segunda Câmara Cível. Julgamento em 16 dez. 2024.

PARANÁ. Tribunal de Justiça do Estado do Paraná. *Agravo de instrumento 0060306-74.2024.8.16.0000.* Relatora: Desembargadora Lenice Bodstein. Décima Primeira Câmara Cível. Julgamento em 11 de nov. 2024.

PONTES DE MIRANDA, Francisco Cavalcante. *Tratado de Direito Privado.* São Paulo: RT, 2012. t. III, Negócios Jurídicos. Representação. Conteúdo. Forma. Prova.

ROPPO, Enzo. *O contrato.* Coimbra: Almeida, 1988.

ROSA, Conrado Paulino da. *Direito de Família Contemporâneo.* 10 ed. São Paulo. JusPodivm, 2023.

RUZYK, Carlos Eduardo Pianovski. As fronteiras da responsabilidade e o princípio da liberdade. *Revista de Direito da Responsabilidade.* Coimbra (Portugal), Ano 4, p. 312-340, 2022.

SILVA, Leonardo Amaral Pinheiro da. *Pacto dos noivos.* Rio de Janeiro: Lumen Júris, 2017.

STROZZI, Arthur Lustosa; PAIANO, Daniela Braga; GIROTTO, Guilherme Augusto. Da (ir) retroatividade das disposições estabelecidas no contrato de convivência. In: GIOLO JUNIOR, Cildo et. al. *Direito de família e sucessões II.* Florianópolis: Conpedi, 2023. Disponível em: https://site.conpedi.org.br/publicacoes/4k6wgq8v/qto52gm9/nuO4JyXgCq8Vz33M.pdf. Acesso em: 19 fev. 2025.

STROZZI, Arthur Lustosa; PAIANO, Daniela Braga. Pacto ou contrato de convivência? por uma interpretação à luz do direito civil na legalidade constitucional. *Quaderni degli annali della facoltà giuridica.* Serie 5, 2024, p. 77-78. Disponível em: https://pubblicazioni.unicam.it/retrieve/93c4dad8-10a1-44b9-8a8b-beba977f4520/QuadernoAFG-n.5_2024.pdf. Acesso em: 19 fev. 2025.

TARTUCE, Flávio. *Renúncia prévia a direitos sucessórios:* breves comentários à decisão do Conselho Superior da Magistratura, do Tribunal de Justiça de São Paulo, de setembro de 2023. Disponível em: http://www.flaviotartuce.adv.br/assets/uploads/artigos/447a9-artigo-tartuce-renuncia-previa-heranca.docx. Acesso em: 19 fev. 2025.

XAVIER, Marília Pedroso; PUGLIESE, William Soares. *Divórcio liminar:* técnica processual adequada para sua decretação. Indaiatuba, SP: Foco, 2022.

CONTRATO DE NAMORO NA CONTEMPORANEIDADE

Beatriz Scherpinski Fernandes

Mestra em Direito Negocial pela Universidade Estadual de Londrina (UEL). Especialista em Direito Penal e Processual Penal pelo Instituto de Direito Constitucional e Cidadania (IDCC). Especialista em Direito Civil pelo Centro Universitário Leonardo da Vinci (UNIASSELVI). Graduada em Direito pela Universidade Estadual de Londrina (UEL) e Participante do projeto de pesquisa 12475: "Contratualização das relações familiares e das relações sucessórias" (UEL). E-mail: biascherpinski@gmail.com.

Franciele Barbosa Santos

Mestra em Direito Negocial pela Universidade Estadual em Londrina (UEL). Especialista em Direito Penal e Processo Penal Econômico pela Pontifícia Católica do Paraná (PUC/PR). Especialista em Direito Empresarial e em Lei Geral de Proteção de Dados Pessoais pela Faculdade Legale. Professora na Faculdade FATEC. Graduada em Direito pela Universidade Estadual de Londrina (UEL) e Participante do projeto de pesquisa 12475: "Contratualização das relações familiares e das relações sucessórias" (UEL). E-mail: francielebs3097@gmail.com.

Sumário: Introdução – 1. Evolução das relações afetivas e o ordenamento jurídico; 1.1 A transformação das relações afetivas e os reflexos no direito; 1.2 Do namoro à união estável: limites e distinções – 2. Contrato de namoro: conceito, características e finalidades; 2.1 Conceito e justificativa; 2.2 Elementos essenciais e requisitos formais; 2.3 Finalidade preventiva e declaratória – 3. Aspectos controvertidos e jurisprudência atual – 4. Impactos e implicações práticas; 4.1 Importância do contrato de namoro para a gestão patrimonial; 4.2 Reflexão sobre a instrumentalização das relações afetivas – Considerações finais – Referências.

INTRODUÇÃO

As relações afetivas e familiares contemporâneas, em comparação com os modelos de namoro e casamento do século passado, sofreram transformações que afetaram diretamente o ordenamento jurídico que, para atender aos anseios sociais, passou a ter o desafiador papel de compreender as novas características dos relacionamentos interpessoais.

O namoro tem se aproximado cada vez mais da união estável, diferenciando-se, tão somente, no aspecto subjetivo do objetivo de constituição de família. Diante da dificuldade de identificar a presença ou não desse elemento e da possibilidade ou não de exteriorizar a vontade no âmbito do reconhecimento dessa entidade familiar, surgiu o contrato de namoro.

Esse instrumento, que tem como objeto a declaração de vontade de casal de expor que o relacionamento por eles vivenciado corresponde apenas a um namoro, possui características e finalidades que geram controvérsias na doutrina e jurisprudência atual e que causam impactos práticos a serem analisados.

A proposta da pesquisa é analisar os cenários das relações afetivas contemporâneas, considerando as transformações sociais ocorridas no final do século XX, e compreender o papel do contrato de namoro na garantia da autodeterminação das partes, identificando seus elementos essenciais, sua finalidade declaratória e preventiva, sua importância na gestão patrimonial e o panorama atual de sua utilização no direito brasileiro. Para tanto, o método utilizado é o dedutivo, cuja metodologia pauta-se em pesquisas documentais, legislativas e bibliográficas.

1. EVOLUÇÃO DAS RELAÇÕES AFETIVAS E O ORDENAMENTO JURÍDICO

No estudo do objeto da presente pesquisa, o contrato de namoro na contemporaneidade, entende-se como essencial a compreensão da evolução das relações afetivas e dos reflexos dessas transformações no ordenamento jurídico, assim como dos limites e das distinções entre namoro e união estável, bem como a análise dos princípios aplicáveis às relações afetivas para que, posteriormente, seja possível abordar especificamente o contrato de namoro.

1.1 A transformação das relações afetivas e os reflexos no direito

No século XX, era possível diferenciar uma relação afetiva de uma relação familiar com facilidade, visto que cada tipo de vínculo amoroso possuía características próprias. O namoro da época era um compromisso assumido, no qual se demonstrava a intenção do casal de, no futuro, se casar e constituir uma família. Entre os comportamentos típicos do namoro à moda antiga, cita-se que "era comum o namoro incipiente no sofá da sala dos pais da moça, sob olhares críticos e vigilantes dos donos da casa".[1]

Naquela época, período anterior à revolução sexual, o namoro, marcado por interações controladas pelos pais, tinha curta duração e objetivava a evolução para um noivado, ou seja, se caracterizava apenas como uma fase.[2] Logo, a distinção entre o namoro e a união estável era inequívoca, visto que "naqueles relaciona-

---

1. OLIVEIRA, Euclides de. A escalada do afeto no direito de família: ficar, namorar, conviver, casar. V Congresso de Direito de Família, 2005, Belo Horizonte *Anais...* Belo Horizonte: IBDFAM, 2005. do. Disponível em: http://www.ibdfam.org.br/assets/upload/anais/13.pdf. Acesso em: 03 nov. 2021. p. 13.
2. BERTOLDO, Raquel Bohn; BARBARÁ, Andréa. Representação social do namoro: a intimidade na visão dos jovens. *Psico-USF*, v. 11, p. 229-237, 2006. p. 230.

mentos em que existiam relações sexuais, verificava-se uma união estável; quando ausente a intimidade sexual, estava-se diante de um namoro".[3]

Na contemporaneidade, a partir das transformações sociais, o termo namoro pode designar muitos tipos de relações interpessoais, como uma relação curta e descompromissada ou até mesmo uma coabitação.[4] A mudança no comportamento dos casais em relação ao namoro, especialmente nos últimos anos do século XX e início do século XXI, transformou essa prática de algo irrelevante do ponto de vista jurídico para um possível indicativo de prova em questões familiares.

O namoro pode ser utilizado, por exemplo, como fundamento para a concessão de tutela antecipada de alimentos gravídicos, para demonstrar a ausência de união estável, servindo como critério para distinguir um simples relacionamento de uma entidade familiar ou representar valoração de prova em ações de investigação de paternidade, conforme julgado do Supremo Tribunal Federal.[5]

Além de ser considerado um meio de prova em processos judiciais, discute-se a possibilidade de o namoro ser tratado como objeto de negócios jurídicos relacionados às relações afetivas, o que pode representar uma tentativa de resolver a questão da dificuldade em distinguir o namoro da união estável, tema que será abordado com maior profundidade no próximo tópico.

Diante das transformações das relações afetivas na sociedade, o namoro passa a ser relevante para o Direito por poder resultar em consequências jurídicas já mencionadas neste subtópico, bem como por poder apresentar três das quatro características presentes na entidade familiar da união estável: a publicidade, a continuidade e a durabilidade.

1.2 Do namoro à união estável: limites e distinções

Até pouco tempo atrás, o relacionamento afetivo com o simples objetivo de constituir um namoro não despertava grandes preocupações no campo jurídico, uma vez que, em regra, não gerava efeitos legais e não interferia no Direito. No entanto, na contemporaneidade, o namoro deixou de ser visto apenas como uma etapa antes do casamento, passando a ser reconhecido também como um fim em si mesmo.

---

3. TEIXEIRA, Ana Carolina Brochado. Prefácio para *Contrato de namoro*: amor líquido e direito de família mínimo, de Marília Pedroso Xavier, 2. ed. Belo Horizonte: Fórum, 2020. p. 17-18.
4. BERTOLDO, Raquel Bohn; BARBARÁ, Andréa. Representação social do namoro: a intimidade na visão dos jovens. *Psico-USF*, v. 11, p. 229-237, 2006. p. 230.
5. BRASIL. Supremo Tribunal Federal. *Recurso Extraordinário 81802*. Relator: Rodrigues Alckmin. Primeira Turma, julgado em 11.05.1976. Disponível em: https://jurisprudencia.stf.jus.br/pages/search/sjur135098/false. Acesso em: 09 nov. 2021.

Não é mais possível afirmar, na atualidade, que o propósito dos namorados seja necessariamente um casamento futuro, já que o namoro não tem um prazo determinado, e a intenção do casal pode ser apenas manter o status da relação inalterado. A prática de relações sexuais, viagens feitas exclusivamente entre o casal e até mesmo a coabitação são comportamentos comuns entre namorados, conviventes e casados nos dias atuais.

Para Rodrigo da Cunha Pereira, "namoro é o relacionamento entre duas pessoas sem caracterizar uma entidade familiar", ou seja, "não acarreta partilha de bens ou qualquer aplicação de regime de bens, fixação de alimentos ou direito sucessório".[6]

De acordo com Euclides de Oliveira, "o namoro traz ínsita a idéia (sic) de respeito mútuo e de fidelidade entre as pessoas envolvidas. Não significa estarem elas obrigadas a manter o caso, muito menos a caminho seguro do altar. Pode haver rompimento, é comum a desistência de namoro [...]".[7]

O namoro, um fato social não considerado como uma categoria jurídica da conjugalidade no direito familiarista, "por opção legislativa, atualmente, não recebe tutela jurídica de família, de modo que, qualquer divergência entre os pares, deverá ser resolvida mediante aplicação de outras normas".[8]

Nesse contexto, eventuais questões que exijam a intervenção do Estado e que tenham surgido de um relacionamento considerado como namoro não serão tratadas pelo Direito de Família. A divisão de bens, como um veículo adquirido por um casal de namorados ou a compensação por danos causados, por exemplo, podem ser resolvidas com base nas normas do Direito Obrigacional.

Diante desse contexto, "busca-se maior compreensão a respeito dos contornos das repercussões jurídicas do namoro, nem tanto pelo que ele é, mas pelo que ele não é – já que ele não é união estável e o que se pretende é dela diferenciá-lo".[9]

Regulamentada pelo artigo 1.723 do Código Civil de 2002, "É reconhecida como entidade familiar a união estável entre o homem e a mulher, configurada

---

6. PEREIRA, Rodrigo da Cunha. *Direito das famílias*. Rio de Janeiro: Forense, 2020. p. 180.
7. OLIVEIRA, Euclides de. A escalada do afeto no direito de família: ficar, namorar, conviver, casar. V Congresso de Direito de Família, 2005, Belo Horizonte *Anais...* Belo Horizonte: IBDFAM, 2005. do. Disponível em: http://www.ibdfam.org.br/assets/upload/anais/13.pdf. Acesso: 03 nov. 2021. p. 14.
8. BORTOLATTO, Ariani Folharini; GHILARDI, Dóris. Existir, valer, ser eficaz: o que a teoria dos fatos jurídicos diz sobre o "contrato de namoro"?. In: GHILARDI, Dóris. *Estudos avançados de direito de família e sucessões*. Rio de Janeiro: Lumen Juris, 2020. v. 1. p. 09.
9. TEIXEIRA, Ana Carolina Brochado. Prefácio para *Contrato de namoro*: amor líquido e direito de família mínimo, de Marília Pedroso Xavier. 2. ed. Belo Horizonte: Fórum, 2020. p. 17-18.

na convivência pública, contínua e duradoura e estabelecida com o objetivo de constituição de família".[10]

O termo "reconhecida" é utilizado porque, uma vez presentes os elementos previstos, a união estável estará configurada, independentemente de declaração em cartório, uma vez que se trata de uma entidade familiar estabelecida, principalmente, pela via fática. Além disso, embora a expressão original mencione "homem e mulher", a interpretação jurisprudencial tem reconhecido a união estável entre pessoas do mesmo sexo desde 2011.

Para que a união estável seja reconhecida, é necessário que estejam presentes os elementos objetivos da publicidade, continuidade e durabilidade, e o elemento subjetivo do objetivo de constituir uma família.

A publicidade depende da apresentação do casal perante amigos, colegas de trabalho, vizinhos e membros da comunidade, visto que a união estável é caracterizada como um fato social, assim como o casamento.[11] Assim, a convivência pública configura-se a partir do reconhecimento da relação familiar pela sociedade nuclear do casal.

Tanto a legislação constitucional brasileira quanto a infraconstitucional não definem um lapso temporal necessário para a caracterização da união estável. Portanto, "a estabilidade decorre da conduta fática e das relações pessoais dos companheiros"[12] e a caracterização dos elementos da continuidade e durabilidade deve ser analisada no caso concreto.

O único requisito subjetivo para a configuração da união estável é o objetivo de constituição de família, que se consubstancia na vontade do casal. Diante da possibilidade de o namoro da pós-modernidade poder contemplar todos os requisitos objetivos, ou seja, ser público, contínuo e duradouro, este quarto elemento necessário para o reconhecimento da entidade familiar assume grande relevância.

Verifica-se a existência de uma linha tênue entre o namoro e a união estável, que se distinguem pelo "*animus familiae*, reconhecido pelas partes e pela sociedade (trato e fama)",[13] já que, "apesar da aparência, falta àquele relacionamento um requisito capital, essencial: o compromisso, o objetivo, a vontade de constituir uma família. Não se trata de uma união estável, mas de namoro prolongado".[14]

---

10. BRASIL. Lei 10.406, de 10 de janeiro 2002. *Código Civil*. Diário Oficial da União, Brasília, DF. Disponível em: http://www.planalto.gov.br/ccivil_03/leis/2002/l10406compilada.htm. Acesso em: 15 ago. 2021.

11. AZEVEDO, Álvaro Villaça. *Estatuto da família de fato*: de acordo com o atual código civil, Lei 10.406, de 10-01-2002. 3. ed. São Paulo: Atlas, 2011. p. 398.

12. LÔBO, Paulo. *Direito civil*. 8. ed. São Paulo: Saraiva Educação, 2018. v. 5: famílias, p. 120.

13. PEREIRA, Rodrigo da Cunha. *Direito das famílias*. Rio de Janeiro: Forense, 2020. p. 180.

14. VELOSO, Zeno. *Contrato de namoro*. Publicado em: 28.03.2009. Disponível em: https://soleis.adv.br/artigocontratodenamorozeno.htm. Acesso em: 30 abr. 2023.

O propósito de formar família se evidencia por uma série de comportamentos exteriorizando a intenção de constituir família, a começar pela maneira como o casal se apresenta socialmente, identificando um ao outro perante terceiros como se casados fossem, sendo indícios adicionais e veementes a mantença de um lar comum e os sinais notórios de existência de uma efetiva rotina familiar, que não pode se resumir a fotografias ou encontros familiares em datas festivas, a frequência conjunta a eventos familiares e sociais, a existência de filhos comuns, o casamento religioso, e dependência alimentar, ou indicações como dependentes em clubes sociais, cartões de créditos, previdência social ou particular, como beneficiário de seguros ou planos de saúde, mantendo também contas bancárias conjuntas.[15]

Ressalta-se que o objetivo de constituir uma família deve ser uma vontade mútua e atual do casal, o que impede que simples noivados, que projetam a formação de uma família no futuro, sejam confundidos com uma entidade familiar.

Quanto à coabitação, embora possa ser usada como elemento de prova e ajudar no reconhecimento da união estável, não é um requisito indispensável para sua caracterização. Um casal que seja publicamente reconhecido como duradouro e estável e que tenha o objetivo atual de constituir uma família será reconhecido como uma entidade familiar, independentemente de viver juntos, da mesma forma que, ainda que esteja presente a coabitação, a relação pode ser considerada como um namoro qualificado e não uma união estável.

Nem a Constituição nem o Código Civil fazem tal exigência, acertadamente, pois da realidade social brotam relações afetivas estáveis de pessoas que optaram por viver em residências separadas, especialmente quando saídas de relacionamentos conjugais, ou que foram obrigadas a viver assim em virtude de suas obrigações profissionais, em cidades diferentes. A estabilidade da convivência não é afetada por essa circunstância, quando os companheiros se comportarem, nos espaços públicos e sociais, como se casados fossem.[16]

Interpreta-se que, embora seja possível a presença dos elementos objetivos, o único elemento subjetivo, qual seja o objetivo de constituição de família, é incompatível com a natureza do namoro, sendo esse, precisamente, o seu ponto de diferenciação. Não obstante, as tentativas doutrinárias e jurisprudenciais de apresentar comportamentos que devem ser interpretados como indicativos do objetivo de constituir família, somente a análise concreta da situação fática do casal poderá ser suficiente para a devida aferição desse requisito.

2. CONTRATO DE NAMORO: CONCEITO, CARACTERÍSTICAS E FINALIDADES

Diante da dificuldade na diferenciação entre o namoro contemporâneo e a união estável, surge a possibilidade de o casal de namorados declarar, por meio

---

15. MADALENO, Rolf. *Direito de Família*. 10. ed. Rio de Janeiro: Forense, 2020. p. 1938.
16. LÔBO, Paulo. *Direito civil*. 8. ed. São Paulo: Saraiva Educação, 2018. v. 5: famílias, p. 120.

de um negócio jurídico, que a relação entre eles se limita a um namoro, ou seja, não corresponde a uma entidade familiar.

Sob a ótica negocial, a viabilidade jurídica da declaração de vontade do casal, que regula um simples namoro para deixar explícita a inexistência do objetivo de constituição de família, pode ser fundamentada no princípio da autonomia privada, bem como no desdobramento do direito fundamental à liberdade, no que tange à autodeterminação individual.

2.1 Conceito e justificativa

O contrato de namoro é um instrumento de manifestação da autonomia privada dos envolvidos, baseado no princípio da liberdade contratual e no direito à autodeterminação, com o objetivo de formalizar a intenção do casal de que a relação é apenas um namoro.

É, portanto, conceituado como a "declaração de vontade de duas pessoas para estabelecer que aquela relação é apenas um namoro"[17] ou, em outras palavras, "espécie de negócio jurídico no qual as partes que estão tendo um relacionamento afetivo acordam consensualmente que não há entre elas objetivo de constituir família".[18]

Ao se considerar o posicionamento de parte da doutrina na atribuição da natureza de ato-fato jurídico à união estável, bem como o aspecto predominantemente fático dessa entidade familiar, se observa uma dificuldade na exteriorização da vontade do casal, o que justifica o esclarecimento do *status* de relacionamento por meio de um contrato de namoro. Uma das principais características da união estável, que também a diferencia do casamento, é "a ausência de formalismos para a sua constituição, pois independe de qualquer solenidade para tanto, bastando apenas o início da vida em comum".[19]

Na identificação da natureza jurídica da união estável, Rodrigo da Cunha Pereira a considera como ato-fato jurídico,[20] assim como Paulo Lôbo, que expõe que:

> Por ser ato-fato jurídico (ou ato real), a união estável não necessita de qualquer manifestação de vontade para que produza seus jurídicos efeitos. Basta sua configuração fática, para que haja incidência das normas constitucionais e legais cogentes e supletivas e a relação fática converta-se em relação jurídica. Pode até ocorrer que a vontade manifestada ou íntima de

---

17. PEREIRA, Rodrigo da Cunha. *Direito das famílias*. Rio de Janeiro: Forense, 2020. p. 48.
18. XAVIER, Marília Pedroso. *Contrato de namoro:* amor líquido e direito de família mínimo. Belo Horizonte: Fórum, 2020. p. 102.
19. MALUF, Carlos Alberto Dabus. União estável no direito brasileiro. In: DA SILVA, Regina Beatriz Tavares; CORREIA, Atalá; DE SOLAVAGIONE, Alicia García. *Tratado da união de fato:* Tratado de la unión de hecho. São Paulo: Almedina, 2021. p. 291.
20. PEREIRA, Rodrigo da Cunha. *Direito das famílias*. Rio de Janeiro: Forense, 2020. p. 184.

ambas as pessoas – ou de uma delas – seja a de jamais constituírem união estável; de terem apenas um relacionamento afetivo sem repercussão jurídica e, ainda assim, decidir o Judiciário que a união estável existe.[21]

Marília Pedroso Xavier, com fundamento em Marcos Bernardes de Mello, passou a considerar que a união estável apresenta natureza de negócio jurídico bilateral de Direito de Família tendo em vista que, para a sua configuração, exige-se uma manifestação de vontade e faculta-se a sua constituição e a regulação de seu conteúdo patrimonial.[22]

Tendo em vista que há divergências doutrinárias quanto à natureza jurídica da união estável e à necessidade ou não da exteriorização do objetivo de constituir família, o contrato de namoro justifica-se como um instrumento hábil para concretizar a vontade do casal de manter o reconhecimento de sua relação apenas como um namoro.

2.2 Elementos essenciais e requisitos formais

O negócio jurídico está previsto na parte geral do Código Civil brasileiro, o que determina que as regras ali delimitadas se aplicam a todos os livros da parte especial da mesma norma legal, como o livro do Direito das Obrigações, no qual se insere o título dos contratos em geral, e o do Direito de Família.

Considera-se que o contrato de namoro, por não possuir previsão legal expressa e por regulamentar interesses que não contrariam a lei, a ordem pública, os bons costumes e os princípios gerais de direito,[23] se insere na categoria atípica dos contratos.

Quanto aos elementos gerais do plano da existência do negócio jurídico, no contrato de namoro se observa que a forma é comumente a escrita, o objeto é a definição do *status* de namoro, a circunstância negociável é a declaração de vontade consensual do casal expressa no reconhecimento do relacionamento como apenas um namoro, os agentes são pessoas físicas que mantêm a relação afetiva, o lugar pode ser determinado no documento e o tempo se estende enquanto perdurar o relacionamento.

Os requisitos do plano da validade, "caracteres que a lei exige (requer) nos elementos do negócio para que este seja válido",[24] estão previstos no artigo 104 do

---

21. LÔBO, Paulo. *Direito civil*. 8. ed. São Paulo: Saraiva Educação, 2018. v. 5: famílias p. 120.
22. XAVIER, Marília Pedroso. *Contrato de namoro*: amor líquido e direito de família mínimo. 3. ed. Belo Horizonte: Fórum, 2022. p. 110-112.
23. AZEVEDO, Álvaro Villaça. *Curso de direito civil*: teoria geral dos contratos. 4. ed. São Paulo: Saraiva Educação, 2019. p. 185.
24. AZEVEDO, Antônio Junqueira de. *Negócio Jurídico*. Existência, validade e eficácia. 4. ed. São Paulo: Saraiva, 2010. p. 42.

Código Civil (2002), quais sejam, o agente capaz, o objeto lícito, possível, determinado ou determinável e a forma prescrita ou não defesa em lei.

Por fim, em relação ao plano da eficácia, Emilio Betti éxpõe que a eficácia não se consolida quando circunstâncias de fato a obstam.[25] Argumenta-se que, quanto ao contrato de namoro, a sua eficácia perdura enquanto o relacionamento se mantiver apenas como um namoro. Assim, havendo uma modificação da situação fática, seja pelo término da relação ou pela imposição do reconhecimento da união estável a partir da incidência do objetivo de constituição de família, essa eficácia é rompida.

Assim, considera-se que os requisitos formais de um negócio jurídico se aplicam ao contrato de namoro, sendo essenciais os elementos da manifestação de vontade livre e consciente, o objetivo claro e específico, a personalidade das partes, ou seja, o contrato ser firmado entre as partes envolvidas no namoro e a boa-fé e transparência, em conformidade com os princípios gerais do Direito Contratual.

Destaca-se que as limitações aplicadas aos negócios jurídicos em geral também se aplicam ao contrato de namoro, e a pactuação entre as partes em relações afetivas não pode violar os direitos fundamentais de qualquer uma das partes envolvidas, como o direito à dignidade, à liberdade, à igualdade e à não discriminação. Cláusulas que infrinjam esses direitos são nulas e não têm validade jurídica.

2.3 Finalidade preventiva e declaratória

A possibilidade de o namoro contemporâneo contemplar três dos quatro requisitos para o reconhecimento da união estável (publicidade, continuidade e durabilidade), torna o objetivo de constituir família – característica subjetiva que só pode ser constatada a partir da situação concreta – o elemento diferenciador entre uma relação afetiva e uma relação familiar. Além disso, a ausência de previsão, pela legislação brasileira, da forma de identificação do objetivo de constituição de família, e a inexistência de unanimidade quanto à natureza jurídica da união estável e a necessidade ou não da exteriorização da vontade das partes, fortalecem um cenário de insegurança jurídica. O instrumento do contrato de namoro possibilita esclarecer a finalidade hodierna do casal de permanecer com o *status* de apenas namorados, sem o projeto de formação de uma família.

Com o propósito de declarar a relação afetiva de namoro e não afastar a norma imperativa de reconhecimento da união estável, tendo em vista que não há como prever futura transformação para uma entidade familiar, o contrato de namoro regula a situação fática no presente, e produz efeitos enquanto o contexto assim perdurar.

---

25. BETTI, Emilio. *Teoria Geral do Negócio Jurídico*. Campinas: Servanda, 2008. p. 655.

Portanto, para garantir a prevalência da vontade das partes, o contrato de namoro é negócio jurídico hábil para a declaração, pelos namorados, de que aquele relacionamento afetivo não constitui uma família.

3. ASPECTOS CONTROVERTIDOS E JURISPRUDÊNCIA ATUAL

O contrato de namoro é um instrumento negocial que tem ganhado relevância jurídica devido à preocupação em delimitar as consequências legais que um relacionamento possa acarretar. Isso ocorre porque a regulamentação da união estável pelo ordenamento brasileiro foi concebida para uma realidade de décadas passadas, que já não corresponde à atual.

O relacionamento de namoro transformou-se, passando a se aproximar, demasiadamente, do que o ordenamento reconhece como união estável, uma vez que são analisados aspectos objetivos e subjetivos para a sua configuração, sendo que o namoro atual apresenta as características objetivas delimitadas pelo ordenamento pátrio para o reconhecimento da união estável.

Nesse sentido, importante notar que, se no século passado o namoro era considerado como uma fase pré-nupcial, na atualidade o namoro pode ser considerado como um fim em si mesmo, significando, hoje, "o relacionamento entre duas pessoas sem caracterizar uma entidade familiar".[26] Entretanto, o noivado e, em seguida, o casamento, não devem mais serem considerados como os objetivos finais de um namoro, seja pela possibilidade de separação do casal, seja pela opção de assim se manter, sem a intenção de constituir uma família.

Observa-se, portanto, uma transformação nas relações amorosas, acompanhada de uma certa insegurança que permeia os relacionamentos atuais. Esse cenário leva as pessoas a buscarem mecanismos de proteção, uma vez que os efeitos do reconhecimento da união estável impactam tanto a esfera patrimonial quanto a extrapatrimonial, sendo esta última evidenciada pelo tratamento jurídico semelhante ao conferido à família.

É importante salientar que o namoro é um fato social não regulamentado pelo Direito de Família, de forma que o seu fim não deve – ao menos não deveria – ocasionar consequências jurídicas. Portanto, eventuais divergências entre os pares devem ser resolvidas por meio da aplicação de outras normas,[27] como o Direito Civil, por exemplo, em eventual ação de perdas e danos.

---

26. PEREIRA, Rodrigo da Cunha. *Direito das famílias*. Rio de Janeiro: Forense, 2020, p. 180.
27. BORTOLATTO, Ariani Folharini; GHILARDI, Dóris. Existir, valer, ser eficaz: o que a teoria dos fatos jurídicos diz sobre o "contrato de namoro"? In: GHILARDI, Dóris. *Estudos avançados de direito de família e sucessões*. Rio de Janeiro: Lumen Juris, 2020, v. 1. p. 09.

Contudo, alguns aspectos ainda são controversos no que tange ao contrato de namoro. Por essa razão, há estudiosos que questionam a sua validade e eficácia no ordenamento atual, enquanto outros defendem que o referido instrumento negocial apenas tem como objetivo a instrumentalização e patrimonialização das relações afetivas e amorosas.

A validade do negócio jurídico diz respeito à capacidade das partes, ao objeto do contrato e à inexistência de vício na manifestação da vontade. A vontade exteriorizada por meio do contrato de namoro deve ser "[...] tomada primeiramente como um todo, deverá ser: a) resultante de um processo volitivo; b) querida com plena consciência da realidade; c) escolhida com liberdade; d) deliberada sem má-fé".[28]

Alguns estudiosos entendem que "[...] mesmo que ausente a má-fé, a nulidade deverá ser reconhecida", uma vez que não se considera à vontade quando o negócio jurídico é usado como fraude à lei".[29] Ainda, alegam que "[...] Tal contrato é completamente desprovido de validade jurídica. [...] não se poderia reconhecer validade a um contrato que pretendesse afastar o reconhecimento da união, cuja regulação é feita por normas cogentes [...]".[30]

No mesmo sentido, narra Flávio Tartuce que o contrato de namoro é nulo, pois "[...] nos casos em que existe entre as partes envolvidas uma união estável, eis que a parte renuncia por esse contrato e de forma indireta a alguns direitos".[31] Ainda, coaduna com a invalidade Rolf Madaleno, que afirma que o contrato não pode afastar os efeitos decorrentes de uma situação fática.[32]

Tais posicionamentos partem do pressuposto de que o contrato de namoro se dá, unicamente, com o objetivo de fraudar uma união estável existente, ou seja, fraudar lei imperativa. Todavia, além da má-fé não se presumir, sendo imprescindível haver provas contundentes que atestem a sua ocorrência, independentemente da existência ou não do contrato de namoro, as decisões atuais entendem pela primazia da realidade.

Dessa forma, quando tal negócio jurídico for utilizado com motivos fraudulentos, os seus efeitos não irão prevalecer, sendo passível de nulidade, assim

---

28. AZEVEDO, Antônio Junqueira de. *Negócio jurídico*: existência, validade e eficácia. 4. ed. atual. de acordo com o novo Código Civil. São Paulo: Saraiva, 2002, p. 43.

29. BORTOLATTO, Ariani Folharini; GHILARDI, Dóris. Existir, valer ser eficaz: o que a teoria dos fatos jurídicos diz sobre o contrato de namoro? In: GHILARDI, Dóris; GOMES, Renata Raupp. *Estudos avançados de direito de família e sucessões*. Rio de Janeiro: Lumen Juris, 2020, v. 1, p. 12.

30. GAGLIANO, Pablo Stolze. *Contrato de namoro*. 2006. Disponível em: https://jus.com.br/artigos/8319/contrato-de-namoro. Acesso em: 22 jan. 2024.

31. TARTUCE, Flávio. *Direito civil*: direito de família. 17. ed. Rio de Janeiro: Forense, 2022, S.P., l. 20. *E-book*.

32. MADALENO, Rolf. *Manual de Direito de Família*. 4. ed. Rio de Janeiro: Forense, 2022, S.P., l. 523. *E-book*.

como qualquer outro negócio jurídico. Esse entendimento, inclusive, abrange as declarações de união estável realizadas por instrumento público, mas que não condizem com a realidade, visto que devem estar presentes todos os requisitos previstos na legislação. Cita-se, a seguir, uma decisão que corrobora com essa tese:

> Apelação cível. Família. Ação de reconhecimento de união estável post mortem. Requisitos do artigo 1.723 do código civil. Comprovação. Reconhecimento da união estável havida entre a autora e o falecido. Para o reconhecimento de união estável como entidade familiar, há necessidade de convivência pública, contínua e duradoura e estabelecida com o objetivo de constituição de família, nos exatos termos do art. 1.723 do Código Civil, ainda que não tenha havido coabitação, já que esta não é requisito legal para a configuração da união estável. Hipótese em que o conjunto probatório constante nos autos deixa clara a existência de união estável vivida entre a autora e o falecido entre julho de 1988 e junho de 2017, data do óbito. Precedentes do TJRS. Apelação desprovida. (TJ-RS – AC: 51112470420218210001 Porto AlegrE, Relator: Carlos Eduardo Zietlow Duro, Data de Julgamento: 26.04.2023, Sétima Câmara Cível, Data de Publicação: 26.04.2023)[33]

Outra crítica tecida ao contrato de namoro é que ele não possui qualquer tipo de valor, uma vez que somente visa monetizar singela relação afetiva.[34] Contudo, o intuito do contrato de namoro não é somente patrimonial, mas existencial. Por meio desse instrumento, é possível que os enamorados pactuem aspectos importantes sobre o relacionamento que vivenciam, trazendo mais segurança, inclusive emocional, para ambas as partes do relacionamento.

Apesar de tais críticas, as decisões recentes têm reconhecido o contrato de namoro como apto a produzir plenos efeitos, uma vez que a existência da união estável, entidade familiar, pressupõe e implica em comunhão de vidas, abarcando, também, comunhão de patrimônios. É nesse sentido a decisão do Tribunal de Justiça do Estado do Paraná, publicada em junho de 2024:

> Direito civil e processual civil. Direito de família. Apelação cível. Ação de reconhecimento e dissolução de união estável post mortem c/c pedido de quinhão hereditário. Sentença de improcedência. [...]. Sentença que examinou fundamentadamente os requisitos caracterizadores da união estável, referentes à convivência pública, contínua e duradoura, aliada ao objetivo de se constituir família. [...] 2. Embora se possa reconhecer que o relacionamento entre a Autora e o falecido ostentassem caráter público e notório, *não restou demonstrada a intenção de constituição da família*, mormente considerando que a coabitação deu-se em situação peculiar, na qual o de cujus a convidou para morar em sua residência, tão logo a Autora chegou a Curitiba, vindo de Campinas, onde enfrentava ação de despejo, perdurando por poucos meses. **3.** *A*

---

33. BRASIL. Tribunal de Justiça do Rio Grande do Sul. *Apelação Cível 51112470420218210001*. Relator: Carlos Eduardo Zietlow Duro. Data de Julgamento: 26/04/2023. Sétima Câmara Cível. Data de Publicação: 26/04/2023. Disponível em: https://www.jusbrasil.com.br/jurisprudencia/tj-rs/1904000869. Acesso em: 22 jan. 2025.

34. DIAS, Maria Berenice. *Manual de direito das famílias*. 11. ed. São Paulo: Revista dos Tribunais, 2016, p. 258.

elaboração de um contrato de namoro, que a Autora recusou-se a assinar, demonstra a intenção de proteção ao patrimônio que não se coaduna com a pretensão de se constituir família. Recurso conhecido e desprovido (TJPR – 12ª Câmara Cível – 0004398-89.2020.8.16.0188 – Curitiba – Rel.: Desembargadora Ivanise Maria Tratz Martins – J. 17.06.2024).[35] Grifos inexistentes no original.

A união estável é considerada, portanto, uma entidade familiar importante e, como tal, deve ser protegida nos moldes previstos na Constituição Federal. Assim, a existência da união estável implica no desejo das partes de serem vistas como se família fosse, o que não configura uma intenção futura, mas presente, pois já são uma família. E essa situação não se encontra presente no namoro.

Frisa-se que o namoro que se aproxima da união estável, contendo os requisitos objetivos que a legislação prevê para a caracterização da união estável, passou a ser chamado de "namoro qualificado", pois se apresenta como convivência pública, contínua e duradoura, mas sem o objetivo de constituição familiar, aspecto subjetivo fundamental para que seja reconhecida a união estável.

Nesse aspecto, o contrato de namoro, quando realizado em conformidade com os elementos de validade previstos no artigo 104 do Código Civil, além de ser uma exteriorização do compromisso das partes, será atributo válido para atestar a inexistência do elemento subjetivo para a caracterização da união estável, bem como para delimitar o período em que o relacionamento consistia em um namoro. É nesse sentido o julgado da 11ª Câmara Cível do Tribunal de Justiça do Estado do Paraná:

Apelação cível e recurso adesivo – Direito de família – União estável – Sentença de parcial procedência, para reconhecer e dissolver a união estável entre dezembro de 2014 a julho de 2015 (1º período) e entre julho de 2016 a junho de 2018 (2º período); determinar a partilha de bens comprovadamente adquiridos durante a convivência; indeferir o pedido de alimentos conjugais; fixar a sucumbência recíproca em 50% para cada parte e arbitrar honorários advocatícios sobre o valor da causa, conforme divisão patrimonial. Apelação cível: contrato particular de reconhecimento e extinção da união estável do primeiro período. *Contrato de namoro. Caracterização de namoro qualificado no segundo período. Verificação na espécie. Validade do instrumento. Partes maiores, capazes, representadas por advogados e sem prova de vício de consentimento. União estável do período de julho de 2015 e entre julho de 2016 a junho de 2018. Afastada.* Situação fática que não comprova a convivência pacífica, duradoura, com objetivo de constituir família nesse segundo período. *Affectio maritalis* não verificada. [...] 1. De acordo com a lei, doutrina e jurisprudência em direito de família, para que o contrato de namoro qualificado ou união estável seja válido, é necessário os agentes sejam capazes e o objeto seja lícito, possível, determinado ou determinável, observando forma prescrita ou não defesa em lei (conforme dicção do art. 104 do Código Civil brasileiro). O documento

---

35. BRASIL. Tribunal de Justiça do Estado do Paraná. *Apelação cível 0004398-89.2020.8.16.0188* – Curitiba – Relatora. Des. Ivanise Maria Tratz Martins. Data de Julgamento: 17.06.2024. Disponível em: https://portal.tjpr. jus.br/jurisprudencia/j/4100000028589911/Ac%C3%B3rd%C3%A3o-0004398-89.2020.8.16.0188#. Acesso em: 22 jan. 2025.

poderá ser público ou privado. 2. No Resp 1.454.643/RJ, o STJ esclareceu que "O propósito de constituir família, alçado pela lei de regência como requisito essencial à constituição da união estável – a distinguir, inclusive, esta entidade familiar do denominado 'namoro qualificado' –, não consubstancia mera proclamação, para o futuro, da intenção de constituir uma família. É mais abrangente. Esta deve se afigurar presente durante toda a convivência, a partir do efetivo compartilhamento de vidas, com irrestrito apoio moral e material entre os companheiros. É dizer: a família deve, de fato, restar constituída". [...] Apelação cível: conhecida e provida em parte. Recurso adesivo: conhecido em parte e não provido. (TJPR – 11ª Câmara Cível – 0002492-04.2019.8.16.0187 – Curitiba – Rel.: Desembargador Sigurd Roberto Bengtsson – J. 30.11.2022)[36] Grifos inexistentes no original.

No mesmo sentido, tem-se o julgado do Tribunal de Justiça do Estado de São Paulo, o qual entendeu pela validade do contrato de namoro firmado pelas partes, não havendo, dessa forma, a constituição familiar. Assim, o contrato de namoro demonstrou ser um instrumento válido para a exteriorização do *animus* dos enamorados.

Apelação. Ação de reconhecimento e dissolução de união estável cumulada com partilha de bens. Sentença que julgou improcedente a ação. Inconformismo da parte autora. Não pre-enchidos os elementos essenciais caracterizadores da união estável previstos na lei. *Contrato de namoro firmado pelas partes.* Caracterizado simples namoro, sem intenção de formação de núcleo familiar. Sentença mantida. Recurso desprovido. (TJ-SP – AC: 10008846520168260288 SP 1000884-65.2016.8.26.0288, Relator: Rogério Murillo Pereira Cimino, Data de Julgamento: 25.06.2020, 9ª Câmara de Direito Privado, Data de Publicação: 25.06.2020)[37] Grifos inexistentes no original.

Assim, apesar das controvérsias que cercam o contrato de namoro, tem-se notado uma tendência de acolhimento desse instrumento negocial como hábil para a produção de efeitos, quando correspondente à realidade fática. Mesmo que uma parte tenha alegado má-fé ou vício de consentimento, é necessário que a parte comprove tal vício.

Baseado na boa-fé objetiva e na vontade genuína das partes, o contrato de namoro é um negócio jurídico tal como qualquer outro, cujo efeitos são desejados pelas partes e possuem plenos efeitos.

---

36. BRASIL. Tribunal de Justiça do Estado do Paraná. Apelação Cível 0002492-04.2019.8.16.0187. Curitiba. Rel. Des. Sigurd Roberto Bengtsson. Data do Julgamento: 30.11.2022. Disponível em: https://portal.tjpr. jus.br/jurisprudencia/j/4100000022608881/Ac%C3%B3rd%C3%A3o-0002492-04.2019.8.16.0187#. Acesso em: 23 jan. 2025.

37. BRASIL. Tribunal de Justiça do Estado de São Paulo. *Apelação Cível 10008846520168260288.* Relator: Rogério Murillo Pereira Cimino. Data de Julgamento: 25/06/2020, 9ª Câmara de Direito Privado. Data de Publicação: 25.06.2020. Disponível em: https://www.migalhas.com.br/depeso/385447/contrato-de-namoro. Acesso em: 23 jan. 2025.

4. IMPACTOS E IMPLICAÇÕES PRÁTICAS

O reconhecimento da união estável tem diversas implicações, pois é considerada uma entidade familiar nos termos do artigo 226, parágrafo terceiro da Constituição Federal. Assim, se reconhecida, o fim do relacionamento vai impactar, diretamente, o patrimônio adquirido pelo ex-casal, além de implicar em assistência mútua um para com o outro.

Justamente por gerar diversos efeitos e repercussões na esfera patrimonial, é que inúmeros enamorados buscam o contrato de namoro para possam se resguardar e, assim, namorar tranquilamente, sem o risco de terem uma união estável reconhecida erroneamente. Contudo, o reconhecimento dessa entidade familiar é realizado pelo Poder Judiciário que deverá analisar os aspectos objetivos e, principalmente, subjetivo, posto que é este que diferencia um simples namoro da união estável.

Dessa forma, é um terceiro (juiz) alheio ao relacionamento que decide no que consistiu o relacionamento. Nesse aspecto, é aconselhável e até benéfico que os enamorados estabeleçam, por meio de um instrumento negocial, aquilo que é relevante para o relacionamento, ou seja, que pactuem sobre os impactos patrimoniais e extrapatrimoniais que o namoro irá ter.

Nesse contexto, a advocacia extrajudicial apresenta-se como uma medida eficaz. Entretanto, apesar dos inúmeros benefícios, ainda é comum uma certa resistência, uma vez que é imposto às partes que discutam aspectos financeiros, o que muitos acreditam ser maléfico para o relacionamento afetivo, podendo, inclusive, abreviá-lo.[38] É necessário combater o *tabu* de que em relacionamentos amorosos não se discute sobre finanças, planos patrimoniais e extrapatrimoniais.

O contrato de namoro, portanto, é um instrumento que tem como objetivo exteriorizar a vontade das partes envolvidas em um relacionamento de namoro de assim permanecerem. Ou seja, consiste em um acordo de vontades, por meio de um documento, que repele a ingerência estatal de um possível reconhecimento de entidade familiar quando esta é inexistente.

Tomar as rédeas do relacionamento e fazer previsões acerca do mesmo consiste em um exercício pleno da autonomia, da liberdade. Assinar um contrato de namoro é uma forma de evitar que um terceiro, alheio ao relacionamento, venha a defini-lo. Frisa-se que as controvérsias surgem quando um acredita que vivenciou apenas um namoro, enquanto o outro tem certeza de que foi uma união estável.

---

38. XAVIER, Marília Pedroso. *Contrato de namoro*: amor líquido e direito de família mínimo. 3. ed. Belo Horizonte: Fórum, 2022, p. 126.

Tal impasse, inclusive, é incompatível com a união estável, conforme se pode observar na seguinte sentença:

> Apelação cível. Ação de concessão de benefício de pensão por morte. Sentença de improcedência. Não comprovação de união estável. Relacionamento de namoro. Sentença mantida. Recurso desprovido. *Existem relacionamentos que, embora duradouros e estáveis, são apenas um namoro, em que, não raro um dos pares acha que está só namorando e o outro acredita estar vivendo em união estável. Esses relacionamentos não preenchem os requisitos necessários para que sejam reconhecidos como uniões estáveis (família), capaz de permitir a produção de efeitos na esfera jurídica previdenciária.* (TJPR – 6ª C.Cível – 0003070-36.2016.8.16.0004 – Curitiba – Rel.: Juiz Jefferson Alberto Johnsson – J. 10.09.2019)[39] Grifos inexistentes no original.

Nessa conjuntura, o contrato de namoro representa um ato de responsabilidade afetiva entre os enamorados, pois dialogar e refletir sobre aspectos patrimoniais e questões relevantes para ambos demonstra um compromisso não apenas com o outro, mas também consigo mesmo. "Mas, mais do que isso, poderá poupar as pessoas de desilusões amorosas".[40]

Inclusive, referido instrumento negocial é um aliado para os casais de namorados que já vivenciaram um casamento anterior, os quais muitas vezes não desejam formar uma entidade familiar, mas vivenciar o seu namoro de forma plena. Demonstra-se, assim, que o documento é um meio não de afastar as partes, mas de aproximá-las.

Quando se leva em conta os requisitos frágeis e confusos para o reconhecimento da união estável, percebe-se que o contrato de namoro pode ser utilizado como negócio jurídico para exteriorizar a vontade dos enamorados e até para delimitar o momento em que o relacionamento de namoro ocorreu. "Destaca-se que é natural que o Direito se transforme junto com as relações sociais, mas as mudanças não ocorrem na mesma velocidade, uma vez que é necessário que as situações ocorram para o Direito possa tutelar".[41]

O efeito do contrato de namoro é, justamente, evitar que o relacionamento de namoro seja visto como uma união estável, o que poderá ensejar efeitos não queridos e até rechaçados pelas partes. Dessa forma, quando reconhecido, o relacionamento deverá terminar assim como começou, ou seja, sem produzir nenhum efeito.

---

39. BRASIL. Tribunal de Justiça do Estado do Paraná. *Apelação Cível 0003070-36.2016.8.16.0004 – Curitiba* – Rel.: Juiz Jefferson Alberto Johnsson – J. 10.09.2019. Disponível em: https://www.jusbrasil.com.br/jurisprudencia/tj-pr/919342187. Acesso em: 23 jan. 2025.
40. XAVIER, Marília Pedroso. *Contrato de namoro*: amor líquido e direito de família mínimo. 3. ed. Belo Horizonte: Fórum, 2022, p. 129.
41. SANTOS, Franciele Barbosa. *Contrato de namoro*. São Paulo: Almedina, 2024, p. 141.

4.1 Importância do contrato de namoro para a gestão patrimonial

Cada vez mais a gestão patrimonial tem sido objeto de preocupação das pessoas. Isso porque, com acesso à informação, muitos desejam dispor sobre os seus bens, destinação ou comunicação em eventual partilha. É nesse contexto que a busca por testamentos no Brasil vem crescendo a cada ano.[42]

O contrato de namoro, então, passa a ser um instrumento pelo qual as partes podem planejar o namoro, podendo regular tanto os aspectos patrimoniais como os extrapatrimoniais, evitando uma série de desconfortos futuros. Assim, podem dispor sobre a delimitação das consequências que o relacionamento pode causar.

Tal importância se destaca no âmbito de empresas familiares e no contexto em que uma das partes contraiu matrimônio anterior. Em contexto de *holdings* familiares, bens de alto valor ou investimentos empresariais, tem efeito preventivo, protegendo tanto os bens particulares quanto o equilíbrio financeiro da empresa.

É um instrumento que traz maior segurança jurídica para que as partes possam vivenciar o namoro de modo genuíno. Frisa-se que o contrato de namoro pode ser integrado com outros instrumentos para a organização da sucessão, podendo ser aplicado em consonância com eventual testamento que uma parte deixar, sendo uma forma de concretizar a vontade das partes.

4.2 Reflexão sobre a instrumentalização das relações afetivas

Uma das grandes críticas que permeiam o tema "contrato de namoro" é, justamente, se tal instrumento não seria um exagero, já que busca, tão somente, instrumentalizar um singelo relacionamento amoroso. Contudo, o contrato de namoro nada mais é do que uma resposta para a complexidade das relações afetivas atuais.

Assim, diante da dificuldade do Direito em acompanhar as transformações sociais, o contrato de namoro surge como um instrumento buscado pelas partes, com o intuito de garantir maior previsibilidade e segurança às relações afetivas. Trata-se de uma prática preventiva, que visa estabelecer, desde o início, regras claras para eventuais situações de término do relacionamento.

Antes de mais nada, o contrato de namoro é uma forma pela qual os enamorados venham a discutir sobre o seu patrimônio, expectativas e gestão patrimonial, bem como sobre o que esperam daquele relacionamento. É, portanto, uma forma de transparência e responsabilidade entre os enamorados.

---

42. BRASIL. Colégio Notarial do Brasil. *25/10/2022 – Número de testamentos cresce 21%: veja quando precisa registrar.* Disponível em: https://www.notariado.org.br/25-10-2022-numero-de-testamentos-cresce-21-veja-quando-precisa-registrar/. Acesso em: 23 jan. 2025.

Dessa forma, não se trata de uma instrumentalização do relacionamento afetivo, mas clareza sobre pretensões e expectativas futuras.

CONSIDERAÇÕES FINAIS

A partir da transformação social, novas formas de se relacionar emergem. Considerando que o ordenamento pátrio não acompanha as mudanças no âmbito afetivo e sequer seria possível, é que surge o contrato de namoro enquanto negócio jurídico e com a finalidade de exteriorizar a vontade dos enamorados sobre o relacionamento.

Seu principal papel é afastar preocupações sobre eventual presunção de convivência marital e os impactos que decorrem desse reconhecimento. Nessa conjuntura, o contrato de namoro consiste em uma exteriorização da evolução do Direito Privado e da crescente preocupação das pessoas em planejar a vida e a sua sucessão.

Apesar de não ser pacífica a sua aceitação, verifica-se que cada vez mais esse instrumento é considerado nas decisões judiciais. Junto com a redação, deverá ser considerada a boa-fé das partes e inexistência de elementos aptos a caracterizar uma união estável. E, assim como qualquer outro negócio jurídico, é passível de anulação se constatados vícios.

Dessa forma, em face da realidade vigente, a qual exige uma nova forma de tutelar os interesses patrimoniais e existenciais, é que o contrato de namoro se demonstra como um instrumento hábil para a produção de efeitos, consistindo em uma exteriorização de negócio jurídico contemporâneo.

Portanto, além de ser um instrumento necessário para segurança jurídica e previsibilidade do relacionamento, é uma forma das partes preverem como irão lidar com eventuais impasses e, então, vivenciar um relacionamento com tranquilidade e que atenda às vontades do casal.

REFERÊNCIAS

AZEVEDO, Álvaro Villaça. *Curso de direito civil:* teoria geral dos contratos. 4. ed. São Paulo: Saraiva Educação, 2019.

AZEVEDO, Álvaro Villaça. *Estatuto da família de fato:* de acordo com o atual Código Civil, Lei 10.406, de 10-01-2002. 3. ed. São Paulo: Atlas, 2011.

AZEVEDO, Antônio Junqueira de. *Negócio jurídico:* existência, validade e eficácia. 4. ed. Atual. de acordo com o novo Código Civil. São Paulo: Saraiva, 2002.

AZEVEDO, Antônio Junqueira de. *Negócio Jurídico.* Existência, validade e eficácia. 4. ed. São Paulo: Saraiva, 2010.

BERTOLDO, Raquel Bohn; BARBARÁ, Andréa. Representação social do namoro: a intimidade na visão dos jovens. *Psico-USF,* v. 11, p. 229-237, 2006.

BETTI, Emilio. *Teoria Geral do Negócio Jurídico*. Campinas: Servanda, 2008.

BORTOLATTO, Ariani Folharini; GHILARDI, Dóris. Existir, valer, ser eficaz: o que a teoria dos fatos jurídicos diz sobre o "contrato de namoro"? In: Ghilardi, Dóris. *Estudos avançados de direito de família e sucessões*. Rio de Janeiro: Lumen Juris, 2020. v. 1.

BRASIL. Colégio Notarial do Brasil. *25/10/2022 – Número de testamentos cresce 21%: veja quando precisa registrar*. Disponível em: https://www.notariado.org.br/25-10-2022-numero-de-testamentos-cresce-21-veja-quando-precisa-registrar/. Acesso em: 23 jan. 2025.

BRASIL. Lei 10.406, de 10 de janeiro 2002. *Código Civil*. Diário Oficial da União, Brasília, DF. Disponível em: http://www.planalto.gov.br/ccivil_03/leis/2002/l10406compilada.htm. Acesso em 15 ago. 2021.

BRASIL. Tribunal de Justiça do Rio Grande do Sul. *Apelação Cível 51112470420218210001*. Relator: Carlos Eduardo Zietlow Duro. Data de Julgamento: 26/04/2023. Sétima Câmara Cível. Data de Publicação: 26/04/2023. Disponível em: https://www.jusbrasil.com.br/searchjurisprudência/tj-rs/1904000869. Acesso em: 22 jan. 2025.

BRASIL. Tribunal de Justiça do Estado do Paraná. *Apelação cível 0004398-89.2020.8.16.0188* – Curitiba – Relatora. Des. Ivanise Maria Tratz Martins. Data de Julgamento: 17.06.2024. Disponível em: https://portal.tjpr.jus.br/earchudência/j/4100000028589911/Ac%C3%B3rd%C3%A3o-0004398-89.2020.8.16.0188#. Acesso em: 22 jan. 2025.

BRASIL. Tribunal de Justiça do Estado do Paraná. *Apelação Cível 0002492-04.2019.8.16.0187*. Curitiba. Rel. Des. Sigurd Roberto Bengtsson. Data do Julgamento: 30.11.2022. Disponível em: https://portal.tjpr.jus.br/earchudência/j/4100000022608881/Ac%C3%B3rd%C3%A3o-0002492-04.2019.8.16.0187#. Acesso em 23 jan. 2025.

BRASIL. Tribunal de Justiça do Estado do Paraná. *Apelação Cível 0003070-36.2016.8.16.0004* – Curitiba – Rel.: Juiz Jefferson Alberto Johnsson – J. 10.09.2019. Disponível em: https://www.jusbrasil.com.br/earchudência/tj-pr/919342187. Acesso em: 23 jan. 2025.

BRASIL. Tribunal de Justiça do Estado de São Paulo. *Apelação Cível 10008846520168260288*. Relator: Rogério Murillo Pereira Cimino. Data de Julgamento: 25/06/2020, 9ª Câmara de Direito Privado. Data de Publicação: 25/06/2020. Disponível em: https://www.migalhas.com.br/depeso/385447/contrato-de-namoro. Acesso em: 23 jan. 2025.

BRASIL. Supremo Tribunal Federal. *Recurso Extraordinário 81802*. Relator: RODRIGUES ALCKMIN. Primeira Turma, julgado em 11/05/1976. Disponível em: https://jurisprudencia.stf.jus.br/pages/earch/sjur135098/false. Acesso em: 09 nov. 2021.

DIAS, Maria Berenice. *Manual de direito das famílias*. 11. ed. São Paulo: RT, 2016.

GAGLIANO, Pablo Stolze. *Contrato de namoro*. 2006. Disponível em: https://jus.com.br/artigos/8319/contrato-de-namoro. Acesso em: 22 jan. 2024.

LÔBO, Paulo. *Direito civil*. 8. ed. São Paulo: Saraiva Educação, 2018. v. 5: famílias.

MADALENO, Rolf. *Direito de Família*. 10. ed. Rio de Janeiro: Forense, 2020.

MADALENO, Rolf. *Manual de Direito de Família*. 4. ed. Rio de Janeiro: Forense, 2022. *E-book*.

MALUF, Carlos Alberto Dabus. União estável no direito brasileiro. In: DA SILVA, Regina Beatriz Tavares; CORREIA, Atalá; DE SOLAVAGIONE, Alicia García. *Tratado da união de fato*: Tratado de la unión de hecho. São Paulo: Almedina, 2021.

OLIVEIRA, Euclides de. A escalada do afeto no direito de família: ficar, namorar, conviver, casar. V Congresso de Direito de Família, 2005, Belo Horizonte *Anais*... Belo Horizonte: IBDFAM, 2005. Do. Disponível em: http://www.ibdfam.org.br/assets/upload/anais/13.pdf. Acesso: 03 nov. 2021

PEREIRA, Rodrigo da Cunha. *Direito das famílias*. Rio de Janeiro: Forense, 2020.

SANTOS, Franciele Barbosa. *Contrato de namoro*. São Paulo: Almedina, 2024.

TARTUCE, Flávio. *Direito civil*: direito de família. 17. ed. Rio de Janeiro: Forense, 2022. *E-book*.

TEIXEIRA, Ana Carolina Brochado. Prefácio para *Contrato de namoro*: amor líquido e direito de família mínimo, de Marília Pedroso Xavier. 2. ed. Belo Horizonte: Fórum, 2020.

VELOSO, Zeno. *Contrato de namoro*. Publicado em: 28.03.2009. Disponível em: https://soleis.adv.br/artigocontratodenamorozeno.htm. Acesso em: 30 abr. 2023.

XAVIER, Marília Pedroso. *Contrato de namoro*: amor líquido e direito de família mínimo. Belo Horizonte: Fórum, 2020.

CONTRATO DE CONVIVÊNCIA DE UNIÃO ESTÁVEL NA CONTEMPORANEIDADE

Alessandra Cristina Furlan

Doutora em Direito Civil pela Faculdade de Direito da Universidade de São Paulo (USP). Professora adjunta no Centro de Ciências Sociais Aplicadas, Campus de Cornélio Procópio, da Universidade Estadual do Norte do Paraná (Uenp).

Daniela Braga Paiano

Pós-Doutora e Doutora em Direito Civil pela Faculdade de Direito de São Paulo (USP). Professora da graduação e do Programa de Mestrado e Doutorado em Direito Negocial da Universidade Estadual de Londrina (UEL). E-mail: danielapaiano@hotmail.com.

Sumário: Introdução – 1. Breves considerações sobre a união estável – 2. Contrato de convivência de união estável – 3. Requisitos do contrato de convivência de união estável; 3.1 Capacidade dos companheiros; 3.2 Objeto e conteúdo do contrato de convivência de união estável; 3.3 Forma do contrato de convivência de união estável e eficácia *erga omnes* – Considerações finais – Referências.

INTRODUÇÃO

A decisão do casal de iniciar uma família implica a opção por um procedimento envolvendo maiores solenidades ou pela simplicidade da relação. Assim, na contemporaneidade, o modelo tradicional de família decorrente do casamento coexiste com a união estável, o que reflete uma tendência sociocultural cada vez mais aceita no país. É notável a expansão do número de uniões informais entre homem e mulher registradas em cartórios, e acentuado o quantitativo pelas denominadas uniões homoafetivas.

Para se ter uma ideia, segundo a Associação dos Notários e Registradores do Brasil (Anoreg/BR), no território nacional, mais de dois milhões de escrituras de uniões estáveis foram realizadas no período compreendido entre 2007 e 2024, "comprovando o relacionamento entre duas pessoas e as resguardando como entidades familiares". Somente no ano de 2024 (até 30 de setembro), o montante foi de 110.431 escrituras. Em análise por Estado, o Rio Grande do Sul apresentou maior número de escrituras no lapso de 2007 a 2024, seguido por Minas Gerais e Rio de Janeiro.[1]

---

1. ASSOCIAÇÃO DOS NOTÁRIOS E REGISTRADORES DO BRASIL. *Cartório em números.* 6. ed. Brasília, 2024. p. 94-95.

Em verdade, observa-se que, desde a promulgação do Código Civil de 2002, a legislação, as normas extravagantes e a jurisprudência evoluíram, de forma a reconhecer cada vez mais a produção de efeitos à união estável. Como exemplo, sobressai a decisão do Supremo Tribunal Federal (STF), a qual reconheceu a inconstitucionalidade da distinção de regimes sucessórios entre cônjuges e companheiros.[2] Com repercussão geral, o acórdão praticamente igualou a união estável ao casamento, pelo menos quanto aos efeitos sucessórios, haja vista a impossibilidade de se estabelecer critérios hierárquicos entre modelos familiares.[3]

Além disso, a Lei 14.382, de 27 de junho de 2022, alterou a Lei 6.015, de 31 de dezembro de 1973 (Lei de Registros Públicos), o que causou impacto considerável na união estável. Com o intuito de se adequar à legislação, a Corregedoria Nacional de Justiça do Conselho Nacional de Justiça (CN-CNJ) alterou o Provimento 37/2014 por meio dos Provimentos 141/2023 e 146/2023, tratando do termo declaratório de união estável, facilitando a modificação de regime de bens perante o registro civil das pessoas naturais, bem como a conversão do relacionamento informal em casamento. Atualmente, essa regulação encontra-se no Código Nacional de Normas – Foro Extrajudicial da CN-CNJ (artigos 537 a 553).

É inquestionável ser a união estável um instituto deveras dinâmico no ambiente jurídico. Porém, se é certo que muitos questionamentos quanto aos efeitos da relação foram solucionados, outros ainda engendram divergências, como acontece com o consentimento do companheiro para atos de disposição de bens imóveis. Com o propósito de evitar, ou pelo menos diminuir, a insegurança jurídica, os companheiros podem livremente optar pela elaboração de um contrato de convivência de união estável.

Assim sendo, na realidade em que muitos casais preferem a ausência de um ato público repleto de formalidades e custos, ganha relevo o contrato de convivência de união estável. Apesar de, por muito tempo, o ordenamento jurídico ter negado eficácia às estipulações particulares ou públicas firmadas entre conviventes, tal acordo é uma prática cada vez mais difundida no país. A conscientização dos direitos dos conviventes, aliada ao seu reconhecimento pelos tribunais superiores, impulsionam a opção pela pactuação escrita.

---

2. BRASIL. Supremo Tribunal Federal (Tribunal Pleno). *Recurso Extraordinário no 646.721*, Relator: Min. Marco Aurélio. Relator p/ Acórdão: Min. Roberto Barroso. Data de Julgamento: 10 de maio de 2017. Data de Publicação: 11 de setembro de 2017.

3. Sobre o assunto, o Enunciado no 641, aprovado na VIII Jornada de Direito Civil do Conselho da Justiça Federal estabeleceu: "A decisão do Supremo Tribunal Federal que declarou a inconstitucionalidade do art. 1.790 do Código Civil não importa equiparação absoluta entre o casamento e a união estável. Estendem-se à união estável apenas as regras aplicáveis ao casamento que tenham por fundamento a solidariedade familiar. Por outro lado, é constitucional a distinção entre os regimes, quando baseada na solenidade do ato jurídico que funda o casamento, ausente na união estável".

A princípio, referido instrumento mostra-se útil para prevenir futuras disputas judiciais quanto à natureza da relação, uma vez que comprova ser o vínculo uma convivência pública, contínua e duradoura, estabelecida com o objetivo de constituição de família (artigo 1.723 da Lei 10.406, de 10 de janeiro de 2002). Em segundo, o documento é adequado para regulamentar os efeitos patrimoniais e econômicos decorrentes do relacionamento, particularmente quando envolve acervo de avultado valor e existe a preocupação em preservá-lo. Em terceiro, assuntos extrapatrimoniais também poderão ser estipulados.

Diante das premissas elencadas, o objetivo do presente estudo é abordar algumas posições doutrinárias e dos tribunais a respeito do contrato de convivência de união estável. Para tanto, o trabalho inicia com breves considerações sobre a união estável e sua regulamentação no ordenamento jurídico brasileiro. Na sequência, adentra o nominado contrato de convivência: conceito, natureza jurídica e requisitos de validade. Por fim, a pesquisa traça algumas linhas sobre o conteúdo desse significativo negócio jurídico e os consequentes efeitos em relação a terceiros.

Tendo em vista os efeitos pessoais e patrimoniais do contrato de convivência nas relações familiares, bem como a ausência de regulação legal expressa e o avanço dos entendimentos a respeito, o tema é estratégico, revestido de máxima atualidade e serventia. Isso porque a elaboração de um contrato de convivência de união estável eivado de defeitos ou vícios pode culminar em nulidade ou anulabilidade tanto do acordo como um todo quanto das cláusulas individualmente consideradas, decorrendo disso nefastas consequências às partes envolvidas.

Por fim, a pesquisa realizada tem cunho teórico, exploratório e crítico, desenvolvida à luz do método científico lógico-dedutivo e que conta com diversas técnicas de coleta de informações e levantamento de dados. Sobressai a revisão bibliográfica, com recurso a livros, artigos científicos etc. Investigou-se a legislação pátria, procurou-se entendimentos adotados pelos tribunais. Ressalta-se estar o artigo norteado pelos princípios da igualdade, autonomia privada, *pacta sunt servanda*, boa-fé objetiva e tantos outros pertinentes ao Direito de Família e ao Direito das Obrigações.

1. BREVES CONSIDERAÇÕES SOBRE A UNIÃO ESTÁVEL

Sem se confundir com o denominado concubinato[4] e, após superar séculos de preconceito social, atualmente a união estável encontra proteção e regulamento

---

4. Na sua obra clássica, Álvaro Villaça Azevedo diferencia dois sentidos (ou espécies) da palavra concubinato: puro e impuro. O concubinato puro é aquele que se apresenta "como uma união duradoura, sem casamento, entre homem e mulher, constituindo--se a família de fato, sem detrimento da família

expresso no ordenamento jurídico brasileiro. Tal modelo foi erigido à condição de entidade familiar pelo artigo 226, § 3º da Constituição da República Federativa do Brasil de 1988. Em harmonia com a Lei Maior, os artigos 1.723 e 1.727 do Código Civil consideram como união estável a convivência pública, contínua, duradoura, estabelecida com o objetivo de constituição de família e ausente de impedimentos. Tem-se, pois, nos dispositivos, os requisitos (ou elementos) necessários à produção de efeitos legais semelhantes aos do matrimônio.

Caracteriza-se por ser uma "entidade familiar na qual duas pessoas convivem como se casadas fosse, para a qual o ordenamento jurídico pátrio atribui direitos e deveres",[5] podendo ser formada por uniões hetero ou homoafetivas.

Quanto à natureza jurídica da união estável, Álvaro Villaça Azevedo sustenta ser contrato de Direito de Família, não solene, elaborado por escrito ou verbal e, às vezes, ungido com ato religioso.[6] No mesmo sentido, Carlos Alberto Dabus Maluf e Adriana Caldas do Rego Freitas Dabus Maluf reconhecem a união como um contrato não solene, elaborado por escrito ou verbal.[7] Paulo Luiz Neto Lôbo entende ser a união estável um ato-fato jurídico, por não necessitar de manifestação de vontade para a produção de efeitos jurídicos.[8] No mesmo sentido, entende Joyceane Bezerra de Menezes que a união estável é ato-fato jurídico, marcada pela informalidade de sua constituição.[9] Há ainda aqueles que a vislumbram como ato ou fato jurídico.

Segundo Flávio Tartuce, frente às alterações do instituto, não se pode mais afirmar que a união estável será sempre uma situação de fato, ou um ato-fato

---

legítima". É o que acontece quando se unem solteiros, viúvos, divorciados, separados (judicialmente, extrajudicialmente, ou de fato). Por sua vez, para o renomado autor, o concubinato é considerado impuro quando adulterino, incestuoso ou desleal (o último relativo à outra união de fato). Confira: AZEVEDO, Álvaro Villaça. *Estatuto da família de fato*. 3 ed. São Paulo: Atlas, 2011. p. 165. No mesmo sentido, o artigo 1.727 do Código Civil define concubinato como relação não eventual, entre homem e mulher, com impedimento matrimonial. A espécie não comporta tratamento legal, e carece de reconhecimento de direitos, como alimentos, meação dos bens adquiridos ou direito à sucessão. Contudo, não se pode olvidar que há entendimentos doutrinários e da jurisprudência aplicando as regras da união estável ao concubinato impuro.

5. PAIANO, Daniela Braga; SANTOS, Franciele B.; SCHIAVON, Isabela N.; Consequências jurídicas da união estável e do namoro: diferenciações e implicações. In: PAIANO, Daniela Braga; et. al. *Direito de família*: aspectos contemporâneos. São Paulo: Almedina, 2023, p. 273.

6. AZEVEDO, op. cit., p. 225-229.

7. MALUF, Carlos Alberto Dabus; MALUF, Adriana Caldas do Rego Freitas Dabus. *Curso de Direito da Família*. 4. ed. Rio de Janeiro: Saraiva Jur., 2021. p. 362. E-book. ISBN 9786555598117. Disponível em: https://app.minhabiblioteca.com.br/reader/books/9786555598117/. Acesso em: 27 jan. 2025.

8. LÔBO, Paulo. *Direito Civil*: Famílias. 15. ed. Rio de Janeiro: SRV, 2024. 5. v. p. 150. E-book. ISBN 9788553624836. Disponível em: https://app.minhabiblioteca.com.br/reader/books/9788553624836/. Acesso em: 27 jan. 2025.

9. MENEZES, Joyceane Bezerra de. União estável. In: MENEZES, Joyceane Bezerra de; MATOS, Ana Carla Harmatiuk (Coord.). *Direito das famílias por juristas brasileiras*. 3. ed. Indaiatuba: Foco, 2024, p. 204.

jurídico, sendo possível que as partes regulamentem suas pretensões por meio do exercício da autonomia privada, seja por escritura pública, seja por termo declaratório e registro no "Livro E" no Registro Civil das Pessoas Naturais.[10] Parece ser essa posição a mais coerente à condição contemporânea da união estável no ordenamento jurídico brasileiro.

Independentemente das discrepâncias quanto à natureza, como afirma Eduardo de Oliveira Leite, o que caracteriza a "união de fato" (livre ou estável) é a evidente liberdade: liberdade de constituição, liberdade de organização, mas, sobretudo, liberdade de dissolução.[11] Entretanto, verifica-se estar tal modelo familiar paulatinamente perdendo a liberdade, diante da crescente regulamentação, "estando cada vez mais os conviventes atrelados às disposições de lei",[12] normativas extravagantes ou posições judiciais. Sobre o tema, pertinente o questionamento formulado por Claudio Luiz Bueno de Godoy: se a informalidade da relação afetiva constitui o conteúdo básico da união estável, até que ponto se justifica sua disciplina legal?[13]

O Código Civil, a exemplo da legislação francesa,[14] não reconhece qualquer relacionamento como união estável, com consequentes direitos e deveres para os conviventes. Ao contrário, o Diploma elenca alguns requisitos (ou elementos) para qualificar a união como entidade familiar: a) relação afetiva entre duas pessoas, sem importar o sexo; b) convivência pública, contínua e duradoura; c) objetivo de constituição de família; d) possibilidade de conversão em casamento.

Questão já sedimentada no meio jurídico, mas ainda tormentosa para a população em geral é quanto ao prazo para a produção de efeitos. Esclarece-se não haver prazo legal exigido para a configuração da união estável e seu início coincide com começo da convivência dos companheiros. Sobre a prova do termo inicial,

---

10. TARTUCE, Flávio. *Direito Civil.* 19. ed. Rio de Janeiro: Forense, 2024. 5. v. p. 359. E-book. ISBN 9786559649686. Disponível em: https://app.minhabiblioteca.com.br/reader/books/9786559649686/. Acesso em: 27 jan. 2025.
11. LEITE, Eduardo de Oliveira. União de fato e direito sucessório: o art. 1.790 do Código Civil Brasileiro. In: SOLAVAGIONE, Alicia García de; CORREIA, Atalá; SILVA, Regina Beatriz Tavares da. *Tratado da união de fato* – Tratado de La Unión de Hecho. São Paulo: Almedina Brasil, 2023. p. 138-150. p. 138. E-book. ISBN 9786556272085. Disponível em: https://app.minhabiblioteca.com.br/reader/books/9786556272085/. Acesso em: 27 jan. 2025.
12. MADALENO, Rolf. *Direito de Família.* 14. ed. Rio de Janeiro: Forense, 2024. p. 1230. E-book. ISBN 9788530995201. Disponível em: https://app.minhabiblioteca.com.br/reader/books/9788530995201/. Acesso em: 27 jan. 2025.
13. GODOY, Cláudio Luiz Bueno de. Efeitos pessoais da união estável. In: CHINELLATO, Silmara Juny de Abreu; SIMÃO, José Fernando; FUJITA, Jorge Shiguemitsu; ZUCCHI, Maria Cristina. *Direito de Família no novo milênio.* São Paulo: Atlas, 2010. p. 327-329.
14. Nos termos do artigo 515-8 do Código Civil Francês, *"Le concubinage est une union de fait, caractérisée par une vie commune présentant un caractère de stabilité et de continuité, entre deux personnes, de sexe différent ou de même sexe, qui vivent en couple".* Confira: FRANÇA, Código Civil (1804). Documento disponível em: https://www.legifrance.gouv.fr/codes. Acesso em: 16 jan. 2025.

são inúmeras as possibilidades: aquisição de imóvel ou de móveis para a moradia, contrato de aluguel do imóvel, testemunho de vizinhos ou amigos, pagamento de contas do casal, correspondência recebida no endereço comum etc.[15]

Presentes os requisitos e delineada a união estável, o artigo 1.724 do Código Civil especifica deveres gerais para os conviventes: lealdade, respeito e assistência, guarda, sustento e educação dos filhos. No tocante aos aspectos patrimoniais, o artigo 1.725 dispõe que, *salvo contrato escrito* entre os companheiros, aplica-se, no que couber, o regime de comunhão parcial de bens. Semelhante ao matrimônio, a ausência de acordo documentado culmina na adoção do regime "análogo" ao da comunhão parcial de bens.

Assim, nos termos do texto do artigo 1.725, por meio de convenção escrita, as partes podem eleger o regime de separação de bens, comunhão universal, participação final nos aquestos, mesclarem dois ou mais regimes ou ainda criarem um regime próprio. Como exemplo, é permitida a divisão de bem imóvel adquirido antes da relação por uma das partes, usado para moradia familiar, mesmo escolhendo a separação total dos bens.

Apesar da relação ser informal, o Enunciado n° 30, aprovado no XII Congresso Brasileiro de Direito das Famílias e Sucessões do Instituto Brasileiro de Direito de Família (IBDFAM) dispõe: "nos casos de eleição de regime de bens diverso do legal na união estável, é necessário contrato escrito, a fim de assegurar eficácia perante terceiros". Portanto, as partes deverão necessariamente firmar por escrito o convencionado, seja por instrumento público, seja por instrumento particular.

Da redação legal, extrai-se gozarem os companheiros de significativa liberdade para a disciplina das relações patrimoniais, da forma que melhor lhes aprouver. E, "na ausência de convenção, vigorará entre eles o regime da comunhão parcial, independentemente de prova acerca da contribuição para a formação do patrimônio comum".[16] Enfim, o regime de bens para os companheiros é o semelhante ao da comunhão parcial para o casamento quando não existir contrato de convivência ou quando o acordo firmado for reconhecido judicialmente como nulo ou ineficaz.

Considerando que o artigo 1.725 do Código Civil é o único dispositivo que regulamenta o aspecto patrimonial dos companheiros – o que é elogiado por muitos doutrinadores e veemente criticado por outros[17] –, o paradoxo implica diferentes

---

15. LÔBO, op. cit., p. 159.
16. WALD, Arnoldo; FONSECA, Priscila Maria Pereira Corrêa da. *Direito Civil*: direito de família. 17. ed. São Paulo: Saraiva, 2009. v. 5. p. 392.
17. Para Mairan Gonçalves Maia Júnior, o artigo 1.725 regulamenta as relações de natureza patrimonial "de forma extremamente singela e insuficiente" (Confira: O regime da comunhão parcial de bens no casamento e na união estável. São Paulo: RT, 2010. p. 163).

posicionamentos a respeito da temática. Por certo, a economia de regulação por parte do legislador decorreu da deliberada intenção de proteger os que optaram pela união livre e deixar o instituto sem as extensas formalidades ou amarras do matrimônio. Reconhece-se a autonomia privada dos companheiros para acordar os diversos aspectos econômicos e patrimoniais no período correspondente ao liame ou mesmo na eventualidade de sua dissolução.

Antes de adentrar o objeto central do trabalho – contrato de convivência de união estável, é fundamental ponderar a respeito da sua atual regulamentação. O Código Civil, no Livro IV (Do Direito de Família) regra a união estável em cinco dispositivos: do artigo 1.723 ao 1.727.[18] Como anteriormente esclarecido na introdução, para adequar-se à Lei 14.382/2022, o Conselho Nacional de Justiça (CNJ) regulamentou, por meio dos Provimentos 37, 141 e 146, entre outros assuntos, o registro da união estável no "Livro E" do Cartório de Registro Civil. Essas regras constam nos artigos 537 a 553 do Código Nacional de Normas – Foro Extrajudicial (CNN) da Corregedoria Nacional de Justiça do Conselho Nacional de Justiça.

De acordo com o artigo 537 do Código Nacional de Normas, é *facultativo* o registro da união estável no "Livro E" do Registro Civil de Pessoas Naturais, e confere efeitos jurídicos tanto em relação aos companheiros, quanto a terceiros. São admitidos para registro ou averbação os títulos contendo o reconhecimento ou a dissolução da união, como: a) sentenças declaratórias; b) escrituras públicas ou c) termos declaratórios formalizados perante o oficial de registro civil de pessoas naturais.

Sobre o facultativo termo declaratório de reconhecimento e de dissolução da união estável, o artigo 538 do CNN estabelece que ele consistirá em declaração, por escrito, de ambos os companheiros perante o oficial de registro civil de pessoas naturais, *contendo todas as cláusulas admitidas nos demais títulos*, inclusive a *escolha de regime de bens*. A norma também estipula que, lavrado o termo, o título ficará arquivado na serventia, expedindo-se a certidão correspondente aos companheiros.

Regina Beatriz Tavares da Silva tece severas críticas à formalização de termos declaratórios de união estável perante o oficial de registro civil de pessoas naturais. Até o advento da alteração legislativa, a atividade desse oficial era registrar a escritura pública lavrada pelo tabelião de notas ou a sentença judicial de união

---

18. "O microssistema, que orbitava fora do Direito, ganhou assento e reconhecimento (ainda que limitado) no sistema codificado, no Título III, do Livro de Direito de Família, sob a denominação de União Estável (arts. 1.7235 a 1.727). Nestes artigos o legislador definiu a união estável (art. 1.723), estabeleceu os deveres dos companheiros (art. 1.724), enfrentou a questão das relações patrimoniais (art. 1.725), apresentou meio de operacionalizar a conversão da união estável em casamento (art. 1.726) e reafirmou a diferença entre concubinato e união estável (art. 1.727)" (LEITE, op. cit., p. 138).

estável. Agora, ele está autorizado não só a registrar, mas também a substituir o tabelião de notas ou o juiz na formalização do termo de união estável. Portanto, um "cartório" que não tem a especialidade de formalizar acordos de vontade "passou a ter a competência para colher a assinatura de conviventes ou companheiros em formulários que podem alterar por completo os direitos das partes, sem a devida consciência".[19]

A despeito da preocupação da mencionada advogada, a regulação constante no Código Nacional de Normas não exclui a possibilidade de os companheiros elaborarem um contrato de convivência de união estável, por instrumento público ou particular, e nele disporem sobre os mais variados interesses patrimoniais ou extrapatrimoniais. Aliás, a orientação dos contratantes por profissionais qualificados e a estrita observância das regras negociais e familiares pode evitar futuros litígios para as partes.

2. CONTRATO DE CONVIVÊNCIA DE UNIÃO ESTÁVEL

No Brasil, da mesma forma que o casamento, a configuração de uma união estável, entre homem e mulher ou pessoas do mesmo sexo, produz efeitos patrimoniais, envolvendo a divisão de bens em caso de dissolução, além de outras consequências. Ademais, ela é passível de produzir reflexos para fora do vínculo entre os conviventes, em especial em relações econômicas com terceiros, particularmente credores.

Na ausência de pactuação escrita, à relação duradoura aplicam-se, no que couber, as regras do regime legal supletivo, ou seja, regime de comunhão parcial de bens, conforme previsão do artigo 1.725 do Código Civil. Na situação, durante o convívio, os bens adquiridos por qualquer dos companheiros ingressam na comunhão, pouco importando em qual titularidade esteja. Igualmente, entram no acervo comum as dívidas contraídas em proveito da entidade familiar, os valores correspondentes ao pagamento de parcelas de contratos de aquisição de bens mediante crédito ou financiamento, após o início da união estável e os frutos dos bens adquiridos antes da constituição da união estável.[20]

Na prática, a maioria opta pela união estável para desvencilhar-se das despesas com as solenidades do casamento, sobretudo as decorrentes da burocrática celebração. Passam a viver uma união estável, informal e livre. "Todavia, com o

---

19. SILVA, Regina Beatriz Tavares da. Estadão – Regina Beatriz Tavares da Silva – A perigosa inovação legal de formalização de união estável nos Cartórios de Registro Civil. *Colégio Notarial do Brasil* – Conselho Federal, Brasília, 20 set. 2022. Disponível em: https://www.notariado.org.br/estadao-regina-beatriz-tavares-da-silva-a-perigosa-inovacao-legal-de-formalizacao-de-uniao-estavel-nos-cartorios-de-registro-civil. Acesso em: 29 jan. 2025.

20. LÔBO, op. cit., p. 162.

passar dos anos, e com a aquisição de bens comuns com o companheiro, surge a necessidade, por questão de segurança jurídica, de formalizar e regulamentar a convivência, do ponto de vista civil".[21]

Em outros casos, apesar da união estável ostentar uma característica fática material e as partes preferirem a informalidade, quando ocorre a dissolução do vínculo, "os companheiros não vacilam em invocar as regras de Direito de Família para reger seus direitos garantidores de proteção quer de ordem pessoal, quer de ordem patrimonial (direito a alimentos, direito à herança) entre outros".[22] Com o intuito de prevenir o problema, faculta-se ao casal, no início ou na constância da convivência, firmar contrato e dispor dos efeitos patrimoniais.

Francisco José Cahali ensina que "o contrato de convivência é o instrumento pelo qual se criam, modificam, reconhecem ou extinguem direitos exclusivamente entre os seus signatários, e ainda sob condição de se efetivar, no mundo empírico, a proclamada união estável".[23] Pela via do contrato de convivência de união estável, os integrantes promovem livremente a autorregulamentação do relacionamento, seja no plano econômico, seja no plano existencial.[24]

Luciana Faisca Nahas afirma que "por ser o contrato de convivência o instrumento regulatório dos efeitos da união estável, importa destacar que somente produzirá efeitos caso seja reconhecida a existência da união".[25]

Importante salientar não ser o contrato de convivência apto, por si só, para constituir a união estável, uma vez que ela decorre do comportamento dos partícipes e exige a presença dos requisitos (ou elementos) estipulados no artigo 1.723 do Código Civil, bem como a ausência dos impedimentos previstos para o casamento (artigo 1.521 do Código Civil).

Quanto ao momento da elaboração, o documento pode ser firmado pelos conviventes antes, durante ou até mesmo após o término da relação. No primeiro caso, é permitido, na avença, o reconhecimento da existência, da validade e da eficácia de uma união estável a partir de determinada data, o que não afasta a possibilidade de qualquer das partes provar que o convívio precedeu o período consignado.[26]

---

21. TARTUCE, op. cit., p. 356.
22. LEITE, op. cit., p. 139.
23. CAHALI, Francisco José. *Contrato de convivência na união estável*. São Paulo: Saraiva. 2002. p. 190-191.
24. MADALENO, op. cit., p. 1244.
25. NAHAS, Luciana Faisca. Contrato de convivência. In: PINTO, Braulio D.; ROSA, Conrado Paulino da; IBIAS, Delma Silveira. *Novos temas em família e sucessões*. Porto Alegre: IBDFAM, 2023, p. 356.
26. TARTUCE, op. cit., p. 353.

Se assinado antes da constituição do liame fático, o termo inicial da eficácia dependerá da caracterização da entidade familiar[27] e o negócio será ineficaz se a relação não se constituir. Como afirma Rolf Madaleno, o contrato de convivência contendo o tempo e o início de relacionamento deve "corresponder à realidade, representando a referência do seu termo inicial apenas um início de prova, mas não uma prova absoluta, inquestionável e incontroversa, sendo bastante comum conviventes consignarem falsamente relacionamentos de maior duração".[28]

Como não é raro os companheiros informarem datas inverídicas da união informal, o artigo 537, §4º do Código Nacional de Normas prevê que o registro de reconhecimento ou dissolução da união estável no cartório de registro civil de pessoas naturais somente poderá indicar as datas de início ou de fim da união estável se as mesmas constarem de decisão judicial; procedimento de certificação eletrônica realizado perante oficial de registro civil; escrituras públicas ou termos declaratórios de reconhecimento ou de dissolução de união estável, desde que a data de início ou do fim da união corresponda à data da lavratura do instrumento e os companheiros declarem o fato no próprio instrumento ou em declaração escrita feita perante o oficial quando do requerimento do registro.

Oportuno esclarecer ser a previsão acima imposta apenas para contratos de convivência formalizados por instrumento público e levados ao registro civil de pessoas naturais. Em relação aos instrumentos particulares ou públicos não levados ao mencionado registro, persiste a liberdade dos contratantes inserirem o termo inicial ou final da relação, desde que correspondente à realidade e sem qualquer intenção de prejudicar as próprias partes ou terceiros.

Em poucas palavras, configurada a união estável, o artigo 1.725 do Código Civil assegura ampla autonomia privada dos companheiros ao permitir expressamente a elaboração de contrato escrito, por instrumento público ou particular, antes, durante ou após a união. E é exatamente a autonomia privada que permite ao casal a escolha e a autorregulamentação de aspectos da vida em comum.[29]

Esmiuçada a relevância do contrato de convivência de união estável e o momento de elaboração, passa-se à análise dos seus requisitos. Convém adiantar que, não existindo regulamento específico no ordenamento pátrio para a espécie contratual, se aplicam as disposições gerais para os negócios jurídicos presentes no Livro III da Parte Geral do Código Civil, sem, contudo, abandonar as normas referentes ao Direito de Família e ao Direito das Obrigações.

---

27. SANTOS, Simone Orodeschi Ivanov dos. União estável: regime patrimonial e direito intertemporal. São Paulo: Atlas, 2005. p. 80.
28. MADALENO, Rolf, op. cit., p. 1246.
29. OLIVEIRA, José Lamartine Corrêa de; MUNIZ, Francisco José Ferreira. *Curso de Direito de Família*. 4. ed. (ano 2001), 7. reimp. Curitiba: Juruá, 2009. p. 104.

3. REQUISITOS DO CONTRATO DE CONVIVÊNCIA DE UNIÃO ESTÁVEL

O contrato de convivência de união estável é espécie da categoria geral negócio jurídico, visto que compreende declarações de vontade dos companheiros destinadas à criação, modificação e extinção das questões patrimoniais e extrapatrimoniais. Envolve a autonomia privada, ou seja, o poder dos interessados de regular juridicamente suas relações, "dando-lhes conteúdo e efeitos determinados, com o reconhecimento e a proteção do direito".[30] Como negócio jurídico, sem esquecer os que regem as relações familiares, aplicam-se os princípios contratuais: autonomia privada, *pacta sunt servanda*, boa-fé objetiva, equilíbrio contratual etc.

Ademais, o contrato de convivência deve conter os elementos e observar os requisitos de todos os negócios. Como afirma Francisco Amaral, elementos "são a vontade, o objeto e a forma, a que devem juntar -se os requisitos da capacidade, da idoneidade e da legalidade, para que o negócio exista e seja válido".[31]

Conforme o artigo 104 do Código Civil, a validade do contrato de convivência requer: a) agente capaz; b) objeto lícito, possível e determinado ou determinável; c) forma prescrita ou não defesa em lei. Ademais, a declaração de vontade manifestada pelos companheiros deve carecer de vícios ou defeitos que invalidem o acordo e o impeçam de produzir os efeitos desejados, como o dolo, a coação, a simulação, a fraude contra credores etc. A seguir, apresentam-se algumas considerações específicas sobre cada um desses requisitos legais.

3.1 Capacidade dos companheiros

Inicialmente, é evidente necessitarem os companheiros da capacidade de exercício para a celebração do acordo, sob pena de nulidade ou anulabilidade, conforme a incapacidade seja relativa ou absoluta (artigos 3º, 4º, 166 e 171 do Código Civil). Especificamente sobre a incapacidade do convivente, duas questões dividem as opiniões doutrinárias: o contrato de união estável envolvendo menor de 16 anos e a união estável de pessoa com deficiência mental.

Quanto ao menor, a problemática reside na ausência de norma expressa acerca da idade mínima para a constituição de união estável, a qual é fixada em 16 anos somente para o casamento (artigo 1.517 do Código Civil), com autorização de ambos os pais. Consequentemente, uma corrente sustenta, com fulcro na analogia, a extensão da proibição matrimonial à união estável. Outros, por meio

---

30. Sobre os negócios jurídicos, confira: AMARAL, Francisco. *Direito Civil*: introdução. 10. ed. Rio de Janeiro: Saraiva Jur., 2018. p. 491. E-book. ISBN 9788553602100. Disponível em:https://app. minhabiblioteca.com.br/reader/books/9788553602100/. Acesso em: 28 jan. 2025.
31. AMARAL, op. cit., p. 465.

de interpretação restritiva, advogam inexistir o obstáculo para as uniões livres e os efeitos independem da idade do companheiro.

Segundo o Superior Tribunal de Justiça (STJ), para o crime de estupro de vulnerável, basta a conjunção carnal ou qualquer ato libidinoso com menor de 14 anos. O Colendo Tribunal entende que o consentimento da vítima, sua eventual experiência sexual ou a existência de relacionamento amoroso entre o agente e a vítima não afastam o crime.[32] Infere-se, pois, ser ilícita a relação estável de menor de 14 anos, mas nada trata do menor com idade entre 14 a 16 anos.

Em termos doutrinários, Flávio Tartuce vislumbra a união estável do menor de 16 anos como ato-fato jurídico, com a mitigação das regras sobre a capacidade e, "dando-se ao sistema jurídico certa margem de liberdade para o exercício da autonomia privada quanto à escolha de uma ou outra entidade familiar".[33] Reforça a posição do autor o Enunciado 138, aprovado na III Jornada de Direito Civil, do Conselho da Justiça Federal, segundo o qual a vontade dos absolutamente incapazes, na hipótese dos menores de 16 anos, "é juridicamente relevante na concretização de situações existenciais a eles concernentes, desde que demonstrem discernimento bastante para tanto".

Se a união estável é ato-fato e a vontade do menor é juridicamente relevante para situações existenciais, o mesmo raciocínio jurídico não pode ser aplicado aos contratos de convivência de união estável. É irrefutável que a validade da pactuação depende da formalidade de o menor estar devidamente representado ou assistido, sob pena de o ato ser considerado nulo ou anulável. A imposição também é estendida àquele que tenha entre 16 e 18 anos de idade, salvo se estiver emancipado por alguma das situações do artigo 5º do Código Civil.

Cabe destacar também o artigo de Elisa Cruz sobre a conjugalidade infanto-juvenil,[34] no qual a autora se refere a uma pesquisa que menciona números espantosos. Segundo a pesquisa citada, "o Brasil contava com 1,3 milhão de mulheres até 18 anos de idade casadas ou em uniões estáveis (informais) em 2015, sendo

---

32. "A Terceira Seção do Superior Tribunal de Justiça, sob o rito dos recursos repetitivos, no julgamento do REsp 1.480.881/PI, firmou entendimento no sentido de que, "para a caracterização do crime de estupro de vulnerável previsto no art. 217-A, *caput*, do Código Penal, basta que o agente tenha conjunção carnal ou pratique qualquer ato libidinoso com pessoa *menor* de 14 anos. O consentimento da vítima, sua eventual experiência sexual anterior ou a existência de relacionamento amoroso entre o agente e a vítima não afastam a ocorrência do crime". Tal orientação, inclusive, foi sedimentada por meio da edição do verbete n. 593/STJ" (BRASIL. Superior Tribunal de Justiça (Quinta Turma). *Agravo Regimental no Agravo em Recurso Especial 2.389.611/MG*. Relator: Min. Reynaldo Soares da Fonseca. Data de Julgamento: 12 de março de 2024. Data de Publicação: 10 de abril de 2024).
33. TARTUCE, op. cit., p. 333.
34. CRUZ, Elisa. Conjugalidade infantojuvenil. In: MENEZES, Joyceane Bezerra de; MATOS, Ana Carla Harmatiuk (Coord.). *Direito das famílias por juristas brasileiras*. 3. ed. Indaiatuba: Foco, 2024, p. 155.

877 mil com até 15 anos de idade (...) cerca de 01 em cada 04 mulheres se casa ou constitui união estável antes dos 18 anos de idade no Brasil".

Quanto à higidez mental, a Lei 13.146, de 6 de julho de 2015 (Estatuto da Pessoa com Deficiência) alterou os artigos 3º e 4º do Código Civil. O diploma também revogou o inciso I do artigo 1.548 do *Codex,* que tornava nulo o casamento contraído pelo enfermo mental sem discernimento para os atos da vida civil. Atualmente, o artigo 6º do Estatuto consagra a capacidade plena das pessoas com deficiência para os atos existenciais familiares, inclusive casar-se ou constituir união estável.

Referente ao contrato de convivência de união estável, cumpre lembrar que o artigo 84 garante à pessoa com deficiência o direito ao exercício de sua capacidade legal, em igualdade de condições com as demais pessoas. O dispositivo contém a excepcionalidade da medida protetiva da curatela e a faculdade do processo de tomada de decisão apoiada, sendo esta última prevista no artigo 1.783-A do Código Civil.

Alguns meses antes da promulgação do Estatuto da Pessoa com Deficiência, decidiu o Superior Tribunal de Justiça (STJ) a respeito da união estável de uma pessoa acometida de esquizofrenia progressiva, com aplicação analógica do ora revogado inciso I do artigo 1.548 do Código Civil:

> Recurso Especial. Ação de reconhecimento de união estável. 1. Alegação de relação duradoura, contínua, notória, com propósito de constituir família supostamente estabelecida entre pessoa absolutamente incapaz, interditada civilmente, e a demandante, contratada para prestar serviços à família do requerido. 2. Enfermidade mental incapacitante, há muito diagnosticada, anterior e contemporânea ao convívio das partes litigantes. Verificação. *Intuitu familiae.* Não verificação. Manifestação do propósito de constituir família, de modo deliberado e consciente pelo absolutamente incapaz. Impossibilidade. 3. Regramento afeto à capacidade civil para o indivíduo contrair núpcias. Aplicação analógica à união estável. 4. Recurso especial provido.[35]

Verdade seja dita, a decisão do Superior Tribunal de Justiça (STJ) objetivou tutelar os direitos do interditado. Ao contrário, a pobre interpretação gramatical e simples aplicação do artigo 6º do Estatuto da Pessoa com Deficiência acaba por expor o incapaz aos interesses escusos de pessoas ardilosas e gananciosas. Por isso, o artigo 547, § 2.º, do Código Nacional de Normas prevê que, em caso de interdição, é indispensável processo judicial para alteração do regime de bens, com a finalidade de proteção de terceiros e do próprio convivente.

---

35. BRASIL. Superior Tribunal de Justiça (Terceira Turma). *Recurso Especial no 1.414.884/RS.* Relator Min. Marco Aurélio Bellizze. Data de Julgamento: 3 de fevereiro de 2015. Data de Publicação: 13 de fevereiro de 2015.

Sem embargo da intenção do legislador de integrar a pessoa com deficiência à sociedade, é certo que, em se tratando de doença mental, há uma vulnerabilidade acentuada, a qual exige também uma proteção jurídica reforçada, ainda mais se está envolvido acervo de considerável valor econômico. Em virtude dos riscos ao interditado, somente a presença do curador parece ser insuficiente para a validade do contrato de convivência de união estável, necessitando de decisão judicial para a regular produção de efeitos.

Em poucas palavras, constatada a incapacidade do companheiro, a validade do contrato de convivência de união estável requer a regular representação ou assistência para a produção dos efeitos almejados e, dependendo da situação, é impreterível a decisão judicial. Esse cuidado destina-se à proteção dos interesses dos menores e interditados, para que não sejam alvos de pessoas inescrupulosas.

3.2 Objeto e conteúdo do contrato de convivência de união estável

O segundo requisito de validade para todo e qualquer negócio jurídico diz respeito ao objeto, o qual deve ser lícito, possível e determinado ou determinável. Nos termos do artigo 166 do Código Civil, entre outras hipóteses, o negócio jurídico será nulo quando: a) for ilícito, impossível ou indeterminável o objeto; b) o motivo determinante, comum às partes, for ilícito; c) tiver por objetivo fraudar lei imperativa e d) a lei taxativamente o declarar nulo, ou proibir-lhe a prática, sem cominar sanção.

Tem-se, pois, que o contrato de convivência deverá estar em conformidade com as normas de ordem pública (cogentes ou imperativas), sendo inconcebível cláusula restritiva de direitos dos companheiros, como renúncia prévia ao dever de mútua assistência, ao direito alimentar ou à sucessão hereditária. A exemplo do pacto antenupcial, também o contrato de convivência estará sujeito ao reconhecimento judicial de nulidade de qualquer cláusula ou convenção que contravenha disposição absoluta de lei (artigo 1.655 do Código Civil).

Para Paulo Luiz Neto Lôbo, o contrato apenas pode conter disposições relacionadas ao regime de bens, sendo vedado "dispor sobre direitos pessoais dos companheiros ou destes em relação aos filhos". Para fins alheios ao regime de bens, o contrato é ineficaz face à contrariedade de norma cogente.[36] Porém, a posição do conceituado jurista não corresponde à posição majoritária na doutrina pátria, a qual alude à liberdade para a elaboração de cláusulas tanto sobre questões patrimoniais, quanto extrapatrimoniais.

---

36. LÔBO, op. cit., p. 163.

Flávio Tartuce esclarece poderem os companheiros prever no documento a traição ou a adoção da denominada "cláusula de férias" do relacionamento (distanciamento físico e afetivo de ambos por determinado período).[37] Álvaro Villaça Azevedo admite a fixação do dever dos contraentes de registrar os filhos nascidos no período da convivência; regular a guarda de filhos ou o direito de visita na eventualidade de hipótese de extinção da união.[38]

Sobre o conteúdo do contrato de convivência, Maria Helena Diniz destaca que o contrato é útil para a solução de problemas por ocasião do término do vínculo. O pacto pode conter: critérios de partilha, indenização pela ruptura culposa ou imotivada da convivência, percentual desigual na propriedade comum dos bens adquiridos onerosamente durante a união, cláusula instaurando condomínio em coisa adquirida antes da convivência, doações recíprocas de bens particulares de cada um, usufruto de bens, ou, ainda, modificação da administração dos bens etc.[39]

Outros assuntos podem ser objeto das tratativas como: a) contribuições financeiras para as despesas da vida em comum (como aluguel e alimentação); b) atribuições domésticas de cada companheiro (como a limpeza do lar e o cuidado com os filhos); c) cuidado e despesas com animais domésticos; d) administração dos bens particulares e comuns; e) destino das rendas, frutos e produtos dos bens particulares etc.

Como elucida Rolf Madaleno, o contrato de convivência de união estável não é restrito à exclusiva eleição do regime de bens. Ao contrário, serve a variadas estipulações dos conviventes, com demandas próprias de cada casal sobre interesses econômicos e financeiros e, inclusive, de ordem pessoal. Podem, por exemplo, estipular cláusula relacionada à infidelidade ou ligada à utilização de bens particulares no caso de ruptura, "e tantas outras disposições permitidas pela fértil imaginação das pessoas, contanto que não contrariem literais disposições de lei".[40]

A interpretação ampliada sobre o conteúdo do instrumento parece ser a mais acertada e coerente com a doutrina e a jurisprudência contemporâneas. Contudo, a liberdade dilatada dos companheiros para as disposições encontra limitação na ilicitude: não podem atentar contra os bons costumes, as normas de ordem pública e os princípios gerais do direito.[41]

---

37. TARTUCE, op. cit., p. 352.
38. AZEVEDO, op. cit., p. 477.
39. DINIZ, Maria Helena. *Curso de Direito Civil Brasileiro*: Direito de Família. 38. ed. Rio de Janeiro: Saraiva Jur., 2024. 5. v. p. 477. E-book. ISBN 9788553621453. Disponível em: https://app.minhabiblioteca.com.br/reader/books/9788553621453/. Acesso em: 29 jan. 2025.
40. MADALENO, op. cit., p. 1246.
41. AZEVEDO, op. cit., p. 257.

A lei privilegia a autonomia privada dos conviventes, conferindo-lhes plena liberdade para deliberarem, da forma que lhes aprouver, sobre seus bens. Todavia, dessa autonomia não desfrutam as famílias paralelas e as poliafetivas, por não serem reconhecidas como famílias – o que Para Maria Berenice Dias é injustificado.[42] Outra questão interessante quanto à licitude ou ofensa à ordem pública diz respeito à celebração de contrato de namoro (ou mesmo de convivência) entre *sugar daddy (*ou *sugar mommy)* e os respectivos *sugar babies*, em que há "troca" de sexo por benefícios financeiros e afetivos.[43]

Quanto à escolha do regime, parece estar superada a questão da licitude da contratação do regime da comunhão universal de bens. Em 2016, decidiu o Superior Tribunal de Justiça (STJ) que "o pacto de convivência formulado em particular, pelo casal, no qual se opta pela adoção da regulação patrimonial da futura relação como símil ao regime de comunhão universal, é válido, desde que escrito".[44] Interpretação diversa ocasionaria a distinção injustificada entre casamento e união estável, o que não é possível no ordenamento jurídico pátrio e vai contra a nova fase do Direito de Família.

Questão tormentosa se referia à viabilidade de os companheiros adotarem a comunhão parcial ou a comunhão universal, quando pelo menos um dos companheiros contava com mais de 70 anos, visto que o artigo 1.641, II do Código Civil impunha a obrigatoriedade do regime de separação de bens no casamento. A interpretação do comando legal dividia opiniões sobre a extensão da exigência à união estável.

Em recente acórdão, com repercussão geral (tema 1236), o Supremo Tribunal Federal (STF) decidiu que tanto nos casamentos quanto nas uniões estáveis envolvendo pessoas maiores de setenta anos, o regime de separação obrigatória de bens pode ser afastado por expressa manifestação de vontade das partes, mediante escritura pública. Segue trecho da ementa:[45]

> 8. É possível, todavia, dar interpretação conforme a Constituição ao art. 1.641, II, do Código Civil, atribuindo-lhe o sentido de norma dispositiva, que deve prevalecer à falta de convenção

---

42. DIAS, Maria Berenice. Pacto antenupcial e contrato de convivência: semelhanças e diferenças. *Instituto Brasileiro de Direito de Família – IBDFAM*. Belo Horizonte, 17 ago. 2023. Disponível em: https://ibdfam. org.br. Acesso em: 29 jan. 2025.

43. Sobre o assunto, confira: NIGRI, Tânia. *União estável*. São Paulo: Editora Blucher, 2020. p. 84-90. E-book. ISBN 9786555060133. Disponível em: https://app.minhabiblioteca.com.br/reader/books/9786555060133/. Acesso em: 30 jan. 2025.

44. BRASIL. Superior Tribunal de Justiça (Terceira Turma). *Recurso Especial 1.459.597/SC*. Relatora: Min. Nancy Andrighi. Data de Julgamento: 01 de dezembro de 2016. Data de Publicação: 15 de dezembro de 2016.

45. BRASIL. Supremo Tribunal Federal (Tribunal Pleno). *Agravo em Recurso Especial no 130.9642*, Relator: Luís Roberto Barroso. Data de Julgamento: 01 de fevereiro de 2024. Data de Publicação: 02 de abril de 2024.

das partes em sentido diverso, mas que pode ser afastada por vontade dos nubentes, dos cônjuges ou dos companheiros. Ou seja: trata-se de regime legal facultativo e não cogente. 9. A possibilidade de escolha do regime de bens deve ser estendida às uniões estáveis. Isso porque o Supremo Tribunal Federal entende que "[n]ão é legítimo desequiparar, para fins sucessórios, os cônjuges e os companheiros, isto é, a família formada pelo casamento e a formada por união estável" (RE 878.694, sob minha relatoria, j. em 10.05.2017). 10. A presente decisão tem efeitos prospectivos, não afetando as situações jurídicas já definitivamente constituídas. É possível, todavia, a mudança consensual de regime, nos casos em que validamente admitida (e.g., art. 1.639, § 2º, do Código Civil).

Portanto, ainda que tenham mais de setenta anos, os companheiros poderão livremente optar por qualquer um dos regimes de bens regulamentados no Código Civil ou mesmo estabelecerem a aplicação híbrida das normas. Eles também poderão alterar o regime anteriormente adotado. Nesses casos, exige-se o instrumento público. E, mesmo na ausência de disposição, em se tratando de união estável, o regime será similar ao da comunhão parcial, não incidindo automaticamente as normas relativas à separação obrigatória de bens.

Para Maria Helena Diniz, a separação obrigatória de bens só é aplicável ao casamento e a norma não comporta interpretação extensiva, por ser uma sanção, que só pode ser imposta por lei. Assim, o "patrimônio de conviventes, se não houver convenção escrita, disciplinar-se-á, portanto, pelo regime de comunhão parcial (CC, arts. 1.725, 1.658 a 1.666), ou conforme deliberação em pacto convivencial".[46]

Outro ponto permeado por discussões diz respeito à alteração de regime de bens na união estável e aos seus efeitos pretéritos. Como exemplo, um casal que optou expressamente pela separação de bens, após anos de convivência e o nascimento de filhos comuns, decidem adotar o regime da comunhão parcial, abrangendo todos os bens obtidos no interstício da convivência.

Sobre o tema, a Corregedoria Nacional de Justiça do Conselho Nacional de Justiça facilitou a modificação de regime de bens e normatizou a situação. De acordo com o CNN, os companheiros, conjunta e pessoalmente (ou por procurador nomeado por instrumento público), podem requerer a alteração de regime de bens no registro de pessoas naturais, seja aquele que está no assento ou outro. A mudança do regime não poderá prejudicar terceiros de boa-fé, incluindo os credores cujos créditos existiam antes do ato modificativo.[47]

---

46. DINIZ, op. cit., p. 466.
47. Respeitada a escritura pública nas hipóteses legais, como é o caso do artigo 108 do Código Civil, e/ou haja certidões positivas elencadas no mencionado artigo 548 do Código de Normas, os companheiros deverão estar assistidos por advogado ou defensor público. O oficial exigirá a proposta de partilha de bens, a declaração de que por ora não desejam realizá-la ou a declaração de inexistência de bens a partilhar, conforme o caso.

Segundo o texto, o novo regime patrimonial produzirá efeitos a partir da respectiva averbação no registro da união estável, não retroagindo aos bens adquiridos anteriormente em nenhuma hipótese. Porém, se o regime escolhido for o da comunhão universal de bens, os seus efeitos atingirão os bens existentes no momento da alteração, ressalvados os direitos de terceiros (artigo 547 do Código Nacional de Normas).

A disposição retrata a melhor solução também para os contratos de convivência de união estável, elaborados por instrumento público ou particular: a alteração do regime de bens não poderá ter efeitos *ex tunc*. Por consequência, bens anteriormente alienados ou onerados não serão atingidos retroativamente pela mudança, assim como as relações jurídicas. Frise-se que, mesmo averbada a alteração do regime, os companheiros têm liberdade para novamente fazê-lo por instrumento particular.[48]

No mesmo sentido, já decidiu o Superior Tribunal de Justiça (STJ): "Na esteira da jurisprudência desta Corte, não é possível a celebração de escritura pública modificativa do regime de bens da união estável com eficácia retroativa".[49] Desse modo, "a eleição do regime de bens da união estável por contrato escrito é dotada de efetividade *ex nunc*, sendo inválidas cláusulas que estabeleçam a retroatividade dos efeitos patrimoniais do pacto (AgInt no AREsp 1.631.112/MT, relator Ministro Antonio Carlos Ferreira, Quarta Turma, julgado em 26.10.2021, DJe de 14.02.2022)".[50]

Em suma, o legislador privilegiou a autonomia privada dos companheiros para a contratação de todos os aspectos da vida em comum que lhes pareçam necessários, encontrando o limite nas normas de ordem pública. Isso porque a principal característica da união estável é a liberdade, escolha esta dos próprios envolvidos. A extensão e aplicação das regras matrimoniais dispensaria a necessidade de o ordenamento jurídico conter diferentes modelos familiares.

3.3 Forma do contrato de convivência de união estável e eficácia *erga omnes*

No que diz respeito à forma do contrato de convivência de união estável, exceto a exigência de ser firmado por escrito (artigo 1.725 do Código Civil),

---

48. KÜMPEL, Vitor Frederico; MADY, Fernando Keutenedjian. Da alteração do regime de bens na união estável. *Migalhas*. [s.l.], 25 jul. de 2023. Disponível em: https://www.migalhas.com.br/coluna/registralhas/390442/da-alteracao-do-regime-de-bens-na-uniao-estavel. Acesso em: 30 jan. 2025.

49. BRASIL. Superior Tribunal de Justiça (Terceira Turma). *Recurso Especial 2.104.920/PR*. Relatora: Min. Nancy Andrighi. Data de Julgamento: 12 de dezembro de 2023. Data de Publicação: 15 de dezembro de 2023.

50. BRASIL. Superior Tribunal de Justiça (Quarta Turma). *Agravo Interno no Recurso Especial 2.091.706/MG*. Relatora: Min. Maria Isabel Gallotti. Data de Julgamento: 4 de dezembro de 2023. Data de Publicação: 7 de dezembro de 2023.

assegura-se a liberdade para os companheiros escolherem se preferem fazê-lo por instrumento público ou particular. Cumpre ressalvar o fato de esse negócio jurídico produzir efeitos não somente para os contratantes, mas também em relação a terceiros. E por tal razão, não se verifica consenso entre os estudiosos sobre a melhor forma a ser escolhida.

Uma corrente de doutrinadores, com fundamento na equiparação da união estável ao casamento, concebe a aplicação analógica do artigo 1.653 do Código Civil à primeira, dispondo que o contrato reclama escritura pública, sob pena de nulidade e ineficácia. Assim, destaca-se Martiane Jaques La-Flor.[51] Corrente oposta, composta por Maria Berenice Dias[52] e por Rolf Madaleno,[53] aceita tanto a forma pública (escritura lavrada em tabelionato de notas), quanto o instrumento particular, facultando-se nos dois casos que a avença seja levada ao registro de títulos e documentos.

Com efeito, em observância ao artigo 107 do Código Civil, o contrato de convivência de união estável pode se dar por instrumento particular ou público. Consoante a decisão do Superior Tribunal de Justiça (STJ), o instrumento particular tem eficácia e vincula as partes, independentemente de publicidade e registro, sendo relevante para definir questões internas da união estável, porém "é verdadeiramente incapaz de projetar efeitos para fora da relação jurídica mantida pelos conviventes, em especial em relação a terceiros porventura credores de um deles".[54]

Segundo o STJ, o contrato particular de união estável com separação total de bens não impede a penhora de patrimônio de um dos conviventes para o pagamento de dívida do outro, pois tem efeito somente entre as partes. Como o documento celebrado é de ciência exclusiva dos conviventes, não projeta efeitos externos à relação e, bem assim, torna-se inoponível aos credores.

Por essa razão, Flávio Tartuce ensina que a elaboração do pacto por meio de escritura pública ou seu registro no cartório de títulos e documentos garante maior certeza e segurança.[55] Para garantir eficácia perante terceiros (*erga omnes*), o documento deve ser registrado no cartório de registro de imóveis e averbado na matrícula dos imóveis correspondentes. Se ausente o registro e alienado o imóvel sem autorização do companheiro, há de prevalecer os interesses dos terceiros de

---

51. LA-FLOR, Martiane Jaques. *As implicações da união estável no registro de imóveis à luz dos princípios registrais*. São Paulo: Baraúna, 2011. p. 45.
52. DIAS·op. cit.
53. MADALENO, op. cit., p. 1245.
54. BRASIL. Superior Tribunal de Justiça (Terceira Turma). *Recurso Especial 1.988.228/PR*. Relatora: Min. Nancy Andrighi, Data de Julgamento: 7 de junho de 2022. Data de Publicação: 13 de junho de 2022.
55. TARTUCE, op. cit., p. 354.

boa-fé, como entendeu o Superior Tribunal de Justiça, e ao companheiro prejudicado, restará apenas o direito de pleitear perdas e danos.[56]

Assim, a eficácia oponível a terceiros decorre do registro e da averbação no registro de imóveis. Não há obrigatoriedade legal, mas os companheiros poderão registrar no ofício imobiliário e averbar nas matrículas dos imóveis. Da mesma maneira que ocorre com o pacto antenupcial, o registro/averbação propicia a segurança do contrato de convivência, impedindo, por exemplo, a penhora de bens particulares de um dos companheiros por dívidas do outro, quando há opção pelo regime de separação de bens.

Para Rolf Madaleno, a opção do registro no cartório de títulos e documentos foi superada com o advento da Lei 14.382/2022, que estabeleceu que os registros de sentenças declaratórias de reconhecimento e dissolução, bem como dos termos declaratórios formalizados perante o oficial de registro civil e das escrituras públicas declaratórias e dos distratos que envolvam união estável serão feitos no "Livro E" do registro civil de pessoas naturais. O § 1º do artigo 537 do Código Nacional de Normas prevê de forma expressa conferir o registro efeitos jurídicos à união estável perante terceiros.

Todavia, o registro de instrumentos no "Livro E" do registro civil de pessoas naturais consiste em uma faculdade (não obrigatoriedade), permanecendo outras opções aos companheiros. Assim sendo, poderá o acordo de união estável ser celebrado por meio de instrumento particular ou público (escritura pública lavrada no tabelionato de notas). O acordo poderá ser levado ao registro de títulos e documentos e ao registro de imóveis, averbando-se na matrícula dos bens imóveis do casal para produção de efeitos perante terceiros.

CONSIDERAÇÕES FINAIS

Superado o preconceito social, a união estável é um instituto dinâmico, que cada vez mais recebe proteção estatal, igualando-se ao casamento em determinados efeitos jurídicos, como os sucessórios. Consciente da atribuição de direitos e deveres aos companheiros pelos Poderes Legislativo e Judiciário, muitas pessoas optam pela elaboração de um contrato de convivência de união estável escrito, pretendendo regulamentar as mais variadas questões envolvidas na vida em comum.

O contrato de convivência é instrumento apto para os companheiros disporem das relações patrimoniais e não patrimoniais. A autonomia privada possibilita a segurança necessária frente à omissão legislativa detalhada dos aspectos patri-

---

56. BRASIL. Superior Tribunal de Justiça (Terceira Turma). *Recurso Especial 1.592.072/PR*. Relator: Min. Marco Aurélio Bellizze. Data de Julgamento: 21 de novembro de 2017. Data de Publicação: 18 de dezembro de 2017.

moniais do companheirismo. Dessa forma, supera-se a existência das grandes lacunas e divergências que cercam a matéria, prevenindo litígios judiciais futuros, intermináveis.

Com efeito, pelo contrato de convivência, os interessados escolhem o regime de bens previstos no Código Civil ou a criam de um regime aplicável à situação em particular. A convenção poderá ser por instrumento público ou particular. No registro de títulos e documentos garante-se a publicidade da convenção. O registro/averbação no registro de imóveis atribui eficácia *erga omnes* ao pactuado. De qualquer forma, havendo conflito entre interesse de terceiro com boa-fé e do companheiro, o primeiro será beneficiado, restando ao segundo a pretensão indenizatória.

A Lei 14.382, de 27 de junho de 2022 e as disposições da Corregedoria Nacional de Justiça do Conselho Nacional de Justiça (CN-CNJ) tratou do termo declaratório de união estável, facilitou a modificação do regime de bens perante o registro civil das pessoas naturais, bem como a simplificou a conversão do relacionamento informal em casamento. Atualmente, a regulação encontra-se no Código Nacional de Normas – Foro Extrajudicial da CN-CNJ (artigos 537 a 553) e oferece mais uma possibilidade para resguardo de direitos dos conviventes.

Qualquer que seja a opção dos companheiros, face à relevância do contrato de convivência de união estável, é fundamental que eles estejam orientados por profissionais esclarecidos e habilitados a acompanhar a concretização das cláusulas dirigidas ao estabelecimento de regular união estável e todos os aspectos da entidade familiar.

REFERÊNCIAS

AMARAL, Francisco. *Direito Civil*: introdução. 10. ed. Rio de Janeiro: Saraiva Jur., 2018. p. 491. E-book. ISBN 9788553602100. Disponível em:https://app.minhabiblioteca.com.br/reader/books/9788553602100/. Acesso em: 28 jan. 2025.

ASSOCIAÇÃO DOS NOTÁRIOS E REGISTRADORES DO BRASIL. *Cartório em números*. 6. ed. Brasília, 2024. p. 94-95. Disponível em: Acesso em: 17 jan. 2025.

AZEVEDO, Álvaro Villaça. *Estatuto da família de fato*. 3. ed. São Paulo: Atlas, 2011.

CAHALI, Francisco José. *Contrato de convivência na união estável*. São Paulo: Saraiva. 2002.

CRUZ, Elisa. Conjugalidade infantojuvenil. In: MENEZES, Joyceane Bezerra de; MATOS, Ana Carla Harmatiuk (Coord.). *Direito das famílias por juristas brasileiras*. 3. ed. Indaiatuba: Foco, 2024.

DIAS, Maria Berenice. Pacto antenupcial e contrato de convivência: semelhanças e diferenças. *Instituto Brasileiro de Direito de Família – IBDFAM*, Belo Horizonte, 17 ago. 2023. Disponível em: https://ibdfam.org.br. Acesso em: 29 jan. 2025.

DINIZ, Maria Helena. *Curso de Direito Civil Brasileiro*: Direito de Família. 38. ed. Rio de Janeiro: Saraiva Jur., 2024. v. 5, p. 477. E-book. ISBN 9788553621453. Disponível em: https://app.minhabiblioteca.com.br/reader/books/9788553621453/. Acesso em: 29 jan. 2025.

FRANÇA, *Código Civil* (1804). Documento disponível em: https://www.legifrance.gouv.fr/codes. Acesso em: 16 jan. 2025.

GODOY, Cláudio Luiz Bueno de. Efeitos pessoais da união estável. In: CHINELLATO, Silmara Juny de Abreu; SIMÃO, José Fernando; FUJITA, Jorge Shiguemitsu; ZUCCHI, Maria Cristina. *Direito de Família no novo milênio*. São Paulo: Atlas, 2010.

KÜMPEL, Vitor Frederico; MADY, Fernando Keutenedjian. Da alteração do regime de bens na união estável. *Migalhas*. [s.l.], 25 jul. 2023. Disponível em: https://www.migalhas.com.br/coluna/registralhas/390442/da-alteracao-do-regime-de-bens-na-uniao-estavel. Acesso em: 30 jan. 2025.

LA-FLOR, Martiane Jaques. *As implicações da união estável no registro de imóveis à luz dos princípios registrais*. São Paulo: Baraúna, 2011.

LEITE, Eduardo de Oliveira. União de fato e direito sucessório: o art. 1.790 do Código Civil Brasileiro. In: SOLAVAGIONE, Alicia García de; CORREIA, Atalá; SILVA, Regina Beatriz Tavares da. *Tratado da união de fato* - Tratado de La Unión de Hecho. São Paulo: Almedina Brasil, 2023. p. 138-150. p. 138. E-book. ISBN 9786556272085. Disponível em: https://app.minhabiblioteca.com.br/reader/books/9786556272085/. Acesso em: 27 jan. 2025.

LÔBO, Paulo. *Direito Civil*: Famílias. 15. ed. Rio de Janeiro: SRV, 2024. v. 5. p. 150. E-book. ISBN 9788553624836. Disponível em: https://app.minhabiblioteca.com.br/reader/books/9788553624836/. Acesso em: 27 jan. 2025.

MADALENO, Rolf. *Direito de Família*. 14. ed. Rio de Janeiro: Forense, 2024. p. 1230. E-book. ISBN 9788530995201. Disponível em: https://app.minhabiblioteca.com.br/reader/books/9788530995201/. Acesso em: 27 jan. 2025.

MAIA JÚNIOR, Mairan Gonçalves. *O regime da comunhão parcial de bens no casamento e na união estável*. São Paulo: RT, 2010.

MALUF, Carlos Alberto Dabus; MALUF, Adriana Caldas do Rego Freitas Dabus. *Curso de Direito da Família*. 4. ed. Rio de Janeiro: Saraiva Jur., 2021. p. 362. E-book. ISBN 9786555598117. Disponível em: https://app.minhabiblioteca.com.br/reader/books/9786555598117/. Acesso em: 27 jan. 2025.

MENEZES, Joyceane Bezerra de. União estável. In: MENEZES, Joyceane Bezerra de; MATOS, Ana Carla Harmatiuk (Coord.). *Direito das famílias por juristas brasileiras*. 3. ed. Indaiatuba: Foco, 2024.

NAHAS, Luciana Faisca. Contrato de convivência. In: PINTO, Braulio D.; ROSA, Conrado Paulino da; IBIAS, Delma Silveira. *Novos temas em família e sucessões*. Porto Alegre: IBDFAM, 2023.

NIGRI, Tânia. *União estável*. São Paulo: Editora Blucher, 2020. p. 84-90. E-book. ISBN 9786555060133. Disponível em: https://app.minhabiblioteca.com.br/reader/books/9786555060133/. Acesso em: 30 jan. 2025.

OLIVEIRA, José Lamartine Corrêa de; MUNIZ, Francisco José Ferreira. *Curso de Direito de Família*. 4. ed. (ano 2001), 7. reimp. Curitiba: Juruá, 2009.

PAIANO, Daniela Braga; SANTOS, Franciele B.; SCHIAVON, Isabela N. Consequências jurídicas da união estável e do namoro: diferenciações e implicações. In: PAIANO, Daniela Braga; et. Al. *Direito de família*: aspectos contemporâneos. São Paulo: Almedina, 2023.

SANTOS, Simone Orodeschi Ivanov dos. *União estável*: regime patrimonial e direito intertemporal. São Paulo: Atlas, 2005.

SILVA, Regina Beatriz Tavares da. Estadão – Regina Beatriz Tavares da Silva – A perigosa inovação legal de formalização de união estável nos Cartórios de Registro Civil. *Colégio Notarial do Brasil – Conselho Federal*, Brasília, 20 set. 2022. Disponível em: https://www.notariado.org.br/estadao-regina-beatriz-tavares-da-silva-a-perigosa-inovacao-legal-de-formalizacao-de-uniao-estavel-nos-cartorios-de-registro-civil. Acesso em: 29 jan. 2025.

TARTUCE, Flávio. *Direito Civil.* 19. ed. Rio de Janeiro: Forense, 2024. v. 5. p. 359. E-book. ISBN 9786559649686. Disponível em: https://app.minhabiblioteca.com.br/reader/books/9786559649686/. Acesso em: 27 jan. 2025.

WALD, Arnoldo; FONSECA, Priscila Maria Pereira Corrêa da. *Direito Civil:* direito de família. 17. ed. São Paulo: Saraiva, 2009. v. 5.

JURISPRUDÊNCIA

BRASIL. Supremo Tribunal Federal (Tribunal Pleno). *Recurso Extraordinário 646.721,* Relator: Min. Marco Aurélio. Relator p/ Acórdão: Min. Roberto Barroso. Data de Julgamento: 10 de maio de 2017. Data de Publicação: 11 de setembro de 2017.

BRASIL. Superior Tribunal de Justiça (Quinta Turma). *Agravo Regimental no Agravo em Recurso Especial 2.389.611/MG.* Relator: Min. Reynaldo Soares da Fonseca. Data de Julgamento: 12 de março de 2024. Data de Publicação: 10 de abril de 2024

BRASIL. Superior Tribunal de Justiça (Terceira Turma). *Recurso Especial 1.414.884/RS.* Relator Min. Marco Aurélio Bellizze. Data de Julgamento: 3 de fevereiro de 2015. Data de Publicação: 13 de fevereiro de 2015.

BRASIL. Superior Tribunal de Justiça (Terceira Turma). *Recurso Especial 1.459.597/SC.* Relatora: Min. Nancy Andrighi. Data de Julgamento: 01 de dezembro de 2016. Data de Publicação: 15 de dezembro de 2016.

BRASIL. Supremo Tribunal Federal (Tribunal Pleno). *Agravo em Recurso Especial 130.9642,* Relator: Luís Roberto Barroso. Data de Julgamento: 01 de fevereiro de 2024. Data de Publicação: 02 de abril de 2024.

BRASIL. Superior Tribunal de Justiça (Terceira Turma). *Recurso Especial 2.104.920/PR.* Relatora: Min. Nancy Andrighi. Data de Julgamento: 12 de dezembro de 2023. Data de Publicação: 15 de dezembro de 2023.

BRASIL. Superior Tribunal de Justiça (Quarta Turma). *Agravo Interno no Recurso Especial 2.091.706/MG.* Relatora: Min. Maria Isabel Gallotti. Data de Julgamento: 4 de dezembro de 2023. Data de Publicação: 7 de dezembro de 2023.

BRASIL. Superior Tribunal de Justiça (Terceira Turma). *Recurso Especial 1.988.228/PR.* Relatora: Min. Nancy Andrighi, Data de Julgamento: 7 de junho de 2022. Data de Publicação: 13 de junho de 2022.

BRASIL. Superior Tribunal de Justiça (Terceira Turma). *Recurso Especial 1.592.072/PR.* Relator: Min. Marco Aurélio Bellizze. Data de Julgamento: 21 de novembro de 2017. Data de Publicação: 18 de dezembro de 2017.

DO CONTRATO DE COPARENTALIDADE

Daniela Braga Paiano

Pós-doutora e Doutora pela Faculdade de Direito da Universidade de São Paulo (USP). Professora da Graduação e do Programa de Mestrado e Doutorado em Direito Negocial da Universidade Estadual de Londrina (UEL). E-mail: danielapaiano@hotmail.com.

Guilherme Augusto Girotto

Doutorando em direito civil pela Universidade de São Paulo (USP). Mestre em direito negocial pela Universidade Estadual de Londrina (UEL). Professor de Direito Civil (Mackenzie – Campinas) e Pesquisador no projeto de pesquisa "Contratualização das Relações Familiares e das Relações Sucessórias" (UEL). Advogado. E-mail: guilhermegirotto@live.com.

Sumário: Introdução – 1. Contextualização histórica das famílias até a contemporaneidade: aspectos jurídicos e sociológicos – 2. Delimitações conceituais sobre o negócio jurídico coparental – 3. Análise do contrato de coparentalidade à luz da tricotomia dos planos do negócio jurídico; 3.1 A existência do contrato de coparentalidade; 3.2 Os pressupostos de validade de um contrato coparental; 3.3 Análise prática do contrato da família coparental (a eficácia); 3.4 Limitações do conteúdo a ser negociado; 3.5 Julgado do Tribunal de Justiça de Minas Gerais – Considerações finais – Referências.

INTRODUÇÃO

Ao tratar de Direito das Famílias, é imprescindível tecer comentários sobre a evolução que o instituto sofreu. Inicia-se com as contribuições sociológicas de Zygmunt Bauman, que se refere ao período contemporâneo como "modernidade líquida", período posterior ao da modernidade marcada pela solidez dos institutos. Considerando que vivemos na contemporaneidade sob o jugo de uma sociedade líquida, na qual as relações afetivas são marcadas pela volatilidade, observa-se que, no Brasil, a transformação mais significativa ocorreu no âmbito do casamento. Ele deixou de ser um vínculo eterno e indissolúvel para se tornar uma instituição que, no contexto atual, pode ser dissolvida de maneira liminar, refletindo as mudanças nos valores e dinâmicas sociais. Assim, tal fenômeno, estudado pela sociologia, acarreta reflexos diretos no ordenamento jurídico.

A primeira seção aborda o surgimento de novos arranjos familiares que exigem a tutela do Estado. Além de buscar reconhecimento como entidades familiares, esses arranjos visam assegurar maior estabilidade jurídica, especialmente no contexto da formação de famílias coparentais, que não derivam de vínculos conjugais ou de uniões estáveis, mas sim de relações baseadas na parentalidade compartilhada.

No segundo capítulo ressaltam-se as possibilidades práticas de aplicação do mencionado contrato de coparentalidade, com o intuito de resolver possíveis controvérsias, como a ocorrida em um caso emblemático, de grande repercussão midiática, após o falecimento do apresentador de televisão Gugu Liberato, que havia deixado herdeiros. Na situação em questão, discute-se apenas a suposta união estável do apresentador com a genitora de seus filhos, já que a filiação era inquestionável. Igualmente, há que se falar que o referido instrumento promove a garantia do princípio da dignidade da pessoa humana, melhor interesse da criança, autonomia privada e o princípio da afetividade.

A terceira e última seção examinará o contrato de coparentalidade à luz da Teoria da Tricotomia dos Planos do Negócio Jurídico, fundamentada nos ensinamentos de Pontes de Miranda. Essa abordagem propõe a análise do negócio jurídico em três dimensões: existência, validade e eficácia. Ao final, será analisado um julgado do Tribunal de Justiça de Minas Gerais que discutiu a eficácia de um contrato de coparentalidade, oferecendo uma perspectiva prática sobre a aplicação dessa teoria ao tema.

Como objetivo primordial, debate-se como um negócio jurídico atípico – o contrato de coparentalidade – pode se encaixar na visão doutrinária especializada, possível por meio da observância da autonomia privada, do preceito constitucional de pluralidade familiar, em estrito respeito ao princípio da dignidade da pessoa humana, buscando assim promover maior aceitação desse instrumento, o qual promove a segurança jurídica das relações familiares.

A problemática fica evidente, na medida que ainda existem posições contrárias à celebração do contrato de coparentalidade, pois, por se tratar como uma temática nova, ainda não há jurisprudência consolidada que afirme pela sua validade e eficácia. Portanto, cabe à doutrina assentar entendimento sobre o conceito, limites e consequências da mencionada contratação.

Utilizando-se do método lógico-dedutivo, que representa a extração lógica do conhecimento, partindo-se de premissas gerais aplicáveis a hipóteses concretas e das técnicas de análise de bibliografia e legislações específicas da autonomia privada e da pluralidade de arranjos familiares, toma como hipótese que a autonomia privada deve ser observada pelo Direito das Famílias, principalmente no momento de escolha de em qual modalidade familiar o indivíduo melhor se adequa, como uma possibilitadora de escolha acertada e segura juridicamente.

1. CONTEXTUALIZAÇÃO HISTÓRICA DAS FAMÍLIAS ATÉ A CONTEMPORANEIDADE: ASPECTOS JURÍDICOS E SOCIOLÓGICOS

A família sofreu consideráveis mudanças no transcurso da vida humana desde a sua constituição, como se observa na sua forma, composição, separação, possibilidade de extinção, etc. Sob o ponto de vista sociológico, tal fenômeno é apresentado pelo sociólogo polonês Zygmunt Bauman como um efeito da modernidade líquida, cuja nomenclatura refere-se à metáfora do líquido, que não possui forma rígida, tampouco se fixa definitivamente em um único local, mas ao revés, se caracteriza pela volatilidade, pela fluidez, ou seja, "não se fixam o espaço nem prendem o tempo. (...) os fluidos não se atêm muito a qualquer forma e estão constantemente prontos e propensos a mudá-la".[1]

No campo jurídico, afirma-se que, em cada momento histórico, a família se estruturou de um modo específico e desempenhou o seu papel correspondendo aos costumes da época. Para Álvaro Villaça Azevedo, "ao lado do Direito das Obrigações que é universal quase que imutável, o Direito de Família muda com as concepções sociais e conforme o lugar em que é aplicado".[2]

Bauman argumenta que a família, no período moderno, apropriou-se da dialética entre a mortalidade individual e a imortalidade coletiva, assumindo uma nova função: a de conferir um significado imortal à vida mortal. Segundo ele, ao criar uma família, o ser humano buscava deixar uma marca no mundo que sobreviveria à sua partida, tornando-se assim o principal motivo para a constituição familiar na modernidade. No entanto, com o advento da pós-modernidade, até mesmo esse aspecto estaria em declínio, colocando em xeque a função tradicional da família como garantia de perpetuidade e significado existencial.[3]

Tais mudanças influenciam sobremaneira o modo como o instituto familiar tem sido tratado pela lei. No Brasil, de acordo com Paulo Lôbo, o Direito das Famílias passou por três grandes momentos, decorrentes de modelos sociais, morais e religiosos existentes: o primeiro corresponde ao direito de família canônico/ religioso, que teve vigência de aproximadamente 400 anos (1500-1889), no qual predominava o modelo patriarcal; o segundo, o período laico, instituído com a República (1989), durando até a Constituição Federal de 1988, com singela redu-

---

1. BAUMAN, Zygmunt. *Modernidade Líquida*. Trad. Plínio Dentzien. Rio de janeiro: Jorge Zahar, 2001, p. 8.
2. AZEVEDO, Álvaro Villaça. *Curso de direito civil*: direito de família. 2. ed. São Paulo: Saraiva, 2019, p. 32.
3. BAUMAN, Zygmunt. *Globalização*: as consequências humanas. Trad. Marcus Penchel, Rio de Janeiro: Jorge Zahar, 1999. p. 54.

ção do modelo patriarcal; e o terceiro, que hoje está em vigência, traz uma visão igualitária e solidária do Direito das Famílias, advindo da atual Constituição.[4]

Mesmo com seu conteúdo aprimorado à realidade enfrentada pela sociedade, há falar que a tutela da família pelo Estado não alcançou arranjos familiares plurais e diversos comparados às características predominantes à época, ou seja, a família era tradicionalmente tida como: "matrimonializada, patriarcal, hierarquizada, heteroparental biológica e institucional".[5]

No mesmo sentido, observa-se que a grande mudança paradigmática no instituto da família está expressa nos artigos 226 a 230 da Constituição Federal, uma vez que introduziu, em contraste com a ideologia familiar autoritária do Código Civil de 1916, os conceitos de consenso, solidariedade e o respeito à dignidade das pessoas que a compõem. Essa transformação reflete uma evolução significativa no direito brasileiro, alinhando-o com princípios mais humanistas e igualitários, que valorizam a autonomia e o bem-estar dos indivíduos no contexto familiar.[6]

Tal modificação é percebida pelo quadro comparativo de Eduardo de Oliveira Leite,[7] que exemplifica as alterações fundamentais no Direito das Famílias brasileiro, sob a análise dos artigos 226 e 227 da Constituição Federal com o até então vigente Código Civil, comparando ideais pertencentes ao Código Civil de 1916 com os da família constitucionalizada.[8]

Assevera-se que os princípios constitucionais da igualdade, solidariedade, liberdade e dignidade da pessoa humana influenciaram profundamente o Direito das Famílias. Tais princípios colaboraram para edificação de um novo paradigma de família, denominado por alguns autores como "família constitucional", posto que o afastamento da realidade social brasileira com o Código vigente demandou contribuições das inovações constitucionais.[9]

Observa-se que houve uma notória humanização no Direito das Famílias com a promulgação da Constituição Federal de 1988, uma vez que o Código Civil anterior já não se adequava ao contexto social vigente. Enquanto se aguardava a formulação do atual Código Civil, que incorporou os comandos e princípios

---

4. LÔBO, Paulo. *Direito civil*: famílias. (versão eletrônica). 8. ed. São Paulo: Saraiva Educação, 2018. v. 5. p. 31.
5. MADALENO, Rolf. *Direito de Família*. 10. ed. rev. atual. e ampl. Rio de Janeiro: Forense, 2020, p. 108.
6. LÔBO, Paulo. *Direito civil*: famílias. (versão eletrônica). 8. ed. São Paulo: Saraiva Educação, 2018. v. 5. p. 31.
7. LEITE, Eduardo de Oliveira. *Direito civil aplicado*. São Paulo: RT, 2005. v. 5, p. 34.
8. O quadro é assim apresentado pelo autor: "Qualificação da família como legítima versus reconhecimento de outras formas de conjugabilidade ao lado da família legítima; diferença de estatutos entre homem e mulher versus igualdade absoluta entre homem e mulher; categorização de filhos versus paridade de direitos entre filhos de qualquer origem; indissolubilidade do vínculo matrimonial versus dissolubilidade do vínculo matrimonial; proscrição do concubinato versus reconhecimento de uniões estáveis." Ibidem.
9. CALDERÓN, Ricardo. *Princípio da Afetividade*. Rio de Janeiro: Forense, 2017, p. 17.

constitucionais, a Constituição Federal estabeleceu os preceitos mais essenciais para a estrutura familiar, refletindo uma visão mais igualitária, solidária e respeitosa aos direitos e à dignidade dos indivíduos.

2. DELIMITAÇÕES CONCEITUAIS SOBRE O NEGÓCIO JURÍDICO COPARENTAL

O negócio jurídico possui a estrutura normativa do Estado Social, por força de comandos imperativos, como por exemplo, a função social da propriedade e do contrato, a boa-fé objetiva, e principalmente a dignidade da pessoa humana, que limitam a liberdade contratual, substituindo então a autonomia da vontade pela autonomia privada. Embora tal assertiva, há que falar que o negócio jurídico não perdeu o caráter patrimonialista.[10]

Nas lições de Guilherme Wünsch o contrato de coparentalidade, "[...] trata-se de um pacto em que distintas pessoas não contratam apenas um objeto lícito, possível, determinado ou determinável, mas em que, o próprio objeto, também corresponde ao (a um) ser."[11] Conforme preleciona Guilherme Augusto Girotto:

> [...] em outras palavras o contrato de coparentalidade é um negócio jurídico estabelecido entre os corresponsáveis, que desejam exercer a paternidade ou maternidade com outro(s) sujeito(s), sem, no entanto, estabelecer um vínculo com este(s). Isto é, o único elo será aquele estabelecido com os filhos, cujos interesses devem ser privilegiados no mencionado instrumento, hábil e apto a comportar as disposições existenciais e patrimoniais do arranjo familiar coparental.[12]

Sendo assim, como no caso já citado do apresentador de televisão Gugu Liberato, o contrato de coparentalidade poderá auxiliar o julgador a decidir sobre o destino do patrimônio amealhado. Isso porque a controvérsia apresentada concentra-se em definir se o mencionado núcleo familiar foi estabelecido como uma família conjugal – caso em que a companheira teria direito aos reflexos sucessórios – ou como uma relação de coparentalidade, na qual os dois indivíduos

---

10. AMARAL, Ana Claudia Corrêa Zuin Mattos do; HATOUM, Nida Saleh; HORITA, Marcos Massashi. O Paradigma Pós-Moderno Do Negócio Jurídico E A Necessidade De Uma Nova Concepção Na Contemporaneidade. *Scientia Iuris*, Londrina, v. 21, n. 2, p. 261-297, jul. 2017. DOI: 10.5433/2178-8189.2017v21n1p262. ISSN:2178-8189, p. 266.

11. WÜNSCH, Guilherme. *Do suporte fático ao suporte constitucional como fundamento para o desvelar biotecnológico das famílias contemporâneas*: os contratos de coparentalidade nas famílias design entre a estirpe tradicional e a façanha internética. 2017, tese (Doutorado Universidade Vale do Rio dos Sinos) Rio Grande do Sul. Disponível em: http://www.repositorio.jesuita.org.br/bitstream/handle/UNISINOS/6258/Guilherme%20W%C3%BCnsch_.pdf?sequence=1&isAllowed=y. Acesso: 29 jan. 2025, p. 40.

12. GIROTTO, Guilherme Augusto. *O contrato de coparentalidade no contexto pós-moderno do direito das famílias*. 2024. 260 f. Dissertação (Mestrado em Direito Negocial). Universidade Estadual de Londrina. Londrina. 2024. p. 213.

tinham apenas a intenção de gerar filhos, excluindo-se, assim, a suposta companheira da sucessão.[13]

A família coparental não tem a intenção de constituir família conjugal entre os pais, mas sim a responsabilização dos pais em criar a prole, com os consequentes direitos e deveres civis-familiares, formalizados previamente à concepção. Tal arranjo objetiva, então, delimitar os papeis dos genitores, como o registro civil da criança, a convivência familiar, a guarda e o sustento, o que impede a configuração de uma união estável.[14]

Na sociedade atual, os vínculos afetivos não mais decorrem exclusivamente do matrimônio, e com o progresso da medicina, a reprodução humana, por vezes, afasta-se do ato sexual com as modernas formas de reprodução assistida, trazendo à realidade do Direito das Famílias indivíduos que se encaixam no modelo de coparentalidade.[15]

Também merece destaque a situação de pais homoafetivos ou heteroafetivos que compartilham o mesmo desejo de exercer a paternidade ou maternidade, recorrendo à inseminação caseira ou, ainda, à relação sexual com o único intuito de procriação. A ausência de um contrato formal que estabeleça a coparentalidade pode gerar impasses no momento do registro civil da criança, criando dúvidas quanto aos direitos e responsabilidades parentais.[16]

Sabe-se que, dentre as possibilidades para geração de filhos, estão as técnicas previstas e oferecidas em centros clínicos, como a IUU,[17] FIVETE[18] e a GIFT.[19] Todavia, conforme mencionado, alguns casais têm optado pela inseminação ca-

---

13. PEREIRA, Rodrigo da Cunha. 2017. *Coparentalidade abre novas formas de estrutura familiar.* Disponível em: https://ibdfam.org.br/artigos/1229/Coparentalidade+abre+novas+formas+de+estrutura+familiar. Acesso em 29 jan. 2025
14. FRIZZO, Giana Bitencourt. KREUTZ, Carla Meira. SCHMIDT, Carlo. PICCININI, Cesar Augusto. BOSA, Cleonice. O conceito de coparentalidade e suas implicações para a pesquisa e para a clínica. *Periódicos Eletrônicos em Psicologia- Pepsic.* Rev. bras. crescimento desenvolv. hum. v.15, n. 3. São Paulo dez. 2005. Disponível em: http://pepsic.bvsalud.org/scielo.php?script=sci_arttext&pid=S0104-12822005000300010. Acesso em: 29 jan. 2025
15. COSTA, Vanuza Pires; TEIXEIRA, Cláudia Magalhães. *Da filiação Decorrente da Coparentalidade e a Validade Jurídica do Contrato de Geração de Filhos.* 2018. Disponível em: http://propi.ifto.edu.br/ocs/index.php/jice/9jice/paper/viewFile/9134/4183. Acesso em: 29 jan. 2025.
16. IBDFAM. *Coparentalidade*: 6 curiosidades sobre contrato de geração de filhos. 2021. Disponível em: https://ibdfam.org.br/noticias/8164.
17. "Método em que os espermatozoides são inseridos no canal vaginal feminino, com o auxílio de um cateter, sem relação sexual." PAIANO, D. B. Reprodução assistida: considerações sobre a autoinseminação e suas implicações jurídicas e as alterações trazidas pela Resolução n. 2294/2021 do Conselho Federal de Medicina. *civilistica.com*, v. 11, n. 1, p. 1-21, 10 jan. 2025.
18. "Seria a transferência do embrião ou fertilização *in vitro.*" Ibidem.
19. "Técnica utilizada por casais em que a mulher possua uma trompa saudável." PAIANO, D. B. Reprodução assistida: considerações sobre a autoinseminação e suas implicações jurídicas e as alterações trazidas pela Resolução n. 2294/2021 do Conselho Federal de Medicina. *civilistica.com*, v. 11, n. 1, p. 1-21, 10 jan. 2025.

seira,[20] e é nessa situação em especial que podem surgir alguns empecilhos para o registro da prole, posto que os pretensos pais não terão os documentos oriundos da clínica de reprodução.[21]

Outro aspecto relevante a ser analisado é o crescimento significativo do número de interessados em constituir família por meio da coparentalidade, sem que isso implique na configuração de união estável. Um exemplo é o site Pais Amigos, criado pela jornalista Taline Schneider; além dele, diversos grupos em redes sociais têm sido criados com o objetivo de conectar e apresentar possíveis coparentes interessados em firmar esse tipo de contrato.[22]

Embora ainda não exista legislação específica sobre o tema, tramita no Senado Federal o Projeto de Lei 394, de 2017, que propõe a alteração do Estatuto da Criança e do Adolescente (ECA). O projeto inclui a seguinte redação ao artigo 73: "Para a adoção conjunta, os adotantes não precisam constituir entidade familiar, mas é indispensável a comprovação de que existe convivência harmônica entre eles".[23] Embora o texto não trate diretamente da coparentalidade, esse dispositivo dissocia o ato de ter filhos da necessidade de um relacionamento conjugal entre os pais, o que pode abrir precedentes para o reconhecimento jurídico dessa modalidade familiar.

A modalidade familiar denominada coparental observa princípios constitucionais, como por exemplo o da pluralidade das entidades familiares, princípio do melhor interesse da criança e do adolescente, princípio da liberdade (autonomia privada) e o princípio da afetividade.[24]

---

20. Os motivos são variados e, como aponta Daniela Braga Paiano, inclusive pode ser intencional que o casal queira saber quem é o doador do material genético. Ibidem.
21. Neste sentido, afirma a autora: "A dificuldade para o registro surgirá aqui: a técnica tem sido muito utilizada, também, por casais homoafetivos femininos, que usam de material genético de uma terceira pessoal. Quando o doador do material genético faz parte do projeto de parentalidade, pode surgir uma multiparentalidade – a criança será registrada no nome de três pessoas, duas mães e um pai. Porém, quando o doador não fizer parte desse projeto, a criança será registrada em nome das duas mães. Essas duas situações terão dificuldade para o registro para inclusão da mãe não parturiente, já que, por não ter sido utilizada uma clínica de reprodução assistida, não há previsão legal autorizando o registro (art. 8º do Provimento n. 63/2017 CNJ)." Ibidem.
22. FRIZZO, Giana Bitencourt. KREUTZ, Carla Meira. SCHMIDT, Carlo. PICCININI, Cesar Augusto. BOSA, Cleonice. O conceito de coparentalidade e suas implicações para a pesquisa e para a clínica. *Periódicos Eletrônicos em Psicologia- Pepsic*. Rev. bras. crescimento desenvolv. hum. v. 15, n. 3. São Paulo dez. 2005. Disponível em: http://pepsic.bvsalud.org/scielo.php?script=sci_arttext&pid=S0104-12822005000300010. Acesso em: 29 jan. 2025.
23. BRASIL, Senado Federal. (2017). *Projeto de Lei do Senado 394, de 2017*. https://www25.senado.leg.br/web/atividade/materias/-/materia/131275. Acesso em: 29 jan. 2025.
24. VIEGAS, Cláudia Mara de Almeida Rabelo. Coparentalidade: a autonomia privada dos genitores em contraponto ao melhor interesse da criança. *Revista Eletrônica JusBrasil*, 2020. Disponível em: https://claudiamaraviegas.jusbrasil.com.br/artigos/859758717/coparentalidade-a-autonomia-privada-dos-genitores-em-contraponto-ao-melhor-interesse-da-crianca?ref=feed. Acesso em: 29 jan. 2025.

No que se refere à pluralidade familiar, pontuam Cristiano de Chaves de Farias e Nelson Rosenvald que a Constituição da República trouxe a normatização positivada a uma vivência prática, na medida que o casamento seria uma das possibilidades existentes para constituir família.[25]

No que tange ao princípio do melhor interesse da criança e do adolescente, consagrado no artigo 227 da Constituição Federal, observa-se que a modalidade familiar baseada na coparentalidade busca assegurar que crianças e adolescentes, ainda em desenvolvimento e inaptos para a vida civil plena, tenham condições adequadas para seu crescimento físico, emocional e social. O objetivo é garantir que se tornem indivíduos capazes de contribuir de forma positiva para o aprimoramento da sociedade, uma vez que este deve ser o propósito fundamental de qualquer estrutura familiar.[26]

No que se refere à liberdade, sob a ótica da autonomia privada, é importante destacar que, em razão da previsão constitucional que define o Brasil como um Estado laico, as pessoas são livres para determinar os rumos, formas e modos de constituição de suas famílias. A intervenção estatal deve ocorrer apenas quando tais escolhas infringirem ou comprometerem direitos de terceiros.[27]

O princípio da afetividade não se encontra explicitamente descrito na Constituição, mas é o que permeia a família coparental, na medida que é apontado como o mais elementar fundamento dos vínculos familiares, decorrendo diretamente do preceito primordial da dignidade da pessoa humana.[28]

Ainda que existam posicionamentos contrários, é necessário destacar alguns pontos em relação à demanda existente. Quando os genitores compartilham a vontade comum de gerar filhos, sem qualquer vínculo sentimental ou conjugal, a prole resultante dessa decisão estará sujeita aos efeitos jurídicos da coparentalidade. Nesse contexto, torna-se fundamental oportunizar a formalização de um contrato para a geração de filhos, conferindo segurança jurídica à relação e delimitando claramente os direitos e deveres de cada parte.[29]

---

25. FARIAS, Cristiano Chaves; ROSENVALD, Nelson. *Curso de direito civil*: famílias. 9. ed. rev. e atual. Salvador: JusPodivm, 2016.
26. VIEGAS, Cláudia Mara de Almeida Rabelo. Coparentalidade: a autonomia privada dos genitores em contraponto ao melhor interesse da criança. *Revista Eletrônica JusBrasil*, 2020. Disponível em: https:// claudiamaraviegas.jusbrasil.com.br/artigos/859758717/coparentalidade-a-autonomia-privada-dos-genitores-em-contraponto-ao-melhor-interesse-da-crianca?ref=feed. Acesso em: 29 jan. 2025.
27. PEREIRA, Rodrigo da Cunha. 2017. *Coparentalidade abre novas formas de estrutura familiar*. Disponível em: https://ibdfam.org.br/artigos/1229/Coparentalidade+abre+novas+formas+de+estrutura+familiar. Acesso em: 29 jan. 2025.
28. TARTUCE, Flávio. *Manual de direito civil*: volume único. 8. ed. rev., atual. e ampl. Rio de Janeiro: Forense; São Paulo: Método, 2018.
29. VIEGAS, Cláudia Mara de Almeida Rabelo. Coparentalidade: a autonomia privada dos genitores em contraponto ao melhor interesse da criança. *Revista Eletrônica JusBrasil*, 2020. Disponível em: https://

Com um olhar desprovido de preconceitos, observa-se que as relações familiares vêm sendo constituídas das mais diversas formas e, sendo este um reflexo da realidade social, o Direito não pode se omitir de conferir respaldo e tutela a tais arranjos. Fundamentado na dignidade da pessoa humana, é imprescindível que o arranjo familiar coparental receba a devida proteção jurídica, pois busca valorizar o princípio da afetividade nas relações familiares, o melhor interesse da criança e do adolescente, bem como o princípio da pluralidade das entidades familiares. Dessa forma, torna-se possível assegurar aos pretensos pais a segurança jurídica necessária para a constituição dessa modalidade de família.

Observados os contornos do que se pode entender como uma família coparental e quais os preceitos normativos e principiológicos que autorizam sua constituição, na próxima seção pretende-se delimitar, à luz da teoria da tricotomia dos planos do negócio jurídico, como um contrato de coparentalidade pode existir, valer e ser eficaz no ordenamento jurídico pátrio.

3. ANÁLISE DO CONTRATO DE COPARENTALIDADE À LUZ DA TRICOTOMIA DOS PLANOS DO NEGÓCIO JURÍDICO

Com relação à tricotomia dos planos do negócio jurídico[30] sabe-se que esta tripartição foi inicial e amplamente exposta por Pontes de Miranda e inobstante a ausência de unanimidade de sua aquiescência na doutrina pátria, o presente estudo deverá se concentrar em analisar os elementos do contrato de coparentalidade conforme essa teoria. Em especial, adotará as contribuições de Antonio Junqueira de Azevedo na obra "Negócio jurídico: existência, validade e eficácia" e de Marcos Bernardes de Mello nas três obras: "Teoria do Fato Jurídico: plano da existência", "Teoria do Fato Jurídico: plano da validade" e "Teoria do Fato Jurídico: plano da eficácia".

---

claudiamaraviegas.jusbrasil.com.br/artigos/859758717/coparentalidade-a-autonomia-privada-dos-genitores-em-contraponto-ao-melhor-interesse-da-crianca?ref=feed. Acesso em: 29 jan. 2025.

30. "[...] existir, valer e ser eficaz são conceitos tão inconfundíveis que o fato jurídico pode ser, valer e não ser eficaz, ou ser, não valer e ser eficaz. As próprias normas jurídicas podem ser, valer e não ter eficácia (H. Kelsen, Hauptprobleme, 14). O que se não pode dar é valer e ser eficaz, ou valer, ou ser eficaz, sem ser; porque não há validade, ou eficácia do que não é [...]". PONTES DE MIRANDA, Francisco Cavalcanti. Tratado de direito privado. 4. ed. São Paulo: RT, 1974. t. III, p. 15. Ou ainda: "O estudo dos elementos essenciais, naturais e acidentais do negócio jurídico é um dos pontos mais importantes e controvertidos da Parte Geral do Código Civil. É fundamental estudar a concepção desses elementos a partir da teoria criada pelo grande jurista Pontes de Miranda, que concebeu uma estrutura única para explicar tais elementos. Trata-se do que se denomina Escada Ponteana ou "Escada Pontiana". É importante ressaltar que os nossos estudos quanto ao tema surgiram a partir dos ensinamentos transmitidos pela Professora Giselda Maria Fernandes Novaes Hironaka, Titular em Direito Civil da Faculdade de Direito da USP e orientadora de doutorado deste autor. A partir dessa genial construção, o negócio jurídico tem três planos [...]" TARTUCE, Flávio. *Manual de direito civil*: volume único. 8. ed. rev., atual. e ampl. Rio de Janeiro: Forense; São Paulo: Método, 2018.

Mello afirma que o elemento fundamental que caracteriza o negócio jurídico (dadas as respectivas atualizações da contemporaneidade) é a circunstância de autonomia da vontade na escolha da classe jurídica e na estruturação do próprio conteúdo eficacial da relação jurídica. Tal circunstância é variável conforme a amplitude e conforme autoriza o próprio ordenamento jurídico, razão pela qual a vontade negocial só detém espaço de escolha nos limites conferidos pelo ordenamento jurídico.[31]

Azevedo compreende que o negócio jurídico, como uma derivação do fato jurídico, apresenta uma característica peculiar: o plano da validade. Isso ocorre porque o fato jurídico ingressa no ordenamento quando incide sobre uma situação previamente prevista na norma jurídica. Dessa forma, para que sua eficácia seja analisada, é necessário considerar um plano intermediário entre a existência e a eficácia: o da validade. Nesse plano, devem ser examinados os requisitos que conferem validade à declaração jurídica.[32]

Observa-se o conceito de família coparental a partir da análise de que tal contrato é a pactuação de vontades dos parceiros parentais quanto ao regramento de diretivas sobre a materialização do planejamento familiar em seus mais diversos aspectos, quais sejam o tipo de planejamento escolhido (reprodução assistida ou socioafetividade); o nome do filho; os alimentos gravídicos; o aleitamento materno (art. 8º, *caput* e § 7º e art. 9º do ECA); o tipo de domicílio (conjunto ou separado); a modalidade de guarda (art. 1583 e 1584 do CC); o sustento; a autoridade familiar (art. 1630 a 1634 e 1689 a 1693 do CC); a convivência com a família extensa (art. 25 ECA); os tutores (art. 1728 do CC); a convivência; os alimentos; o foro; e a intervenção obrigatória do Ministério Público.[33]-[34]

Desta forma, o objetivo primordial seria conferir segurança aos pretensos pais, posto que mitigaria os possíveis conflitos inerentes. Possibilitaria, ademais, que os contratantes possam analisar a sintonia quanto ao projeto parental vindouro, ou seja, se revela em um momento de reflexão sobre as potencialidades e as divergências existentes no projeto individual de cada arranjo familiar, pos-

---

31. MELLO, Marcos Bernardes de. *Teoria do fato jurídico:* plano de existência. São Paulo: Saraiva, 2022. E-book. ISBN 9786553620261. Disponível em: https://app.minhabiblioteca.com.br/#/books/9786553620261/. Acesso em: 29 jan. 2025.

32. AZEVEDO, Antônio Junqueira de. *Negócio jurídico:* existência, validade e eficácia. São Paulo: Saraiva, 2002. E-book. ISBN 9788553615629. Disponível em: https://app.minhabiblioteca.com.br/#/books/9788553615629/. Acesso em: 29 jan. 2025.

33. DUFNER, Samantha. *Famílias Multifacetadas.* 1. Ed. São Paulo: Revista dos Tribunais, 2023. Disponível em: https://proview.thomsonreuters.com/launchapp/title/rt/monografias/307799437. Acesso em: 29 jan. 2025.

34. VALADARES, Nathália de Campos. *Famílias Coparentais.* Curitiba: Juruá, 2022.

sibilitando-se, desta forma, que exista uma harmonia através de concessões e superação de discordâncias ou incompatibilidades.[35]

Sendo assim, feitas as devidas considerações sobre a metodologia de análise da Tricotomia dos Planos do Negócio Jurídico, os próximos itens analisarão tais planos pela mencionada doutrina e em seguida tratar-se-á, em específico, do que pode ser estendido ao contrato de coparentalidade, sem, no entanto, possuir qualquer pretensão de esgotamento das variáveis possibilidades que podem emergir do estudo da coparentalidade, mas com objetivo de servir a um início de debate acadêmico científico.

3.1 A existência do contrato de coparentalidade

O plano da existência refere-se aos elementos essenciais que o negócio jurídico deve possuir para ingressar no mundo jurídico. Segundo Azevedo, o estudo do negócio jurídico considera os diferentes graus de abstração com que esse instituto é analisado. Isso significa que, dependendo da abordagem, pode-se examinar uma situação concreta, como uma compra e venda específica entre A e B, ou analisar o contrato de compra e venda de forma genérica e abstrata. Assim, parte-se do conceito amplo de negócio jurídico, passando pela categorização de seus tipos, até se atingir a análise do negócio jurídico particular.[36]

Prosseguindo na metodologia, o contrato de coparentalidade pode ser celebrado de forma livre, conforme o princípio da liberdade das formas previsto no art. 107 do Código Civil, dispensando formalidades excessivas e admitindo até mesmo a forma verbal. No entanto, considerando a segurança jurídica e a clareza nas relações, recomenda-se que o contrato seja formalizado por escrito.[37] O contrato de coparentalidade se refere ao encontro de vontades (circunstâncias negociais) de indivíduos que pretendem gerar filhos (por gestação – com ou sem relação sexual), razão pela qual as declarações volitivas convergentes emitidas

---

35. Ibidem.

36. Em continuidade, o mencionado autor afirma que na categoria mais ampla de negócio jurídico, isto é, em todos os negócios jurídicos devem estar presentes, independentemente da especificidade que seguirá: a forma (o tipo de manifestação da declaração, escrita, verbal ou silêncio); o objeto (o conteúdo, as disposições, as cláusulas); as circunstâncias negociais (a declaração de vontade) formando assim os elementos intrínsecos ou constitutivos. Todavia, há que observar os elementos, igualmente gerais, extrínsecos, sem os quais o negócio jurídico não existe, se afigurando como elementos pressupostos, isto é, devem existir antes de o negócio jurídico ser feito, quais sejam: agente, tempo e lugar. Estes dois últimos servem para conferir a exata identificação do negócio jurídico e o primeiro (agente) "cumpre dizer que ele é em ato o que a pessoa é em potência" AZEVEDO, Antônio Junqueira de. *Negócio jurídico*: existência, validade e eficácia. São Paulo: Saraiva, 2002. E-book. ISBN 9788553615629. Disponível em: https://app.minhabiblioteca.com.br/#/books/9788553615629/. Acesso em: 29 jan. 2025.

37. Ressalve-se que a contratualização da coparentalidade permite a pactuação verbal, enquanto se referir aos direitos exclusivamente dos pretensos pais, porquanto ao passarem a dispor da esfera jurídica da prole, se faz imprescindível a intervenção do *parquet*, a teor do art. 178, inciso II do CPC.

pelos agentes se traduzem na forma contratual, segundo Mello cujos escritos aduzem que a vontade é elemento nuclear de suporte fático.[38]

Quanto ao objeto, tem-se que primordialmente é o *animus* de constituir uma família, exclusivamente coparental, ou seja, afastando-se do matrimonio ou união estável, isto é, o comprometimento em gerar uma vida (ou mais), bem como organizar as disposições inerentes à maternidade/paternidade. Sendo assim, trata-se de um negócio jurídico existencial e de relação jurídica de direito pessoal. Estão inseridas ainda no objeto as disposições patrimoniais inerentes aos pais, qual seja a obrigação alimentar.

Denota-se que o objeto, então, abrangerá livremente as cláusulas concernentes aos alimentos devidos desde a gravidez/gestação até o fim do dever alimentar, ou seja, concentram-se, igualmente, em disposições de convivência com a prole, local de residência, estudo, plano de saúde, bem como a modalidade de guarda (alternada, compartilhada ou unilateral).

Os agentes serão os pretensos pais, no tempo e lugar a ser definido casuisticamente, com a ressalva de que o princípio do melhor interesse da criança e do adolescente excepciona a regra prevista no art. 43 do Código de Processo Civil.[39]

3.2 Os pressupostos de validade de um contrato coparental

Mello destaca que a classificação dos pressupostos de validade não é unânime nem uniforme, uma vez que, por vezes, a análise se restringe à nulidade, negligenciando as causas de anulabilidade e a invalidade dos negócios jurídicos. O artigo 104 do Código Civil estabelece os seguintes requisitos: capacidade do agente; licitude, possibilidade e determinabilidade do objeto; e observância da

---

38. MELLO, Marcos Bernardes de. *Teoria do fato jurídico:* plano de existência. São Paulo: Saraiva, 2022. E-book. ISBN 9786553620261. Disponível em: https://app.minhabiblioteca.com.br/#/books/9786553620261/. Acesso em: 29 jan. 2025.

39. Neste sentido, confira-se a seguinte ementa de julgado do Superior Tribunal de Justiça: Processo civil. Regras processuais. Gerais e especiais. Direito da criança e do adolescente. Competência. Adoção e guarda. Princípios do melhor interesse da criança e do juízo imediato. [...] 4. O princípio do juízo imediato, previsto no art. 147, I e II, do ECA, desde que firmemente atrelado ao princípio do melhor interesse da criança e do adolescente, sobrepõe-se às regras gerais de competência do CPC. 5. A regra da *perpetuatio jurisdictionis*, estabelecida no art. 87 do CPC, cede lugar à solução que oferece tutela jurisdicional mais ágil, eficaz e segura ao infante, permitindo, desse modo, a modificação da competência no curso do processo, sempre consideradas as peculiaridades da lide. 6. A aplicação do art. 87 do CPC, em contraposição ao art. 147, I e II, do ECA, somente é possível se – consideradas as especificidades de cada lide e sempre tendo como baliza o princípio do melhor interesse da criança – ocorrer mudança de domicílio da criança e de seus responsáveis depois de iniciada a ação e consequentemente configurada a relação processual. 7. Conflito negativo de competência conhecido para estabelecer como competente o Juízo suscitado." BRASIL. Superior Tribunal de Justiças. CC 111.130/SC, Rel. Ministra Nancy Andrighi, Segunda Seção, julgado em 08.09.2010, DJe 1º.02.2011.

forma prescrita ou não vedada em lei. São esses os pressupostos de validade que serão analisados a seguir.[40]

Quanto ao sujeito, sem olvidar da relevância que o debate das incapacidades ou das capacidades relativas demanda, no presente estudo somente serão levados em conta os agentes capazes, ou seja, o contrato de coparentalidade formado por agentes dotados de capacidade de agir, com aptidão de discernimento, com análise e avaliação de consequência práticas e materiais de seus atos, conforme a sua experiência etária, e em pleno gozo de sanidade física e mental, bem como em condições culturais, preenchendo por completo o pressuposto de "agente capaz".[41]

Sobre o objeto ser lícito, possível e determinado, tem-se que o objeto em si não é a "obrigação em gestar a prole" ou de "engravidar", o objeto é a constituição de uma família coparental a partir do nascimento dos filhos, ou seja, a obrigação é a de constituir família a partir da geração de filhos, bem como se darão os inerentes poderes-deveres decorrentes da filiação. O objeto é possível, uma vez que o art. 425 do Código Civil prevê de forma expressa a possibilidade contratualizações atípicas. É determinado, posto que não se pode afastar o princípio da paternidade/maternidade responsável, ou seja, sabe-se que com o nascimento de um filho os deveres também passarão a existir.

Quanto ao respeito à perfeição da vontade manifestada[42] conforme já dito em linhas anteriores, poderá ocorrer de forma livre, com a ressalva de que seja instrumentalizado pelo contrato de coparentalidade, ou seja, por escrito.

3.3 Análise prática do contrato da família coparental (a eficácia)

O último plano que o hermeneuta deve ter em mente e, por consequência, a quem interessar o contrato de coparentalidade, é a análise prática do negócio

---

40. Entretanto, mencionado autor adverte:" Essa enumeração legal, como se vê, é insuficiente, incompleta, porque não menciona todas as causas que acarretam a invalidade de atos jurídicos, deixando de referir-se, explicitamente, à moralidade do objeto (Código Civil, art. 122, primeira parte) e à incompatibilidade com norma jurídica cogente (Código Civil, art. 166, VI), como também à inexistência de deficiências em elementos do núcleo do suporte fáctico dos atos jurídicos, dentre as quais se incluem os vícios que afetam a higidez da manifestação da vontade e outros defeitos que comprometem a perfeição do seu suporte fáctico e causam sua anulabilidade (Código Civil, art. 171)31, bem assim a falta de assentimento de outras pessoas que, em certas situações, é exigida (Código Civil, art. 1.647 c/c o art. 1.649, e. g.)." MELLO, Marcos Bernardes de. *Teoria do fato jurídico*: plano da validade. São Paulo: Editora Saraiva, 2022. E-book. ISBN 9786553620308. Disponível em: https://app.minhabiblioteca.com.br/#/books/9786553620308/. Acesso em: 10 jun. 2023.
41. MELLO, Marcos Bernardes de. *Teoria do fato jurídico*: plano da validade. São Paulo: Saraiva, 2022. E-book. ISBN 9786553620308. Disponível em: https://app.minhabiblioteca.com.br/#/books/9786553620308/. Acesso em: 29 jan. 2025.
42. "(ii) O segundo diz respeito à perfeição da vontade manifestada, quanto (a) à sua compatibilidade com a realidade dos fatos a que se refere, (b) a ter sido livre e espontânea, (c) à veracidade, consciente, de seu conteúdo e (d) a não ser lesiva a terceiro." Ibidem.

jurídico. Entretanto, não é qualquer eficácia, mas a eficácia jurídica no que concerne aos efeitos manifestados como pretendidos. Desta feita, o presente estudo cuidará dos atos válidos, ou seja, não abordará as exceções como a eficácia do nulo, tampouco a ineficácia do válido.[43] Os fatores de eficácia devem ser entendidos como extrínsecos ao negócio, posto que não participam ou integram o negócio, mas concorrem para atingir o resultado pretendido.[44]

O contrato de coparentalidade terá, portanto, efeitos de eficácia progressivos a depender de cada cláusula, ou seja, para disposições sobre a possível gestação e dever de prestar alimentos gestacionais estes estarão com a eficácia suspensa, obviamente, até o início da gestação, de igual forma, os alimentos devidos à prole, o direito de convivência e a guarda estão suspensos até o nascimento dos filhos.

De outra forma, caso exista disposição de que o dever de alimentos e o custeio dos atos preparatórios (seja reprodução por biotecnologia ou simples exames prévios) sejam partilhados, as cláusulas referentes terão eficácia imediata, posto que independem de fato futuro.

Cumpre observar que este contrato será regido, portanto, pela cláusula *rebus sic standbus*, uma vez que, havendo alteração da realidade fática, como por exemplo com o nascimento da prole, algumas das cláusulas previamente ajustas poderão ser adaptadas à nova realidade. Assim, as cláusulas com eficácia postergada ou a existência de uma cláusula ineficaz não retiram a eficácia do todo, ou seja, do contrato coparental na sua integralidade.[45]

Inúmeras são as disposições e cláusulas contratuais possíveis de serem estabelecidas em um contrato de coparentalidade a depender de uma análise casuística, razão pela qual as mencionadas determinações foram pensadas de forma a abranger um número maior de possibilidades aos contratantes.

---

43. AZEVEDO, Antônio Junqueira de. *Negócio jurídico*: existência, validade e eficácia. São Paulo: Saraiva, 2002. E-book. ISBN 9788553615629. Disponível em: https://app.minhabiblioteca.com.br/#/books/9788553615629/. Acesso em: 29 jan. 2025.

44. Ou em outras palavras: "São, por exemplo, casos de negócios, que precisam de fatores de eficácia, os atos subordinados a condição suspensiva. Enquanto não ocorre o advento do evento, o negócio, se tiver preenchido todos os requisitos, é válido, mas não produz efeitos; certamente, a condição como cláusula, faz parte (é elemento) do negócio, mas uma coisa é a cláusula e outra o evento a que ela faz referência; o advento do evento futuro é, nesse caso, um fator de eficácia (é extrínseco ao ato e contribui para a produção dos efeitos)" AZEVEDO, Antônio Junqueira de. Negócio jurídico: existência, validade e eficácia. São Paulo: Editora Saraiva, 2002. E-book. ISBN 9788553615629. Disponível em: https://app.minhabiblioteca.com.br/#/books/9788553615629/. Acesso em: 29 jan. 2025.

Assim, conforme preleciona Azevedo, são três as espécies de fatores de eficácia: de atribuição de eficácia em geral (sem o qual nenhum efeito produz); de atribuição da eficácia diretamente visada (são aqueles que para além dos efeitos normais, atingem os efeitos especificamente desejados); e, os de atribuição de eficácia mais extensa (efeitos oponíveis a terceiros). Ibidem.

45. VALADARES, Nathália de Campos. *Famílias Coparentais*. Curitiba: Juruá, 2022.

3.4 Limitações do conteúdo a ser negociado

É reconhecido que todo negócio jurídico está sujeito a limitações fundamentadas na dignidade da pessoa humana, na boa-fé objetiva e na função social. Caso algum desses princípios seja violado, o negócio jurídico poderá ser declarado nulo de pleno direito, resultando na ineficácia de suas cláusulas. Diante disso, as limitações aplicáveis ao contrato de coparentalidade também devem ser cuidadosamente analisadas, assegurando sua conformidade com esses preceitos.

Como visto previamente, a concepção da prole poderia se dar tanto por ato sexual como por biotecnologia, razão pela qual seria questionável a disposição sobre obrigatoriedade de concepção sexual, posto que fere a liberdade e dignidade sexual; da mesma forma, seria questionável a vedação de novas constituições familiares, posto que fere o livre planejamento familiar.[46]

No que se refere às disposições sobre os filhos, pode-se questionar as cláusulas que estabeleçam a educação domiciliar (frente ao entendimento do STF no R.E. 888815); a renúncia a qualquer direito da prole vindoura (uma vez que é direito indisponível e irrenunciável); a limitações sobre eventuais indenizações, como por exemplo pelo abandono afetivo; e, por fim a disposição quanto à obrigatoriedade ou não da vacinação (por se tratar de direito indisponível não podem os pais decidir de outra forma).[47]

Desta forma, não obstante a ampla gama de possibilidades que o ordenamento jurídico confere aos pretensos pais que optam pela constituição de sua família como coparental, deve-se observar a inerente limitação que os negócios jurídicos existenciais e patrimoniais sofrem. Evidencia-se que a limitação não deve decorrer de preceitos fundados em preconceitos que ferem a dignidade da pessoa humana, mas devem ser um vetor de garantia desta dignidade.

3.5 Julgado do tribunal de justiça de minas gerais

A despeito de ser uma contratualização nova e até pouco tempo não contar com julgados que enfrentassem a matéria,[48] o contrato de coparentalidade foi apreciado pelo Tribunal de Justiça de Minas Gerais, na 4ª Câmara Cível, ao julgar um Agravo de Instrumento que fora autuado sob o número: 1.0000.21.247006-

---

46. BORTOLATTO, Ariani Folharini. GHILARDI Dóris. Contratualização da Coparentalidade: reflexões necessárias. In: PAINO, Daniela Braga; PAVÃO, Juliana Carvalho; ESPOLADOR, Rita de Cassia Resquetti Tarifa. *Direito Contratual Contemporâneo*, v. IV. Londrina: Thoth, 2022, p. 263-264.

47. Ibidem.

48. Conforme sustevê Nathália de Campos Valadares que até 21 de julho de 2021 não identificou nenhum julgado nos Tribunais de Justiça do país. VALADARES, Nathália de Campos. *Famílias Coparentais.* Curitiba: Juruá, 2022.

6/003,[49] cujo relator foi o Desembargador Marcelo Pereira da Silva, acompanhado pelo voto favorável dos desembargadores Pedro Aleixo e Alice Birchal.

Não obstante o segredo de justiça em que tramite o mencionado processo, através do voto divulgado no site do Tribunal de Justiça é possível identificar que a agravante (genitora da infante), afirma que conheceu o agravado em site de relacionamento que une pessoas interessadas na coparentalidade, razão pela qual realizaram dois instrumentos particulares; o primeiro versava sobre a geração de filhos e tratou de questões materiais sobre o procedimento; o segundo tratou das disposições sobre a própria prole (guarda, convivência, alimentos e outros). No mencionado recurso, a agravante se insurgiu sobre a decisão de primeiro grau que indeferiu o pedido para regulamentação da guarda provisória e do regime de visitação do agravado.

O voto da relatora se vale de doutrina, em especial faz referência a Dimas Messias de Carvalho, para então conceituar o arranjo familiar coparental, perpassando pelo art. 227 da Constituição Federal, pelos artigos 3º e 4º do Estatuto da Criança e do Adolescente, bem como pelos artigos 1.583 e 1.584 do Código Civil.

No mérito, o voto foi pela validade da disposição elencada no contrato de coparentalidade, posto que as partes dispuseram naquele instrumento que a guarda seria exercida de forma compartilhada, razão pela qual não existiam outros elementos aptos a afastar tais disposições, nos termos do julgado:

> [...] vê-se que, extrajudicialmente e voluntariamente, as partes acordaram que a guarda da filha menor seria exercida de forma compartilhada, tendo por residência a morada materna.
>
> Muito embora pretenda a agravante a concessão da guarda unilateral, não se verifica, no momento, óbice para que a regra contratual, livremente pactuada entre as partes, seja observada, não bastando, para tanto, a alegação de desentendimentos entre os genitores.

---

49. A ementa do julgado fora disponibilizada da seguinte forma: "Ementa: Agravo de instrumento. Preliminar. Direito processual civil. Perda parcial do objeto. Direito de visitas. Nova decisão proferida pelo juízo de origem. Acolhimento. Direito civil. Direito de família. Ação de guarda c/c regulamentação de visitas. Coparentalidade. Estabelecimento da guarda compartilhada. Ausência de elementos que desabonem o genitor. - A prolação de nova decisão pelo Juízo de Origem, com a regulamentação da convivência paterno-filial (direito de visitas), acarreta a perda parcial do objeto deste agravo de instrumento, impondo-se, neste ponto, o seu não conhecimento. – A coparentalidade, nova estrutura ou configuração familiar verificada em período recente, é formalizada por meio de negociações, em que os indivíduos, sem vínculo amoroso, se obrigam e se responsabilizam pelos cuidados e pela educação da criança, desde a concepção. - Para a fixação da guarda dos filhos, o Magistrado deve levar em conta sempre o melhor interesse da criança. - Com o advento da Lei nº 13.058/14, a guarda compartilhada passou a ser a principal modalidade em nosso sistema, salvo quando um dos genitores declarar ao magistrado que não deseja a guarda do menor (§2º do artigo 1.584 do CC/02) ou quando existir declaração judicial quanto à inaptidão do exercício do poder familiar. - Não existindo no processo elementos que desabonem o agravado, deve ser privilegiado o regramento legal, estabelecendo-se a guarda compartilhada da filha menor das partes." BRASIL, TJMG – Agravo de Instrumento-Cv 1.0000.21.247006-6/003, Relator(a): Des.(a) Marcelo Pereira da Silva, 4ª Câmara Cível Especializada, julgamento em 27.10.2022, publicação da súmula em 28.10.2022.

DO CONTRATO DE COPARENTALIDADE

Deveras, se as partes, em época anterior, de forma madura e consciente, resolveram unir os seus esforços para a geração de sua filha, através da coparentalidade, é esperado que, neste momento, deixem de lado as rusgas, os aborrecimentos e os dissabores e voltem o seu olhar para o melhor interesse da criança.

[...]

Inexistindo manifestação de quaisquer dos genitores no sentido de não exercer a guarda da menor, bem como se encontrando igualmente aptos ao exercício do poder familiar, a guarda da menor L. R. M. deve ser exercida de forma compartilhada.[50]

Desta análise, é possível identificar que o Tribunal, ao julgar o caso em que a genitora pretendia rever a cláusula previamente ajustada, optou por conferir eficácia à mencionada disposição, não obstante tenha levado em consideração os demais fatos e as provas apresentadas.

Sendo assim, o mencionado acórdão julgou um contrato de coparentalidade com origem similar ao que fora apresentado neste estudo, qual seja o encontro dos pretensos pais, cujo desejo se concentra na formação de uma família a partir da geração de prole. Entendeu, pois, em conferir eficácia às disposições constantes no mencionado instrumento, demonstrando, portanto, que a família coparental pode ter origem em um contrato, e aconselha-se que assim seja.

CONSIDERAÇÕES FINAIS

A autonomia privada engloba princípios como a dignidade da pessoa humana, a função social da propriedade e do contrato, além da boa-fé objetiva, restringindo a liberdade contratual outrora entendida como mera autonomia da vontade. Essa perspectiva é crucial ao examinar os negócios jurídicos na sociedade contemporânea. Embora mantenha seu caráter patrimonial, o enfoque atual prioriza o sujeito de direito, visto de maneira concreta e não mais de forma abstrata.

Os arranjos familiares e as respectivas contratualizações devem considerar o sujeito de direito em sua concretude, e não apenas de forma abstrata. A mera igualdade formal revela-se insuficiente, pois, ao se analisar o partícipe das relações jurídicas de maneira abstrata, ignoram-se as profundas desigualdades sociais que o afetam inevitavelmente. Assim, na pós-modernidade, o negócio jurídico deve reconhecer o sujeito em sua mais essencial individualidade, promovendo, por meio da autonomia privada, a liberdade de gerir e autorregular suas relações conforme melhor lhe convier.

---

50. BRASIL, TJMG. Agravo de Instrumento-Cv 1.0000.21.247006-6/003, Relator(a): Des.(a) Marcelo Pereira da Silva, 4ª Câmara Cível Especializada, julgamento em 27.10.2022, publicação da súmula em 28.10.2022.

E nesse linear, a coparentalidade, que é formada por indivíduos sem vínculo conjugal, ou até mesmo sexual, exsurge na realidade de uma sociedade líquida, cujos sujeitos pretendem única e exclusivamente gerar um filho e criá-lo, sem, no entanto, comporem entre si uma relação afetiva para além de serem pais, ou seja, não sendo um casal propriamente dito.

A contratualização dessa forma de arranjo familiar, desde que celebrada previamente à concepção da prole, proporcionará aos contratantes segurança jurídica quanto à não confusão de seus bens entre si, posto que não serão maritalmente vinculados, tampouco considerados conviventes sob união estável, além da salvaguarda do registro civil do infante com o respectivo assentamento da filiação, não correndo o risco de eventual incorreção quanto à paternidade/maternidade.

Ressalte-se que estarão resguardados os preceitos da pluralidade das entidades familiares, princípio do melhor interesse da criança e do adolescente, princípio da autonomia privada, o princípio da afetividade e, primordialmente, o princípio da dignidade da pessoa humana.

Por derradeiro, consigne-se que não há a pretensão de um esgotamento das diversas possibilidades de arranjos contratuais decorrentes de uma família coparental, de modo que buscou-se apresentar disposições abertas com o objetivo de abranger um maior número de possibilidades. Entretanto, a ressalva é de que cada caso em concreto deverá observar a especificidade individual do arranjo familiar (coparental).

REFERÊNCIAS

AMARAL, Ana Claudia Corrêa Zuin Mattos do; HATOUM, Nida Saleh; HORITA, Marcos Massashi. O Paradigma Pós-Moderno Do Negócio Jurídico E A Necessidade De Uma Nova Concepção Na Contemporaneidade. *Scientia Iuris,* Londrina, v. 21, n. 2, p. 261-297, jul. 2017. DOI: 10.5433/2178-8189.2017v21n1p262. ISSN:2178-8189. Acesso em: 29 jan. 2025

AZEVEDO, Álvaro Villaça. *Curso de direito civil:* direito de família. 2. ed. São Paulo: Saraiva, 2019.

AZEVEDO, Antônio Junqueira de. *Negócio jurídico:* existência, validade e eficácia. São Paulo: Editora Saraiva, 2002. E-book. ISBN 9788553615629. Disponível em: https://app.minhabiblioteca.com.br/#/books/9788553615629/. Acesso em: 29 jan. 2025.

BAUMAN, Zygmunt. *Globalização:* as consequências humanas. Trad. Marcus Penchel, Rio de janeiro: Jorge Zahar, 1999.

BAUMAN, Zygmunt. *Modernidade Líquida.* Trad. Plínio Dentzien. Rio de janeiro: Jorge Zahar, 2001.

BORTOLATTO, Ariani Folharini; GHILARDI Dóris. Contratualização da Coparentalidade: reflexões necessárias. In: PAINO, Daniela Braga; PAVÃO, Juliana Carvalho; ESPOLADOR, Rita de Cassia Resquetti Tarifa. *Direito Contratual Contemporâneo.* Londrina: Thoth, 2022. v. IV.

BRASIL, Senado Federal. (2017). *Projeto de Lei do Senado 394, de 2017.* Disponível em: https://www25.senado.leg.br/web/atividade/materias/-/materia/131275. Acesso em: 29 jan. 2025

BRASIL. *Código Civil Brasileiro (Lei 10.406/2002)*. Disponível em: http://www.planalto.gov.br/ccivil_03/leis/2002/l10406.htm. Acesso em: 29 jan. 2025.

BRASIL, TJMG – Agravo de Instrumento-Cv 1.0000.21.247006-6/003, Relator(a): Des.(a) Marcelo Pereira da Silva, 4ª Câmara Cível Especializada, julgamento em 27/10/2022, publicação da súmula em 28.10.2022. Acesso em: 29 jan. 2025.

BRASIL. Superior Tribunal de Justiças. CC 111.130/SC, Rel. Ministra Nancy Andrighi, Segunda Seção, julgado em 08.09.2010, DJe 1º.02.2011. Disponível em: https://processo.stj.jus.br/SCON/GetInteiroTeorDoAcordao?num_registro=201000501648&dt_publicacao=01/02/2011. Acesso em: 29 jan. 2025.

CALDERÓN, Ricardo. *Princípio da Afetividade*. Rio de Janeiro: Forense, 2017.

COSTA, Vanuza Pires; TEIXEIRA, Cláudia Magalhães. *Da filiação Decorrente da Coparentalidade e a Validade Jurídica do Contrato de Geração de Filhos*. 2018. Disponível em: http://propi.ifto.edu.br/ocs/index.php/jice/9jice/paper/viewFile/9134/4183. Acesso em: 29 jan. 2025.

DUFNER, Samantha. *Famílias Multifacetadas*. São Paulo: RT, 2023. Disponível em: https://proview.thomsonreuters.com/launchapp/title/rt/monografias/307799437. Acesso em: 29 jan. 2025.

FARIAS, Cristiano Chaves; ROSENVALD, Nelson. *Curso de direito civil: famílias*. 9. ed. rev. e atual. Salvador: JusPodivm, 2016.

FRIZZO, Giana Bitencourt; KREUTZ, Carla Meira; SCHMIDT, Carlo; PICCININI, Cesar Augusto; BOSA, Cleonice. O conceito de coparentalidade e suas implicações para a pesquisa e para a clínica. *Periódicos Eletrônicos em Psicologia- Pepsic. Rev. bras. crescimento desenvolv. hum*. v. 15, n. 3. São Paulo, dez. 2005. Disponível em: http://pepsic.bvsalud.org/scielo.php?script=sci_arttext&pid=S0104-12822005000300010. Acesso em: 29 jan. 2025.

GIROTTO, Guilherme Augusto. *O contrato de coparentalidade no contexto pós-moderno do direito das famílias*. 2024. 260 f. Dissertação (Mestrado em Direito Negocial). Universidade Estadual de Londrina. Londrina. 2024.

IBDFAM. *Coparentalidade:* 6 curiosidades sobre contrato de geração de filhos. 2021. Disponível em: https://ibdfam.org.br/noticias/8164. Acesso em: 29 jan. 2025.

LEITE, Eduardo de Oliveira. *Direito civil aplicado*. São Paulo: RT, 2005. v. 5.

LÔBO, Paulo. *Direito civil:* famílias. (versão eletrônica). 8. ed. São Paulo: Saraiva Educação, 2018. v. 5.

MADALENO, Rolf. *Direito de Família*. 10. ed. rev. atual. e ampl. Rio de Janeiro: Forense, 2020.

MELLO, Marcos Bernardes de. *Teoria do fato jurídico:* Plano de eficácia. São Paulo: Editora Saraiva, 2019. E-book. ISBN 9788553611874. Disponível em: https://app.minhabiblioteca.com.br/#/books/9788553611874/. Acesso em: 29 jan. 2025.

MELLO, Marcos Bernardes de. *Teoria do fato jurídico:* plano da validade. São Paulo: Editora Saraiva, 2022. E-book. ISBN 9786553620308. Disponível em: https://app.minhabiblioteca.com.br/#/books/9786553620308/. Acesso em: 29 jan. 2025.

MELLO, Marcos Bernardes de. *Teoria do fato jurídico:* plano de existência. São Paulo: Editora Saraiva, 2022. E-book. ISBN 9786553620261. Disponível em: https://app.minhabiblioteca.com.br/#/books/9786553620261/. Acesso em: 29 jan. 2025.

PAIANO, D. B. *Reprodução assistida*: considerações sobre a autoinseminação e suas implicações jurídicas e as alterações trazidas pela Resolução n. 2294/2021 do Conselho Federal de Medicina. civilistica.com, v. 11, n. 1, p. 1-21, 10 jan. 2025. Acesso em: 29 jan. 2025.

PEREIRA, Rodrigo da Cunha. Coparentalidade abre novas formas de estrutura familiar. *IBDFAM*, Belo Horizonte, 14 ago. 2017. Disponível em: https://ibdfam.org.br/artigos/1229/ Coparentalidade+abre+novas+formas+de+estrutura+familiar. Acesso em: 29 jan. 2025.

PEREIRA, Rodrigo da Cunha. O contrato de geração de filhos e os novos paradigmas da família contemporânea. *IBDFAM*, Belo Horizonte, 13 dez. 2020. Disponível em: https://ibdfam.org.br/index.php/artigos/1609/O+contrato+de+gera%C3%A7%C3%A3o+de+filhos+e+os+novos+paradigmas+da+fam%C3%ADlia+contempor%C3%A2nea. Acesso em: 29 jan. 2025.

TARTUCE, Flávio. *Manual de direito civil*: volume único. 8. ed. rev., atual. e ampl. Rio de Janeiro: Forense; São Paulo: MÉTODO, 2018.

VALADARES, Nathália de Campos. *Famílias Coparentais*. Curitiba: Juruá, 2022.

VIEGAS, Cláudia Mara de Almeida Rabelo. Coparentalidade: a autonomia privada dos genitores em contraponto ao melhor interesse da criança. *Revista Eletrônica JusBrasil*, 2020. Disponível em: https://claudiamaraviegas.jusbrasil.com.br/artigos/859758717/coparentalidade-a-autonomia-privada-dos-genitores-em-contraponto-ao-melhor-interesse-da-crianca?ref=feed. Acesso em: 29 jan. 2025.

WÜNSCH, Guilherme. *Do suporte fático ao suporte constitucional como fundamento para o desvelar biotecnológico das famílias contemporâneas*: os contratos de coparentalidade nas famílias design entre a estirpe tradicional e a façanha internética. 2017. Tese (Doutorado Universidade Vale do Rio dos Sinos) Rio Grande do Sul. Disponível em: http://www.repositorio.jesuita.org.br/bitstream/handle/UNISINOS/6258/Guilherme%20W%C3%BCnsch_.pdf?sequence=1&isAllowed=y. Acesso em: 29 jan. 2025.

CONTRATO DE GESTAÇÃO DE SUBSTITUIÇÃO

Cassia Pimenta Meneguce

Mestra em Direito Negocial pela Universidade Estadual de Londrina (UEL). Especialista em Direito Constitucional (2008). Professora de Direito Civil. Servidora Pública do Tribunal de Justiça do Estado do Paraná (TJPR). E-mail: cassia-pimenta@hotmail.com.

Sumário: Introdução – 1. A infertilidade humana e o papel das técnicas reprodutivas medicamente assistidas como solução para a concretização do projeto parental; 1.1 Das técnicas de reprodução humana medicamente assistida; 1.2 Algumas considerações sobre a regulamentação da reprodução humana assistida no direito brasileiro – 2. Gestação de substituição como possibilidade de procriação; 2.1 Contratualização da gestação de substituição no Brasil: análise sob o viés dos contratos atípicos – Considerações finais – Referências.

INTRODUÇÃO

A infertilidade é um problema tão antigo quanto a própria existência da humanidade. Atualmente, graças ao avanço da medicina e da bioengenharia genética, soluções eficazes têm sido apresentadas para a impossibilidade de procriar, especialmente utilizando técnicas de reprodução assistidas, ponto de partida desta pesquisa. Entre os métodos auxiliares da procriação humana assistida, está a gestação de substituição, técnica consistente na implantação de um embrião no útero de uma mulher que se dispõe a gestar um filho que sabe não ser seu, o qual será entregue aos pais pretendentes e autores do projeto parental tão logo ocorra seu nascimento.

Orbitam em torno da temática diversas controvérsias jurídicas que precisam ser respondidas e o questionamento central gira em torno da análise da possibilidade de celebração de negócio jurídico envolvendo a gestação de substituição. Nessa perspectiva, analisa-se a possibilidade de celebração de negócio jurídico da cessão de útero perante o ordenamento jurídico brasileiro, e busca-se identificar a forma adequada para instrumentalização do acordo. Para tanto, o estudo investiga se os pressupostos de validade dos negócios jurídicos serão preenchidos nessa hipótese, tais como previstos no artigo 104 do Código Civil Brasileiro.

Para tanto, é necessário, inicialmente, definir qual é o objeto do pacto de gestação de substituição, compreendido nesta pesquisa como a disponibilização temporária do útero para gerar uma vida, sem qualquer disposição definitiva de partes do corpo humano, afastando a alegação de ilicitude do objeto.

De acordo com uma interpretação sistemática do ordenamento jurídico brasileiro a gestação de substituição pode ser objeto de contrato. Entretanto, não se trata de tema pacífico. A corrente que se contrapõe à pactuação justifica seu entendimento na impossibilidade jurídica do objeto, qual seja a criança que será entregue ao final da gestação.

Outra parte da doutrina admite a possibilidade de contratualização e entende que pode ser adotado o modelo de contrato de prestação de serviço ou de comodato, por exemplo. Entretanto, filia-se a corrente que defende que a celebração de negócios jurídicos envolvendo a gestação de substituição deve ocorrer sob o viés dos contratos atípicos.

1. A INFERTILIDADE HUMANA E O PAPEL DAS TÉCNICAS REPRODUTIVAS MEDICAMENTE ASSISTIDAS COMO SOLUÇÃO PARA A CONCRETIZAÇÃO DO PROJETO PARENTAL

Inicialmente, é importante destacar que, de acordo com a Organização Mundial de Saúde (OMS), a infertilidade humana é tratada como uma doença do sistema reprodutivo feminino ou masculino, identificada a partir de tentativas de engravidar durante um período de doze meses seguidos ou mais, sem sucesso.[1]

As causas de infertilidade são diversas, atingindo tanto homens quanto mulheres, e a tendência é que a população apresente cada vez mais fatores que impliquem em infertilidade, conforme a evolução dos estudos da Organização Mundial da Saúde.[2] A infertilidade e a esterilidade dizem respeito a alguma condição de saúde com reflexo na impossibilidade de geração de filho de forma natural. A diferença entre as causas está na porcentagem da chance de gerar filhos e, em ambos os casos, a reprodução assistida pode ser uma alternativa à procriação.

No diagnóstico de infertilidade, as chances de procriação natural existem – ainda que diminuídas –, ao passo que a esterilidade consiste na impossibilidade de gerar gametas sexuais – os óvulos, espermatozoides ou zigotos –, o que torna inexistente a possibilidade de procriar.[3] De acordo com o Relatório da Organização

---

1. World Health Organization (WHO). Infertility. Infertility is a disease of the male or female reproductive system defined by the failure to achieve a pregnancy after 12 months or more of regular unprotected sexual intercourse. World Health Organization (WHO). *International Classification of Diseases*, 11th Revision (ICD-11) Geneva: WHO 2018. Disponível em: https://redlara.com/images/arquivo/Infertility.pdf Acesso em: 15 out 2023.

2. Disponível em: https://www.paho.org/pt/noticias/4-4-2023-oms-alerta-que-1-em-cada-6-pessoas-e-afetada-pela-infertilidade-em-todo-mundo#:~:text=OMS%20alerta%20que%201%20em,Organiza%C3%A7%C3%A3o%20Pan%2DAmericana%20da%20Sa%C3%BA. de. Acesso em: 15 dez 2023.

3. MAILLARD, Jean Louis. *Qual a diferença entre esterilidade e infertilidade?* Disponível em: https://fecondare.com.br/artigos/qual-a-diferenca-entre-esterilidade-e-infertilidade/ Acesso em: 06 jun. 2024.

Mundial da Saúde, no período compreendido entre 1990 e 2021, uma em cada seis pessoas no mundo foi afetada pela infertilidade, totalizando um índice de 17,5% da população mundial.[4] No Brasil, de acordo com o Ministério da Saúde, a infertilidade pode atingir 8 milhões de pessoas.[5]

Diante desse cenário, é importante ressaltar que muitas pessoas são impedidas de formar a própria família, especialmente aquelas economicamente desfavorecidas, em razão dos elevados custos do diagnóstico e tratamento de infertilidade que inclui, entre outros, a tecnologia de reprodução humana assistida.

O direito ao livre planejamento familiar está consagrado no artigo 226, § 7º da Constituição Federal de 1988 (CRFB) e é fundado nos princípios da dignidade da pessoa humana e da paternidade responsável, sendo vedada qualquer interferência pública ou privada nesse processo. Disso decorre que a autonomia privada é a mola propulsora da liberdade de escolha de como cada pessoa irá formar sua família, atuando as técnicas reprodutivas como importante mecanismo de concretização desse direito.

O artigo 226, § 7º da Constituição Federal traz em seu bojo um comando positivo e um negativo de atuação do estatal. O comando positivo consiste na obrigação imposta ao Estado de fornecer os meios necessários para a realização do planejamento familiar de acordo com os recursos científicos existentes, incluindo os recursos que permitem a procriação assistida, assim como os métodos contraceptivos. Por outro lado, em seu sentido negativo, o comando impõe ao Estado o dever de se abster de interferir no livre exercício do planejamento familiar, uma vez que tal direito deverá ser exercido individualmente, com fundamento em sua autonomia reprodutiva.

Conforme afirma Guilherme Calmon Nogueira da Gama, o planejamento familiar está diretamente relacionado à noção de direitos reprodutivos, considerados "direitos básicos vinculados ao livre exercício da sexualidade e da reprodução humana com os limites que lhes são inerentes".[6] Em âmbito internacional, é necessário destacar que as Conferências Internacionais do Cairo, de Beijing e de Copenhagen elevaram os direitos sexuais e reprodutivos à categoria de direitos

---

4. Nações Unidas. ONU News. *Perspectiva Global Reportagens Humanas*. Disponível em: https://news. un.org/pt/story/2023/04/1812312. Acesso em: 08 set. 2023.

5. MALAVÉ-MALAVÉ, Mayra Infertilidade: o que pode ser feito? *Fiocruz, 27 jun. 2022*. Disponível em: https://www.iff.fiocruz.br/index.php?view=article&id=112#:~:text=De%20acordo%20com%20a%20 Organiza%C3%A7%C3%A3o,da%20popula%C3%A7%C3%A3o%20total%20do%20planeta. Acesso em: 29 mar. 2023.

6. GAMA, Guilherme Calmon Nogueira da. *A nova filiação*: o biodireito e as relações parentais. Rio de Janeiro: Renovar, 2003. p. 444.

humanos.[7] De igual modo, a Declaração Universal dos Direitos do Homem e do Cidadão (DUDH) estabelece que a família é o núcleo natural e fundamental da sociedade e tem direito à proteção da sociedade e do Estado.[8]

Trata-se, portanto, de um direito humano e também de um direito fundamental, conforme assentado por Guilherme da Gama Calmon Nogueira, para quem "O direito à reprodução deve ser reconhecido no âmbito constitucional como direito fundamental, como reflexo do princípio e direito à liberdade (...)".[9] No Brasil, com a finalidade de dar concretude ao princípio do livre planejamento familiar e da parentalidade responsável, tais como previstos constitucionalmente, foram desenvolvidas diretrizes garantidoras da saúde sexual e reprodutiva de homens, mulheres e adolescentes.[10]

A regulamentação do planejamento familiar deu-se por meio da Lei 9.263/1996, tal como determinado no § 7º do artigo 226, da Constituição Federal. A referida lei estabelece, em seu artigo 2º: "entende-se o planejamento familiar como o conjunto de ações de regulação da fecundidade que garanta direitos iguais de constituição, limitação ou aumento da prole pela mulher, pelo homem ou pelo casal".

As políticas públicas são essenciais para proporcionar a adequada qualidade de vida às pessoas e consecução de direitos garantidos constitucionalmente. Nesse sentido, Caio Mario Pereira da Silva pontua que a proteção da família "mantém-se como obrigação do Estado, não como papel subsidiário, mas ao contrário, inserido num sistema misto, vinculando os poderes públicos a um dever de proteção de direitos humanos".[11]

As técnicas de reprodução humana assistida (TRHA) trouxeram esperança ao apresentar algumas opções para aquelas pessoas que, pelos mais variados motivos, estão impedidas de procriar de forma natural. Trata-se de mais uma forma de viabilizar a concretização do direito constitucional ao planejamento familiar.[12]

---

7. BRASIL. MINISTÉRIO DA SAÚDE. *Direitos Sexuais e Direitos Reprodutivos*. Disponível em: https://bvsms.saude.gov.br/bvs/publicacoes/cartilha_direitos_sexuais_reprodutivos.pdf. Acesso em: 26 jun. 2024.

8. Assembleia Geral da ONU. *Declaração Universal dos Direitos Humanos*. DUDH, XVI, 3. A família é o núcleo natural e fundamental da sociedade e tem direito à proteção da sociedade e do Estado.

9. GAMA, Guilherme Calmon Nogueira da. *A Nova Filiação: O Biodireito e as Relações Parentais*. Rio de Janeiro: Renovar, 2003. p. 711.

10. BRASIL. MINISTÉRIO DA SAÚDE. *Direitos Sexuais e Direitos Reprodutivos*. Disponível em: https://bvsms.saude.gov.br/bvs/publicacoes/cartilha_direitos_sexuais_reprodutivos.pdf Acesso em: 26 jun. 2024.

11. PEREIRA, Caio Mário da Silva. *Instituições de direito civil*. 25. ed. rev., atual. e ampl. Rio de Janeiro: Forense, 2017, v. V, Atual. Tânia da Silva Pereira. p. 82.

12. DIAS, Maria Berenice. *As inconstitucionalidades da Resolução 2.294/2021 do CFM sobre a utilização das técnicas de reprodução assistida*. Disponível em: https://berenicedias.com.br/as-inconstitucionalidades-

No Brasil, o artigo 226, § 7º, da Constituição garante o custeio das técnicas de reprodução assistida pelo SUS, conforme a Portaria 3.149/2012 do Ministério da Saúde. No entanto, o acesso ao tratamento é dificultado, já que existem poucos hospitais no país que fazem o tratamento pelo Convênio do SUS,[13] e há necessidade de aguardar em uma lista de espera. É certo que o Estado não dispõe de orçamento suficiente para custear todas as demandas que surgem e, diante da escassez de recursos, o Poder Público precisa definir quais políticas públicas serão priorizadas.[14]

Por essas razões, muitos dos que pretendem concretizar o projeto parental buscam tratamento para infertilidade em clínicas particulares. No entanto, tal opção é inacessível para grande parte das pessoas, devido aos custos elevados, que podem variar de acordo com alguns fatores, como a clínica escolhida, o tipo de método exigido e os medicamentos necessários, podendo o tratamento chegar a mais de 70 mil reais.[15] Por isso, é importante reforçar a necessidade de ampliação do acesso aos tratamentos para a infertilidade e empreender esforços para serem incluídos nas políticas de saúde pública de forma acessível para aqueles que dele necessitarem para concretização do direito constitucional de formar sua própria família, corolário do princípio da dignidade da pessoa humana.

Além de as técnicas reprodutivas não serem amplamente ofertadas pelo sistema de saúde pública e, embora a infertilidade seja classificada como doença pela OMS, no Brasil existe a possibilidade de ser excluída do rol de Procedimentos

---

da-resolucao-2-294-2021-do-cfm-sobre-a-utilizacao-das-tecnicas-de-reproducao-assistida/#_ftn10. Acesso em: 14 jun. 2024.

13. Os centros de Reprodução Humana Assistida (CRHAs) estão em sete capitais do país, sendo quatro em São Paulo: Hospital Pérola Byington, Hospital das Clínicas da Universidade de São Paulo - USP (na capital e em Ribeirão Preto) e Hospital São Paulo da Universidade de São Paulo (Unifesp). em Porto Alegre: Hospital de Clínicas de Porto Alegre e Hospital Fêmina, um centro em Brasília, o Hospital Materno Infantil de Brasília; em Belo Horizonte, o Hospital das Clínicas da Universidade Federal de Minas Gerais. Em Goiânia, o Hospital das Clínicas da Universidade Federal de Goiás e um em Natal, a Maternidade Escola Januário Cicco da Universidade Federal do Rio Grande do Norte. Destes centros, somente em quatro o tratamento é completamente gratuito: a Maternidade Escola Januário Cicco, Hospital Pérola Byington, Hospital das Clínicas da Universidade de São Paulo – USP e o Hospital Materno Infantil de Brasília. Nos demais, a paciente precisa arcar com as medicações a um custo médio de R$ 5 mil. Disponível em: https://agenciabrasil.ebc.com.br/saude/noticia/2023-05/sus-pode-ser-esperanca-para-mulheres-que-sonham-ser-maes#:~:text=Os%20centros%20de%20Reprodu%C3%A7%C3%A3o%20Humana,de%20S%C3%A3o%20Paulo%20(Unifesp). Acesso em: 17 out. 2023.

14. MENEGUCE, Cassia Pimenta. ESPOLADOR, Rita de Cássia Resquetti Tarifa Espolador. CUNHA, Germano Matheus Codognotto da. O Direito de os titulares do material genético identificarem o sexo do embrião pré-implantatório: análise sob a ótica da Lei Geral de Proteção de Dados. *Revista de Biodireito e Direito dos Animais*. E-ISSN 2525-9695. v. 9, n. 1, p. 41-61, jan./jun. 2023.

15. *Quanto custam os tratamentos de reprodução assistida*. Disponível em: https://forbes.com.br/colunas/2019/05/quanto-custam-os-tratamentos-de-reproducao-assistida/#:~:text=Normalmente%2C%20depende%20da%20cl%C3%ADnica%20de,valor%E2%80%9D%2C%20explica%20o%20Dr. Acesso em: 17 out. 2023.

e Eventos da Agência Nacional de Saúde Suplementar (ANS), conforme previsto na Resolução Normativa 465/2021.[16] Por essa razão, estão fora da cobertura da maior parte dos planos de saúde,[17] o que leva muitas pessoas a recorrerem ao Poder Judiciário para que as operadoras sejam compelidas a custear o tratamento.

Neste ponto é importante destacar que o Superior Tribunal de Justiça (STJ) decidiu, em sede de recurso repetitivo (Tema 1.067), que os planos de saúde não são obrigados a arcar com os custos de reprodução humana assistida decorrentes da fertilização *in vitro*, quando não estiver expressamente previsto no contrato firmado entre as partes,[18] exceto quando se tratar de criopreservação de óvulos de mulheres submetidas a tratamento de quimioterapia, diante do alto risco de infertilidade.[19]

Todos esses fatores repercutem de forma direta e imediata na realização do projeto parental e, em que pese a infertilidade não fazer discriminação e atingir todas as camadas sociais, as classes econômicas menos favorecidas sentem mais os seus efeitos diante da limitação de recursos financeiros e da ausência de oferta do serviço pelo poder público.

Atualmente, considerável número dos casos de infertilidade pode ter solução graças à bioengenharia genética e à biomedicina, somadas ao avanço da tecnologia, que podem auxiliar significativamente aquelas pessoas impedidas de gerar seus filhos de forma natural. As técnicas de procriação medicamente assistidas, consistentes especialmente na inseminação artificial (IIU) e na fertilização *in vitro* (FIV), já são realidade na vida de muitas pessoas no mundo todo, inclusive no Brasil.

---

16. Resolução Normativa – RN 465 de 24 de fevereiro de 2021. Art. 17. A cobertura assistencial de que trata o plano-referência compreende todos os procedimentos clínicos, cirúrgicos, obstétricos e os atendimentos de urgência e emergência previstos nesta Resolução Normativa e seus Anexos, na forma estabelecida no art. 10 da Lei 9.656, de 1998. Parágrafo único. São permitidas as seguintes exclusões assistenciais: I (...); III – inseminação artificial.

17. Lei 9.656/1998. Artigo 10. Art. 10. É instituído o plano-referência de assistência à saúde, com cobertura assistencial médico-ambulatorial e hospitalar, compreendendo partos e tratamentos, realizados exclusivamente no Brasil, com padrão de enfermaria, centro de terapia intensiva, ou similar, quando necessária a internação hospitalar, das doenças listadas na Classificação Estatística Internacional de Doenças e Problemas Relacionados com a Saúde, da Organização Mundial de Saúde, respeitadas as exigências mínimas estabelecidas no art. 12 desta Lei, exceto: (Redação dada pela Medida Provisória 2.177-44, de 2001) I – (...); III – inseminação artificial (...).

18. BRASIL. Superior Tribunal de Justiça. STJ. Tema 1067. Trânsito em julgado em 14.02.2022. Disponível em: https://processo.stj.jus.br/repetitivos/temas_repetitivos/pesquisa.jsp?novaConsulta=true&tipo_pesquisa=T&cod_tema_inicial=1067&cod_tema_final=1067. Acesso em: 09 set. 2023.

19. BRASIL. Superior Tribunal de Justiça. REsp 1962984 / SP (2021/0307888-6). Disponível em: https://processo.stj.jus.br/processo/pesquisa/?aplicacao=processos. ea&tipoPesquisa=tipoPesquisaGenerica&termo=REsp%201962984&_gl=1*c2lihj*_ga*MTk3ODEyNzg5MC4xNjk0Mjk4MzYx*_ga_F31N0L6Z6D*MTY5NDU0NTgwMC4y LjEuMTY5NDU0NTk4MS42MC4wLjA. Acesso em: 12 set. 2023.

1.1 Das técnicas de reprodução humana medicamente assistida

Há milhares de anos, questões envolvendo a infertilidade humana inquietam os seres humanos, e os povos mais antigos sempre encontraram uma, entre as mais diversas formas de intervenção, como meio para a geração de filhos.[20] E, como bem relembra Eduardo de Oliveira Leite, "desde as mais remotas épocas, a esterilidade foi considerada como um fator negativo, ora maldição atribuída à cólera dos antepassados, ora à influência das bruxas, ora aos desígnios divinos".[21]

No decorrer do século XX, a pesquisa no campo da reprodução desenvolveu-se inicialmente com animais. Em um primeiro momento, estudou-se as causas da infertilidade na pecuária e veterinária e, depois, a infertilidade humana começou a ser estudada.[22] Em 1953, a estrutura da molécula de ácido desoxirribonucleico – o DNA – foi publicada na revista *Nature*, por James Watson e Francis Crick,[23] proporcionando um incrível avanço na medicina, com repercussão na possibilidade de procriação medicamente assistida.

Em 25 de junho de 1978, na Inglaterra, nasceu Louise Joy Brown, o primeiro bebê de proveta do mundo.[24] A partir daí, a técnica passou a ser usada por muitas pessoas impedidas de gerar seus próprios filhos. No Brasil, o primeiro bebê gerado com auxílio da técnica da reprodução assistida consistente na fertilização *in vitro* foi Anna Paula Caldeira, nascida em 7 de outubro de 1984, em São José dos Pinhais, no Paraná.[25]

Desde então, cada vez mais pessoas recorrem às técnicas reprodutivas para auxiliar na procriação humana. De acordo com a Sociedade Europeia de Reprodução Humana e Embriologia (ESHRE), até janeiro de 2022, mais de 10 milhões de bebês haviam nascido, em todo o mundo, com auxílio das técnicas reproduti-

---

20. Desde os tempos bíblicos são narrados conflitos acerca da infertilidade. Sara, mulher de Abraão era estéril, que pediu a seu marido que se unisse à sua escrava Agar para que esta pudesse gerar um filho para o casal. (GÊNESIS, 16:2).

21. LEITE, Eduardo de Oliveira. *Procriações artificiais e o direito*: aspectos médicos, religiosos, psicológicos, éticos e jurídicos. São Paulo: RT, 1995. p. 17.

22. LUNA, N. A resposta da biomedicina e o engajamento das usuárias. Provetas e clones: uma antropologia das novas tecnologias reprodutivas [online]. Rio de Janeiro: FIOCRUZ, 2007. *Antropologia e Saúde collection*, p. 83-133. ISBN 978-85-7541-355-5. Available from SciELO Books. Disponível em: https://books.scielo.org/id/dqhw2/pdf/luna-9788575413555-06.pdf. Acesso em: 17 out. 2023.

23. *A descoberta do DNA e o projeto genoma*. Editorial. Disponível em: https://www.scielo.br/j/ramb/a/kMWr3VJcPHS8dNrqNnY5PWx/?lang=pt. Acesso em: 17 out. 2023.

24. *A história do primeiro bebê de proveta*. Disponível em: https://www.procriar.com.br/blogprocriar/conheca-a-historia-de-louise-brown-o-primeiro-bebe-gerado-pela-fertilizacao-in-vitro/#:~:text=H%C3%A1%20quase%20quatro%20d%C3%A9cadas%20nascia,h%C3%A1%20mais%20de%209%20anos. Acesso em: 17 out. 2023.

25. Em 1984 nascia o primeiro bebê de proveta no Brasil. Disponível em: https://oglobo.globo.com/saude/o-globo-90-anos-em-1984-nascia-primeiro-bebe-de-proveta-no-brasil-16616047#tbl-emlnut943z4ksecrg3c82. Acesso em: 17 out. 2023.

vas.[26] Entende-se por reprodução humana assistida "o conjunto de técnicas que favorecem a fecundação humana, a partir da manipulação de gametas e embriões, objetivando principalmente combater a infertilidade e propiciando o nascimento de uma nova vida humana".[27]

Entre essas técnicas, as mais utilizadas são a inseminação artificial (IA) e a fertilização *in vitro (FIV)*, além de técnicas complementares que podem auxiliar na aplicação da reprodução humana, como a gestação de substituição, a doação de embrião, a doação de sêmen ou de óvulo, a fim de tornar possível a gravidez por meio das técnicas de fertilização realizadas com auxílio da medicina.

1.2 Algumas considerações sobre a regulamentação da reprodução humana assistida no direito brasileiro

No direito brasileiro, até o presente momento inexiste legislação que trate especificamente da reprodução humana assistida, mas se observa tal regulamentação administrativamente, por meio das Resoluções do Conselho Federal de Medicina.[28] Apesar de serem direcionados à comunidade médica, frequentemente são utilizadas nas fundamentações das decisões judiciais sobre reprodução humana assistida.

O Código Civil de 1916 e legislações posteriores não tratavam do assunto, e o atual diploma deixou de regulamentar o tema que há muito já deveria estar positivado, especialmente considerando que o primeiro bebê de proveta que se tem notícia no Brasil tenha nascido em 1984.

O Código Civil de 2002 trata de forma tímida as questões relacionadas à reprodução assistida, até mesmo porque o legislador não tinha a pretensão de abordar questões de alta complexidade por entender que esses temas deveriam ser objeto de legislação específica.

A respeito do tema, Miguel Reale Junior, relator do Projeto de Lei que culminou no atual Código Civil de 2002, explicou nas Diretrizes Fundamentais que o futuro código tinha como um de seus princípios "Não dar guarida no Código senão aos institutos e soluções normativas já dotados de certa sedimentação e estabilidade, deixando para a legislação aditiva a disciplina de

---

26. Disponível em: https://www.eshre.eu/. Acesso em: 17 out. 2023.
27. RODRIGUES JUNIOR, Walsir Edson; BORGES, Janice Silveira. Alteração da Vontade na utilização das técnicas de reprodução assistida. In: TEIXEIRA, Ana Carolina Brochado; RIBEIRO, Gustavo Pereira Leite. *Manual de Direitos das Famílias e das Sucessões*. Belo Horizonte, Del Rey: Mandamentos, 2008. p. 228.
28. Resolução 2.320/22 CFM. Art. 1º Adotar as normas éticas para a utilização das técnicas de reprodução assistida, anexas à presente resolução, como dispositivo deontológico a ser seguido pelos médicos.

CONTRATO DE GESTAÇÃO DE SUBSTITUIÇÃO **119**

questões ainda objeto de fortes dúvidas e contrastes, em virtude de mutações sociais em curso".[29]

As Resoluções do Conselho Federal de Medicina[30] regulamentaram a matéria, contudo, com objetivo de criar normas de caráter deontológico, direcionadas aos médicos. As normas estabelecidas não foram suficientes para solucionar todas as controvérsias jurídicas, muito embora contribuam de modo importante na solução de problemas levados ao Judiciário.

Importante apontar que, em setembro de 2023, foi criada a Comissão Temporária Interna do Senado, composta por uma Comissão de Juristas responsável pela revisão e atualização do Código Civil, sob presidência do Ministro Luis Felipe Salomão, com a finalidade de apresentar o anteprojeto de Lei para revisão e atualização da Lei 10.406, de 10 de janeiro de 2002 (Código Civil).[31]

Dentre as proposições, encontra-se o Capítulo V, que trata sobre a filiação decorrente de reprodução assistida nos artigos Art. 1.629-A ao Art. 1.629-V. Se aprovado, o Capítulo V do Código Civil tratará das Disposições Gerais da Reprodução Assistida (Seção I), seguindo-se à disposição sobre a Doação de Gametas (Seção II); da Cessão Temporária de Útero (Seção III); da Reprodução Assistida *Post Mortem* (Seção IV); do Consentimento Informado (Seção V) e, por fim, a Seção VI dispõe sobre as Ações de Investigação de Vínculo Biológico e Negatória de Parentalidade.

Essa regulamentação é necessária, uma vez que a filiação decorrente das técnicas reprodutivas não raras vezes apresenta controvérsias jurídicas de alta complexidade, especialmente no que se refere às questões relacionadas à gestação de substituição.

O Código Civil Brasileiro de 2002 trata da reprodução humana assistida homóloga e heteróloga,[32] de forma breve, apenas no que se refere à presunção de paternidade. Os incisos III, IV e V do artigo 1.597 do Código Civil estabelecem que os filhos advindos das técnicas de reprodução humana assistida, concebidos na constância do casamento presumem-se filhos do casal.

Entretanto, com a possibilidade de gestação de substituição, a regra acima deve ser relativizada, uma vez que concebido o filho por meio dessa técnica, a

---

29. REALE JUNIOR, Miguel. *Exposição dos Motivos do Código Civil de 2002.* 1975.
30. O Conselho Federal de Medicina tratou inicialmente da reprodução humana assistida por meio da Resolução 1.358/1992.
31. BRASIL. Senado Federal. *Comissão de Juristas responsável pela revisão e atualização do Código Civil.* Disponível em: https://legis.senado.leg.br/comissoes/comissao?codcol=2630. Acesso em: 18 mar. 2024.
32. Art. 1.597. Presumem-se concebidos na constância do casamento os filhos: I– (...); III – havidos por fecundação artificial homóloga, mesmo que falecido o marido; IV – havidos, a qualquer tempo, quando se tratar de embriões excedentários, decorrentes de concepção artificial homóloga; V – havidos por inseminação artificial heteróloga, desde que tenha prévia autorização do marido.

gestante não será, de fato, a genitora, assim como seu parceiro não será considerado o genitor da criança. Em casos de alta complexidade, como são os casos envolvendo reprodução assistida, o ideal seria a elaboração de um microssistema específico sobre reprodução humana. Neste ponto, Gustavo Tepedino, Heloisa Helena Barboza, Maria Celina Bodin de Moraes defendem a necessidade de um tratamento jurídico diferenciado e até de um estatuto jurídico próprio para o embrião".[33] Enquanto não sobrevenha legislação específica regulamentando a matéria, devem ser observadas as disposições constantes das Resoluções do Conselho Federal de Medicina.

2. GESTAÇÃO DE SUBSTITUIÇÃO COMO POSSIBILIDADE DE PROCRIAÇÃO

A gestação de substituição é definida por Cristiano Chaves de Faria e Nelson Rosenvald, como a técnica "utilizada pela Ciência Médica para permitir que uma paciente biologicamente impossibilitada de gestar ou de levar a gravidez até o final, possa ter um embrião gestado em útero de terceira pessoa".[34]

Para Laura Dutra de Abreu, em casos de gestação de substituição, "a maternidade é dividida ou dissociada: a mãe genética, por impossibilidade física recorre à outra mulher, mãe gestacional, para que esta leve a termo a gravidez impossível daquela".[35]

A infertilidade acompanha o próprio surgimento da humanidade e são antigas as notícias da busca por soluções para questões envolvendo a procriação, e a gestação de substituição surge como uma alternativa a esse problema.[36] Atualmente, graças ao avanço tecnológico, para a realização da gestação de substituição não é necessária a existência de relação sexual com a mulher que irá gestar a criança e, no Brasil, a mãe gestacional sequer pode doar seus óvulos no processo.[37] Assim, a

---

33. TEPEDINO, Gustavo; BARBOZA, Heloisa Helena, MORAES, Maria Celina Bodin de. *Código Civil interpretado conforme a Constituição da República*. Rio de Janeiro: Renovar, 2014. v. IV, p. 196.
34. FARIA, Cristiano Chaves de; Rosenvald, Nelson Rosenvald. *Curso de Direito Civil*. 6 v. p. 571.
35. ABREU, Laura Dutra de. A renúncia da maternidade: reflexão jurídica sobre a maternidade de substituição – principais aspectos nos direitos português e brasileiro. *Revista Brasileira de Direito das Famílias e das Sucessões* – RBDFamSuc, n. 11, Porto Alegre: Magister/IBDFAM, ago./set. 2009. p. 98.
36. Arnaldo Rizzardo relembra dois exemplos que constam de passagens bíblicas: O primeiro deles se encontra no livro de Gênesis (cap. 16, v. 2) e retrata a condição de Sara, que era estéril e não podia ter filhos, e que por ter um forte desejo de tê-los, pede a Abraão que por meio de sua criada lhe dê os filhos tão desejados. O segundo exemplo se refere à história de Raquel, que também era estéril, e só pôde ter filhos com Jacó por meio de sua criada Balá (Gênesis, cap. 30, v. 1 e 3). Para Rizzardo, "a procura de soluções para obtenção de filhos, diante da esterilidade da mulher, pendia para um caminho bem natural: aceitava-se que o homem fecundasse outra mulher, mantendo-se o casamento, e tivesse filhos em nome daquela" RIZZARDO, Arnaldo. *Direito de Família*. 10. ed. Rio de Janeiro: Forense, 2019. p. 850.
37. Resolução 2.320/22. Seção IV. Doação de Gametas ou Embriões. 2.2. A doadora de óvulos ou embriões não pode ser a cedente temporária do útero.

fecundação ocorre por meio da transferência de embrião gerado por *fertilização in vitro (FIV)* para o útero da gestante substituta.

As expressões "gestação de substituição" ou "cessão temporária de útero" são as formas técnicas utilizadas pela Resolução do CFM 2230/2022 para se referir ao procedimento, embora não se desconheça a existência de outras expressões, dentre elas, "maternidade de substituição", "maternidade sub-rogada", "útero de substituição", "doação temporária de útero" e, por fim, a expressão que gera muitas críticas, vulgarmente conhecida como "barriga de aluguel".

Em razão de seu caráter gratuito, é inadequada a utilização do termo "barriga de aluguel", utilizado não raras vezes para se referir à cessão de útero. Além disso, se a contraprestação fosse admitida, o correto seria usar a expressão útero de aluguel, uma vez que é aí que a gestação se desenvolve e não na barriga. Ademais, o emprego da expressão "barriga de aluguel" não corresponde à real finalidade do instituto no Brasil, porque ao associar a técnica com a palavra aluguel, as pessoas podem ser levadas ao falso entendimento de que há uma remuneração em contraprestação ao ato de gestar um filho para outrem, o que não é o que ocorre.

As expressões mencionadas referem-se à técnica de reprodução humana assistida na qual uma mulher cede seu útero para gerar um filho que sabe não ser seu e que, ao final da gestação, será entregue aos titulares do projeto parental que são os verdadeiros pais da criança.

A cessão de útero é uma importante técnica auxiliar no processo reprodutivo e, em muitos casos, é somente através dela que algumas pessoas conseguem concretizar o direito constitucional de formar sua própria família. É cada vez mais comum sua utilização, não apenas no Brasil, mas em diversas partes do mundo.

O Conselho Federal de Medicina estabelece que não pode haver vínculo biológico entre a gestante e a criança a ser gerada. Assim, o embrião que será implantado na gestante substituta pode ser gerado a partir de material biológico do casal titular do projeto parental e, nesse caso, tem-se a reprodução assistida homóloga. Entretanto, o embrião também pode ser criado a partir de material genético de apenas um deles ou, ainda, obtido em bancos de doação de óvulos, de espermatozoides ou de embriões doados por terceiros e, em todos esses casos, configura-se a reprodução humana assistida heteróloga.

Assim, existem algumas variações na geração do embrião que será implantado na mãe gestacional, quais sejam: embrião criado com o material genético – óvulo e espermatozoide – do casal; embrião formado com o óvulo da mulher que projetou a geração de um filho, mas que não pode gerá-lo em seu útero, com espermatozoide do doador; embrião gerado com óvulo doado e espermatozoide do parceiro, também titular do projeto parental; e, por fim, embrião doado por terceiros.

Percebe-se, deste modo, a existência de um processo complexo, especialmente quando se trata de embrião criado a partir de óvulo doado. Nesse caso, a criança será gerada em um útero de substituição pela mãe gestacional, com material genético daquela que representa a figura jurídica da mãe biológica e, por fim, será filho daquela que o desejou e arquitetou todo o projeto parental, para quem a criança será entregue ao final de uma gestação.

No que se refere à presunção de maternidade nesses casos, Maria Berenice Dias destaca que a gestação de substituição afasta a presunção *mater semper certa est,*[38] uma vez que, agora, diante das novas técnicas reprodutivas, a maternidade nem sempre será determinada pela gravidez e pelo parto.

Com a gestação de substituição houve desvinculação dos conceitos de maternidade e gravidez, assim como também a relativização da presunção de paternidade decorrente do casamento,[39] pois nem sempre o marido ou companheiro será o pai da criança gestada por sua parceira. Isso fica muito claro em caso de cessão de útero em que a mulher que está gestante tenha um parceiro. Ela não é a mãe da criança, assim como seu marido ou companheiro também não será o pai presumido, sendo esse papel dos pais beneficiários.

Nesse ponto, destaca-se que em caso de gestação de substituição somente há parto decorrente de uma gravidez porque alguém planejou e arquitetou esse projeto e, portanto, foi essa vontade inicial que deu origem a uma nova vida. Guilherme Calmon Nogueira da Gama esclarece que "a vontade, ínsita ao projeto parental da mulher que desejar ter filho, deverá ser considerado o pressuposto mais importante no que tange à maternidade-filiação".[40]

A gestação de substituição é uma técnica de reprodução humana assistida, com importante papel na concretização do projeto parental, por aquelas pessoas impedidas de gerar seus filhos de forma natural. No Brasil é admitida apenas em sua forma gratuita, sendo vedada a contraprestação financeira. Entretanto, é importante destacar que o Conselho Federal de Medicina admite a doação compartilhada de oócitos e, desse modo, estabelece que a doadora e a receptora compartilham tanto o material biológico quanto os custos do procedimento.[41]

Deve ser admitida também a compensação financeira pelos gastos decorrentes da gravidez, como as despesas com exames e consultas, alimentos e medicamentos durante o período gestacional, assistência psicológica, internações, parto

---

38. DIAS, Maria Berenice. *Manual de direito de família.* 9. ed. São Paulo: RT, 2013, p. 380.
39. BRASIL. Código Civil de 2002. Art. 1.597. Presumem-se concebidos na constância do casamento os filhos: I – nascidos cento e oitenta dias, pelo menos, depois de estabelecida a convivência conjugal.
40. GAMA, Guilherme Calmon Nogueira da. *A nova filiação*: o biodireito e as relações parentais. Rio de Janeiro: Renovar, 2003. p. 747.
41. Conselho Federal de Medicina. Resolução 2320/2022. Item 8.

dentre outros custos pertinentes à gestação, o que se assemelha ao pagamento dos alimentos gravídicos.

Os alimentos gravídicos são regulamentados pela Lei 11.804, de 5 de novembro de 2008[42] e são definidos por Cahali como uma "contribuição proporcional a ser imposta ao suposto pai, sob forma de participação nas despesas adicionais do período de gravidez e que sejam dela decorrentes".[43] Tais gastos não devem ser suportados pela gestante, mas pelos pais beneficiários, os quais são os verdadeiros autores do projeto parental.

2.1 Contratualização da gestação de substituição no Brasil: análise sob o viés dos contratos atípicos

No Brasil, diante da ausência de legislação específica sobre a reprodução humana assistida, o tema atualmente é regulamentado por Resoluções do Conselho Federal de Medicina. Essas Resoluções trazem normas de caráter deontológico, direcionadas especialmente à comunidade médica.[44] A insuficiência jurídica sobre a temática faz com que essas normas éticas ganhem relevo substancial na regulamentação da aplicação das técnicas reprodutivas, inclusive da gestação de substituição.

Diante do vácuo legislativo, é preciso analisar os posicionamentos doutrinários sobre a gestação de substituição, que podem ser divididos em três correntes: a) aquela de defende a inadmissibilidade absoluta da gestação de substituição, seja de forma gratuita ou onerosa; b) a que admite a prática de forma irrestrita e, por fim, c) a que admite a gestação de substituição apenas a título altruísta ou gratuito, sem qualquer contraprestação pecuniária.

Entre os doutrinadores filiados à corrente que entende pela absoluta inadmissibilidade da gestação de substituição está Guilherme Calmon Nogueira da Gama, para quem eventual remuneração daquela que será gestante de substituição é constitucionalmente proibida, com base no artigo 199, § 4º, da Constituição Federal e, para ele "a gratuidade não atenua a consideração da ilicitude da prática da maternidade de substituição que, desse modo, é proibida no direito brasileiro".[45]

Para Guilherme Calmon Nogueira da Gama, a gestação de substituição não pode ser considerada prática lícita perante o ordenamento jurídico brasileiro, pois,

---

42. BRASIL. *Lei 11.804, de 5 de novembro de 2008.* Disciplina o direito a alimentos gravídicos e a forma como ele será exercido e dá outras providências. Disponível em: http://www.planalto.gov.br/ccivil_03/_ato2007-2010/2008/lei/L11804.htm. Acesso em: 14 jun. 2024.

43. CAHALI, Yussef Said. *Dos alimentos.* 7. ed. rev. e atual. São Paulo: RT, 2012, p. 346.

44. Vide Resolução 2.320 de 2022, do Conselho Federal de Medicina.

45. GAMA, Guilherme Calmon Nogueira da. *A nova filiação*: o biodireito e as relações parentais. Rio de Janeiro: Renovar, 2003, p. 854-855.

segundo seu entendimento, mesmo existindo o consentimento de forma livre e sem qualquer contraprestação financeira, ainda assim a prática será ilegítima, uma vez que a mulher será reduzida a coisa, em flagrante violação ao princípio da dignidade da pessoa humana.[46]

No mesmo sentido é o entendimento de Maria Helena Diniz, que destaca problemas sociais decorrentes da gestação de substituição, pois, para ela, a prática viola a dignidade da mulher, reduzida a mero organismo reprodutor e mercenário, sendo instrumentalizada como organismo sexual.[47] E, de acordo com seu entendimento, deverão ser proibidas práticas consistentes na " inseminação artificial heteróloga, a fertilização *in vitro* e a gestação por conta de terceiro, ante os possíveis riscos de origem física e psíquica para a descendência e a incerteza sobre a identidade".[48]

A segunda corrente entende pela possibilidade da gestação de substituição de forma restrita, ou seja, apenas na forma altruísta e gratuita, sem qualquer contraprestação financeira que gere lucro para a gestante. Filiam-se a esse pensamento Cristiano Chaves de Farias e Nelson Rosenvald, para os quais a cessão de útero somente pode ser realizada em sua forma gratuita e em casos específicos de pessoas que não podem levar a termo uma gestação.[49]

Essa segunda corrente, defensora da possibilidade de cessão de útero em sua forma gratuita, fundamenta seus argumentos especialmente no princípio da dignidade da pessoa humana, vetor máximo da objetificação e instrumentalização do ser humano. Nesse sentido é o entendimento de Ana Carolina Brochado Teixeira, para quem, "atribuir caráter econômico à avença viola o princípio da dignidade da pessoa humana, pois os atributos objetos da avença são ínsitos à personalidade dos envolvidos".[50]

Por fim, a terceira corrente adota uma visão mais ampla da gestação de substituição. Entre os defensores dessa corrente está Maria Berenice Dias, a qual entende que, apesar de a cessão onerosa de útero ser vedada pelo ordenamento brasileiro, defende que essa modalidade também deveria ser admitida, pois para ela "nada justifica negar a possibilidade de ser remunerada quem, ao fim e ao cabo, presta um serviço a outrem. Aliás, um serviço em tempo integral por longos nove meses e que acarreta dificuldades e limitações de toda ordem.[51]

---

46. Idem, p. 855.
47. DINIZ, Maria Helena. *Curso de direito civil brasileiro*. 19. ed. São Paulo. 2008.
48. DINIZ, M. H. *O Estado Atual do Biodireito*. 10. ed. São Paulo: Saraiva, 2022. p. 1065. E-book.
49. FARIAS, Cristiano Chaves de. ROSENVALD, Nelson. *Curso de direito civil*: Direito das famílias. 4. ed. Salvador: JusPodivm, 2012. v. 6, p. 629.
50. TEIXEIRA, Ana Carolina Brochado. Conflito positivo de maternidade e utilização de útero de substituição. In: CASABONA, Carlos Maria Romero; QUEIROZ, Juliane Fernandes. *Biotecnologia e suas implicações ético-jurídicas*. Belo Horizonte: Del Rey, 2005. p. 314.
51. DIAS, Maria Berenice. *Manual de direito das famílias*. 9. ed. São Paulo: RT, 2013, p. 379.

Para justificar seu posicionamento, Maria Berenice Dias destaca que a gravidez apresenta diversos desconfortos para a mulher que irá realizar o sonho de outrem e o impedimento de que uma prestação de serviço tenha caráter lucrativo ou comercial está relacionado somente à sacralização da ideia de maternidade e, portanto, afirma que "nada, absolutamente nada justifica a restrição a que este processo não possa ser alvo de remuneração".[52]

Arnaldo Rizzardo entende que há, nos casos de gestação de substituição, um verdadeiro contrato de prestação de serviços, pois a mulher que irá se submeter a uma gestação por conta de outrem assume uma infinidade de compromissos e deveres para com os futuros pais da criança. Afirma que a gestante se torna uma prestadora de serviços ao se submeter a diversas restrições relacionadas ao próprio corpo e, além disso, deve observar diversos comportamentos como hábitos alimentares, consultas médicas regulares e abstinência de vícios.

Por essa razão, Rizzardo defende que o contrato de prestação de serviço é o que melhor se adequa ao caso, pois nessa espécie contratual estão identificados todos os "seus elementos no respectivo conceito, considerado como o contrato sinalagmático em virtude do qual uma parte (o locador) obriga-se a prestar à outra (obrigação de fazer) certos serviços, que essa outra (o locatário) obriga-se a remunerar (obrigação de dar)".[53]

Rodrigo da Cunha Pereira também está entre aqueles que defendem a possibilidade de gestação de substituição, inclusive remunerada, por entender que "o que se estaria comprando ou alugando não é o bebê, mas o espaço (útero) para que ele seja gerado. Portanto, não há aí uma coisificação da criança ou objetificação do sujeito".[54] Além disso, defende que a legalização da remuneração da gestação de substituição elimina a prática que existe clandestinamente.

Em regra, os negócios jurídicos envolvendo direitos existenciais são incompatíveis com a lógica mercadológica, cuja finalidade principal é a busca pelo lucro e vantagem econômica. Rose Melo Vencelau Meireles entende que é indispensável a gratuidade dos atos de natureza existencial principalmente para que sejam realizados de forma espontânea, ausente qualquer interesse econômico que poderia macular a vontade da pessoa, além de promover uma coerção, ainda que indireta, na liberdade de autodeterminação.[55]

---

52. DIAS, Maria Berenice. *Barriga de aluguel*: sublime missão mediante pagamento. Disponível em: https://berenicedias.com.br/barriga-de-aluguel-sublime-missao-mediante-pagamento/ Acesso em: 12 jun. 2024.

53. RIZZARDO, Arnaldo. *Direito de Família*. 10. ed. Rio de Janeiro: Forense, 2019. p. 858.

54. PEREIRA, Rodrigo Cunha. *Barriga de aluguel*: o corpo como capital. Disponível em: https://ibdfam.org.br/artigos/858/Barriga+de+aluguel%3A+o+corpo+como+capital+ Acesso em: 11 jan. 2024.

55. MEIRELES, Rose Melo Vencelau. *Autonomia Privada e Dignidade Humana*. Rio de Janeiro: Renovar, 2009. p. 207-208.

Embora a teoria geral dos negócios jurídicos tenha sido criada especificamente no âmbito dos negócios patrimoniais tendo como base a autonomia privada, entende-se que, resguardadas suas peculiaridades, é possível que o mesmo regramento seja também aplicado para regular as situações jurídicas existenciais. Fundamenta-se essa possibilidade na autonomia existencial e no poder de autorregulamentação da própria vida, sendo desnecessária a criação de uma nova teoria ou até mesmo de novos dispositivos legais para regular esses negócios.

Nos negócios jurídicos patrimoniais existe uma relação alicerçada em direitos cuja finalidade é essencialmente econômica, ao passo que os direitos extrapatrimoniais – nos quais se incluem os direitos existenciais – encontram seu fundamento nos direitos da personalidade e na dignidade da pessoa humana, desvinculados, em tese, de qualquer fim lucrativo ou econômico.

Com a evolução da sociedade, surge uma nova perspectiva em que a categoria de negócio jurídico deve ser analisada, com um viés constitucional, abarcando os direitos existenciais relacionados aos direitos da personalidade. Assim, a autonomia não deve ter como fundamento apenas a livre iniciativa prevista no artigo 170 da Constituição Federal, relacionada aos bens patrimoniais, mas, quando se referirem aos direitos existenciais, deve estar relacionada à cláusula geral de tutela e promoção da pessoa humana, tal como previsto no artigo 1º, III, da Constituição Federal.[56]

Feitas essas considerações passa-se a analisar a possibilidade de celebração de negócios jurídicos envolvendo a gestação de substituição, a exemplo do que já ocorre em outros países, como Portugal.

De acordo com a Lei portuguesa 90/2021, de 16 de dezembro que alterou a Lei de Procriação Medicamente Assistida 32/2006, de 26 de julho, a gestação de substituição passou a ser expressamente tratada como negócio jurídico, nos termos do artigo 8º, 2, da lei de PMA que assim dispõe: "A celebração de negócios jurídicos de gestação de substituição só é admissível a título excepcional e com natureza gratuita". No mesmo sentido, o item 5 do mesmo artigo estabelece que: "A celebração de negócios jurídicos de gestação de substituição carece de autorização prévia do Conselho Nacional de Procriação Medicamente Assistida, entidade que supervisiona todo o processo".

Interessante destacar que, em Portugal, a definição de negócio jurídico é semelhante à adotada no Brasil. Naquele país, os contratos são tidos como os principais instrumentos dos negócios jurídicos, definidos como "os atos jurídi-

---

56. SCHEREIBER, Anderson. *Manual de Direito Civil Contemporâneo*. 3. ed. São Paulo: Saraiva, 2020 (E-book), p. 336.

cos que regulam autonomamente uma relação jurídica entre certos sujeitos, pelo menos um dos quais é parte nesse negócio".[57]

Para Francisco Cavalcanti Pontes de Miranda a vontade é o elemento fundamental do negócio jurídico, conceito que. para ele, "surgiu exatamente para abranger os casos em que a vontade humana pode criar, modificar ou extinguir direitos, pretensões, ações ou exceções, tendo por fito o acontecimento do mundo jurídico".[58]

No mesmo sentido, Emilio Betti afirma que negócio jurídico "é o ato pelo qual o indivíduo regula, por si, os seus interesses, nas relações com outros (ato de autonomia privada)".[59] Trata-se de atos que dependem do consentimento humano para sua formação e produção dos efeitos pretendidos, podendo ser citados como exemplos os atos bilaterais, entre os quais estão os contratos e os atos unilaterais, como os testamentos.

A teoria dos negócios jurídicos encontra sua maior expressão nos contratos, instrumentos por meio dos quais são celebradas pactuações que, em regra, envolvem direitos patrimoniais. Conforme ensinam Gustavo Tepedino e Carlos Nelson Konder, o contrato é uma espécie do gênero negócio jurídico e pode ser definido "como o negócio jurídico, bilateral em sua formação e patrimonial no seu objeto, destinado a autorregulamentar interesses".[60] Destacam, ainda, que o direito civil passou por inúmeras transformações no decorrer do século XX, especialmente na tentativa de conciliar a tutela individual da liberdade com os imperativos sociais e da solidariedade, que relativizaram o papel da vontade na definição de contrato. Explicam que "ao dar prioridade à perspectiva funcional do contrato (para que serve) sobre sua análise estrutural (como é) sobressai a concepção desse instituto em sua função normativa: o contrato como instrumento de autorregulação de interesses".[61]

O contrato passa, portanto, a não ser mais visto como meio de realização da autonomia da vontade, mas como um instrumento de autorregulação de interesses. Por essa razão, Orlando Gomes afirma que, com essa nova interpretação, "passa-se a dissociar a relação contratual do acordo de vontades".[62] Além disso,

---

57. *Diário da República de Portugal.* Negócio Jurídico. Disponível em: https://diariodarepublica.pt/dr/lexionario/termo/negocio-juridico. Acesso em: 17 jun. 2024.

58. MIRANDA, Francisco Cavalcanti Pontes de. *Tratado de Direito Privado.* Campinas: Bookseller, 2012, t. III. p. 55.

59. BETTI, Emilio. *Teoria Geral do Negócio Jurídico.* Trad. Servanda Editora. Campinas: Servanda Editora, 2008, p. 88.

60. TEPEDINO, Gustavo; KONDER, Carlos Nelson, BANDEIRA Paula Greco. *Fundamentos do Direito Civil.* 2. ed. Rio de Janeiro: Forense, 2021 (Ebook), v. 3 – Contratos, p. 45.

61. TEPEDINO, Gustavo; KONDER, Carlos Nelson, BANDEIRA Paula Greco. *Fundamentos do Direito Civil.* 2. ed. Rio de Janeiro, Forense, 2021 (Ebook), v. 3 – Contratos, p. 44.

62. GOMES, Orlando. *Contratos.* Rio de Janeiro. Forense. 2009. (1959), 26. ed. p. 9.

na formação dos contratos, a bilateralidade é essencial para sua caracterização e se verifica a partir da convergência de dois ou mais núcleos de interesses, cujos consentimentos se complementam com a finalidade de atingir certos e determinados efeitos jurídicos, comuns a todos os sujeitos da relação contratual.

Nesse ponto, os contratos se diferenciam dos negócios jurídicos unilaterais, uma vez que nestes, a modificação, constituição ou extinção de direitos se concretiza por meio de uma única fonte de consentimento, podendo ser citados como exemplos o testamento e o reconhecimento de filho.[63] A patrimonialidade é outro elemento comumente invocado pela doutrina civilista como caracterizador dos contratos. Entretanto, é necessário destacar a necessidade de se fazer uma distinção entre as situações jurídicas extrapatrimoniais (existenciais) e as patrimoniais.

Uma das premissas do direito civil constitucional é a prevalência das situações existenciais – relacionadas ao ser – sobre as situações patrimoniais, que dizem respeito ao ter, o que pode ser confirmado pelo artigo 1º, inciso III da Constituição Federal que apresenta o princípio da dignidade da pessoa humana como fundamento da República.

Gustavo Tepedino e Carlos Nelson Konder afirmam que "as situações jurídicas patrimoniais se revelam instrumentais à satisfação de interesses existenciais, devendo ser funcionalizadas à tutela daqueles bens jurídicos diretamente ligados à dignidade da pessoa humana".[64] A dignidade da pessoa humana e a solidariedade social são valores constitucionais fundamentais, e a validade dos atos de autonomia privada está condicionada à observância desses valores. Essa definição é de extrema relevância para melhor compreensão dos negócios jurídicos envolvendo as relações jurídicas existenciais, especialmente aqueles que digam respeito ao próprio corpo, tratados neste artigo como negócios biojurídicos.[65]

Os princípios constitucionais têm o poder de irradiar seus efeitos por todo o ordenamento jurídico, especialmente no âmbito do Direito Civil, ao que se convencionou chamar de Constitucionalização do Direito Civil. Luis Roberto Barroso explica que "os princípios ao expressar valores ou indicar fins a serem alcançados pelo Estado e pela sociedade, irradiam-se pelo sistema, interagem entre si e pautam a atuação dos órgãos do poder".[66]

---

63. Idem, p. 46. (Ebook).
64. TEPEDINO, Gustavo; KONDER, Carlos Nelson, BANDEIRA Paula Greco. *Fundamentos do Direito Civil*. 2. ed. Rio de Janeiro, Forense, 2021 (Ebook), v. 3 – Contratos, p. 48
65. MEIRELES, Rose Melo Vencelau. *Negócios biojurídicos*. In: PONA, Éverton Willian; AMARAL, Ana Cláudia Corrêa Zuin Mattos do; MARTINS, Priscila Machado (Coord.). *Negócio jurídico e liberdades individuais*: autonomia privada e situações jurídicas existenciais. Curitiba: Juruá, 2016.
66. BARROSO, Luis Roberto; BARCELLOS, Ana Paula de. O Começo da História. A nova interpretação Constitucional e o papel dos princípios no Direito Brasileiro. *Revista da EMERJ*, v. 6, n. 23, 2003. p. 54. Disponível em: https://www.emerj.tjrj.jus.br/revistaemerj_online/edicoes/revista23/revista23_25.pdf. Acesso em: 19 jun. 2024.

No ponto, Roberto Wagner Marquesi, Caroline Melchiades Salvadego Guimarães de Souza Lima e Pedro Henrique Amaducci Fernandes dos Santos destacam que a constitucionalização do direito civil apresentou importante mudança no campo do direito contratual, uma vez que a pessoa passou a ser inserida em primeiro plano, em oposição à concepção clássica, que priorizava os bens patrimoniais. Nesse passo, afirmam que "os conceitos tradicionais de negócio jurídico não são abandonados, pelo contrário, pode-se dizer que são aprimorados, ao passo em que a autonomia permanece, mas é mitigada e reduzida pelo interesse social do contrato".[67]

E é nessa perspectiva de direito civil constitucional, na qual o ser tem primazia em relação ao ter, é que os negócios existenciais são analisados, sob a novas lentes do paradigma contratual contemporâneo, no qual a pessoa é o centro do ordenamento jurídico e, portanto, das relações jurídicas.

É neste sentido o entendimento de Pietro Perlingieri, para quem as situações jurídicas existenciais merecem tratamento diferenciado em relação às patrimoniais e, para ele "é necessário reconstruir o Direito Civil não com uma redução ou um aumento da tutela das situações patrimoniais, mas como uma tutela qualitativamente diversa".[68]

Rose Melo Vencelau Meireles entende que a autonomia negocial também deve atingir os negócios existenciais como forma de exercício direto do livre desenvolvimento da personalidade, submetendo-se a princípios diversos daqueles existentes na autonomia negocial patrimonial.[69] Embora a patrimonialidade seja o elemento caracterizador dos contratos, ela não é seu único fundamento, uma vez que hodiernamente os contratos são dotados de forte base principiológica constitucional que vinculam as partes, tornando-os oponíveis e obrigatórios.

Gustavo Tepedino e Carlos Nelson Konder defendem a necessidade de priorizar a perspectiva funcional dos contratos a fim de se identificar quais são os interesses em jogo para, a partir daí, avaliar se no acordo firmado, ainda que gratuitamente, "havia a finalidade de se empenhar reciprocamente na relação jurídica, e verificar se estavam presentes interesses jurídicos merecedores de tutela".[70]

---

67. LIMA, Caroline Melchiades Salvadego Guimarães de Souza; SANTOS, Pedro Henrique Amaducci Fernandes dos; MARQUESI, Roberto Wagner. Negócios jurídicos contemporâneos: a efetivação da dignidade da pessoa humana com alicerce nos contratos existenciais. *Civilistica.com*. Rio de Janeiro, a. 7, n. 3, 2018. Disponível em: http://civilistica.com/negocios-juridicos-contemporaneos/. Acesso em: 07 jun. 2024. p. 08.

68. PERLINGIERI, Pietro. *O direito civil na legalidade constitucional*. Rio de Janeiro: renovar, 2008. p. 122.

69. MEIRELES, Rose Melo Vencelau. *Autonomia privada e dignidade humana*. Rio de Janeiro: Renovar, 2009.

70. TEPEDINO, Gustavo; KONDER, Carlos Nelson, BANDEIRA Paula Greco. *Fundamentos do Direito Civil*. 2. ed. Rio de Janeiro, Forense, 2021 (Ebook), v. 3 - Contratos p. 52.

Desse modo, os negócios genuinamente gratuitos podem se tornar obrigatórios vinculando as partes, por mero consenso dos envolvidos, desde que presentes valores jurídicos, como a confiança e a solidariedade.

Nessa classificação podem ser incluídos os negócios biojurídicos, que muito embora não sejam dotados de patrimonialidade, podem ser exigíveis à luz de uma interpretação holística do ordenamento brasileiro, especialmente no que se refere às normas e princípios constitucionais.

Feitas estas considerações, perpassa-se à análise específica da contratualização da gestação de substituição no Brasil. Diferentemente do que ocorre em Portugal, por aqui não há definição acerca de sua instrumentalização, uma vez que não é tratada como um negócio jurídico, o que justifica o estudo aprofundado sobre forma que a pactuação deverá ser revestida.

Por meio de uma interpretação à luz do direito civil constitucional e de um novo olhar para a teoria dos negócios jurídicos, entende-se que não há vedação para a celebração de negócio jurídico de gestação de substituição, o que pode, inclusive, atribuir maior segurança jurídica ao acordo firmado pelos envolvidos. Entretanto, essa pactuação deve ser qualitativamente diferenciada dos demais negócios que envolvam direito patrimonial, especialmente porque fundamentada em valores e princípios constitucionais. Além disso, para a validade desse negócio jurídico é preciso observar os limites constantes do artigo 104 do Código Civil Brasileiro, bem como todos as regras e princípios previstos na Constituição Federal.

Deste modo, em observância ao inciso I do art. 104 do Código Civil, é imprescindível que todas as partes envolvidas na gestação de substituição sejam dotadas de discernimento e capacidade para externarem seu consentimento de forma livre e esclarecida, ausente qualquer vício que possa macular a tomada de decisão. A mulher que consente em ser gestante de substituição está, ainda que de forma transitória, dispondo de seu próprio corpo em certa medida. Esse consentimento deve ser livre e esclarecido, para que possa exercer a liberdade de decidir e de se autodeterminar de acordo com sua real vontade.

A liberdade externada por meio da autonomia privada e do direito de autorregulação da própria vida está relacionada ao poder de decisão da mulher no que se refere à cessão temporária de seu útero para gerar o filho de outrem. É por essa razão que a Resolução n. 2.320/2022 prevê a necessidade de todos os envolvidos assinarem o termo de compromisso livre e esclarecido, documento essencial que deve instruir o procedimento de gestação de substituição.

O segundo requisito a ser analisado se refere ao ponto que gera debates calorosos e diz respeito à definição do objeto da gestação de substituição. Parte da doutrina brasileira,[71] defensora da impossibilidade da contratualização da gestação de substituição, encontra fundamento especialmente na ilicitude do objeto do negócio jurídico, que entende ser a entrega de uma criança. Sustentam a violação da dignidade humana em razão da objetificação da pessoa, em violação ao artigo 1º, III da Constituição Federal e na vedação de comercialização de órgãos, tecidos e substâncias humanas, tal como previsto no artigo 199, § 4º[72] da Constituição Federal.

Já a corrente que entende pela possibilidade da pactuação, fundamenta a admissibilidade no entendimento segundo o qual o objeto do contrato é a cessão do útero e não a criança que será gerada,[73] o que torna o objeto lícito e, consequentemente, válido o negócio jurídico. Sustenta, ainda, que a validade desse negócio encontra fundamento no princípio da legalidade, pois se não há lei que proíba, não há impedimento para sua concretização.

No que se refere ao objeto do contrato de gestação de substituição, filia-se ao entendimento de Rodrigo da Cunha Pereira,[74] pois de fato, não se trata de uma criança a ser entregue aos pais idealizadores do projeto parental, mas sim da disponibilização do corpo da mulher que irá ceder temporariamente seu útero para gerar uma criança que sabe desde o início não ser sua.

Quando as partes envolvidas nesse projeto iniciam as tratativas, o que se busca é uma mulher que esteja disposta a ceder o seu útero para gerar um filho para outrem e não uma que esteja disposta a gerar uma criança por conta própria e, posteriormente, entregá-la a terceiros. Nessa situação poderia ocorrer, inclusive, o crime previsto no artigo 238 do Estatuto da Criança e do Adolescente.[75]

Mas não é esse o caso, pois, na gestação de substituição, o filho que será gerado pode pertencer biologicamente ao casal beneficiário ou ser decorrente de embrião gerado com material biológico de doadores anônimos, mas nunca com o óvulo da própria gestante. A Resolução 2320/2022 estabelece na Seção IV, item 2.2 que "A doadora de óvulos ou embriões não pode ser a cedente temporária do útero".

---

71. Fazem parte dessa corrente Guilherme Calmon Nogueira da Gama (2003) e Maria Helena Diniz (2011).
72. BRASIL, Constituição da República Federativa do Brasil de 1988. Art. 199. A assistência à saúde é livre à iniciativa privada.(...) § 4º A lei disporá sobre as condições e os requisitos que facilitem a remoção de órgãos, tecidos e substâncias humanas para fins de transplante, pesquisa e tratamento, bem como a coleta, processamento e transfusão de sangue e seus derivados, sendo vedado todo tipo de comercialização.
73. PEREIRA, Rodrigo Cunha. *Barriga de aluguel*: o corpo como capital. Disponível em: https://ibdfam. org.br/artigos/858/Barriga+de+aluguel%3A+o+corpo+como+capital+. Acesso em 11 jan. 2024
74. Idem.
75. ECA – Lei 8.069 de 13 de julho de 1990. Art. 238. Prometer ou efetivar a entrega de filho ou pupilo a terceiro, mediante paga ou recompensa: Pena: reclusão de um a quatro anos, e multa. Parágrafo único. Incide nas mesmas penas quem oferece ou efetiva a paga ou recompensa.

Além disso, deve ser refutada a alegação de violação do artigo 199, § 4º da Constituição Federal, uma vez que a mulher que cede seu útero para gerar o filho de outrem não está sendo submetida a remoção de órgãos, tecidos e substâncias do corpo humano ou a qualquer outra condição que comprometa sua integridade física.

Com o nascimento da criança, após um curto espaço de tempo, o útero daquela que a gerou volta a ser como antes da gestação e, além disso, nenhuma parte do corpo humano é removida em razão de uma gravidez ou parto. Portanto, o argumento de violação ao artigo 199, §4º da Constituição Federal não se sustenta, devendo ser afastado.

É preciso também discorrer acerca da disposição literal constante da legislação infraconstitucional, que veda a limitação voluntária dos direitos da personalidade, conforme previsto no artigo 11 do Código Civil Brasileiro.[76] Entretanto, essa norma foi relativizada por meio do enunciado 4 da I Jornada de Direito Civil do CJF, que deu a seguinte interpretação ao referido dispositivo: "O exercício dos direitos da personalidade pode sofrer limitação voluntária, desde que não seja permanente nem geral".

É inegável que a gestante sofre algumas restrições em seu direito da personalidade, entretanto é uma limitação voluntária e transitória, que dura somente até o parto. Assim, na gestação de substituição não há qualquer violação ao artigo 11 do Código Civil Brasileiro.

Por todas as razões citadas, o resultado a que se chega é que o objeto da gestação de substituição é lícito e consiste na cessão do útero da mulher que irá gestar um filho de outrem, sem qualquer violação de sua integridade física ou de sua dignidade ou mesmo da criança.

O último requisito previsto no artigo 104, III do Código Civil refere-se à forma que os negócios jurídicos devem observar ao ser instrumentalizados. Se não corresponder à formalidade prevista em lei, o negócio jurídico será nulo, nos termos do artigo 166, IV do Código Civil. Por outro lado, a legislação civil prevê que quando não houver regras expressas sobre a forma de que o negócio jurídico deverá ser revestido, essa será livre.

Considerando que inexiste previsão legal acerca da forma adequada para instrumentalização do pacto de gestação de substituição, defende-se que o negócio jurídico mais adequado para resguardar os direitos de todos os envolvidos é o

---

76. BRASIL. *Lei 10.406*, de 10 de janeiro de 2002. Código Civil Brasileiro. Art. 11. Com exceção dos casos previstos em lei, os direitos da personalidade são intransmissíveis e irrenunciáveis, não podendo o seu exercício sofrer limitação voluntária.

contrato. Essa possibilidade pode ser extraída do próprio Código Civil Brasileiro, que permite a formalização de contratos atípicos.

O artigo 425 do Código Civil estabelece a possibilidade de celebração de contratos atípicos que não estejam expressamente previstos em lei, desde que observadas as demais normas legais previstas para todos os contratos em geral. Para isso, importante que todo os pressupostos de validade dos negócios jurídicos estejam presentes, subordinando-se às regras previstas para os contratos em geral.

Giselda Maria Fernandes Novaes Hironaka esclarece que, embora os contratos atípicos não estejam disciplinados no ordenamento jurídico, são lícitos e devem observância às normas gerais dos contratos, não podendo ser contrários à lei, à ordem pública, bons costumes e nem aos princípios gerais do Direito, pouco importando se tem ou não um nome "porque este não é a característica da sua essência conceitual; seu traço característico próprio é o fato de não estar sujeito a uma disciplina própria".[77]

Orlando Gomes relembra que "os contratos atípicos subordinam-se às regras gerais do Direito contratual, assim as que regem os pressupostos e requisitos essenciais à validade dos contratos como as que disciplinam as obrigações". E, mais adiante, reforça que "os estipulantes de um contrato atípico costumam regular mais explicitamente seus efeitos porque sabem que inexistem regras supletivas de sua vontade".[78]

Posicionando-se pela admissibilidade de celebração de negócio jurídico da gestação de substituição instrumentalizado por meio de contrato atípico, é necessário analisar as limitações da liberdade contratual no que se refere ao conteúdo das cláusulas constantes do negócio jurídico.

Podem surgir questionamentos, como os seguintes: se alguma das partes envolvidas poderá fazer exigências sobre o médico que irá acompanhar o pré-natal; a maternidade em que a gestante dará à luz; o tipo de parto, hábitos de vida; o tipo de alimento que poderá ou não ser consumido durante a gestação; custeio com roupas e alimentos e demais gastos decorrentes da gravidez; desistência da gestante em levar a gestação a termo, desistência dos pais em ficar com a criança, entre outros.

É certo que o Direito precisa trazer segurança jurídica para essa situação já que a gestação de substituição é uma realidade no Brasil e por essa razão, é imprescindível a regulamentação do tema de forma completa. Entretanto, é possível

---

77. HIRONAKA, Giselda Maria Fernandes Novaes. Contrato: estrutura milenar de fundação do direito privado. *Revista da Faculdade de Direito*, Universidade de São Paulo, [S.l.], v. 97, p. 127-138, jan. 2002. Disponível em: http://www.revistas.usp.br/rfdusp/article/view/67537 Acesso em: 04 mar 2024.

78. GOMES, Orlando. *Contratos*. Atualização e notas de Humberto Theodoro Júnior. 18. ed. Rio de Janeiro: Forense, 1998, p. 107.

afirmar que contrato envolvendo cláusulas abusivas certamente é passível de nulidade, total ou parcialmente.

Embora a vontade declarada seja livre, refere-se aos direitos personalíssimos relacionados à dignidade da pessoa humana e, portanto, devem ser obstados abusos contratuais. As cláusulas devem estar em consonância com os direitos fundamentais, com a dignidade da pessoa humana, assim como com os direitos da personalidade, sob pena de serem consideradas abusivas e incorrer o negócio jurídico em nulidade.

Assim, por meio de uma interpretação sistêmica do ordenamento jurídico, conclui-se que a gestação de substituição pode ser instrumentalizada por meio dos contratos atípicos, como a forma mais adequada para atribuir segurança jurídica e vincular as partes a cumprirem as obrigações pactuadas. Isso porque "(...) os envolvidos na gestação de substituição estabelecem entre si um contrato, alicerçado na autonomia privada e na autodeterminação como resultado da manifestação do exercício ao livre planejamento familiar".[79]

Considerando que se trata de um contrato envolvendo o corpo humano e a saúde da gestante, a gestação de substituição é entendida como uma modalidade de negócio jurídico instrumentalizado por meio de contratos atípicos.

CONSIDERAÇÕES FINAIS

O avanço da medicina aliada à tecnologia resultou no aperfeiçoamento das técnicas reprodutivas consistentes na inseminação artificial e fertilização *in vitro*, trazendo esperanças para as pessoas acometidas por infertilidade, que podem agora recorrer à forma artificial de procriação para gerar seus filhos.

A inseminação artificial consiste na técnica reprodutiva em que, grosso modo, espermatozoides são inseridos diretamente no útero da mulher para, então, fecundar o óvulo; ao passo que na fertilização *in vitro* o embrião é fecundado em laboratório, e depois introduzido no útero feminino. Essas são as duas técnicas mais importantes e mais utilizadas em todo o mundo como forma de procriação artificial. Além delas, existem outros métodos auxiliares da reprodução humana, dentre eles, a gestação de substituição.

Aspectos relacionados à reprodução humana assistida, especialmente envolvendo a gestação de substituição, são dotados de elevado grau de complexidade e discussão doutrinária, em grande parte pela ausência de norma regulamentadora da temática.

---

79. ESPOLADOR, Rita de Cássia Resquetti Tarifa. PAVÃO, Juliana Carvalho. MENEGUCE, Cassia Pimenta. *Gestação de Substituição como Negócio Biojurídico no Contexto das Relações Familiares Contemporâneas. Direito de Família. Aspectos Contemporâneos*. São Paulo: Almedina Brasil. p. 135.

Existem alguns Projetos de Lei em trâmite, bem como a proposta de revisão do Código Civil de 2002, que pretende incluir o regramento da procriação medicamente assistida em seu texto, abordando, inclusive, a normatização da gestação de substituição. Entretanto, enquanto não houver regulamentação específica, é necessário recorrer às disposições constantes das regras administrativas do Conselho Federal de Medicina.

Diante da ausência de regulamentação legal sobre a temática, o que se pretende é contribuir com a identificação de instrumentos jurídicos que atribuam à cessão de útero a necessária segurança jurídica para todos os envolvidos na pactuação. Neste passo, o que se investiga é a possibilidade de celebração de negócio jurídico envolvendo a gestação de substituição e qual a forma adequada de instrumentalização do acordo.

É possível afirmar que, até o presente momento, a contratualização da gestação de substituição não é expressamente proibida no Brasil, uma vez que inexiste legislação em sentido formal sobre o assunto e, de acordo com as regras do *civil law*, tudo o que não é proibido por lei, é admitido no âmbito do direito privado.

Os contratos surgiram inicialmente com finalidade eminentemente econômica para atender as necessidades à época do Liberalismo Econômico, em que o patrimônio era o principal bem jurídico a ser protegido pelo negócio jurídico. Com a evolução da sociedade e o surgimento de novas necessidades, a pessoa passa a ser o centro do ordenamento jurídico e o direito passa a tutelar os direitos fundamentais previstos na Constituição da República e os direitos da personalidade previstos no Código Civil.

A teoria dos negócios jurídicos que, até então, trazia regramentos de caráter eminentemente patrimoniais, cede lugar para uma nova interpretação na busca de atender a proteção dos bens jurídicos relacionados à vida e à saúde da pessoa humana. Dentro de uma visão contemporânea, os negócios jurídicos consistentes nos contratos podem ser caracterizados por vínculos jurídicos que o tornem obrigatórios e exigíveis, ainda que desprovidos de natureza patrimonial, uma vez que passam a trazer em seu bojo uma elevada carga valorativa fundamentada em princípios constitucionais como o princípio da função social e da solidariedade contratual.

É na perspectiva dessa visão contemporânea de interpretação dos negócios jurídicos que se defende a possibilidade de celebração de negócio jurídico consistente na contratualização da gestação de substituição, como uma espécie de contrato atípico. No contrato devem estar presentes todos os seus elementos, uma vez que se trata de um negócio jurídico bilateral, composto por partes capazes de consentir de forma voluntária com os termos da pactuação.

O objeto do contrato de gestação de substituição é lícito e consiste na cessão do útero da mulher que irá gestar um filho para outrem. Não há que falar em disposição de partes do corpo humano e, portanto, não há violação ao artigo 199, §4º da Constituição Federal. No que se refere à forma, o negócio jurídico envolvendo a gestação de substituição pode ser celebrado por meio de contrato atípico, cujo vínculo obrigacional está presente através dos princípios e valores que atribuem ao negócio jurídico exequibilidade e oponibilidade entre os contratantes.

Esta é, portanto, a estrutura de um negócio jurídico de gestação de substituição, que, além de validar a vontade dos contratantes, tem ainda o poder de atribuir segurança jurídica à relação contratual, como instrumento necessário para realização dos direitos reprodutivos, valendo-se das disposições do artigo 425 do Código Civil que estabelece a possibilidade de celebração de contratos atípicos, ou seja, que não estejam expressamente previstos em lei, desde que observadas as demais normas legais.

REFERÊNCIAS

ABREU, Laura Dutra de. A renúncia da maternidade: reflexão jurídica sobre a maternidade de substituição – principais aspectos nos direitos português e brasileiro. *Revista Brasileira de Direito das Famílias e das Sucessões*, n. 11. Porto Alegre: Magister/IBDFAM, ago./set. 2009.

ASSEMBLEIA Geral da ONU. *Declaração Universal dos Direitos Humanos*. DUDH, XVI, 3. A família é o núcleo natural e fundamental da sociedade e tem direito à proteção da sociedade e do Estado.

BARROSO, Luis Roberto; BARCELLOS, Ana Paula de. *O Começo da História. A nova interpretação Constitucional e o papel dos princípios no Direito Brasileiro*. Revista da EMERJ, v. 6, n. 23, 2003, p. 54. Disponível em: https://www.emerj.tjrj.jus.br/revistaemerj_online/edicoes/revista23/revista23_25.pdf Acesso em: 19 jun. 2024.

BETTI, Emilio. *Teoria Geral do Negócio Jurídico*. Trad. Servanda Editora. Campinas: Servanda Editora, 2008.

BRASIL. *Lei 10.406*, de 10 de janeiro de 2002. Código Civil Brasileiro.

BRASIL. *Lei 11.804*, de 5 de novembro de 2008. Disciplina o direito a alimentos gravídicos e a forma como ele será exercido e dá outras providências. Disponível em http://www.planalto.gov.br/ccivil_03/_ato2007-2010/2008/lei/L11804.htm. Acesso em: 14 de jun. 2024.

BRASIL. MINISTÉRIO DA SAÚDE. *Direitos Sexuais e Direitos Reprodutivos*. Disponível em: https://bvsms.saude.gov.br/bvs/publicacoes/cartilha_direitos_sexuais_reprodutivos.pdf Acesso em: 26 jun. 2024.

BRASIL. Senado Federal. *Comissão de Juristas responsável pela revisão e atualização do Código Civil*. Disponível em: https://legis.senado.leg.br/comissoes/comissao?codcol=2630. Acesso em: 18 mar. 2024.

BRASIL. Superior Tribunal de Justiça. *Recurso Especial n°. REsp 1962984 / SP (2021/0307888-6)*. Disponível em: https://processo.stj.jus.br/processo/pesquisa/?aplicacao=processos.ea&tipoPesquisa=tipoPesquisaGenerica&termo=REsp%201962984&_gl=1*c2lihj*_ga*MTk3ODEyNzg5MC4xNjk0Mjk4MzYx*_ga_

CONTRATO DE GESTAÇÃO DE SUBSTITUIÇÃO

F31N0L6Z6D*MTY5NDU0NTgwMC4yLjEuMTY5NDU0NTk4MS42MC4wLjA. Acesso em: 12 set. 2023.

BRASIL. Superior Tribunal De Justiça. STJ. Tema 1067. Trânsito em julgado em 14.02.2022. Disponível em: https://processo.stj.jus.br/repetitivos/temas_repetitivos/pesquisa. jsp?novaConsulta=true&tipo_pesquisa=T&cod_tema_inicial=1067&cod_tema_final=1067 Acesso em: 09 set. 2023.

CAHALI, Yussef Said. *Dos alimentos*. 7. ed. rev. e atual. São Paulo: RT, 2012.

CONSELHO FEDERAL DE MEDICINA. *Resolução 2320/2022*. Item 8.

DIÁRIO DA REPÚBLICA DE PORTUGAL. *Negócio Jurídico*. Disponível em: https://diariodarepublica. pt/dr/lexionario/termo/negocio-juridico Acesso em: 17 jun. 2024.

DIAS, Maria Berenice. *As inconstitucionalidades da Resolução 2.294/2021 do CFM sobre a utilização das técnicas de reprodução assistida*. Disponível em: https://berenicedias.com.br/ as-inconstitucionalidades-da-resolucao-2-294-2021-do-cfm-sobre-a-utilizacao-das-tecnicas-de-reproducao-assistida/#_ftn10 Acesso em: 14 jun. 2024.

DIAS, Maria Berenice. *Barriga de aluguel*: sublime missão mediante pagamento. Disponível em: https://berenicedias.com.br/barriga-de-aluguel-sublime-missao-mediante-pagamento/ Acesso em: 12 jun. 2024.

DIAS, Maria Berenice. *Manual de direito das famílias*. 9. ed. São Paulo: RT, 2013.

DINIZ, M. H. *O Estado Atual do Biodireito*. 10. ed. São Paulo: Saraiva, 2022. E-book.

DINIZ, Maria Helena. *Curso de direito civil brasileiro*. 19. ed. São Paulo. 2008.

BRASIL. *Lei 8.069, de 13 de julho de 1990*. Estabelece o Estatuto da Criança e do Adolescente e dá outras providências. Diário Oficial da União: seção 1, Brasília, DF, 16 jul. 1990. Disponível em: https://www.planalto.gov.br/ccivil_03/leis/l8069.htm. Acesso em: 12 jun. 2024.

EMBRIOLOGIA Humana. Disponível em: https://antigo.uab.ufsc.br/biologia/files/2020/08/ Embriologia-Humana.pdf Acesso em: 26 fev. 2024.

MENEGUCE, Cassia Pimenta. *Gestação de Substituição como Negócio Biojurídico no Contexto das Relações Familiares Contemporâneas. Direito de Família. Aspectos Contemporâneos*. São Paulo: Almedina Brasil.

FARIAS, Cristiano Chaves de. ROSENVALD, Nelson. *Curso de direito civil*: Direito das famílias. 4. ed. Salvador: JusPodivm, 2012. v. 6.

GAMA, Guilherme Calmon Nogueira da. *A nova filiação*: o biodireito e as relações parentais. Rio de Janeiro: Editora Renovar, 2003.

GOMES, Orlando. *Contratos*. Atualização e notas de Humberto Theodoro Júnior. 18. ed. Rio de Janeiro: Forense, 1998.

GOMES, Orlando. *Contratos*. Rio de Janeiro. Forense. 2009. (1959), 26ª ed.

HIRONAKA, Giselda Maria Fernandes Novaes. Contrato: estrutura milenar de fundação do direito privado. *Revista da Faculdade de Direito*, Universidade de São Paulo, [S.l.], v. 97, p. 127-138, jan. 2002. Disponível em: http://www.revistas.usp.br/rfdusp/article/view/67537. Acesso em: 04 mar 2024.

LEITE, Eduardo de Oliveira. *Procriações artificiais e o direito*: aspectos médicos, religiosos, psicológicos, éticos e jurídicos. São Paulo: RT, 1995.

LIMA, Caroline Melchiades Salvadego Guimarães de Souza; SANTOS, Pedro Henrique Amaducci Fernandes dos; MARQUESI, Roberto Wagner. Negócios jurídicos contemporâneos: a efetivação da dignidade da pessoa humana com alicerce nos contratos existenciais. *Civilistica.com*. Rio de Janeiro, a. 7, n. 3, 2018. Disponível em: http://civilistica.com/negocios-juridicos-contemporaneos/. Acesso em: 07 jun. 2024.

LUNA, N. A resposta da biomedicina e o engajamento das usuárias. *Provetas e clones*: uma antropologia das novas tecnologias reprodutivas [online]. Rio de Janeiro: FIOCRUZ, 2007. Antropologia e Saúde collection, pp. 83-133. Disponível em: https://books.scielo.org/id/dqhw2/pdf/luna-9788575413555-06.pdf Acesso em: 17 out 2023.

MAILLARD, Jean Louis. *Qual a diferença entre esterilidade e infertilidade?* Disponível em: https://fecondare.com.br/artigos/qual-a-diferenca-entre-esterilidade-e-infertilidade/. Acesso em: 06 jun. 2024.

MALAVÉ-MALAVÉ, Mayra Infertilidade: o que pode ser feito? *Fiocruz*, 27 jun. 2022. Disponível em: https://www.iff.fiocruz.br/index.php?view=article&id=112#:~:text=De%20acordo%20com%20a%20Organiza%C3%A7%C3%A3o,da%20popula%C3%A7%C3%A3o%20total%20do%20planeta. Acesso em: 29 mar. 2023.

MEIRELES, Rose Melo Vencelau. *Autonomia privada e dignidade humana*. Rio de Janeiro: Renovar, 2009.

MEIRELES, Rose Melo Vencelau. Negócios biojurídicos. In: PONA, Éverton Willian; AMARAL, Ana Cláudia Corrêa Zuin Mattos do; MARTINS, Priscila Machado (Coord.). *Negócio jurídico e liberdades individuais*: autonomia privada e situações jurídicas existenciais. Curitiba: Juruá, 2016.

MENEGUCE, Cassia Pimenta. ESPOLADOR, Rita de Cássia Resquetti Tarifa Espolador. CUNHA, Germano Matheus Codognotto da. O Direito de os titulares do material genético identificarem o sexo do embrião pré-implantatório: análise sob a ótica da Lei Geral de Proteção de Dados. *Revista de Biodireito e Direito dos Animais*. v. 9, n. 1, p. 41-61, jan./jun. 2023.

MIRANDA, Francisco Cavalcanti Pontes de. *Tratado de Direito Privado*. Campinas: Bookseller, 2012. t. III.

NAÇÕES UNIDAS. ONU News. *Perspectiva Global Reportagens Humanas*. Disponível em: https://news.un.org/pt/story/2023/04/1812312. Acesso em: 08 set. 2023.

OSÓRIO, L. C. *Casais e Famílias uma Visão Contemporânea*. Rio Grande do Sul: Artemed, 2002.

PEREIRA, Caio Mário da Silva. *Instituições de direito civil*: 25. ed. rev., atual. e ampl. por Tânia da Silva Pereira. Rio de Janeiro: Forense, 2017. v. V.

PEREIRA, Rodrigo Cunha. *Barriga de aluguel*: o corpo como capital. Disponível em: https://ibdfam.org.br/artigos/858/Barriga+de+aluguel%3A+o+corpo+como+capital+Acesso em: 11 jan. 2024.

PERLINGIERI, Pietro. *O direito civil na legalidade constitucional*. Rio de Janeiro: renovar, 2008.

RIZZARDO, Arnaldo. *Direito de Família*. 10. ed. Rio de Janeiro: Forense, 2019.

RODRIGUES JUNIOR, Walsir Edson; BORGES, Janice Silveira. Alteração da Vontade na utilização das técnicas de reprodução assistida. In: TEIXEIRA, Ana Carolina Brochado; RIBEIRO, Gustavo Pereira Leite. *Manual de Direitos das Famílias e das Sucessões*. Belo Horizonte, Del Rey: Mandamentos, 2008.

RODRIGUES, Isilda; SACOTO, Sandra; CORREIA, Teresa Montenegro; VALENTIM, Ramiro; GOMES, Maria José Marques; AZEVEDO, Jorge. *Manejo Reprodutivo em ovinos e caprinos. Breve história da Reprodução Animal*. Agrotec. ISSN 2182-4401. 21, p. 22-27. 2017.

SCHEREIBER, Anderson. *Manual de Direito Civil Contemporâneo*. 3. ed. São Paulo: Saraiva, 2020 (E-book).

SLONGO, I. I. P. & DELIZOICOV, D. Reprodução humana: abordagem histórica na formação dos professores de Biologia. *Contrapontos* 3 (2003): Disponível em: https://periodicos.univali.br/index.php/rc/article/view/739 Acesso em: 04 out. 2023.

TEIXEIRA, Ana Carolina Brochado. Conflito positivo de maternidade e utilização de útero de substituição. In: CASABONA, Carlos Maria Romero; QUEIROZ, Juliane Fernandes. *Biotecnologia e suas implicações ético-jurídicas*. Belo Horizonte: Del Rey, 2005.

TEPEDINO, Gustavo; BARBOZA, Heloisa Helena, MORAES, Maria Celina Bodin de. *Código Civil interpretado conforme a Constituição da República*. Rio de Janeiro: Renovar, 2014. v. IV.

TEPEDINO, Gustavo; KONDER, Carlos Nelson, BANDEIRA Paula Greco. *Fundamentos do Direito Civil*. 2. ed. Rio de Janeiro, Forense, 2021 (E-book). v. 3. Contratos.

A IMPORTÂNCIA DA MANIFESTAÇÃO DE VONTADE NOS CONTRATOS DE CRIOPRESERVAÇÃO DE EMBRIÕES FRENTE ÀS SITUAÇÕES DE ROMPIMENTO DA SOCIEDADE CONJUGAL

Juliana Carvalho Pavão

Doutora em Direito pela Universidade Federal do Paraná. Mestre em Direito Negocial pela Universidade Estadual de Londrina. Especialista em Direito Civil e Processo Civil pela UEL. Graduada em Direito pela UEL. Advogada e Professora. E-mail: juliana.pavao@hotmail.com.

Rita de Cássia Resquetti Tarifa Espolador

Doutora em Direito Civil pela Universidade Federal do Paraná (UFPR). Professora do Departamento de Direito Privado e do Programa de Mestrado e Doutorado em Direito Negocial na Universidade Estadual de Londrina (UEL). Coordenadora do projeto de pesquisa "Negócios Biojurídicos" (UEL), vinculado ao CNPq. Membro da Comissão de Bioética e Biodireito da OAB/Londrina. Advogada. E-mail: rita.tarifa@uel.br.

Sumário: Introdução – 1. Negócios biojurídicos – 2. Técnicas de reprodução humana assistida e sua regulamentação no Brasil – 3. Casos ilustrativos – Considerações finais – Referências.

INTRODUÇÃO

As técnicas de reprodução humana assistida (RHA), como a criopreservação de óvulos, espermatozoides e embriões e a fertilização *in vitro* (FIV), são opções para a geração de filhos que estão presentes na sociedade moderna. Entretanto, elas podem gerar diversos impactos na vida dos envolvidos assim como de terceiros. Dessa forma, é essencial que os envolvidos sejam informados sobre as implicações dos procedimentos conforme opções apresentadas e que declarem seu consentimento.

Diante disso, esse artigo tem como objetivo geral analisar a importância da manifestação de vontade expressa nos contratos, especificamente no que diz respeito à criopreservação de embriões, com destaque para os impactos que isso pode causar na situação de término do relacionamento afetivo.

O método adotado é o dedutivo, com análise de casos ao final. É feita uma revisão bibliográfica de autores nacionais que discutem o tema. No tocante aos casos, eles foram selecionados de forma livre, com o intuito de ilustrar os problemas que podem ser gerados.

O trabalho está estruturado em três itens principais. O primeiro estuda a evolução dos negócios jurídicos até a figura do negócio biojurídico. Em seguida, são analisadas as técnicas de RHA e sua regulamentação no Brasil. Por fim, encerra com a análise de dois casos, um nacional e outro norte-americano.

1. NEGÓCIOS BIOJURÍDICOS

O campo do Direito Privado tem uma origem marcadamente patrimonial, o que se reflete no direito negocial com a regulamentação de diversos contratos dessa natureza. Entretanto, com o tempo, a teoria clássica do negócio jurídico passou por alterações decorrentes das transformações sociais e jurídicas.

Nesse contexto, os avanços científicos e tecnológicos do século XX representaram um grande marco, promovendo questionamentos de cunho social, sobretudo diante do acentuado desequilíbrio nas relações privadas, da concentração de riqueza e da exploração do ser humano. Diante desse cenário, emergiu a necessidade de uma maior intervenção estatal no campo privado, com o objetivo de promover um maior equilíbrio e condições mais justas de negociação.[1]

Além disso, a proteção do ser humano tornou-se uma preocupação da sociedade internacional, tendo em vista o processo de exploração do ser humano e as experimentações que ocorreram sem autorização dos sujeitos e que vieram a público.[2] Nesse contexto, torna-se evidente a necessidade de o Direito proteger o ser humano de forma mais enfática e eficiente. Como consequência, a dignidade da pessoa humana é elevada a valor máximo em documentos internacionais e constituições ao redor do mundo, incluindo a Constituição brasileira. Assim, esse princípio passa por uma "recompreensão e reposicionamento do fenômeno jurídico".[3]

No campo do direito interno, ocorreram os fenômenos da constitucionalização dos diversos ramos do direito e a internacionalização dos direitos humanos.[4] A constitucionalização do Direito Civil, especificamente, significa que os

---

1. PONA, Éverton Willian. *Testamento vital e autonomia privada*. Curitiba: Juruá, 2015.
2. Ibidem.
3. CHUEIRI, Vera Karam de; MOREIRA, Egon Bockmann; CÂMARA, Heloisa Fernandes; GODOY, Miguel Gualano de. *Fundamentos de direito constitucional*. 2. ed. Salvador: JusPodivm, 2022.
4. Ibidem.

institutos e princípios clássicos desse ramo passam a ser ressignificados com base nos princípios e valores constitucionais.[5]

Dessa forma, aos poucos, passou-se a perceber que alguns negócios jurídicos não afetavam apenas a esfera patrimonial do indivíduo, mas também tinham impacto sobre sua vida. Nesse contexto, Ana Cláudia Corrêa Zuin Mattos do Amaral, Ana Paula Ruiz Silveira Lêdo e Isabela Cristina Sabo afirmam:

> Novos interesses surgiram com graus diversos de importância, sendo necessária a utilização dos critérios expostos anteriormente, bem como o princípio da dignidade da pessoa humana, como norte para seleção daqueles de maior relevância. O princípio da dignidade da pessoa humana é marco inicial e final para o exame dos negócios jurídicos existenciais no ambiente pós-modernos: inicial, pois fundamento para a gênese de diversos interesses existenciais que devem ser protegidos pelo Poder Judiciário em caso de violação; e final, em virtude de ser utilizado como último critério para o apontamento de sua relevância jurídica e, consequentemente, como merecedor de tutela.[6]

Assim, podem-se dividir os negócios jurídicos, em um primeiro plano, em patrimoniais e existenciais. Os últimos envolvem aspectos essenciais para a vida do indivíduo, como transporte e moradia.[7]

Ademais, o campo do Direito Negocial tem crescido e dialogado com diversos outros ramos do Direito Civil. Dessa forma, afirma Paulo Lôbo:

> Em nosso direito civil, há negócios jurídicos de ramos específicos, fora do direito das obrigações: negócios de direito de família: o casamento, o pacto antenupcial, o divórcio consensual extrajudicial, o contrato de regime de bens na união estável; negócios jurídicos de direito das sucessões: as formas de testamentos, a renúncia à herança, a cessão de direitos hereditários, a partilha amigável extrajudicial; negócios jurídicos dos efeitos patrimoniais dos direitos da personalidade: a cessão de uso de imagem (modelos, artistas, desportistas) ou contratos de limitação voluntária de privacidade.[8]

Com os avanços das biotecnologias, um novo tipo de negócio surge, o negócio biojurídico, termo apresentado por Rose Melo Vencelau Meireles. Segundo a autora:

> A biotecnologia está no cerne dessa questão, na medida em que possibilita a escolha sobre aspectos do próprio corpo que podem promover efeitos constitutivos, modificativos ou extintivos. Nesses casos, conforme antes mencionado, a autonomia ganha a forma de negócio

---

5. FACHIN, Luiz Edson. *Famílias*: entre o público e o privado. Porto Alegre: Magister/IBFAM, 2012.
6. LÊDO, Ana Paula Ruiz Silveira; SABO, Isabela Cristina; AMARAL, Ana Cláudia Corrêa Zuin Mattos do. Existencialidade humana: o negócio jurídico na visão pós-moderna. *Civilistica.com*. a. 6. n. 1. 2017. Disponível em: http://civilistica.com/wp-content/uploads/2017/08/L%C3%AAdo-Sabo-e-Amaral-civilistica.com-a.6.n.1.2017.pdf. Acesso em: 25 out. 2018. p. 13-14.
7. PAVÃO, Juliana Carvalho. *Bebê-doador*: limites e possibilidades do negócio biojurídico. Londrina: Thoth, 2021.
8. LÔBO, Paulo. *Direito Civil*: contratos. São Paulo: Saraiva, 2011. p. 247.

jurídico. Como têm por referencial objetivo aspectos da saúde e do corpo do declarante, foram aqui chamados de biojurídicos.[9]

Alguns exemplos de negócios biojurídicos são a disposição de material genético, a reprodução humana assistida e a diretiva antecipada de vontade.[10] Diante disso, no próximo item será analisado um tipo de negócio biojurídico que é o contrato de reprodução humana assistida.

2. TÉCNICAS DE REPRODUÇÃO HUMANA ASSISTIDA E SUA REGULAMENTAÇÃO NO BRASIL

O conceito e a atuação da família passaram por diversas mudanças nos últimos anos. De uma família patriarcal, hoje é possível apresentar um conceito de família democrática, com a atuação conjunta dos seus membros visando o desenvolvimento pessoal de cada integrante. Assim:

> Pode-se dizer que todas essas mudanças cunharam uma família democrática, cuja energia constitutiva é a vontade; a substância caracterizadora é a afetividade; e o perfil funcional é a promoção da pessoa de seus integrantes. Ainda, em seu aspecto organizacional, a "nova" família se caracteriza pela relação de igualdade entre os cônjuges ou conviventes, pela funcionalização do poder familiar na promoção da pessoa dos filhos e pela pluralidade dos modelos de conjugalidade heterossexual ou homossexual. A ela também é confiada a tarefa de promover uma sociedade livre, justa e solidária, partindo do respeito e cuidado para com a pessoa de seus membros. Congrega a solidariedade que anela seus integrantes no propósito da vida em comum, e o respeito à individualidade que permite o desenvolvimento pessoal de cada um, como um ente singular. Assim, em meio à unidade familiar, verifica-se a vida privada individual de cada pessoa.[11]

Ademais, o papel da família apresenta mais um salto histórico, saindo da visão de família eudemonista, focada na felicidade individual de seus integrantes, para uma visão de solidariedade, conforme demonstrado por Gustavo Tepedino e Ana Carolina Broxado Teixeira:

> Nesse lócus privilegiado de interação, a família ultrapassa o seu perfil eudemonista, para se tornar, também, solidarista, vez que os membros se corresponsabilizam uns pelos outros, principalmente quando existir algum tipo de vulnerabilidade. À medida que a pessoa huma-

---

9. MEIRELES, Rose Melo Vencelau. Negócios Biojurídicos. In: PONA, Éverton Willian (Coord.); AMARAL, Ana Cláudia Corrêa Zuin Mattos do (Coord.); MARTINS, Priscila Machado (Coord.). *Negócio jurídico e liberdades individuais*: autonomia privada e situações jurídicas existenciais. Curitiba: Juruá, 2016, p. 115.

10. PAVÃO, Juliana Carvalho. *Bebê-doador*: limites e possibilidades do negócio biojurídico. Londrina: Thoth, 2021.

11. MENEZES, Joyceane Bezerra de. A família e o direito de personalidade: a cláusula geral de tutela na promoção da autonomia e da vida privada. *Revista Direito UNIFACS – Debate Virtual*, Salvador, n. 216, p. 1-31, 2016. Disponível em: https://repositorio.ufc.br/bitstream/riufc/54303/1/2016_art_direito%20de%20personalidade_jbmenezes.pdf. Acesso em: 15 maio 2023, p. 2.

na assumiu a posição de centralidade do sistema jurídico, a liberdade existencial tornou-se forma imediata de realização da dignidade humana; no entanto, ao contrário das expressões autorreferentes de autonomia, o direito de família tem como objeto "opções conjugadas", pois as escolhas familiares estão sempre atreladas ao outro: cônjuge, companheiro, filho ou pais, uma vez que o direito de família é relacional.[12]

Assim, deve-se destacar que as escolhas individuais afetam a própria família em si, demonstrando que a visão estritamente individualista não deve prevalecer nesse ambiente. Percebe-se tal condição na relação entre pais e filhos, principalmente.

Além disso, com o decorrer do tempo, houve o reconhecimento da pluralidade das entidades familiares, além das originadas do casamento, como por exemplo a que resulta da união estável, a família monoparental, a família estendida e a família multiespécies (para alguns defensores). Isso está atrelado a uma mudança de valores na Constituição Federal, que passa a proteger a dignidade e o desenvolvimento dos integrantes da família.[13]

Nesse contexto, entende-se que, em regra, o Estado não deve interferir no ambiente familiar, mas deve atuar no apoio ao seu planejamento. Assim, é seu dever garantir à população acesso a informações sobre a constituição da família e os meios de prevenção. Esse princípio está previsto na Constituição Federal e regulamentado pela Lei do Planejamento Familiar. Seguindo nessa linha, explicam Fernanda Frizzo Bragato e Taysa Schiocchet:

> Se por um lado, a lei prevê o direito de acesso aos meios contraceptivos, ela também reconhece o direito de acesso aos meios conceptivos. Além disso, os direitos reprodutivos compreendem o direito de obter um melhor padrão de saúde reprodutiva, o que inclui a utilização das novas técnicas procriativas, em casos de infertilidade, hipofertilidade e esterilidade.[14]

No Brasil, diversas técnicas de reprodução humana assistida (RHA) são reconhecidas e regulamentadas. Nos últimos anos, essas técnicas têm se popularizado, apesar dos altos custos, impulsionadas por fatores como a maior participação da mulher no mercado de trabalho e o envelhecimento da população.[15] Dessa

---

12. TEPEDINO, Gustavo; TEIXEIRA, Ana Carolina B. *Fundamentos do Direito Civil*. 5. ed. 2024. 5. ed. Rio de Janeiro: Forense, 2024. v. 6 – Direito de Família – *E-book*. p.1. ISBN 9788530994532. Disponível em: https://app.minhabiblioteca.com.br/reader/books/9788530994532/. Acesso em: 05 fev. 2025.

13. Ibidem.

14. BRAGATO, Fernanda Frizzo; SCHIOCCHET, Taysa. Reprodução Humana Assistida: aspectos éticos e legais da fecundação artificial post mortem no direito brasileiro. In: BOECKEL, Fabricio Dani de; ROSA, Karin Regina Rick (Org.). *Direito de Família em Perspectiva Interdisciplinar*. Rio de Janeiro: Elsevier, 2011. p. 12.

15. BRAGATO, Fernanda Frizzo; SCHIOCCHET, Taysa. Reprodução Humana Assistida: aspectos éticos e legais da fecundação artificial post mortem no direito brasileiro, In: BOECKEL, Fabricio Dani de; ROSA, Karin Regina Rick (Org.). *Direito de Família em Perspectiva Interdisciplinar*. Rio de Janeiro: Elsevier, 2011.

forma, a RHA se torna um importante recurso biotecnológico para viabilizar o nascimento de crianças.

Originariamente, as técnicas surgiram para auxiliar casais com problemas de fertilidade, contudo passaram por uma ressignificação, conforme expõe Fernanda Schaefer:

> [...] as técnicas de RHA deixaram de ter a infertilidade como principal foco (eram tidas como instrumentos auxiliares na resolução de problemas de reprodução humana), para agora terem o papel de auxiliar no processo de procriação. A alteração tem múltiplos significados, em especial o de reconhecer que as técnicas são parte importante do livre planejamento familiar.[16]

Algumas técnicas que envolve a RHA são: fertilização *in vitro*, inseminação artificial, criopreservação de material genético, gestação por substituição, e diagnóstico genético pré-implantacional. Todos esses procedimentos são aceitos no Brasil, desde que realizados por clínicas especializadas e seguindo uma série de regulamentações técnicas.

No ordenamento jurídico brasileiro, não há norma jurídica tratando do assunto. A questão é regulamentada pelo Conselho Federal de Medicina, através da Resolução[17] CFM 2.320/2022, e pelas disposições contratuais firmadas entre as partes. A resolução afirma que a RHA visa auxiliar a procriação, podendo envolver material genético de um terceiro, desde que na forma de doação. Todo o procedimento deve preceder um termo de consentimento livre e esclarecido. E as técnicas não podem ser utilizadas visando selecionar o sexo da criança nem qualquer característica biológica, exceto quando envolver uma doença genética na família.

Especificamente sobre a criopreservação de gametas ou embriões, o procedimento é permitido desde que realizado em clínica ou centros adequados. Um ponto importante apresentado nessa resolução diz respeito à manifestação de vontade das partes, conforme se observa na resolução do CFM a seguir:

> Antes da geração dos embriões, os pacientes devem manifestar sua vontade, por escrito, quanto ao destino dos embriões criopreservados em caso de divórcio, dissolução de união estável ou falecimento de um deles ou de ambos, e se desejam doá-los.[18]

---

16. SCHAEFER, Fernanda. Responsabilidade civil por falha do dever de informação na prestação de serviços de fertilização in vitro. In: GODINHO, Adriano Marteleto et al; coordenado por Miguel Kfouri Neto, Rafaela Nogaroli. *Direito médico e bioética*: decisões paradigmáticas. Indaiatuba: Editora Foco, 2025. p. 497

17. Deve-se destacar que, por ser uma resolução, não é uma norma jurídica, dessa forma não adota o mesmo procedimento dos dispositivos jurídicos. Ademais, as disposições aqui presentes apenas vinculam os médicos e as clínicas.

18. CFM. Conselho Federal de Medicina. Resolução CFM 2.320/2022. Adota normas éticas para a utilização de técnicas de reprodução assistida – sempre em defesa do aperfeiçoamento das práticas e da observância aos princípios éticos e bioéticos que ajudam a trazer maior segurança e eficácia a

É necessário que o indivíduo, aqui chamado de paciente, expresse sua vontade, por escrito, quanto ao destino dos embriões. Essa determinação foi utilizada em uma decisão importante do RE 1.918.421/SP, em caso julgado pelo Superior Tribunal de Justiça, que será melhor analisado adiante.

Percebe-se que a manifestação de vontade expressa é essencial nesse tipo de negócio, uma vez que envolve uma parte do corpo humano e a fecundação artificial é capaz de gerar uma nova vida. É essencial, portanto, que os participantes sejam devidamente esclarecidos e informados sobre os procedimentos para tomar as decisões mais adequadas ao seu planejamento familiar.

Nesse sentido, Daniela Braga Paiano e Rita de Cássia Resquetti Tarifa Espolador afirmam que:

> Trazendo o tema consentimento para as técnicas de reprodução assistida, deve-se mencionar aos envolvidos quais riscos essa gestação pode gerar, eventuais casos de insucesso, a possibilidade de uma gestação em que mais de um embrião tenha sucesso (ocasionando uma gravidez múltipla). Deve ainda ser lembrada a responsabilidade dos envolvidos no projeto parental, a fim de que não se fira o princípio do melhor interesse da criança, em uma eventual separação do casal que tenha buscado o procedimento, a possibilidade de a criança nascer com algum problema genético, devendo ser aceita da mesma forma pelos seus pais, o dever da mãe gestacional de entregar a criança quando do seu nascimento, em casos de cessão de útero.[19]

Por fim, é importante pontuar que, apesar da afirmação de ausência de normas jurídicas sobre reprodução humana assistida, o Anteprojeto do Código Civil apresenta alguns acréscimos no que diz respeito ao procedimento. Primeiro ponto é o reconhecimento do parentesco civil em situação de reprodução assistida heteróloga (com utilização de material genético doado), conforme o parágrafo segundo do art. 1.512-A. De forma geral sobre as técnicas de reprodução assistida, aborda a necessidade da informação sobre o tratamento, assim como o recebimento da manifestação de vontade dos envolvidos:

> Art. 1.629-E. O tratamento será indicado quando houver possibilidade razoável de êxito, não representar risco grave para a saúde física ou psíquica dos pacientes, incluindo a descendência, e desde que haja prévia aceitação livre e consciente de sua aplicação por parte dos envolvidos

---

tratamentos e procedimentos médicos, tornando-se o dispositivo deontológico a ser seguido pelos médicos brasileiros e revogando a Resolução CFM 2.294, publicada no Diário Oficial da União de 15 de junho de 2021, Seção I, p. 60. *Diário Oficial da União*: seção 1, p. 107. Brasília, DF, 20 set. 2022a. Disponível em: https://sistemas.cfm.org.br/normas/visualizar/resoluco es/BR/2022/2320. Acesso em: 19 jul. 2023.

19. PAIANO, D. B.; ESPOLADOR, R. de C. R. T. As técnicas de reprodução assistida na Resolução 2.121/15 do Conselho Federal de Medicina: principais aspectos. *Revista Brasileira de Direito Civil, [S. l.]*, v. 11, n. 01, 2017. Disponível em: https://rbdcivil.emnuvens.com.br/rbdc/article/view/8. Acesso em: 3 fev. 2025, p. 68.

que deverão ser anterior e devidamente informados de sua possibilidade de êxito, assim como de seus riscos e de suas condições de indicação e aplicação.[20]

A manifestação de vontade será colhida, por meio de um consentimento informado. É interessante e muito oportuno que o Anteprojeto do Código Civil apresente que esse termo deverá envolver as informações sobre os riscos do procedimento, assim como as implicações éticas. Além disso, deve apresentar as escolhas ou desejos dos cônjuges ou companheiros em situação de rompimento do vínculo:

> Art. 1.629-V. No termo de consentimento deve, ainda, constar o destino a ser dado ao material genético criopreservado em caso de rompimento da sociedade conjugal ou convivencial, de doença grave ou de falecimento de um ou de ambos os autores do projeto parental, bem como em caso de desistência do tratamento proposto.
>
> Parágrafo único. Os embriões criopreservados poderão ser destinados à pesquisa ou entregues para outras pessoas que busquem tratamento e precisem de material genético de terceiros; e não poderão ser descartados.[21]

Nota-se que o artigo menciona de forma geral o termo "rompimento da sociedade conjugal ou convivencial", logo, deve ser interpretado em todas as formas de extinção dessa sociedade, conforme abordado adiante. Ademais, deve-se destacar que é possível a parte conceder, em um primeiro momento, a autorização para a implantação *post mortem* dos embriões e posteriormente retirá-la.

A ausência de consentimento expresso impede realização de reprodução *post mortem*: "Art. 1.629-R. Não serão permitidas a coleta e a utilização de material genético daquele que não consentiu expressamente, ainda que haja manifestação de seus familiares em sentido contrário".[22]

Dessa forma, percebe-se que o Anteprojeto apresenta uma nítida valorização da vontade do indivíduo, desde que ela seja expressa e inequívoca. Caso seja aprovado, ele sanará uma lacuna importante no ordenamento jurídico, resultante da falta de norma jurídica sobre o tema, além de enfatizar um princípio clássico do campo Direito Negocial que é a autonomia.

---

20. BRASIL. Senado Federal. *Anteprojeto do Código Civil* – Comissão de Juristas 2023/2024. Brasília: Senado Federal, 2024. Disponível em: https://www12.senado.leg.br/assessoria-de-imprensa/arquivos/anteprojeto-codigo-civil-comissao-de-juristas-2023_2024.pdf. Acesso em: 04 fev. 2025.
21. BRASIL. Senado Federal. *Anteprojeto do Código Civil* – Comissão de Juristas 2023/2024. Brasília: Senado Federal, 2024. Disponível em: https://www12.senado.leg.br/assessoria-de-imprensa/arquivos/anteprojeto-codigo-civil-comissao-de-juristas-2023_2024.pdf. Acesso em: 04 fev. 2025.
22. BRASIL. Senado Federal. *Anteprojeto do Código Civil* – Comissão de Juristas 2023/2024. Brasília: Senado Federal, 2024. Disponível em: https://www12.senado.leg.br/assessoria-de-imprensa/arquivos/anteprojeto-codigo-civil-comissao-de-juristas-2023_2024.pdf. Acesso em: 04 fev. 2025.

3. CASOS ILUSTRATIVOS

Para reforçar a importância de apresentar previamente a manifestação de vontade sobre o destino dos embriões criopreservados, serão apresentados alguns casos que discutem conflitos. Os casos foram selecionados de forma livre e devido à grande repercussão que apresentaram na época. Deve-se destacar que todos os casos envolvem a situação de término da relação afetiva entre os envolvidos.

Antes de adentrar os casos, é importante compreender que a sociedade conjugal pode ser encerrada das seguintes formas: morte de um dos cônjuges, nulidade ou anulação do casamento, separação judicial e divórcio. Todas essas hipóteses estão presentes no art. 1.571 do Código Civil. De forma semelhante, a sociedade convivencial pode ser extinta com a morte do companheiro ou separação.

Um caso relativamente recente que obteve grande repercussão nacional foi o julgado do RE 1.918.421/SP, que envolveu a discussão sobre reprodução humana assistida *post mortem*. Esse procedimento envolve a geração de uma criança com o material genético de alguém já falecido, o que é possível porque o material ou embrião estava criopreservado.

O pano de fundo desse caso envolveu a seguinte situação: um casal havia criopreservado embriões com material genético de ambos e no contrato de armazenamento do material ficou determinado que, em caso de falecimento de alguma das partes, o sobrevivente teria a custódia dos embriões.[23] O marido faleceu e a viúva desejou implantar o embrião. Entretanto, os filhos do falecido, oriundos de um primeiro casamento, ingressaram com uma demanda judicial para impedir que o embrião fosse implantado, sob o argumento que o pai não havia manifestado expressamente esse desejo. Ademais, esse caso envolveu mais um elemento: o falecido havia deixado um testamento particular contemplando apenas os filhos já existentes e a viúva, não abordando a situação dos embriões.[24]

O caso trouxe a discussão sobre o direito da viúva de implantar os embriões e seguir com o planejamento familiar que alegava ter com o falecido *versus* o direito dos filhos de manter o planejamento sucessório do pai.[25] Um ponto

---

23. STJ. Implantação de embriões congelados em viúva exige autorização expressa do falecido, decide Quarta Turma. Notícias STJ. Publicado em 15.06.2021. Disponível em: https://www.stj.jus.br/sites/portalp/Paginas/Comunicacao/Noticias/15062021-Implantacao-de-embrioes-congelados-em-viuva-exige-autorizacao-expressa-do-falecido--decide-Quarta-Turma.aspx . Acesso em: 09 jul. 2021.

24. STJ. Implantação de embriões congelados em viúva exige autorização expressa do falecido, decide Quarta Turma. *Notícias STJ*. Publicado em 15.06.2021. Disponível em: https://www.stj.jus.br/sites/portalp/Paginas/Comunicacao/Noticias/15062021-Implantacao-de-embrioes-congelados-em-viuva-exige-autorizacao-expressa-do-falecido--decide-Quarta-Turma.aspx . Acesso em: 09 jul. 2021.

25. PAVÃO, Juliana Carvalho; ESPOLADOR, Rita de Cássia Resquetti Tarifa. Reprodução Humana Assistida Post Mortem E Atuação Dos Tribunais Brasileiros: Análise Do Recurso Especial 1.918. 421/SP. *Revista do Direito Público*, v. 19, n. 1, p. 220-239, 2024.

crucial do caso era a análise da manifestação de vontade do falecido, a fim de entender qual seria o seu desejo com aqueles embriões que eram formados com o seu material genético.

Em primeira instância, o pedido dos filhos do falecido foi deferido. Entretanto, em segunda instância, o Tribunal de Justiça de São Paulo reformou a decisão.[26] Por fim, via recurso extraordinário, a Quarta Turma do Superior Tribunal de Justiça, por 3 a 2, decidiu favorável aos filhos do falecido. Diante disso é importante destacar dois pontos da ementa do julgado:

> 12. A decisão de autorizar a utilização de embriões consiste em disposição post mortem, que, para além dos efeitos patrimoniais, sucessórios, relaciona-se intrinsecamente à personalidade e dignidade dos seres humanos envolvidos, genitor e os que seriam concebidos, atraindo, portanto, a imperativa obediência à forma expressa e incontestável, alcançada por meio do testamento ou instrumento que o valha em formalidade e garantia.

> 13. A declaração posta em contrato padrão de prestação de serviços de reprodução humana é instrumento absolutamente inadequado para legitimar a implantação post mortem de embriões excedentários, cuja autorização, expressa e específica, haverá de ser efetivada por testamento ou por documento análogo.[27]

Esse caso ilustra que é fundamental que se apresente qual será a destinação desses embriões em diversas situações, de forma expressa, no contrato de criopreservação do material genético.

Outro caso, ocorrido nos Estados Unidos da América, envolveu a atriz Sofia Vergara e o término do seu relacionamento com Nick Loeb. Sofia e Nick tiveram um relacionamento entre 2010 a 2014 e, em 2013, decidiram criopreservar embriões com o material genético de ambos. Eles tinham planos de, no futuro, dar prosseguimento com a tentativa de gerar filhos, contudo, o relacionamento chegou ao fim e Sofia não desejava mais a implantação dos embriões.[28]

Entretanto, seu ex-parceiro, Nick Loeb, desejava seguir com a ideia original e implantar os embriões em uma gestante por substituição para ter suas filhas. Para isso ser possível, o Nick ingressou na Justiça solicitando a custódia dos dois

---

26. STJ. Implantação de embriões congelados em viúva exige autorização expressa do falecido, decide Quarta Turma. *Notícias STJ*. Publicado em 15.06.2021. Disponível em: https://www.stj.jus.br/sites/portalp/Paginas/Comunicacao/Noticias/15062021-Implantacao-de-embrioes-congelados-em-viuva-exige-autorizacao-expressa-do-falecido--decide-Quarta-Turma.aspx . Acesso em: 09 jul. 2021.

27. BRASIL. Superior Tribunal de Justiça. *REsp 1918421/SP*. Relator: Marco Buzzi. Data da decisão: 08.06.2021. Disponível em: https://processo.stj.jus.br/processo/revista/documento/mediado/?componente=ATC&sequencial=133249320&num_registro=202100242516&data=20210826&tipo=5&formato=PDF. Acesso em: 04 fev. 2025.

28. REVISTA QUEM. Ex-noivo de Sofia Vergara perde no último recurso para usar embriões de casal. *Quem News*, 02 abr. 2021. Disponível em: https://revistaquem.globo.com/QUEM-News/noticia/2021/04/ex-noivo-de-sofia-vergara-perde-na-ultimo-recurso-para-usar-embrioes-de-casal.html. Acesso em: 04 fev. 2025.

embriões. Deve-se destacar que o casal havia assinado um contrato com a clínica, o qual abordava o destino dos embriões. O contrato previa que ambos deveriam estar de acordo com a escolha, contudo, nada versava sobre a possibilidade de separação do casal.[29] Outro detalhe inusitado do caso é que a petição foi protocolada em nome dos embriões, denominados por Nick Loeb de Emma e Isabella.

Esse caso foi comentado por Nelson Rosenvald que afirmou:

> Quando o episódio foi noticiado pela 1ª vez, eu comentei que se esse evento se passasse no Brasil algumas conclusões seriam sistematicamente extraídas, na ausência de um Estatuto do Embrião. Primeiramente, há um contrato que define o planejamento familiar do casal, no qual as partes optaram pelo consenso decisório, seja qual fosse a opção em relação aos embriões excedentários (nidação, adoção, crioconservação ou descarte). O pacto não previu a hipóteses de separação, porém o art. 112 do Código Civil valoriza a intenção das partes no momento interpretativo. Assim, se a deliberação conjunta era a tônica das decisões do casal, evidentemente a comunhão de vontades será o norte para qualquer deliberação posterior ao rompimento. No silêncio de qualquer dos interessados, o embrião permanecerá congelado. Em reforço, pelo artigo 1597, IV, do Código Civil, tratando-se de embriões excedentários – resultantes de fecundação homóloga – caso a conjugalidade pereça, qualquer tentativa subsequente de nidação dependerá de autorização prévia, por escrito, dos ex-cônjuges ou companheiros. Nesse sentido, o Enunciado n. 107 do CJF.[30]

Aqui o autor destaca a importância do respeito a vontade do indivíduo e como o contrato com a clínica reflete o planejamento familiar ali existente. Dessa forma, ressalta-se novamente a importância de um documento completo, especificando as situações de rompimento da sociedade conjugal.

Por fim, deve-se destacar que a implantação de um embrião criopreservado, com material genético de um casal ou ex-casal, resulta em diversas implicações jurídicas. Primeiro ponto é a formação do vínculo de filiação entre os envolvidos. Com base nesse vínculo, diversas obrigações são formadas como o dever de pagar alimentos, o dever de cuidado e o direito à convivência familiar. Ademais, questões sucessórias também devem ser levantadas porque se tratará de um filho do casal. Por fim, questões existenciais também estarão presentes.

CONSIDERAÇÕES FINAIS

Diante do exposto, pode-se perceber que existem diversas formas de entidades familiares e várias formas para que sejam constituídas. Aqui, foi observado

---

29. ROSENVALD, Nelson. Os embriões de Sofia Vergara. *Instituto Brasileiro de Direito de Família*, 2016. Disponível em: https://ibdfam.org.br/artigos/1185/Os+embri%C3%B5es+de+Sofia+Vergara. Acesso em: 04 fev. 2025.
30. ROSENVALD, Nelson. Os embriões de Sofia Vergara. *Instituto Brasileiro de Direito de Família*, 2016. Disponível em: https://ibdfam.org.br/artigos/1185/Os+embri%C3%B5es+de+Sofia+Vergara. Acesso em: 04 fev. 2025.

como as técnicas de RHA auxiliam o processo de planejamento familiar desenvolvido por um casal. Nessa esteira, muitas pessoas recorrem às técnicas, por diversos fatores, com intuito de terem seus filhos.

Uma modalidade é a possibilidade de criopreservação de embriões. Nessa situação, as pessoas optam por manter embriões criopreservados em laboratórios, a fim de utilizá-los no futuro. Entretanto, com o decorrer do tempo, diversas situações podem ocorrer com aqueles indivíduos, como, por exemplo, o rompimento da relação.

Nesse sentido, é essencial que aqueles que optem pela RHA para concretizar seus projetos de parentalidade pensem sobre o destino dos embriões desde o momento da criopreservação, a fim de evitar futuras contendas. É fundamental que essa decisão se concretize através de uma manifestação de vontade expressa, que pode ser alterada no futuro (de forma também expressa), com intuito de respeitar a atual decisão do STJ.

Deve-se destacar que a implantação de um embrião gera diversas consequências jurídicas, como a formação de um vínculo de filiação, o qual resulta em deveres, como o dever de cuidado por ambos os genitores. Isso impacta em questões existenciais e patrimoniais. Por isso, é crucial saber o desejo de todos os participantes da RHA.

Por fim, deve-se destacar de forma positiva o Anteprojeto do Código Civil, que apresenta de forma expressa essa informação. Assim, há a valorização da vontade do indivíduo, desde que seja possível conhecê-la, especialmente em caso de falecimento.

REFERÊNCIAS

BRAGATO, Fernanda Frizzo; SCHIOCCHET, Taysa. Reprodução Humana Assistida: aspectos éticos e legais da fecundação artificial post mortem no direito brasileiro. In: BOECKEL, Fabricio Dani de; ROSA, Karin Regina Rick (Org.). *Direito de Família em Perspectiva Interdisciplinar*. Rio de Janeiro: Elsevier, 2011.

BRASIL. Senado Federal. *Anteprojeto do Código Civil* – Comissão de Juristas 2023/2024. Brasília: Senado Federal, 2024. Disponível em: https://www12.senado.leg.br/assessoria-de-imprensa/arquivos/anteprojeto-codigo-civil-comissao-de-juristas-2023_2024.pdf. Acesso em: 04 fev. 2025.

BRASIL. Superior Tribunal de Justiça. *REsp 1918421/SP*. Relator: Marco Buzzi. Data da decisão: 08.06.2021. Disponível em: https://processo.stj.jus.br/processo/revista/documento/mediado/?componente=ATC&sequencial=133249320&num_registro=202100242516&data=20210826&tipo=5&formato=PDF. Acesso em: 04 fev. 2025.

CFM. Conselho Federal de Medicina. *Resolução CFM 2.320/2022*. Adota normas éticas para a utilização de técnicas de reprodução assistida – sempre em defesa do aperfeiçoamento das práticas e da observância aos princípios éticos e bioéticos que ajudam a trazer maior segurança e eficácia a tratamentos e procedimentos médicos, tornando-se o dispositivo deontológico a ser seguido pelos médicos brasileiros e revogando a Resolução CFM 2.294, publicada no Diário Oficial da União de 15 de junho de 2021, Seção I, p. 60. *Diário Oficial da União*: seção 1, p. 107. Brasília,

DF, 20 set. 2022a. Disponível em: https://sistemas.cfm.org.br/normas/visualizar/resoluco es/ BR/2022/2320. Acesso em: 19 jul. 2023.

CHUEIRI, Vera Karam de; MOREIRA, Egon Bockmann; CÂMARA, Heloisa Fernandes; GODOY, Miguel Gualano de. *Fundamentos de direito constitucional*. 2. ed. Salvador: JusPodivm, 2022.

FACHIN, Luiz Edson. *Famílias*: entre o público e o privado. Porto Alegre: Magister/IBFAM, 2012.

LÊDO, Ana Paula Ruiz Silveira; SABO, Isabela Cristina; AMARAL, Ana Cláudia Corrêa Zuin Mattos do. Existencialidade humana: o negócio jurídico na visão pós-moderna. *Civilistica.com*. a. 6. n. 1. 2017. Disponível em: http://civilistica.com/wp-content/uploads/2017/08/L%C3%AAdo-Sabo-e-Amaral-civilistica.com-a.6.n.1.2017.pdf. Acesso em: 25 out. 2018.

LÔBO, Paulo. *Direito Civil*: contratos. São Paulo: Saraiva, 2011.

MEIRELES, Rose Melo Vencelau. Negócios Biojurídicos. In: PONA, Éverton Willian (Coord.); AMARAL, Ana Cláudia Corrêa Zuin Mattos do (Coord.); MARTINS, Priscila Machado (Coord.). *Negócio jurídico e liberdades individuais*: autonomia privada e situações jurídicas existenciais. Curitiba: Juruá, 2016.

MENEZES, Joyceane Bezerra de. A família e o direito de personalidade: a cláusula geral de tutela na promoção da autonomia e da vida privada. *Revista Direito UNIFACS – Debate Virtual*, Salvador, n. 216, p. 1-31, 2016. Disponível em: https://repositorio.ufc.br/bitstream/riufc/54303/1/2016_art_direito%20de%20personalidade_jbmenezes.pdf. Acesso em: 15 maio 2023.

PAIANO, D. B.; ESPOLADOR, R. de C. R. T. As técnicas de reprodução assistida na Resolução nº 2.121/15 do Conselho Federal de Medicina: principais aspectos. *Revista Brasileira de Direito Civil*, [S. l.], v. 11, n. 01, 2017. Disponível em: https://rbdcivil.emnuvens.com.br/rbdc/article/view/8. Acesso em: 3 fev. 2025.

PAVÃO, Juliana Carvalho. *Bebê-doador*: limites e possibilidades do negócio biojurídico. Londrina: Thoth, 2021.

PAVÃO, Juliana Carvalho; ESPOLADOR, Rita de Cássia Resquetti Tarifa. Reprodução Humana Assistida Post Mortem E Atuação Dos Tribunais Brasileiros: Análise Do Recurso Especial 1.918. 421/SP. *Revista do Direito Público*, v. 19, n. 1, p. 220-239, 2024.

PONA, Éverton Willian. *Testamento vital e autonomia privada*. Curitiba: Juruá, 2015.

REVISTA QUEM. Ex-noivo de Sofia Vergara perde no último recurso para usar embriões de casal. *Quem News*, 02 abr. 2021. Disponível em: https://revistaquem.globo.com/QUEM-News/noticia/2021/04/ex-noivo-de-sofia-vergara-perde-na-ultimo-recurso-para-usar-embrioes-de-casal.html. Acesso em: 04 fev. 2025.

ROSENVALD, Nelson. Os embriões de Sofia Vergara. *Instituto Brasileiro de Direito de Família*, 2016. Disponível em: https://ibdfam.org.br/artigos/1185/Os+embri%C3%B5es+de+Sofia+Vergara. Acesso em: 04 fev. 2025.

SCHAEFER, Fernanda. Responsabilidade civil por falha do dever de informação na prestação de serviços de fertilização in vitro. In: GODINHO, Adriano Marteleto et al; coordenado por Miguel Kfouri Neto, Rafaela Nogaroli. *Direito médico e bioética*: decisões paradigmáticas. Indaiatuba: Editora Foco, 2025.

STJ. Implantação de embriões congelados em viúva exige autorização expressa do falecido, decide Quarta Turma. *Notícias STJ*. Publicado em 15/06/2021. Disponível em: https://www.stj.jus.br/sites/portalp/Paginas/Comunicacao/Noticias/15062021-Implantacao-de-embrioes-congelados-em-viuva-exige-autorizacao-expressa-do-falecido--decide-Quarta-Turma.aspx. Acesso em: 09 jul. 2021.

TEPEDINO, Gustavo; TEIXEIRA, Ana Carolina B. *Fundamentos do Direito Civil*. 5. ed. Rio de Janeiro: Forense, 2024. v. 6, Direito de Família *E-book*. p. 1. ISBN 9788530994532. Disponível em: https://app.minhabiblioteca.com.br/reader/books/9788530994532/. Acesso em: 05 fev. 2025.

A CONTRATUALIZAÇÃO DOS ALIMENTOS NO DIREITO DE FAMÍLIA

Fabiana Domingues Cardoso

Doutora e Mestre em Direito pela Pontifícia Universidade Católica de São Paulo-PUC-SP. Advogada com atuação há mais de 23 anos, com destaque para causas complexas em Direito de Família e Sucessões. Palestrante, Professora e Parecerista em Direito de Família e Sucessões. Diretora na Comissão Especial de Advocacia de Família e Sucessões da Ordem dos Advogados de São Paulo-OAB/SP. Diretora no IBDFAM-SP, Instituto Brasileiro de Direito de Família-São Paulo, em São Paulo. 2ª Vice-presidente da Comissão de Inclusão e Diversidade da FALP-Federação dos Advogados de Língua Portuguesa. Coordenadora do Curso "Planejamento Sucessório na prática", do Instituto de Direito Contemporâneo-IDC. Membro da AIJUDEFA-Associação Internacional de Juristas de Direito de Família. E-mail: fabiana@LFDadvogados.com.br.

Sumário: Introdução – 1. Alimentos no direito de família: aspectos gerais – 2. A contratualização dos alimentos; 2.1 A estipulação dos alimentos e sua limitação; 2.2 A renúncia pactuada dos alimentos – Considerações finais – Referências.

INTRODUÇÃO

O direito civil brasileiro contempla a obrigação alimentar a determinados parentes, cônjuges e conviventes, nos termos do artigo 1.694 do Código Civil. O objetivo de tal obrigação é a preservação da vida, a dignidade da pessoa humana (CF, art. 1º, III) e o exercício da solidariedade familiar, sendo a última reconhecida constitucionalmente no país, a todo o cidadão como um objetivo fundamental da República Federativa *ex vi* do artigo 3º, inciso I, da Constituição Federal.[1]

A assistência mútua é um dever e um dos pilares da família e da comunhão plena de vida entre os consortes (CC, art. 1.566, III), constituindo também fundamento para o instituto dos alimentos no Direito de Família brasileiro. Nesse sentido, a finalidade desse instituto é assegurar, por determinado período, a subsistência digna de uma pessoa que, diante de sua necessidade e da ausência de recursos materiais ou capacidade para prover o próprio sustento, tenha suas despesas suportadas por outra, desde que inserida nas hipóteses legais, caracterizando assim a obrigação alimentar.

---

1. CF, art. 1º, III – a dignidade da pessoa humana; Art. 3º Constituem objetivos fundamentais da República Federativa do Brasil: I – construir uma sociedade livre, justa e solidária.

Por se tratar de obrigação legal, os litígios circundam a temática, inicialmente para a fixação dos valores e, posteriormente, pela dificuldade de se executar a prestação alimentícia daquele alimentante que não honra a obrigação alimentar fixada. É um dos assuntos que figura como um dos mais demandados no primeiro grau, no âmbito da Justiça estadual, tendo no ano de 2024 ocupando o quarto lugar, com 864.5890 ações no Brasil.[2]

Nesse cenário, a contratualização da obrigação alimentar apresenta-se como uma solução eficaz para prevenir ou reduzir litígios, garantindo maior celeridade na sua obtenção. Como diz o ditado popular, "quem tem fome, tem pressa". Ao definir previamente os termos do dever alimentar, seja por acordo extrajudicial ou em processo judicial, parte-se de um ponto já estabelecido entre as partes, agilizando o trâmite e conferindo mais eficiência à sua execução.[3]

Assim, a hipótese de constar no pacto antenupcial previsão sobre alimentos é prática anunciada na doutrina contemporânea, nos tabelionatos e reconhecida na jurisprudência.[4] Nas uniões estáveis, a previsão vem contida no contrato de união estável ou pacto convivencial.

E, mais recentemente, os operadores têm discutido hipóteses construídas em instrumentos particulares ou escrituras públicas no curso dos relacionamentos para que prevaleçam como ajuste entre os envolvidos, diante de um rompimento, e como ferramenta útil para repercussões patrimoniais, como alimentos compensatórios. No âmbito do direito sucessório, os alimentos instituídos no testamento no formato de legado, por exemplo, traduzem-se em interessante ferramenta de planejamento sucessório.

A partir do método dedutivo e da análise bibliográfica, com inserções práticas, apresenta-se a temática sem a pretensão de esgotá-la, mas buscando responder à questão: é possível a contratualização dos alimentos no direito de família?

1. ALIMENTOS NO DIREITO DE FAMÍLIA: ASPECTOS GERAIS

A obrigação alimentar é um dos institutos fundamentais do direito de família, garantindo a subsistência de indivíduos que dela necessitem. No Brasil, essa

---

2. Fonte: Relatório Justiça em Números. 2024. Conselho Nacional de Justiça. In: https://www.cnj.jus.br/pesquisas-judiciarias/justica-em-numeros/ <. Acesso em: 25 fev. 2025.
3. Acórdão 437.651, de 5.08.2010, prolatado no Agravo de Instrumento 2010.00.2.000253-7, pela 3ª Turma Cível do TJDF, de lavra da Des. Nídia Corrêa Lima, que negou o pedido de redução de alimentos fixados provisoriamente, pois o pensionamento fora determinado em observância ao pacto antenupcial firmado pelas partes.
4. Acórdão n. 437.651, de 5.08.2010, prolatado no Agravo de Instrumento n. 2010.00.2.000253-7, pela 3ª Turma Cível do TJDF, de lavra da Des. Nídia Corrêa Lima, que negou o pedido de redução de alimentos fixados provisoriamente, pois o pensionamento fora determinado em observância ao pacto antenupcial firmado pelas partes.

temática é regulamentada pelo Código Civil de 2002 e pela Lei de Alimentos (Lei 5.478/1968), os quais disciplinam sua natureza, alcance, classificação, além de aspectos processuais. Há outras legislações esparsas para fins específicos, como é demonstrado ao logo desse trabalho.

É cediço que "desde o momento da concepção, o ser humano – por sua estrutura e natureza – é um ser carente por excelência; ainda no colo materno, ou já fora dele, a sua incapacidade ingênita de produzir os meios necessários à sua manutenção faz com que se lhe reconheça, por um princípio natural jamais questionado, o superior direito de ser nutrido pelos responsáveis por sua geração".[5]

Os alimentos, no contexto jurídico, referem-se à prestação necessária para a sobrevivência e dignidade do beneficiário, podendo abranger não apenas o sustento físico, mas também aspectos como educação, saúde, vestimenta, moradia e lazer.

O Código Civil Brasileiro de 2002, em seu artigo 1.694, define que "podem os parentes, os cônjuges ou companheiros pedir uns aos outros os alimentos de que necessitem para viver de modo compatível com a sua condição social, inclusive para atender às necessidades de sua educação".

Nosso legislador, seguindo a boa técnica de formação de leis, evita conceituar os institutos jurídicos, deixando essa tarefa à doutrina. Alguns autores entendem que os alimentos devidos aos filhos menores de dezoito anos são fundamentados pelo dever de sustento previsto nos artigos 1.566, IV, 1.634, I e 1.568, todos do Código Civil vigente, e que a obrigação alimentar prevista no artigo 1.694 do mesmo código seria aquela determinada à prole com maioridade civil, aos cônjuges, conviventes e demais parentes, fundamentados na solidariedade familiar e assistência mútua.[6]

Em nosso sentir, não há uma divisão rígida a esse ponto supracitado, mas como antes escrevemos em nosso livro A indignidade no direito aos alimentos: "Importante destacar o fundamento da relação alimentícia entre os parentes é o princípio da solidariedade familiar, prevista constitucionalmente, de modo especial no artigo 3º, além do dever de sustento e criação dos pais para com os filhos (CC, art. 1.568, 1.566, IV, 1.634, I), na hipótese de alimento entre esses últimos citados",[7] assim, atribuindo-se um caráter complementar e reforçador da obrigação alimentar entre esses parentes.

---

5. Cf. CAHALI, Yussef Said. *Dos alimentos.* 4 ed. São Paulo: RT, 2002. p. 29.
6. Nesse sentido, ALMEIDA, Renata Barbosa de Silva; RODRIGUES JÚNIOR, Walsir Edson. *Direito civil:* famílias. Rio de Janeiro: Lumen Juris. 2010. p. 434: "A obrigação alimentar pode existir entre cônjuges, companheiros e parentes. Entre pais e filhos, vincula-se à relação de parentesco fora do poder familiar. Assim, os pais, enquanto os fios estão sob o poder familiar, têm o dever de sustento, e com a extinção do poder familiar, poderá surgir a obrigação alimentar".
7. Cf. CARDOSO, Fabiana Domingues. *A indignidade no direito aos alimentos.* São Paulo: IASP. 2018. p. 146-147.

A doutrina jurídica classifica os alimentos em diversas categorias, com base na sua natureza, finalidade e duração, entre outras. As principais espécies de alimentos reconhecidas ou abordadas no ordenamento brasileiro hodierno são: alimentos naturais e civis, definitivos e provisórios, temporários, compensatórios, avoengos, gravídicos, aos idosos, previstos na parentalidade ou na conjugalidade.

Os considerados naturais correspondem àqueles necessários à sobrevivência do alimentando, abrangendo nutrição, vestimenta, moradia e saúde. Os alimentos civis são aqueles que incluem aspectos ligados à manutenção da condição social do beneficiário, como educação, lazer e todo o entorno que o padrão social exige, entre outros.

Os alimentos definitivos têm como critério de classificação a decisão judicial transitada em julgado, passando a ter caráter permanente, mas sempre podendo ser alterados mediante comprovação de modificação das condições econômicas do alimentante ou alimentando. Os provisórios são aqueles determinados liminarmente pelo juiz, visando o sustento, enquanto se aguarda a fixação dos alimentos definitivos, após o curso processual da ação judicial.

No tocante aos alimentos temporários ou transitórios, estes são concedidos por um período determinado, geralmente nas relações de conjugalidade, quando o beneficiário necessita de assistência para sua inserção no mercado de trabalho ou de um período para se realocar em atividades que possam promover seu autossustento, em fase de transição familiar ou pessoal.

Os alimentos compensatórios não possuem previsão legal no ordenamento jurídico, sendo objeto de criação da doutrina baseada em legislação de países como a Espanha,[8] e construídos pela jurisprudência, sendo devidos em casos de dissolução da sociedade conjugal, visando equilibrar a diferença financeira entre os ex-cônjuges, especialmente quando um deles sofre prejuízo econômico com o fim do casamento ou união estável e especialmente quando o relacionamento foi regido sob o regime de separação de bens. Essa espécie, apesar de levar o nome de alimentos, em verdade, se trata de uma verba indenizatória e tem sido nomeada como alimentos compensatórios humanitários. Essa modalidade está contemplada no Projeto de Lei 04/2025, em trâmite no Senado Federal, que prevê a atualização e reforma do Código Civil de 2002.[9]

Há ainda outra versão dos alimentos compensatórios, desenvolvida pela jurisprudência e doutrina, que gera certa confusão com a modalidade anteriormente

---

8. A doutrina pioneira na temática é a do professor Rolf Madaleno e pode ser conferida em suas obras, a exemplo: *Alimentos compensatórios*. Rio de Janeiro: Forense, 2024.
9. Com a seguinte redação: Art. 1.709-A. O cônjuge ou convivente cuja dissolução do casamento ou da união estável produza um desequilíbrio econômico que importe em uma queda brusca do seu padrão de vida, terá direito aos alimentos compensatórios que poderão ser por prazo determinado ou não, pagos em uma prestação única, ou mediante a entrega de bens particulares do devedor".

mencionada. Isso ocorre porque os alimentos previstos no parágrafo único do artigo 4º da Lei 5.478/68,[10] referentes ao adiantamento da renda de bens comuns administrados exclusivamente pelo cônjuge ou companheiro litigante, passaram a ser denominados "alimentos compensatórios patrimoniais".[11] Essa distinção busca evitar ambiguidades decorrentes da similaridade terminológica adotada na prática alimentar.[12]

Os alimentos gravídicos são contemplados na Lei 11.804/2008 e visam fazer frente às principais despesas necessárias no período de gestação de uma pessoa, visando garantir um ciclo saudável e o nascimento com vida. São pleiteados pela genitora em face do genitor ou suposto pai, possuindo os parâmetros para a sua fixação no artigo 1.694 e seguintes do Código Civil.

Os avós podem ser convocados, em caráter suplementar, a suprir os alimentos aos seus netos, caracterizando os alimentos avoengos, pagos pelos ascendentes-avós ou bisavós (na falta dos avós) da criança ou adolescente, em caráter subsidiário aos alimentos devidos por seus genitores, seja na hipótese de impossibilidade e insuficiência financeiras ou ausência desses primeiros obrigados ao sustento da prole. Os artigos 1.676 e 1.678 do Código Civil fundamentam a hipótese.[13]

Ao idoso, mesmo se enquadrando na hipótese legal do artigo 1.694 supracitado, a Lei especial 10.741/2003 (Estatuto da pessoa idosa), visa condições distintas para o idoso pleitear os alimentos quando os necessitam, a exemplo da solidariedade constante no artigo 12 da mencionada legislação.[14]

Por fim, é importante pontuar que os alimentos indenizatórios, a exemplo daqueles previstos no artigo 948 do Código Civil não são objeto deste trabalho, pois não contemplado no estudo do direito de família, e são de natureza reparató-

---

10. Art. 4º As despachar o pedido, o juiz fixará desde logo alimentos provisórios a serem pagos pelo devedor, salvo se o credor expressamente declarar que deles não necessita.

    Parágrafo único. Se se tratar de alimentos provisórios pedidos pelo cônjuge, casado pelo regime da comunhão universal de bens, o juiz determinará igualmente que seja entregue ao credor, mensalmente, parte da renda líquida dos bens comuns, administrados pelo devedor.

11. Previstos no texto do Projeto de Lei 04/2025, com a seguinte redação: Art. 1.709-B. O cônjuge ou convivente, cuja meação seja formada por bens que geram rendas, e que se encontrem sob a posse e a administração exclusiva do seu parceiro, poderá requerer que lhe sejam pagos mensalmente pelo outro consorte ou convivente, parte da renda líquida destes bens comuns, a título de alimentos compensatórios patrimoniais, e que serão devidos até a efetiva partilha dos bens comuns.

12. Confira em MADALENO, Rolf. *Alimentos compensatórios*. Rio de Janeiro: Forense, 2024.

13. CC, Art. 1.696. O direito à prestação de alimentos é recíproco entre pais e filhos, e extensivo a todos os ascendentes, recaindo a obrigação nos mais próximos em grau, uns em falta de outros. Art. 1.698. Se o parente, que deve alimentos em primeiro lugar, não estiver em condições de suportar totalmente o encargo, serão chamados a concorrer os de grau imediato; sendo várias as pessoas obrigadas a prestar alimentos, todas devem concorrer na proporção dos respectivos recursos, e, intentada ação contra uma delas, poderão as demais ser chamadas a integrar a lide.

14. Art. 12. A obrigação alimentar é solidária, podendo a pessoa idosa optar entre os prestadores. (Redação dada pela Lei 14.423, de 2022)

ria, sendo concedidos em situações decorrentes de ato ilícito, como nos acidentes de trânsito.

A classificação dos alimentos no direito brasileiro reflete a pluralidade de situações em que a prestação alimentar se faz necessária. Ao reconhecer diferentes modalidades de alimentos, o ordenamento jurídico busca garantir a efetividade dos direitos fundamentais, especialmente o direito à dignidade e ao sustento, com prioridade à vida.

Portanto, a correta compreensão das espécies de alimentos é essencial para a aplicação justa e eficaz das normas, assegurando que a obrigação alimentar atenda às reais necessidades dos alimentandos, sem desconsiderar as possibilidades econômicas dos alimentantes, conforme o § 1º, 1.694 do Código Civil.

Ademais, é essencial abordar as principais características do instituto dos alimentos, conforme destacado pela doutrina jurídica. A obrigação alimentar possui caráter personalíssimo, tanto para quem os recebe quanto para quem os presta, além de ser recíproca entre parentes. Ademais, os alimentos são considerados irrenunciáveis, impenhoráveis, inalienáveis e incompensáveis, reafirmando sua natureza protetiva e indispensável. A vedação para tanto consta no artigo 1.707 do Código Civil.[15]

Também são irrepetíveis os alimentos, embora não se preveja tal característica na legislação, esse caráter nasce de sua natureza e finalidade, qual seja o sustento da vida da pessoa que dos alimentos necessita, e portanto, não é possível a sua devolução, pois presume-se a sua utilização imediata. A jurisprudência tem mitigado essa regra de forma excepcional, quando diante de erros de cálculos, pagamentos duplicados, entre outros.

2. A CONTRATUALIZAÇÃO DOS ALIMENTOS

Contratualizar ou transformar em contrato um ajuste de vontade da família ou de cônjuges e companheiros tem ganhado força, bem como as discussões jurídicas e as acadêmicas envoltas no direito de família e sucessões, em dois aspectos: (i) se é possível contratar e (ii) quais seus limites e a validade da avença.

Delegar ao Poder Judiciário a decisão sobre uma matéria que as próprias partes poderiam refletir, discutir e pactuar, submetendo-se ao julgamento de um magistrado alheio à sua realidade íntima, pode gerar desfechos insatisfatórios aos jurisdicionados. Vislumbrar a hipótese de que é possível pactuar um tema que pode evitar o desgaste temporal e frustrante de uma decisão judicial, além

---

15. CC, art. 1.707: Pode o credor não exercer, porém lhe é vedado renunciar o direito a alimentos, sendo o respectivo crédito insuscetível de cessão, compensação ou penhora.

de minimizar o litígio familiar ou conjugal no futuro, demonstra o exercício da autonomia privada e a menor intervenção estatal na vivência intrafamiliar.

Os pactos antenupciais para os casamentos e os contratos de convivência voltados às uniões estáveis são instrumentos eficazes para a contratualização das questões patrimoniais das relações conjugais. Possuem previsão legal no ordenamento vigente, tanto nos artigos 1.639, quanto no 1.725, ambos do Código Civil.

As discussões e dúvidas acontecem em torno da inserção de questões extrapatrimoniais nesses instrumentos, já que inexistente norma que discipline a hipótese. No entanto, a doutrina e a jurisprudência[16] há tempos abordam o tema e demonstram a modificação de comportamento da sociedade nesse tocante, possibilitando a inclusão de certas questões como a escolha da religião dos filhos, distribuição de tarefas entre os consortes, indenizações pelo término do relacionamento ou pelo fato de um dos pares deixar seu trabalho, em função de mudança ocasionada pelo trabalho do outro, entre outras possibilidades.

Os alimentos englobam caráter patrimonial e extrapatrimonial, pois consideram critérios existenciais para se alcançar a fixação da pensão, mas, para além desse aspecto, as necessidades e as possibilidades que são fatores indispensáveis à definição da pensão alimentícia são desconhecidas entre os consortes no momento da pactuação e poderiam, a princípio, obstar a pactuação. No entanto, é possível a estipulação por critérios e parâmetros convencionados entre os pares que conduzirão, no momento oportuno do rompimento, a aplicação e formulação devida dos alimentos.

Convencionar os alimentos, seja em pactos antenupciais ou contratos de união estável, ou ainda em instrumentos particulares firmados no curso dos relacionamentos afetivos, são fortes ferramentas de otimização de tempo quando surge o rompimento e a necessidade da fixação do pensionamento, além de evitar ou minimizar o litígio entre os envolvidos.[17]

---

16. Apelação cível. Ação de exoneração de alimentos. Sentença de procedência, com a determinação de cessação dos alimentos em prol da ré, previstos na cláusula 2ª do pacto antenupcial. Insurgência da ré, requerendo a gratuidade e, no mérito, a improcedência dos pedidos iniciais. Não acolhimento. Requerida que, embora instada a tanto, não colacionou aos autos documentos que corroborassem a sua hipossuficiência. Realização de cursos e viagens internacionais que não se coadunam com a benesse. Cláusula do acordo que não mais deve prevalecer, não tendo a requerida comprovado que o divórcio se deu por culpa do ora apelado, como exigido naquele pacto antenupcial. Juízo a quo que oportunizou a manifestação da requerida nesse sentido, a qual, contudo, quedou-se inerte. Sentença, pois, mantida. Recurso desprovido. (TJSP. Acórdão. Processo 1082074-56.2021.8.26.0100;. Relator (a): José Joaquim dos Santos; Data do julgamento: 10.05.2023)

17. Exemplo da recepção e efetividade da avença firmada em pacto antenupcial para alimentos da mulher: TJRS. Apelação Cível 70054895271, Oitava Câmara Cível, Relator: Luiz Felipe Brasil Santos, Julgado em 1º.08.2013, Data de Publicação: Diário da Justiça do dia 05.08.2013 "(...) 3. Alimentos à mulher. Pretende a autora que sejam estabelecidos alimentos em seu benefício tomando-se percentual de todas as rendas percebidas pelo varão, sem caráter de transitoriedade. Não há causa para o acolhimento de

2.1 A estipulação dos alimentos e sua limitação

A estipulação dos alimentos pode ocorrer previamente ao relacionamento, por pactos antenupciais, por contratos de convivência ou, ainda, no curso das uniões, por escrituras declaratórias firmadas entre os parceiros, por instrumentos particulares ou até mesmo através da alteração dos instrumentos iniciais, avençados previamente.

A alteração do pacto pré-nupcial, alcançando-se se assim desejarem os cônjuges um pacto pós-nupcial, depende de autorização judicial, nos termos do artigo 1.639, §2º do Código civil. Ainda que este preveja a alteração do regime de bens como um todo, é possível a alteração de somente uma das cláusulas.[18]

A alteração do contrato de convivência pode acontecer, atualmente, pela via extrajudicial nos termos do Provimento 141 do Conselho Nacional de Justiça, onde se possibilita a alteração do regime perante o Cartório de Registro Civil.

Os instrumentos particulares ou escrituras firmadas durante o relacionamento enfrentam maior resistência quanto ao seu reconhecimento e validade no âmbito judicial, devido à ausência de previsão legal específica para essa hipótese. Mas, a doutrina[19] que vem avançando nesse debate defende a possibilidade de se contratualizar para possibilitar o exercício da autonomia privada em busca da comunhão plena de vida conjugal, com a modulação dos deveres conjugais ou parentais pela via contratual, com menor burocracia. Configuram, por certo, prova hábil da vontade das partes.

Os parâmetros do pensionamento alimentar estão definidos nos artigos 1.694, § 1º e no 1.695, pelos quais se extrai o denominado binômio "necessidade x possibilidade", que obriga observar as necessidades do alimentando e as possibi-

---

seu pedido, porquanto na referida escritura pública de pacto antenupcial os litigantes deliberaram que haveria o pagamento de pensão alimentícia para ela no valor de cinco salários mínimos por período não superior a cinco anos. Nada há nos autos para retirar da cláusula sua validade e eficácia, pois o documento foi firmado por pessoas maiores, capazes e no pleno exercício de sua autonomia de vontade, tratando de direito disponível. Tampouco prospera a alegação de nulidade por afronta à disposição absoluta de lei, qual seja o art. 1.694 do CCB) (...)"

18. Nesse sentido o Processo 1007276-42.2017.8.26.0011, Décima segunda vara de família e sucessões do Foro Central da Comarca de São Paulo: "(...) havendo permissão legal para que o casal escolha livremente o regime de bens a ser adotado no casamento, prevendo a lei também a possibilidade de alteração do regime de bens após a celebração do matrimônio, mediante decisão judicial, desde que, a "pedido motivado de ambos os cônjuges, apurada a procedência das razoes invocadas e ressalvado os direitos de terceiros", não há razão para impedimento à alteração das cláusulas estabelecidas em pacto antenupcial, em respeito à autonomia das pessoas no que concerne à administração patrimonial (...)"

19. Para saber mais: CARVALHO, Dimitre Braga Soares de. Contratos familiares: cada família pode criar seu próprio direito de família. In: TEIXEIRA, Ana Carolina Brochado; RODRIGUES, Renata de Lima (Coord.). *Contratos, família e sucessões*: diálogo interdisciplinares. Indaiatuba: Foco. 2021 e MARZAGÃO, Silvia Felipe. Contrato Paraconjugal: a modulação da conjugalidade por contrato. Indaiatuba: Foco. 2023.

lidades financeiras do alimentante para a quantificação da obrigação. O binômio será construído no curso da nova família e poderá, ao longo do tempo, sofrer oscilações, e deve ser conferido com precisão à época do eventual rompimento familiar, causa do nascimento da obrigação alimentar.

Daí alguns juristas entenderam pelo impedimento da previsão de alimentos em instrumentos, a exemplo de Francisco Cahali que afirma: "a aquisição do direito a alimentos só se completa com a dissolução. Daí prematura falar-se em estipulação contratual a respeito da pensão se sequer existe esta obrigação"[20] e Guilherme Calmon Nogueira Gama,[21] que pontua: "justamente por dizer respeito a interesse indisponível, fora do alcance da vontade das partes, pelo menos quando ainda não existentes os pressupostos necessários para a aquisição do direito".

Entretanto, sendo desejada a estipulação dos alimentos pelos consortes, para si ou para prole futura ou até mesmo a existente, deverão ser observados critérios e limitações para se evitar a nulidade da cláusula, e garantir a validade e eficácia da avença, com a possibilidade plena de sua execução.

Desse modo, poderão ser ajustados os parâmetros básicos à futura pensão, como, por exemplo, a quantia mínima até que se obtenha uma fixação judicial, caso não se alcance um acordo e se perfaça necessária a via judicial litigiosa. Ou, ainda, a previsão de que o custeio com a moradia, plano de saúde e alimentação nas mesmas condições da vida conjugal sejam preservadas até segunda ordem ou, até mesmo, o valor atrelado a índice que perdure no tempo, como fixar quantia correspondente a certo número do salário mínimo nacional.

Porém, o mais adequado nos casos de customização prévia é que o pacto disponha de "parâmetros atemporais, ou seja, permitam, mesmo com o passar dos anos, a aferição da quantia ou ao menos das regras mínimas para o pensionamento, sob pena de o contrário conturbar ainda mais a situação litigiosa das partes e criar tumultos processuais em eventual ação, ou simplesmente a consideração da convenção como não escrita".[22]

Os alimentos fixados entre os cônjuges ou conviventes para si podem prever situações futuras, como a hipótese de um deles deixar o trabalho e ficar sem renda por conta de mudança de cidade ou país em função da carreira profissional do outro, ou ainda, se o rompimento ocorrer após determinado período de duração da relação (ex: o marido pagará à esposa quando o rompimento ocorrer após 12 meses de duração do casamento) e, o mais comum, configurando o cenário atual do início do casamento, registrando-se qual é a situação do casal naquele momento

---

20. Cf. *Contrato de convivência na união estável*. São Paulo: Saraiva. 2002. p. 259.
21. Cf. *O companheirismo, uma espécie de família*. São Paulo: RT. 2001. p. 344.
22. Cf. CARDOSO, Fabiana Domingues. *Regime de bens e pacto antenupcial*. São Paulo: Gen. 2010. p. 168.

e a expectativa conjugal, pois assim será possível perseguir e fazer valer a intenção real do casal, quando estavam longe do sentimento de desavença que o divórcio e dissoluções podem causar.

Nesse contexto, pode ser incluída uma cláusula que reconheça a superioridade do status social e econômico de uma das partes em relação à outra, estabelecendo que aquele em melhores condições arcará, por um período determinado, com o pagamento de pensão alimentícia para cobrir despesas especificadas. Esse suporte pode, por exemplo, viabilizar a recolocação profissional do beneficiário.

Também, é possível a fixação de alimentos à esposa, se o casal vier a ter filhos ou não, dentre outras possibilidades e necessidades das partes envolvidas, como mudanças de país, desligamento do trabalho de um em função da carreira do outro, bem como a determinação da duração do pagamento da pensão entre os consortes.[23]

Evidenciando-se o dever de sustento, é possível ainda, porém mais árduo, prever a pensão para eventuais filhos que nasçam daquele relacionamento. Mais árduo porque os alimentos, como visto, têm sua formação multifatorial e, não existindo ainda a realidade do filho, com todas as suas necessidades, condições de saúde etc., restará a possibilidade de, novamente, nesse ponto, fixar os critérios e parâmetros.

Sobretudo, é de grande valia firmar o compromisso de que serão suportadas as despesas por ambos, ou não, desde o rompimento familiar e com um mínimo previsto, ainda que o *quantum* seja submetido à discussão, evitando-se o risco ao bem-estar e sustento da criança ou adolescente, enquanto não se obtém uma determinação judicial.

Considerando-se a delonga processual comum nas ações de família, especialmente na fixação de alimentos provisórios, é frequente que, em casos de alto litígio, o alimentando fique sem receber qualquer auxílio financeiro

---

23. Aqui se cita pacto antenupcial lavrado perante o 14º Tabelionato de Notas de São Paulo, livro 2930, p. 093, com as cláusulas: "3) Os contratantes estabelecem que, se por ventura vierem a se separar judicialmente, o varão pagará à mulher uma pensão mensal de temporária à sua futura esposa, no valor de R$10.000,00, observando-se para que isto ocorra, a exceção e as hipóteses seguintes: 3.i.1) Não será devida nenhuma pensão à esposa, para ser paga pelo varão, se a separação vier a ocorrer antes do término de 12 meses contados da celebração do casamento, independentemente da razão para a separação havendo ou não alegação de culpa por qualquer uma das pares; 3.i.2) se a separação judicial vier a ocorrer a partir do 13º mês do casamento, e desde que a separação seja comprovadamente motivada pelo varão, este pagará pensão à esposa no mesmo valor mensal supra ajustado, que deverá ser corrigido pela variação do IGPM, no período, entre esta data e a data de sua incidência.(...) e terá como termo final o vencimento do prazo estabelecido de 5 (cinco) anos, contados da data da separação judicial (...). 4) Se houver filhos desta união conjugal os contratantes serão igualmente responsáveis, nos termos do que preconiza a lei civil vigente, inclusive de pensionar os filhos, arcando cada contratante com a metade da correspondente pensão. (...)", cf. CARDOSO, Fabiana Domingues. *Regime de bens e pacto antenupcial...* p. 167.

até que haja uma decisão judicial e a citação do alimentante para iniciar os pagamentos. Esse intervalo, que pode se estender por meses, expõe a criança ou adolescente a riscos desnecessários, podendo afetar seu desenvolvimento e qualidade de vida.

Não se verifica óbice em pactuar os alimentos compensatórios entre os cônjuges ou companheiros, especialmente porque de caráter estritamente patrimonial indenizatório. Assim, seja na hipótese de iniciarem o relacionamento com uma discrepância significativa de condição econômica e social entre os consortes, com a expectativa de que com a relação esse cenário não se altere, poder-se-á prever o pagamento dos compensatórios no rompimento do vínculo.

Igualmente poderão ser fixadas as condições e critérios para o pagamento dos alimentos compensatórios, projetados para o momento da dissolução, especialmente quando o regime de bens escolhido para o regimento da união prever a incomunicabilidade de bens e direitos e ainda, a fixação de aplicação imediata do parágrafo único do artigo 4º da Lei de Alimentos, ainda que não configurem os alimentos dispostos no artigo 1.694 e seguintes do Código Civil.

Por fim, a previsão de legado de alimentos inserido em testamento, nos termos do artigo 1.920 do Código Civil,[24] é uma modalidade voluntária de instituição de alimentos no ordenamento jurídico e traduz-se em uma ferramenta para o planejamento sucessório, nas hipóteses em que o testador pretende, quando de sua morte, destinar a título de alimentos certa quantia a determinada pessoa, como uma obrigação a ser cumprida pelos herdeiros ou inventariante.

2.2   A renúncia pactuada dos alimentos

A hipótese de se pactuar a renúncia aos alimentos entre os consortes, ou ademais, a renúncia do pensionamento em casos em que o potencial alimentando der causa ao rompimento da relação evidencia polêmica, especialmente por se tratar de direito indisponível e que visa a preservação da vida.

Segundo o artigo 1.707 do Código Civil vigente: "Pode o credor não exercer, porém lhe é vedado renunciar o direito a alimentos, sendo o respectivo crédito insuscetível de cessão, compensação ou penhora".

Dessa normativa, denotamos que é possível deixar de exercer o seu direito aos alimentos, mas não renunciar a ele, além de impor características limitadoras ao crédito alimentar, que visam garantir a sua finalidade de manutenção da vida e destinação personalíssima àquele que dos alimentos necessita.

---

24. CC, Art. 1.920. O legado de alimentos abrange o sustento, a cura, o vestuário e a casa, enquanto o legatário viver, além da educação, se ele for menor.

O Código Civil de 1916 previa em seu artigo 404[25] redação similar à do dispositivo supracitado, tendo a irrenunciabilidade como regra, inclusive reforçada pela Súmula 379 do Supremo Tribunal Federal[26] à época. Porém, a irrenunciabilidade dos alimentos era controversa, tendo passado ao entendimento, após muito debate, na doutrina e construção pretoriana, de que os alimentos decorrentes do parentesco eram irrenunciáveis. Entretanto, aqueles provenientes do rompimento da sociedade conjugal não apresentavam tal característica, valendo-se de embasamento da Lei do Divórcio (6.515/1977), que trouxe a obrigação alimentar entre cônjuges, sem demarcar a irrenunciabilidade.[27]

A doutrina de Yussef Cahali confirma o cenário da época: "Com efeito, durante muito tempo se decidiu, e se prosseguiu decidindo mesmo após aquela Súmula, que seria legítima a renúncia dos alimentos não devidos em razão do *jus sanguinis*, pois só em relação a estes seria aplicável a regra do art. 404, do CC/1916".[28]

Com o advento do Código Civil de 2002, e com a reprodução do texto da norma anterior, a polêmica foi renovada quando já estava sanada, vez que a novel lei trouxe expressa a irrenunciabilidade, sem qualquer referência a tratamento distinto entre parentes e pares conjugais.

Os debates avançaram, e o Enunciado 263 da II Jornada de Direito Civil, promovida pelo Conselho Nacional de Justiça, em dezembro de 2004 apontou: "O art. 1.707 do Código Civil não impede seja reconhecida válida e eficaz a renúncia manifestada por ocasião do divórcio (direto ou indireto) ou da dissolução da 'união estável'. A irrenunciabilidade do direito a alimentos somente é admitida enquanto subsistir vínculo de Direito de Família".

Enfim, na prática, mitigou-se novamente a possibilidade de renúncia aos alimentos entre os cônjuges, mas não entre os demais parentes. Não se alcançou, no entanto, posição pacífica, haja vista a decisão do Conselho Superior da Magistratura do Tribunal de Justiça do Estado de São Paulo que declarou nula a cláusula de pacto antenupcial que previu a renúncia de alimentos entre cônjuges em novembro de 2023.[29]

---

25. CC/1916, Art. 404. Pode-se deixar de exercer, mas não se pode renunciar o direito a alimentos.
26. Súmula 379: "No acordo de desquite não se admite renúncia aos alimentos, que poderão ser pleiteados ulteriormente, verificados os pressupostos legais".
27. Lei do Divórcio: Art. 19. O cônjuge responsável pela separação judicial prestará ao outro, se dela necessitar, a pensão que o juiz fixar.
28. *Dos Alimentos*. São Paulo: RT, 2013. p. 225-226.
29. Registro de Imóveis – dúvida julgada procedente – Escritura pública de pacto antenupcial – regime híbrido que mescla regras do regime da comunhão parcial de bens com o da separação convencional de bens – existência de disposições no pacto estabelecido que, segundo o oficial, não comportam ingresso no registro de imóveis porque ilegais – renúncia a alimentos – questão não afeta ao pacto antenupcial – inteligência do disposto no artigo 1.639 do código civil – renúncia também à concorrência sucessória do cônjuge com os ascendentes ou descendentes prevista no artigo 1.829 do código civil – artigo 426 do

Visando a segurança jurídica dos cônjuges e companheiros, tanto o pacto antenupcial quanto o contrato de união estável podem prever que os pares deixam de exercer o direito aos alimentos, assim como se verifica na praxe dos acordos judiciais. Entretanto, a renúncia poderá ser considerada nula e, sobretudo, não evitar o pleito e a fixação judicial dos alimentos se presentes os requisitos legais do artigo 1.694 e seguintes do Código Civil no caso concreto.

Destarte, se existente convenção no pacto prevendo a renúncia aos alimentos, não será eficaz e estará sujeita à nulidade, pois se configura direito indisponível, não passível de convenção, ainda que traduza a autonomia e vontade das partes, pois desafia norma cogente.

CONSIDERAÇÕES FINAIS

Do breve estudo foi possível identificar a possibilidade jurídica para a elaboração de instrumentos que versem sobre o instituto dos alimentos, visando prevalecer a vontade dos cônjuges, nubentes ou companheiros, através do exercício da autonomia privada e menor ingerência do Estado na vida familiar.

Os instrumentos, sejam os prévios às relações ou aqueles elaborados no curso das uniões, em nosso entender, diante do rompimento conjugal, evitam ou minimizam o litígio e, sobretudo, promovem ao casal o exercício e a responsabilização pelo relacionamento e decisões intrafamiliares.

São existentes, válidos e eficazes os instrumentos que estabeleçam critérios e parâmetros para a obrigação alimentar e o seu exercício, e podem ser nulas ou ineficazes as cláusulas que prevejam a renúncia aos alimentos, como demonstrado, pois estão em franco ferimento à regra contida no artigo 1.707 do Código Civil vigente. Ainda que se reconheça a prática da renúncia aos alimentos e ao seu direito entre os consortes pela doutrina, não é permitida entre os parentes, especialmente quando envolve os descendentes como alimentandos vulneráveis.

Entrementes, pactuar os consortes que deixarão de exercer o direito aos alimentos, ainda que autorizada a hipótese, também não convém, pois essa decisão demandará a análise das condições contemporâneas à fixação do pensionamento. E, ainda que expressa, poderá ser alvo de afastamento e desconsideração na prática familiarista judicial, todavia, não há óbice para tanto.

---

código civil que veda o pacto sucessório – afastamento dos frutos dos bens particulares de cada cônjuge da comunhão (artigo 1.660, incido V, do código civil) – cláusula válida – sistema dos registros públicos em que impera o princípio da legalidade estrita – título que, tal como se apresenta, não comporta registro – apelação não provida. (TJSP; Apelação Cível 1003090-14.2023.8.26.0577; Relator: Fernando Torres Garcia(Corregedor Geral); Órgão Julgador: Conselho Superior da Magistratura; Foro de São José dos Campos – 8ª Vara Cível; Data do Julgamento: 30/11/2023; Data de Registro: 05.12.2023).

Dessa forma, é altamente recomendável que os nubentes, cônjuges e companheiros, desejantes de fixação de parâmetros para a futura pensão alimentícia para si ou à prole, o façam de forma expressa, preferencialmente nos pactos conjugal e convivencial.[30] Devem, no entanto, fazê-lo com o cuidado de estabelecer parâmetros e critérios perenes, para a boa resolução da fixação do pensionamento no momento do rompimento familiar, o qual dará causa e direito ao pensionamento.

A medida aperfeiçoa o tempo até a fixação dos alimentos iniciais (provisórios), bem como evita o litígio ou o minimiza-o, prestigiando a solidariedade familiar, o dever de mútua assistência e a preservação da vida digna.

REFERÊNCIAS

ALMEIDA, Renata Barbosa de Silva; RODRIGUES JÚNIOR, Walsir Edson. *Direito civil:* famílias. Rio de Janeiro: Lumen Juris, 2010.

BRASIL. *Constituição Federal.* 1988.

CAHALI, Francisco José. *Contrato de convivência na união estável.* São Paulo: Saraiva, 2002.

CAHALI. Yussef Said. *Dos Alimentos.* São Paulo: RT, 2013.

CARDOSO, Fabiana Domingues. *A indignidade no direito aos alimentos.* São Paulo: IASP, 2018.

CARDOSO, Fabiana Domingues. *Regime de bens e pacto antenupcial.* São Paulo: Gen. 2010.

CARVALHO, Dimitre Braga Soares de. Contratos familiares: cada família pode criar seu próprio direito de família. In: TEIXEIRA, Ana Carolina Brochado; RODRIGUES, Renata de Lima (Coord.). *Contratos, família e sucessões:* diálogos interdisciplinares. Indaiatuba: Foco, 2021.

GAMA, Guilherme Calmon Nogueira da. *O companheirismo, uma espécie de família.* São Paulo: RT, 2001.

MADALENO, Rolf. *Alimentos compensatórios.* Rio de Janeiro: Forense, 2024.

---

30. Nomenclatura adotada pelo Projeto de Lei 04/2025 em trâmite no Senado Federal até a publicação do presente.

DESISTÊNCIA DA MATERNAGEM: A AUTONOMIA DA MULHER NA DISPOSIÇÃO DO SEU CORPO E NA DECISÃO SOBRE O FUTURO DO PRÓPRIO FILHO

Fernando Moreira Freitas da Silva

Pós-doutor em Direito pela UFPR. Doutor em Direito do Estado pela USP. Mestre em Direito Negocial pela UEL. Juiz de Direito do TJMS. Professor da Escola da Magistratura de MS. E-mail: fernandomoreira2103@gmail.com.

Hermano Faustino Câmara

Doutor em Direito das Relações Sociais pela UFPR. Mestre em Direito pela UFRN. Professor universitário. Advogado. Procurador-Geral do Município de Irati/PR. E-mail: faustinohermano@gmail.com.

Sumário: Introdução – 1. A autonomia da mulher sobre o próprio corpo – 2. A autonomia da mulher e as alternativas à desistência da maternidade; 2.1 *Safe havens;* 2.2 O parto e o depósito anônimos; 2.3 A entrega da criança para adoção; 2.3.1 Entrega legal; 2.3.2 Adoção *intuitu personae* – Considerações finais – Referências.

INTRODUÇÃO

O presente estudo apresenta reflexões sobre a autonomia da mulher em duas questões umbilicalmente ligadas. A primeira é o direito à disposição do seu próprio corpo, ao desejar não prosseguir como uma gravidez indesejada, fazendo a opção pelo aborto. A segunda é o direito de a mulher participar efetivamente na entrega de seu filho à adoção, seja na chamada entrega legal, seja na denominada adoção *intuitu personae.*

Na história recente do nosso país, ao menos no plano teórico, a mulher passou da condição de sujeito relativamente incapaz para sujeito capaz, da condição de submissão ao marido para a isonomia entre os cônjuges ou companheiros, da invisibilidade à participação social e comunitária.

Contudo, ao se buscar a efetivação de sua autonomia, há um hiato entre o texto constitucional, as leis infraconstitucionais e as práticas sociais, de modo que a mulher precisa buscar a via judicial para o seu exercício, contando com a sorte em ter o seu caso apreciado por um juízo menos legalista.

De qualquer forma, já é possível verificar em algumas decisões judiciais, conforme será demonstrado a seguir, efetiva tutela da mulher, atribuindo-lhe autonomia, ao ampliar as hipóteses autorizadoras de aborto além do texto legal, ao considerar atípica a conduta de abortar até um determinado mês da gestação, ao permitir que a mulher escolha a quem entregar o filho em adoção.

Assim, em uma perspectiva feminista, analisa-se o tema da desistência da maternidade, com o objetivo de sustentar a ampliação da autonomia da mulher no processo decisório, tanto em relação ao próprio corpo quanto à efetiva participação na escolha do futuro do seu filho entregue à adoção.

1. A AUTONOMIA DA MULHER SOBRE O PRÓPRIO CORPO

A superação da maternidade compulsória que é imposta às mulheres que desejam interromper a gestação demanda, de maneira prioritária, reflexões sobre os modos como tal compulsoriedade se apresenta no âmbito jurídico bem como na produção ou na negação dos direitos humanos.

No processo constituinte de 1988, essa foi uma pauta sustentada pelos movimentos de mulheres que buscavam estabelecer parâmetros inequívocos no texto constitucional, a fim de assegurar o direito à interrupção da gestação. Vale lembrar que os movimentos feministas, à época, estavam organizados em uma frente que, dentre outras ações, produziu a chamada "Carta das Mulheres Brasileiras aos Constituintes",[1] documento que logrou exercer forte influência nos trabalhos da Assembleia Nacional Constituinte. A Carta apresentava demandas e pautas amplas, tratava sobre direitos familiaristas, trabalhistas, sociais e abordava, até mesmo, o combate à violência, tendo significativas contribuições que findaram incorporadas ao texto constitucional.

Todavia, houve pautas que não lograram inserção no texto final da Constituição. O direito de as mulheres decidirem sobre o seu próprio corpo foi mencionado no documento reivindicatório, porém não foi acolhido. Se houvesse sido inserido como direito fundamental expresso, certamente ambientaria a discussão sobre a interrupção da gestação em contornos muito mais protetivos e avançados[2] às mulheres do que os atualmente em vigor. Poderia ter havido, por exemplo, a não recepção da tipificação do aborto, de maneira inequívoca e inconteste.

---

1. MATOS, Ana Carla Harmatiuk; OLIVEIRA, Ligia Ziggiotti de. A equidade de gênero no programa constitucional das relações familiares. In: NOWAK, Bruna (Org.); SILVA, Christiane Oliveira Peter da; BARBOZA, Estefância Maria de Queiroz; FACHIN, Melina Girardi (Coord.). *Constitucionalismo feminista*: expressão das políticas públicas voltadas à igualdade de gênero. Salvador: JusPodivm, 2020, v. 2. p. 355-356.

2. Op. cit., p. 356.

Entretanto, mesmo sem ter trazido menção expressa ao direito de decisão das mulheres sobre seus próprios corpos, a Constituição de 1988 logrou estabelecer a tutela da mulher e de suas liberdades. Tanto é que o debate sobre a inconstitucionalidade da tipificação penal do aborto é efetivo, já tendo sido pautado em ações constitucionais no Brasil, a exemplo da discussão travada no âmbito do HC 124.306/RJ,[3] em que o Supremo Tribunal Federal (STF), sob a lavra do Min. Luís Roberto Barroso, decidiu ser inconstitucional a incidência do tipo penal de aborto se o procedimento se der de forma voluntária dentro do primeiro trimestre de gestação.

Há sólidos entendimentos segundo os quais a criminalização do aborto "não foi recepcionada pelo atual texto constitucional",[4] tendo em vista a densa carga axiológica atribuída à dignidade da pessoa humana e à autodeterminação da mulher sobre seu próprio corpo e sobre o seu projeto parental.

Nessa ordem de ideias, vê-se que a tutela da integridade física e do corpo humano contra a tortura e contra o tratamento degradante é oponível não apenas contra o Estado, mas contra toda sociedade. Ou seja, cidadãos e cidadãs são protegidos não apenas do arbítrio do poder público, mas têm proteção também "em face da sociedade civil e dos costumes religiosos",[5] de maneira que a criminalização do aborto, motivada pela moral e pela concepção subjetiva de sacralização da vida, não se mostraria constitucionalmente adequada.

No âmbito da Arguição de Descumprimento de Preceito Fundamental (ADPF) 442, o assunto vem sendo discutido, com contornos ampliados, tendo havido voto da Rel. Min. Rosa Weber no sentido de "entender pela recepção parcial dos arts. 124 e 126 do Código Penal, em ordem a excluir do seu âmbito de incidência a interrupção da gestação realizada nas primeiras doze semanas".[6]

Esse é um debate que carece de ser travado nos tribunais constitucionais dos países democráticos, pois o senso de inconstitucionalidade em torno da criminalização do aborto emana dos princípios inerentes ao constitucionalismo liberal. Todavia, não é raro que essas discussões, quando travadas nos tribunais constitucionais, sejam seguidas de forte reação de parcela da sociedade, sendo comum a ocorrência de esforços para a aprovação de leis e de medidas voltadas ao aumento da rigidez da proibição do aborto, como ocorreu nos Estados Unidos após a decisão *Roe v. Wade* em 1973, que foi seguida de mobilizações sociais que

---

3. STF, HC: 124306/RJ, Relator: Min. Marco Aurélio, Redator do Acórdão: Min. Roberto Barroso, Data de Julgamento: 09.08.2016, Primeira Turma, Data de Publicação: DJe-052 17.03.2017.
4. SCHREIBER, Anderson. Aborto do feto anencéfalo e tutela dos direitos da mulher. In: FERRAZ, Carolina Valença et al. (Coord.) *Manual dos direitos da mulher.* São Paulo: Saraiva, 2013, p. 207.
5. Ibidem.
6. Destaque de Ministro, Plenário, Sessão Virtual de 22.9.2023, iniciada na Presidência da Ministra Rosa Weber e finalizada na Presidência do Ministro Luís Roberto Barroso.

passaram a ser entendidas como manifestação do efeito *backlash*,[7] ou seja, gerando um efeito contrário àquele inicialmente pretendido.

No que concerne à realidade brasileira, não é diferente. Nota-se que as decisões do Supremo Tribunal Federal, em ações constitucionais relacionadas à discussão sobre a inconstitucionalidade da tipificação penal do aborto, são costumeiramente seguidas de claras demonstrações de efeito *backlash*.[8] Os direitos fundamentais à liberdade reprodutiva e ao planejamento familiar das mulheres costumam ser ignorados por setores conservadores da sociedade – não apenas no que diz respeito ao aborto, mas também em relação às formas legalmente previstas de desistência da maternidade, subtraindo da mulher a sua própria autonomia.

Decorre daí a necessidade de pautar o debate em direção a uma possível superação da maternidade compulsória na sociedade brasileira, notadamente porque ela tem forte relação com os ideais de gênero, construídos socialmente, que sustentam as relações de dominação e de subjugação das mulheres.

Todavia, é interessante observar que, apesar da perpetuação do tipo penal incriminador,[9] não há uma cultura significativa de aplicação de penas à prática do aborto,[10] exceto, logicamente, naqueles casos em que o aborto é provocado contra a vontade da gestante.

Deve-se destacar que a "criminalização do aborto no Brasil nunca evitou a prática, apenas a condenou [a gestante] ao submundo, à marginalidade do Estado de Direito".[11]

Apesar de o aborto ser tipificado como crime contra a vida, o que se busca com a perpetuação da ineficaz tipificação é a proteção de valores outros: os costumes.

---

7. ZAGURSKI, Adriana Timoteo dos Santos. Backlash: uma reflexão sobre deliberação judicial em casos polêmicos. *Revista da AGU*. Brasília-DF, v. 16, n. 03, p. 87-108, jul./set. 2017, p. 89.

8. Exemplos disso são as manifestações de parlamentares em sessões da Câmara dos Deputados e do Senado Federal logo após a publicação de decisões ou mesmo votos nas referidas ações. Cf. Senado Notícias. *Chico Rodrigues critica STF por pautar a descriminalização do aborto*. Disponível em: https://www12.senado.leg.br/noticias/materias/2023/09/20/chico-rodrigues-critica-stf-por-pautar-a-descriminalizacao-do-aborto. Acesso em: 14 fev. 2025. Cf. Senado Notícias. *Girão critica julgamento de ação sobre aborto no STF e anuncia manifestações*. Disponível em: https://www12.senado.leg.br/noticias/materias/2023/09/19/girao-critica-julgamento-de-acao-sobre-aborto-no-stf-e-anuncia-manifestacoes. Acesso em: 14 fev. 2025.

9. Aborto provocado pela gestante ou com seu consentimento: "Art. 124. Provocar aborto em si mesma ou consentir que outrem lho provoque: Pena: detenção, de um a três anos".

10. Em dezembro de 2022, havia 379 homens e 17 mulheres presas por condenação em crime de aborto, em todo o território nacional. Cf. BRASIL. MINISTÉRIO DA JUSTIÇA. Secretaria Nacional de Políticas Penais. *13º Ciclo INFOPEN* – Levantamento Nacional de Informações Penitenciárias. Disponível em: https://www.gov.br/senappen/pt-br/servicos/sisdepen/relatorios/relatorios-analiticos/br/brasil-dez-2022.pdf. Acesso em: 14 fev. 2025.

11. SCHREIBER, Anderson. Aborto do feto anencéfalo e tutela dos direitos da mulher. In: FERRAZ, Carolina Valença et al. (Coord.) *Manual dos direitos da mulher*. São Paulo: Saraiva, 2013, p. 205.

A criminalização parece, assim, atender muito mais a uma demanda de restrição das liberdades da mulher do que efetivamente proteger a vida do nascituro.

Tais liberdades são secundarizadas e inferiorizadas diante de outros valores. Ainda que aceitemos a manutenção do tipo penal como meio de proteção da vida do nascituro (que, como já dito, não é valor único a ser "protegido" pelo tipo penal do aborto), temos que essa proteção se daria com sacrifício de outros direitos constitucionais importantes: ao corpo, às liberdades reprodutivas e ao livre planejamento familiar da mulher. Nessa ordem de ideias, "o direito da mulher a terminar sua gravidez é cancelado pelo direito do feto a nascer; a ênfase discursiva é deslocada da liberdade reprodutiva de uma pessoa viva para o futuro imaginado de um humano em potencial".[12]

A literatura crítica sobre o aborto tem apontado que a "inviolabilidade indistinta do direito à vida é falaciosa, ainda que de força retórica, porque existem hipóteses amparadas por lei de relativização da vida como conceito amplo".[13] Se o valor protegido fosse a vida, nem sequer haveria as hipóteses legais de afastamento de pena em caso de aborto,[14] tampouco se teria chegado à decisão sobre não incidência de pena em caso de aborto cometido em gestação de anencéfalo, aprovada em sede da ADPF 54.

O que essas exceções à lei evidenciam é que a proteção da vida pode ser afastada, de modo que não é esse – ou não apenas esse – o valor protegido pelo tipo penal do aborto. Há algo mais a influenciar a perpetuação desse tipo penal de constitucionalidade questionável e de aplicabilidade diminuta. Descriminalizar a prática de aborto significaria aceitar a falibilidade do mito do amor materno,[15] crença de difícil superação, que está na raiz da maternidade compulsória.

---

12. FONSECA, Cláudia; MARRE, Diana; RIFIOTIS, Fernanda. Governança reprodutiva: um assunto de suma relevância. *Horizontes Antropológicos*. Porto Alegre, ano 27, n. 61, p. 7-46, set./dez. 2021, p. 13.

13. DENORA, Emanuella Magro; ALVES, Fernando de Brito. Da dor solitária e das lágrimas que não se mostra: a criminalização do aborto como punição da sexualidade da mulher. *Revista de Direito Brasileira*. São Paulo, SP. v. 20, n. 8, p. 378-407, maio/ago. 2018, p. 390.

14. "Art. 128. Não se pune o aborto praticado por médico: Aborto necessário – I – se não há outro meio de salvar a vida da gestante; Aborto no caso de gravidez resultante de estupro; II – se a gravidez resulta de estupro e o aborto é precedido de consentimento da gestante ou, quando incapaz, de seu representante legal."

15. "Mais precisamente, os defensores do amor materno 'imutável quanto ao fundo' são evidentemente os que postulam a existência de uma natureza humana que só se modifica na 'superfície'. A cultura não passa de um epifenômeno. Aos seus olhos, a maternidade e o amor que a acompanha estariam inscritos desde toda a eternidade na natureza feminina. Desse ponto de vista, uma mulher é feita para ser mãe, e mais, uma boa mãe. Toda exceção à norma será necessariamente analisada em termos de exceções patológicas. A mãe indiferente é um desafio lançado à natureza, a anormal por excelência" (BADINTER, Elisabeth. *Um amor conquistado*: o mito do amor materno. Trad. Waltensir Dutra. Rio de Janeiro: Nova Fronteira, 1985, p. 15).

É preciso que se tome o tema, ainda, como matéria relacionada às assimetrias de gênero que persistem. A mera tutela criminal perpetua a situação de maternidade compulsória, "que representa uma limitação potencial permanente à soberania das mulheres sobre si mesmas".[16]

No contexto internacional, o tolhimento dos direitos das mulheres também se evidencia. Mesmo em ordenamentos que conheciam o direito ao aborto há décadas, vê-se que os movimentos "pró-vida" têm se valido de argumentos relacionados a outras formas de desistência da maternidade como sucedâneas ao aborto, logrando efetivar mudanças que vêm reduzindo a garantia do acesso à interrupção da gravidez indesejada.

Esse estado de coisas se dá em detrimento do desenvolvimento de políticas públicas efetivas para a desistência digna da maternidade. Perpetua-se um tratamento meramente criminalizador, ao arrepio dos interesses da mulher que busca tal prática, ignorando-se sua dignidade, sua liberdade reprodutiva e até mesmo seu direito ao corpo e à saúde: "Estar o aborto alocado na legislação brasileira unicamente no Código Penal é uma manifestação muito clara de uma escolha de política pública – criminal – pontual do legislador".[17]

Assim, o aborto precisa ser refletido como questão de saúde pública, de respeito à autonomia da mulher de decidir sobre o seu próprio corpo, mas, jamais, como norma penal incriminadora.

2. A AUTONOMIA DA MULHER E AS ALTERNATIVAS À DESISTÊNCIA DA MATERNIDADE

Neste artigo buscamos apresentar o rol de temáticas relacionadas às possibilidades dadas à mulher no processo de desistência da maternidade indesejada. Em que pese haver particularidades relacionadas a cada modo de desistência, algo se constata quando se faz uma análise comparada entre as opções: é comum que um meio de desistência seja discursivamente apresentado como substitutivo de outro, enfraquecendo o debate relacionado a uma agenda ampla para a superação da maternidade compulsória.

2.1 *Safe havens*

Nos debates travados em 2022 na Suprema Corte dos Estados Unidos, no caso *Dobbs v. Jackson Women's Health Organization*, deixou-se de entender o

---

16. BIROLI, Flávia; MIGUEL, Luis Felipe. *Aborto e Democracia*. São Paulo: Alameda, 2016, p. 57.
17. DENORA, Emanuella Magro; ALVES, Fernando de Brito. Da dor solitária e das lágrimas que não se mostra: a criminalização do aborto como punição da sexualidade da mulher. *Revista de Direito Brasileira*. São Paulo, SP. v. 20, n. 8, p. 378-407, maio/ago. 2018, p. 391.

aborto como um direito constitucional da mulher, superando a jurisprudência de décadas consolidada no caso *Roe* v. *Wade*, anteriormente mencionado.

Nas deliberações sobre o tema, recorreu-se à existência de supostas "soluções inovadoras" para a questão da maternidade indesejada, as quais tornariam desnecessário o direito ao aborto. Tais soluções seriam os *safe havens*, isto é, espaços em prédios públicos destinados à entrega de crianças para adoção, através do depósito anônimo de bebês para alocação em família substituta.[18]

Os *safe havens* são urnas, janelinhas ou outras instalações que permitem a alocação de uma criança de modo não identificado. A pessoa que entrega o bebê o faz depositando-o nessas urnas, partindo sem ser identificada.

Cabe registrar que tais "portinholas para a vida" ou "janelas de Moisés" são presentes em vários países:[19] há as *culle per la vita* na Itália,[20] o *babyklappe* presente na Alemanha, os *cradles* disponíveis em hospitais japoneses e as diversas e inúmeras *baby boxes* ou *baby hatches* nos Estados Unidos,[21] havendo inclusive um movimento voltado à universalização da prática, articulado por meio da International Association of Baby Boxes (IABB), sediada na cidade de Kumamoto, no Japão. Nos Estados Unidos há uma regulação para a prática em cada estado, e as leis relacionadas ao tema são conhecidas como as *safe haven laws*.[22]

Sobre toda essa gama de portinholas e normativas, e sobre o discurso que sustenta essas práticas, há algo a ser dito: não se trata de salvar bebês, mas de criar padrões em matéria de maternidade; trata-se da estratificação da reprodução;

---

18. Sobre a utilização desse instituto como um argumento em desfavor do aborto invocado no caso *Dobbs*, veja-se: *"[The] safe haven law, was referred to directly by Justice Alito in the majority opinion in Dobbs v. Jackson Women's Health Organization. Alito noted that pro-life proponents emphasize that in light of new, modern developments, the right to an abortion is no longer necessary.* (FOSTER, Sophia. Are Safe Haven Laws an Adequate Replacement for Abortion Rights? *CICLR Online*. n. 57. 2022. Disponível em: https://larc.cardozo.yu.edu/ciclr-online/57. Acesso em: 14 fev. 2025).

19. "[...] em Hamburgo, em 1999, foi criada a 'portinhola para o bebê' ou 'janela de Moisés', onde mantenedores ligados às igrejas garantem uma espécie de guichê para que a mãe possa depositar seu filho anonimamente, e sem a possibilidade de ser identificada. Cada uma dessas 'janelas' é equipada com bercinhos aquecidos, e coloca à disposição das mães materiais informativos, em vários idiomas, sobre entidades em que ela pode buscar ajuda, inclusive psicológica. [Esses instrumentos] já existem em outros países, com alto índice de abandono de crianças, como Índia, Paquistão, África do Sul, Hungria, dentre outros" (PEREIRA, Rodrigo da Cunha. *Parto Anônimo* – uma janela para a vida. Artigos IBDFAM. Disponível em: https://ibdfam.org.br/artigos/359/Parto+An%C3%B4nimo+%26mdash%3B+uma+janela+para+a+vida. Acesso em: 14 fev. 2025).

20. Que são pensadas como alternativa ao aborto, conforme MAIONI, Melissa. *Bioetica e culle per la vita*: l'ultima possibile alternativa all'aborto. Morolo: IF Press, 2015.

21. "*Babyklappes were first established in Germany in 2000, and there are currently more than 90 locations. Facilities with similar functions exist in 20 countries, including Poland, the Czech Republic, Hungary, Italy, Austria, Vatican City, USA, India, and South Africa*" (ASAI, Atsushi; ISHIMOTO, Hiroko. Should we maintain baby hatches in our society? *BMC Medical Ethics*. v. 14, n. 9, 2013, p. 1).

22. KUNKEL, Katherine A. Safe-Haven Laws Focus on Abandoned Newborns and Their Mothers. *Journal of Pediatric Nursing*. v. 22, n. 5. Out, 2007, p. 398.

trata-se de relações de poder e da ideia de que algumas mulheres merecem ser mães e outras não; trata-se de marginalizar a gravidez indesejada.[23]

Há uma série de outras críticas relacionadas à prática. Se levarmos em conta que, nos Estados Unidos, a mulher que opta por colocar o filho biológico em adoção tem o direito de escolher a família substituta da criança, pelo sistema da *domestic adoption*, a sistemática dos *safe haves* é ainda mais grave, pois representa uma forma de estimular a renúncia a esse direito, fortalecendo o estigma e a invisibilidade das genitoras biológicas, e tolhendo a possibilidade de a criança ser adotada num sistema de adoção aberta.[24]

O incremento nas políticas relacionadas ao depósito de bebês é motivado pelo interesse das famílias adotantes, e não no melhor interesse da criança adotada: as pretensas famílias substitutas apresentam grande interesse na adoção pelos *safe havens*, pois as crianças ali deixadas costumam ser bebês recém-nascidos, sem origem biológica conhecida,[25] o que viabiliza uma adoção que se aproxima da experiência biológica da gestação e maternidade.

O discurso em torno dos *safe havens*, que foi invocado na decisão que revogou o aborto como direito constitucional da mulher nos Estados Unidos, não considera a dignidade da mulher que desiste da maternidade, nem mesmo para o melhor interesse da pessoa adotada. Entendemos que é um discurso que precisa ser superado, a partir de um debate qualificado sobre justiça reprodutiva.[26]

Infelizmente, não é um discurso que vem dando sinais de esgotamento. Muito pelo contrário. Se nos debates dos julgadores do caso *Dobbs* houve uso desse discurso como um recurso argumentativo, após a publicação da decisão houve um grande uso desse argumento no debate público, como forma de reforço à decisão.

Autoridades pró-vida adotaram lemas problemáticos como "*Adoption, not abortion*" e outros slogans passaram a ocupar o debate público do país, numa lógica de substituição do direito ao aborto pelo direito à entrega em adoção.[27]

Ocorre que esse movimento produz uma interpretação extremamente reducionista a um problema complexo: essa ordem de ideias instrumentaliza a adoção aos interesses de uma agenda conservadora pró-vida, contribuindo com a

---

23. OAKS, Laury. *Giving up baby*: safe haven laws, motherhood and reproductive justice. Nova Iorque: New York University Press, 2015, p. 2.
24. OAKS, Laury. *Giving up baby*: safe haven laws, motherhood and reproductive justice. Nova Iorque: New York University Press, 2015, p. 2.
25. Op. cit., p. 3.
26. Ibidem.
27. IDZIK, Sarah Hae-In. "Less Abortion, More Adoption": A Brief Discursive History of Adoption as Solution. *Adoption & Culture*, v. 10, n 2, 2022, p. 285.

objetificação e desumanização das pessoas adotadas,[28] e com total desconsideração dos interesses da mulher que busca meios de desistir da maternidade indesejada.

2.2 O parto e o depósito anônimos

Outro mecanismo de desistência da maternidade indesejada aventado no debate internacional diz respeito ao parto anônimo. O tema também está relacionado à renúncia à maternidade, sendo uma forma de entrega de crianças em adoção.

Tomando a experiência francesa, vemos que as políticas públicas para o parto anônimo foram desenvolvidas através do instituto do *accouchement sous-x*, pelo qual se viabiliza à gestante o direito de comparecer a um hospital para realizar um parto sem identificação, sendo registrada apenas como *Madame X*.[29] Os debates ambientados no Parlamento e na sociedade francesa em torno do *accouchement sous-x*, na década de 1990, foram marcados pelo discurso do combate ao abandono de crianças, tendo-se investido notável esforço em pautar o parto anônimo como ato de amor.[30]

Assim como nos discursos ambientados no caso *Dobbs*, já comentados, apresentou-se uma solução em detrimento de outras. Uma forma de renúncia à maternidade foi apresentada como caminho único, em detrimento de uma agenda ampla de possibilidades.

A princípio, a política do parto anônimo contou com o apoio das feministas francesas, mas as problematizações não tardaram. Isso porque o *accouchement sous-x* não se efetivou como instrumento de autonomia das mulheres, mas sim como instrumento de subversão de sua vontade. Análises críticas passaram a apontar que as mulheres que realizavam o parto anônimo eram, em geral, jovens, economicamente dependentes e suscetíveis às pressões da família e da sociedade,[31] tendo-se constatado que, em muitos casos, a opção pelo parto anônimo não representava ato de autonomia, mas sim de obediência.

Outro ponto delicado da política do parto anônimo diz respeito à irreversibilidade do anonimato, tema que gerou distorções e tensionamentos, resultando na organização de movimentos por parte das mães que posteriormente busca-

---

28. Ibidem.
29. FONSECA, Cláudia. Abandono, adoção e anonimato: questões de moralidade materna suscitadas pelas propostas legais de "parto anônimo". Sexualidad, salud y sociedade – *Revista Latinoamericana*. n. 1. 2009, p. 43-44.
30. Cf. BONNET, Catherine. *Geste d'amour*: L'accouchement sous x. Paris: Editions Odile Jacob, 1990.
31. FONSECA, Cláudia. Abandono, adoção e anonimato: questões de moralidade materna suscitadas pelas propostas legais de "parto anônimo". Sexualidad, salud y sociedade – *Revista Latinoamericana*. n. 1. 2009, p. 45.

vam informações sobre os filhos biológicos.[32] Além disso, muitas parturientes buscavam o parto anônimo para entregar filhos biológicos oriundos de gestação motivada por situações de violência sexual, tendo-se analisado que algumas entregas findavam por proteger "o tio abusador, o pai incestuoso, o primo ou vizinho estuprador",[33] os quais se beneficiavam da entrega anônima, que não era seguida de um inquérito ou processo judicial.

Assim, em virtude das problemáticas apontadas, percebe-se uma tendência de combate à continuidade do parto anônimo na França,[34] lição que entendemos dever ser observada na estruturação das políticas públicas brasileiras.

A partir da análise das políticas públicas aqui comentadas, relacionadas aos formatos anônimos de entrega de crianças como meio de desistência da maternidade indesejada, o que se constata é que essas modalidades não são desenhadas de modo a contemplar os anseios das mulheres. Busca-se uma solução para a maternidade indesejada que ignora a dignidade da mulher que não quer ser mãe – o que não representa um caminho digno para a superação do problema da maternidade compulsória.

A própria motivação das proposições está costumeiramente relacionada ao combate ao aborto ou ao abandono de crianças – o que demonstra que a preocupação dessas políticas não recai sobre a dignidade das mulheres, visto que produzidas a partir de "costumes" sexistas.

Também no Brasil já se vislumbrou tendência de regulação do parto anônimo, igualmente como mecanismo de combate ao suposto problema do abandono de crianças. A temática foi discutida no âmbito do Projeto de Lei (PL) 2747/2008.[35] Apesar de ter se buscado um contorno crítico na redação do PL, buscando-se delinear o parto anônimo como direito de todas as mulheres, sua própria justificativa ementada parte de uma premissa problemática: o Projeto "Cria mecanismos para coibir o abandono materno e dispõe sobre o instituto do parto anônimo e dá outras

---

32. Nos movimentos de mães que exerceram a opção pelo anonimato ao redor do mundo, vê-se a defesa do direito à busca de informações, não como um meio de arrependimento da entrega ou como tentativa de se desfazer a adoção, mas simplesmente como caminho para o acompanhamento do destino da criança posta em família substituta. Sobre essas mães, importante considerar: *they are, in general not against adoption, and they have no intention of taking back their child or of denying the adoptive family's authority. What they demand is the right to information – to have some idea of how their children are faring, how they are growing up, and, eventually, the possibility of some contact. As they see it, this (ongoing) information bears with it a recognition of their (ongoing) maternal status* (FONSECA, Cláudia. The de-kinning of birthmothers: reflections on maternity and being human. *Vibrant*. v. 8. n. 2. dez. 2011).

33. FONSECA, op. cit., p. 46.

34. Ibidem.

35. BRASIL. Câmara dos Deputados. Projeto de Lei 2747, de 11 de fevereiro de 2008. Cria mecanismos para coibir o abandono materno e dispõe sobre o instituto do parto anônimo e dá outras providências. *Página de atividade legislativa*. Disponível em https://www.camara.leg.br/proposicoesWeb/fichadetramitacao?idProposicao=382874. Acesso em: 14 fev. 2025.

providências", de modo que também não representa uma proposição voltada à dignidade da mulher, mas sim ao combate de supostas práticas violadoras dos direitos de seus filhos biológicos.

Até aqui, foram apresentadas alternativas à maternidade indesejada que não encontram respaldo no ordenamento brasileiro. O aborto, que não é permitido no país, tampouco é firmemente reprimido, sendo inclusive alvo de discussões na nossa Corte Constitucional. O parto anônimo e o depósito anônimo, que ocupam o debate sobre desistência da maternidade no contexto internacional e já foram discutidos no Congresso Nacional, não se mostram caminho a ser trilhado, dado que não logram efetivar a dignidade das mulheres.

E o que dizer a respeito das possibilidades legalmente asseguradas no ordenamento jurídico brasileiro à mulher que enfrenta gravidez indesejada? A essa mulher é dado, tão somente, o direito de realizar a entrega da criança ao Estado, para fins de adoção. Ela tem alguma voz no processo de adoção? Quais garantias lhe são asseguradas nesse processo, e que prerrogativas ainda carecem de ser providenciadas, para que essa alternativa seja compatível com seus anseios e direitos fundamentais? Vejamos a seguir.

2.3   A entrega da criança para adoção

Numa análise estritamente legal do tema da desistência da maternidade, tem-se que a única alternativa normativamente prevista para essa desistência é a entrega da criança em adoção. Há duas espécies: a chamada entrega legal e a adoção *intuitu personae*.

2.3.1   Entrega legal

A genitora tem direito à entrega, havendo menção legal a uma entrega desburocratizada, humanizada, acolhedora e acompanhada por equipe interdisciplinar. Nesse sentido, a redação atual do art. 13, § 1º, do Estatuto da Criança e do Adolescente (ECA)[36] assegura à mulher que deseja entregar uma criança em adoção o direito a um encaminhamento à Vara da Infância e Juventude de maneira livre de constrangimentos. É uma redação que resulta da mobilização das Varas e do próprio Conselho Nacional de Justiça (CNJ), assegurando à mulher uma escuta qualificada, livre de julgamentos e reprimendas.[37]

---

36. "Art. 13, § 1º As gestantes ou mães que manifestem interesse em entregar seus filhos para adoção serão obrigatoriamente encaminhadas, sem constrangimento, à Justiça da Infância e da Juventude."
37. SILVA, Fernando Moreira Freitas da. *Adoção*: um diálogo entre os direitos fundamentais e a realidade dos acolhimentos institucionais. Londrina: Thoth, 2022, p. 215.

Outra atualização no ECA relacionada à entrega, considerada de extrema importância,[38] diz respeito à previsão do direito a atendimento psicológico para a mãe que deseja colocar uma criança em adoção.[39] Considera-se efetivamente "necessário que as mães biológicas recebam apoio e assistência psicossocial ao longo de todo o processo de entrega, do momento que se inicia o plano de adoção até o processo de elaboração da perda e luto".[40]

É fato que a realidade das Varas da Infância comumente destoa da robusta missão que lhes é imposta, havendo demandas relativas à "implementação de políticas que atendam à mãe biológica que vivencia a violência social e pessoal, bem como atendimento especializado nos serviços de saúde mental e de apoio à adoção".[41] A realidade das Varas nem sempre logra oferecer o acolhimento livre de constrangimentos que a lei garante à mulher, mas, ao menos do ponto de vista normativo, esse atendimento acolhedor, bem como o acompanhamento psicológico, são direitos assegurados às mães biológicas que optam pela entrega em adoção.

É importante considerar que esse acompanhamento psicológico deve ser direcionado ao apoio à decisão da mulher. Entende-se que o atendimento "não tem o condão de desestimular ou repreender a mulher por sua decisão, mas verificar se ela foi consciente e assistida".[42]

Além da menção à escuta qualificada da genitora, considere-se que o ECA também disciplina que esta mulher deverá ser encaminhada à Justiça da Infância e da Juventude, onde terá acesso à oitiva por equipe interprofissional, que emitirá relatório a ser levado em conta pela autoridade jurisdicional, conforme o já comentado art. 19-A.[43]

Da interpretação dialógica dos dispositivos esparsos do ECA sobre entrega de crianças em adoção, depreende-se que a lei determina a oferta de atendimen-

---

38. GALVÃO, Laura Gianesella. Marco Legal da Primeira Infância: um breve olhar sobre as alterações que reforçam a doutrina da proteção integral desde os primeiros anos de vida. *Cadernos da Defensoria Pública do Estado de São Paulo*. São Paulo, v. 3 n. 15, jul. 2018, p. 118.

39. "Art. 8º, § 4 · Incumbe ao poder público proporcionar assistência psicológica à gestante e à mãe, no período pré e pós-natal, inclusive como forma de prevenir ou minorar as consequências do estado puerperal. § 5 A assistência referida no § 4 deste artigo deverá ser prestada também a gestantes e mães que manifestem interesse em entregar seus filhos para adoção, bem como a gestantes e mães que se encontrem em situação de privação de liberdade".

40. ROSSI, Kátia Regina Bazzano da S. *Mães que entregam o bebê em adoção*: a voz das mães que não conseguem assumir a criação de um filho. Curitiba: Juruá, 2021, p. 49.

41. Ibidem.

42. SILVA, Fernando Moreira Freitas da. *Adoção*: um diálogo entre os direitos fundamentais e a realidade dos acolhimentos institucionais. Londrina: Thoth, 2022, p. 216.

43. "Art. 19-A. A gestante ou mãe que manifeste interesse em entregar seu filho para adoção, antes ou logo após o nascimento, será encaminhada à Justiça da Infância e da Juventude. § 1º A gestante ou mãe será ouvida pela equipe interprofissional da Justiça da Infância e da Juventude, que apresentará relatório à autoridade judiciária, considerando inclusive os eventuais efeitos do estado gestacional e puerperal".

to psicológico à mulher que deseja entregar o filho em adoção,[44] bem como seu encaminhamento à equipe interdisciplinar da Justiça da Infância e da Juventude, sendo obrigatória a elaboração de relatório a ser considerado pela autoridade judiciária.[45] Além disso, é necessária a realização de audiência para análise da qualidade do consentimento da mulher relativamente à entrega da criança para colocação em família substituta.[46]

Percebe-se, portanto, que essa escuta qualificada deve ser voltada à análise do consentimento da mulher relativamente à entrega da criança em adoção. O relatório da equipe interprofissional e a audiência servem para que se verifique se a entrega é uma opção livre, ou se parte de pressões externas – e essa análise de consentimento é exatamente o que falta nas experiências de entrega anônima já mencionadas.

Há ainda outras diretrizes a serem observadas pelas Varas da Infância. A Resolução 485, de 18 de janeiro de 2023, do CNJ,[47] bem como os enunciados do Fórum Nacional da Justiça Protetiva (FONAJUP), articulado pela Associação Brasileira de Magistrados da Infância e da Juventude (ABRAMINJ),[48] fixam pontos para o processo de entrega de crianças em adoção.

Segundo o Enunciado 17 do FONAJUP, a mulher tem direito à entrega anônima, e apenas se renunciar a tal direito é que se deve iniciar a busca de membros da família extensa para eventual acolhimento da criança. Por um lado, o anonimato como direito se apresenta como uma prerrogativa a ser conferida à genitora biológica, mas, por outro, a formulação da política em bases tais acaba estabelecendo esse anonimato como regra. O sigilo deixa de ser assegurado e passa a ser imposto.

A ABRAMINJ justifica seu entendimento, alegando que se o "direito" ao anonimato fosse negado, a entrega em adoção nem sequer faria sentido para a mulher,[49] pois, com o sigilo, a gestante poderia esconder a gravidez do seu ciclo familiar e comunitário, entregando a criança após o parto sem precisar expor a gravidez a terceiros.

---

44. Art. 8º, §§ 4º e 5º, do ECA.
45. Art. 19-A, *caput* e § 1º, do ECA.
46. Art. 166, § 1º, I, do ECA.
47. CONSELHO NACIONAL DE JUSTIÇA. *Resolução 485, de 18 de janeiro de 2023*. Dispõe sobre o adequado atendimento de gestante ou parturiente que manifeste desejo de entregar o filho para adoção e a proteção integral da criança. Disponível em: https://atos.cnj.jus.br/files/original1451502023012663d29386eee18.pdf. Acesso em: 14 fev. 2025.
48. ABRAMINJ; FONAJUP. *Enunciados Consolidados do Fórum Nacional da Justiça Protetiva*. Disponível em: https://drive.google.com/file/d/1Gc7g9VI9JUObt1ZvcBNf-9vF84HEvQCz/view. Acesso em: 14 fev. 2023.
49. PRADO, Katy Braun do; ABRAMINJ. *Entrega voluntária*. Youtube, 16.08.2021. Disponível em: https://www.youtube.com/watch?v=WYQ5tPGeHQ4. Acesso em: 14 fev. 2025.

Problematiza-se essa visão, pois essa ordem de ideias pressupõe uma entrega pautada na vergonha, na discrição e na clandestinidade, não representando um incremento dignificante para a mulher, mas uma ferramenta para sua inviabilização. O que buscamos argumentar aqui é que se deve pavimentar o caminho para a entrega como ato de autodeterminação da mulher.

Já em relação à Resolução 485 do CNJ, há avanços trazidos pela Resolução, a exemplo do reforço à importância da análise do consentimento das mulheres[50] e da fixação de informações que lhes devem ser prestadas.[51] Mas há também a perpetuação de uma preocupação exagerada com a questão da entrega. Há contornos novidadeiros no documento a esse respeito – veja-se, por exemplo, que a Resolução garante à gestante-criança o direito ao sigilo sobre a gravidez em face dos pais ou responsáveis.[52] Esse é um tópico delicado e de difícil enfrentamento, dado que a gravidez na infância não raro está relacionada a situações de abuso e violência sexual.

Assim, um problema que demanda tratamento e superação relativamente às prerrogativas da mulher no ato de entrega tem a ver com a apropriação da escuta qualificada, que deve ser voltada ao acolhimento da mulher e à análise de seu consentimento sobre o ato que deseja praticar, mas que, por vezes, acaba sendo usado como espaço de desestímulo e constrangimento.

Apesar de todo o regramento brasileiro já apresentado, subsistem profissionais que deturpam a finalidade do acolhimento e da escuta, valendo-se desses

---

50. Art. 4º No relatório circunstanciado a ser apresentado pela equipe interprofissional será avaliado: I – se a manifestação de vontade da pessoa gestante ou parturiente é fruto de decisão amadurecida e consciente ou se determinada pela falta ou falha de garantia de direitos [...]. CONSELHO NACIONAL DE JUSTIÇA. *Resolução 485, de 18 de janeiro de 2023*. Dispõe sobre o adequado atendimento de gestante ou parturiente que manifeste desejo de entregar o filho para adoção e a proteção integral da criança. Disponível em: https://atos.cnj.jus.br/files/original1451502023012663d29386eee18.pdf. Acesso em: 14 fev. 2025.

51. "Art. 6º A equipe técnica deverá informar, ainda, a gestante ou a parturiente, dentre outros, sobre: I – o direito à assistência da rede de proteção, inclusive atendimento psicológico nos períodos pré e pós-natal, devendo, de plano, a equipe interprofissional fazer os encaminhamentos necessários, caso haja sua anuência; II – o direito de atribuir nome à criança, colhendo desde logo suas sugestões, bem como a forma como será atribuído esse nome caso ela não o faça; III – o direito da criança de conhecer suas origens (ECA, art. 48); IV – o direito da criança de preservação de sua identidade (art. 8º da Convenção sobre os Direitos da Criança); V – o direito de a genitora ou parturiente deixar informações ou registros que favoreçam a preservação da identidade da criança, seja sobre o histórico familiar, da gestação e de sua decisão de entrega, seja sobre dados que possam ser úteis aos cuidados da criança, como os relativos a históricos de saúde da família de origem, ou outros que lhe pareçam significativo; e VI – o direito de gozo de licença-saúde após o parto e que a razão da licença será mantida em sigilo".

52. "Art. 5º. A gestante ou parturiente deve ser informada, pela equipe técnica ou por servidor designado do Judiciário, sobre o direito ao sigilo do nascimento, inclusive, em relação aos membros da família extensa e pai indicado, observando-se eventuais justificativas apresentadas, respeitada sempre sua manifestação de vontade e esclarecendo-se sobre o direito da criança ao conhecimento da origem biológica (ECA, art. 48) § 1º O direito ao sigilo é garantido à gestante criança ou adolescente inclusive em relação aos seus genitores, devendo, nesse caso, ser representada pelo Defensor Público ou advogado a ela nomeado."

espaços para desestimular a entrega,[53] o que viola a lei, as diretrizes aplicáveis e os valores constitucionais relacionados à autodeterminação da mulher.

É preciso, assim, "garantir à genitora que os direitos já previstos no ECA sejam efetivados de modo que ela tenha a ajuda necessária, seja psicológica, seja social, para permanecer com o filho ou, não sendo essa sua vontade, entregá-lo em adoção".[54]

Contudo, ainda há um longo caminho a percorrer, já que, mesmo respeitada a sua vontade de entregar o filho em adoção, a autonomia da mulher é limitada. Ela não poderá participar da escolha da família que receberá o seu filho, já que a criança é encaminhada às famílias previamente cadastradas para adotar, rompendo-se totalmente qualquer vínculo entre a genitora, a criança e a família adotiva, mantendo-se absoluto sigilo.

2.3.2   Adoção intuitu personae

Outra forma de entrega de criança à adoção é a chamada adoção "*intuitu personae*", por meio da qual um pretendente adota uma criança próxima, com a qual se vincula, seja pelo parentesco, seja pelos laços de afetividade consolidados. Há três hipóteses expressamente previstas no art. 50, § 13, do ECA: I) pedido de adoção unilateral, em que o cônjuge ou companheiro(a) adota o(a) filho(a) do outro; II) pedido de parente com o qual a criança ou adolescente mantenha vínculos de afinidade e afetividade; III) oriundo o pedido de quem detém a tutela ou guarda legal de criança maior de 3 (três) anos ou adolescente, desde que o lapso de tempo de convivência comprove a fixação de laços de afinidade e afetividade, e não seja constatada a ocorrência de má-fé ou qualquer das situações previstas nos arts. 237 ou 238 desta Lei.

O posicionamento clássico, inclusive adotado pelo CNJ,[55] afirma que o rol é taxativo. Contudo, a partir da prática judiciária, demonstrada nos julgados do

---

53. É o caso de Defensor Público que participou da pesquisa de campo realizada pelo CNJ, o qual, diante de caso de gravidez indesejada, "decidiu entrevistar a menina, certo do dever de alterar a decisão da moça, por meio da ponderação de que deveria 'amamentar' a criança durante os seus seis primeiros meses de vida 'experimentado' a maternidade. Por meio da amamentação a mãe de nascimento poderia 'experimentar' se queria ou não o filho, ao mesmo tempo que garantiria o direito do bebê ao aleitamento". Conselho Nacional de Justiça; Programa das Nações Unidas para o Desenvolvimento. *Primeiras infâncias e formas de produzir famílias*: narrativas de atores públicos sobre a entrega voluntária, destituição do poder familiar, adoção e rumores de tráfico de crianças com até 6 anos de idade no Brasil. Brasília: CNJ, 2022, p. 30-31.

54. SILVA, Fernando Moreira Freitas da. *Adoção*: um diálogo entre os direitos fundamentais e a realidade dos acolhimentos institucionais. Londrina: Thoth, 2022, p. 214.

55. BRASIL. Conselho Nacional de Justiça. *Nota técnica 0008369-46.2019.2.00.0000*. Nota técnica ao Projeto de Lei do Senado 369/2016. Disponível em: https://www.cnj.jus.br/plenario-virtual/?sessao=562. Acesso em: 13 fev. 2025.

Superior Tribunal de Justiça, é possível notar que há uma tendência a tratar o rol do ECA como exemplificativo, relativizando-o. Isso porque têm sido chancelados diversos casos de adoção *intuitu personae*, alguns deles, inclusive, contra disposição expressa do ECA, a "chamada adoção à brasileira".[56]

Assim, ao se verificar que há vínculos afetivos consolidados entre a criança e a família adotiva, mesmo que inobservadas as disposições legais sobre a adoção e desde que não haja risco à integridade psicofísica da criança, o STJ tem flexibilizado a rigidez do cadastro de adoção, em nome do princípio do melhor interesse da criança.[57]

Nesses processos, pouca atenção tem sido dada à genitora biológica da criança, ao decidir entregar diretamente uma filha ou um filho à adoção. Por contrariar o mito do amor materno, essa mulher é acusada de ser negligente, imprudente, desamorosa e, até mesmo, criminosa. Parte-se do pressuposto de que a entrega é para fins econômicos, pois ela teria recebido alguma proposta vantajosa.

Contudo, há mulheres que também entregam os seus filhos por amor. Segundo Françoise Dolto, "é por amar o filho que a mãe vai dá-lo para criar, se ela própria não pode fazê-lo! Ela o ama imaginariamente. Na realidade, sua maternidade é incompatível com sua realidade".[58]

Nesse sentido, a genitora biológica poderia se sentir segura de entregar a uma pessoa conhecida, tendo a certeza de que o seu filho estaria bem protegido. Aliás, isso poderia reduzir a beligerância nos processos de destituição do poder familiar e de adoção. Infelizmente, a realidade não é essa. Após a entrega institucional da criança à Vara da Infância e Juventude, a genitora biológica não mais terá qualquer contato com a criança, tampouco saberá quem a adotou. Aplica-se, rigorosamente, o rompimento de vínculos com os parentes biológicos, previsto no art. 41 do ECA.

Em uma perspectiva crítica, malgrado a clareza do dispositivo legal, poder-se-ia pensar na superação da interpretação meramente literal do texto legal, de modo a reconhecer a possibilidade de participação da família biológica na escolha

---

56. Nesse sentido, por todos, cita-se o seguinte julgado: "[...] 4. A ordem cronológica de preferência das pessoas previamente cadastradas para adoção não tem um caráter absoluto, devendo ceder ao lema do melhor interesse da criança ou do adolescente, razão de ser de todo o sistema de defesa erigido pelo Estatuto da Criança e do Adolescente, que tem na doutrina da proteção integral sua pedra basilar (HC 468.691/SC, Rel. Ministro LUIS FELIPE SALOMÃO, Quarta Turma, DJe de 11/3/2019). 5. Ordem de habeas corpus, excepcionalmente, concedida de ofício, confirmando a liminar já deferida." (STJ, *HC 878.386/ES*, relator Ministro Moura Ribeiro, Terceira Turma, julgado em 2/4/2024, DJe de 11/4/2024).

57. SILVA, Fernando Moreira Freitas da. *Adoção*: um diálogo entre os direitos fundamentais e a realidade dos acolhimentos institucionais. Londrina: Thoth, 2022, p. 218 e ss.

58. DOLTO, Françoise; HAMAD, Nazir. *Destino de crianças*: adoção, famílias de acolhimento, trabalho social. Trad. Eduardo Brandão. Revisão técnica: Cláudia Berliner. São Paulo: Martins Fontes, 1998. p. 101.

da família adotiva. Não se poderia alegar que essa possibilidade enfraqueceria a regra do cadastro dos adotantes, mas ocuparia uma posição subsidiária. Assim, em não havendo possibilidade ou não sendo recomendável a participação da família biológica na escolha, caberia exclusivamente à Vara da Infância decidir. Mas, havendo tal possibilidade, a participação deveria ser admitida.

É claro que isso não é tão simples de ser assimilado, nesta quadra atual, pois a mentalidade ainda enraizada em nossa cultura é de propriedade dos genitores – biológicos ou adotivos – sobre os filhos. Contudo, o fato de haver experiências de família que adotaram pelo cadastro, mas consentiram com o contato com a família biológica, poderá servir para a mudança dos valores sociais. Essa modalidade de adoção é chamada adoção aberta ou por contato.[59] Desse modo, havendo fato social, valor, o próximo passo será a norma jurídica, conforme nos ensina Miguel Reale em sua Teoria Tridimensional do Direito.[60]

Ao trazer os envolvidos para uma relação dialógica, horizontal, em que todos tenham o direito à efetiva participação no processo de adoção, tomando como norte o compromisso com o melhor interesse da criança, as chances de sucesso da adoção serão maiores, e os traumas, menores.

CONSIDERAÇÕES FINAIS

A desistência da maternidade indesejada é tema que representa tabu de difícil superação. Buscou-se, ao longo destas páginas, apresentar um apanhado dos modelos de desistência, inclusive à luz de algumas experiências internacionais.

Percebe-se, na prática social, que não foram superados os ranços do patriarcado, e a autonomia da mulher sobre seu projeto parental é valor que parece influenciar de maneira ainda tímida a formulação de políticas para a desistência da maternidade indesejada. Reduz-se a mulher a uma posição de "segunda classe" nas decisões relativas ao seu próprio corpo e à sua família.

Contudo, na perspectiva de contratualização das relações familiares, embora seja anacrônica a limitação de direitos e prerrogativas de mulheres no tocante ao seu projeto parental, pode-se afirmar que há espaços para avanços, mormente em relação à entrega da criança para adoção e à escolha da família adotiva.

---

59. Sobre a chamada adoção aberta ou por contato, ver: MELO, Eduardo Rezende. Adoção com contato e direitos da criança e do adolescente: uma problematização de paradigmas. In: VIEIRA, Marcelo de Mello; BARCELOS, Paulo Tadeu Righetti (Org.). *Direitos da criança e do adolescente*: direito à convivência familiar em foco. Belo Horizonte, São Paulo: D'Plácido, 2021.

60. REALE, Miguel. *Teoria Tridimensional do Direito*. 3. ed. São Paulo: Saraiva, 1980.

REFERÊNCIAS

ABRAMINJ; FONAJUP. *Enunciados Consolidados do Fórum Nacional da Justiça Protetiva*. Disponível em: https://drive.google.com/file/d/1Gc7g9VI9JUObt1ZvcBNf-9vF84HEvQCz/view. Acesso em: 14 fev. 2025.

ASAI, Atsushi; ISHIMOTO, Hiroko. Should we maintain baby hatches in our society? *BMC Medical Ethics*. v. 14, n. 9, 2013.

BADINTER, Elisabeth. *Um amor conquistado:* o mito do amor materno. Trad. Waltensir Dutra. Rio de Janeiro: Nova Fronteira, 1985.

BIROLI, Flávia; MIGUEL, Luis Felipe. *Aborto e Democracia*. São Paulo: Alameda, 2016.

BONNET, Catherine. *Geste d'amour:* L'accouchement sous x. Paris: Editions Odile Jacob, 1990.

BRASIL. Câmara dos Deputados. Projeto de Lei 2747, de 11 de fevereiro de 2008. Cria mecanismos para coibir o abandono materno e dispõe sobre o instituto do parto anônimo e dá outras providências. *Página de atividade legislativa*. Disponível em https://www.camara.leg.br/proposicoesWeb/fichadetramitacao?idProposicao=382874. Acesso em: 14 fev. 2025.

BRASIL. Conselho Nacional de Justiça. *Nota técnica 0008369-46.2019.2.00.0000*. Nota técnica ao Projeto de Lei do Senado 369/2016. Disponível em: https://www.cnj.jus.br/plenario-virtual/?sessao=562. Acesso em: 13 fev. 2025.

CONSELHO NACIONAL DE JUSTIÇA. *Resolução 485, de 18 de janeiro de 2023*. Dispõe sobre o adequado atendimento de gestante ou parturiente que manifeste desejo de entregar o filho para adoção e a proteção integral da criança. Disponível em: https://atos.cnj.jus.br/files/original1451502023012663d29386eee18.pdf. Acesso em: 14 fev. 2025.

DENORA, Emanuella Magro; ALVES, Fernando de Brito. Da dor solitária e das lágrimas que não se mostra: a criminalização do aborto como punição da sexualidade da mulher. *Revista de Direito Brasileira*. São Paulo, SP. v. 20, n. 8, p. 378-407, maio/ago. 2018.

DOLTO, Françoise; HAMAD, Nazir. *Destino de crianças:* adoção, famílias de acolhimento, trabalho social. Trad. Eduardo Brandão. Revisão técnica: Cláudia Berliner. São Paulo: Martins Fontes, 1998.

FONSECA, Cláudia. Abandono, adoção e anonimato: questões de moralidade materna suscitadas pelas propostas legais de "parto anônimo". Sexualidad, salud y sociedad – *Revista Latinoamericana*, n. 1. 2009.

FONSECA, Cláudia; MARRE, Diana; RIFIOTIS, Fernanda. Governança reprodutiva: um assunto de suma relevância. *Horizontes Antropológicos*. Porto Alegre, ano 27, n. 61, p. 7-46, set./dez. 2021.

FOSTER, Sophia. Are Safe Haven Laws an Adequate Replacement for Abortion Rights? *CICLR Online*. n. 57. 2022. Disponível em: https://larc.cardozo.yu.edu/ciclr-online/57. Acesso em: 14 fev. 2025.

GALVÃO, Laura Gianesella. Marco Legal da Primeira Infância: um breve olhar sobre as alterações que reforçam a doutrina da proteção integral desde os primeiros anos de vida. *Cadernos da Defensoria Pública do Estado de São Paulo*. São Paulo, v. 3 n. 15, jul. 2018.

IDZIK, Sarah Hae-In. "Less Abortion, More Adoption": A Brief Discursive History of Adoption as Solution. *Adoption & Culture*, v. 10, n. 2, 2022.

KUNKEL, Katherine A. Safe-Haven Laws Focus on Abandoned Newborns and Their Mothers. *Journal of Pediatric Nursing*. v. 22, n. 5. out. 2007.

MAIONI, Melissa. *Bioetica e culle per la vita*: l'ultima possibile alternativa all'aborto. Morolo: IF Press, 2015.

MATOS, Ana Carla Harmatiuk; OLIVEIRA, Ligia Ziggiotti de. A equidade de gênero no programa constitucional das relações familiares. In: NOWAK, Bruna (Org.); SILVA, Christiane Oliveira Peter da; BARBOZA, Estefância Maria de Queiroz; FACHIN, Melina Girardi (Coord.). *Constitucionalismo feminista*: expressão das políticas públicas voltadas à igualdade de gênero. Salvador: JusPodivm, 2020. v. 2.

MELO, Eduardo Rezende. Adoção com contato e direitos da criança e do adolescente: uma problematização de paradigmas. In: VIEIRA, Marcelo de Mello; BARCELOS, Paulo Tadeu Righetti (Org.). *Direitos da criança e do adolescente*: direito à convivência familiar em foco. Belo Horizonte, São Paulo: D'Plácido, 2021.

OAKS, Laury. *Giving up baby*: safe haven laws, motherhood and reproductive justice. Nova Iorque: New York University Press, 2015.

PEREIRA, Rodrigo da Cunha. Parto Anônimo: uma janela para a vida. *Artigos IBDFAM*. Disponível em: https://ibdfam.org.br/artigos/359/Parto+An%C3%B4nimo+%26mdash%3B+uma +janela+para+a+vida. Acesso em: 14 fev. 2025.

PRADO, Katy Braun do; ABRAMINJ. *Entrega voluntária*. Youtube, 16/08/2021. Disponível em: https://www.youtube.com/watch?v=WYQ5tPGeHQ4. Acesso em: 14 fev. 2025.

REALE, Miguel. *Teoria Tridimensional do Direito*. 3. ed. São Paulo: Saraiva, 1980.

ROSSI, Kátia Regina Bazzano da S. *Mães que entregam o bebê em adoção*: a voz das mães que não conseguem assumir a criação de um filho. Curitiba: Juruá, 2021.

SCHREIBER, Anderson. Aborto do feto anencéfalo e tutela dos direitos da mulher. In: FERRAZ, Carolina Valença et al. (Coord.). *Manual dos direitos da mulher*. São Paulo: Saraiva, 2013.

SILVA, Fernando Moreira Freitas da. *Adoção*: um diálogo entre os direitos fundamentais e a realidade dos acolhimentos institucionais. Londrina: Thoth, 2022.

ZAGURSKI, Adriana Timoteo dos Santos. Backlash: uma reflexão sobre deliberação judicial em casos polêmicos. *Revista da AGU*. Brasília-DF, v. 16, n. 03, p. 87-108, jul./set. 2017.

RESPONSABILIDADES E LIMITES PARENTAIS NA CONTRATUALIZAÇÃO ENVOLVENDO CRIANÇAS E ADOLESCENTES

Dóris Ghilardi

Doutora em Ciência Jurídica pela Univali/SC e Mestra em Ciência Jurídica pela Univali/SC, Professora Adjunta II, da Universidade Federal de Santa Catarina – UFSC, na área de Direito Civil (graduação e pós-graduação stricto sensu). Coordenadora do Programa de Pós-Graduação em Direito (PPGD/UFSC), dorisghilardi@gmail.com.

Fernanda Gadotti Duwe

Doutoranda e Mestre em Direito pela Universidade Federal de Santa Catarina, editora jurídica, mediadora judicial e extrajudicial, fernandagadottiduwe@ hotmail.com.

Sumário: Introdução – 1. A vulnerabilidade de crianças e adolescentes – 2. Responsabilidades na contratualização envolvendo crianças e adolescentes – 3. Limites parentais na contratualização envolvendo crianças e adolescentes – Considerações finais – Referências.

INTRODUÇÃO

Na contemporaneidade, as negociações envolvendo relações familiares vem ganhando cada vez mais espaço, o que demanda atenção para os limites e possibilidades. Dentro desse cenário, surgem as contratualizações envolvendo as relações parentais, mais delicadas do que as conjugais, já que entre pais e filhos os vínculos devem ser pautados pela responsabilidade, tendo em vista a necessária proteção das vulnerabilidades.

Pais, quando decidem em relação aos filhos, deverão estar atentos a balizas jurídicas que limitam ou possibilitam opções negociais das partes para a implementação das decisões. O tema foi objeto da dissertação intitulada "A tomada de decisão dos pais em relação aos filhos: moldura jurídica para as negociações de família", que serve como base para o presente artigo.

Dada a importância do tema, questiona-se, qual a margem de negociação dos pais em relação aos filhos a fim de trazer exequibilidade jurídica às decisões da vida dos filhos?

A hipótese do trabalho é, portanto, a de que é necessário que as negociações tenham como delimitação os critérios legais e os parâmetros jurídicos, constitucionais e infraconstitucionais, a fim de trazer exequibilidade jurídica aos pais no que diz respeito às decisões da vida dos filhos, crianças e adolescentes.

Para auxiliar na proposta do trabalho, utiliza-se o método dedutivo e a técnica de pesquisa bibliográfica – livros, revistas, periódicos – além da legislação específica relacionada ao tema.

1. A VULNERABILIDADE DE CRIANÇAS E ADOLESCENTES

Caberá ao Estado intervir minimamente na vida dos cidadãos, previsão expressa no artigo 1.513 do Código Civil que diz "é defeso a qualquer pessoa, de direito público ou privado, interferir na comunhão de vida instituída pela família".[1] Além disso, pelo art. 1.565, §2° do mesmo Código, acrescenta-se que o planejamento familiar é de livre decisão do casal, competindo ao Estado propiciar recursos educacionais e financeiros para o exercício desse direito, vedado qualquer tipo de coerção por parte de instituições privadas ou públicas. Ou seja, em regra, a intervenção do Estado na relação familiar deverá ser mínima, possibilitando a autonomia dos cidadãos na forma de constituição e de planejamento da família.

Joyceane Menezes e Maria Celina Moraes ressaltam que "enquanto a conjugalidade tem fundamento substancial nos princípios da igualdade e da liberdade, a relação paterno-filial articula-se por meio da solidariedade, a qual fundamenta o trinômio liberdade, igualdade e responsabilidade".[2] Ou seja, as regras em relação aos cônjuges ou companheiros possuem certa margem de negociação, diferentemente das regras impostas aos pais no que diz respeito aos filhos, crianças e adolescentes, que o ordenamento entende como vulneráveis que devem ser protegidos.

Renata Vilela Multedo aponta que "enquanto as relações conjugais têm fundamentos na liberdade e na igualdade, as parentais se baseiam justamente na responsabilidade, não podendo deixar de se atentar, na última, para a vulnerabilidade de uma das partes".[3] Isso significa dizer que há proteção aos filhos e, por consequência, responsabilidade dos pais.

---

1. BRASIL. *Lei 10.406, de 10 de janeiro de 2002*. Institui o Código Civil. Brasília, DF: Presidência da República, 2002. Disponível em: https://www.planalto.gov.br/ccivil_03/leis/2002/l10406compilada. htm. Acesso em: 20 fev. 2025.
2. MENEZES, Joyceane; MORAES, Maria Celina. Autoridade parental e privacidade do filho menor: o desafio de cuidar para emancipar. *Novos Estudos Jurídicos*, [s. l.], v. 20 n. 2, p. 501-532, 2015, p. 515.
3. MULTEDO, Renata Vilela. *A intervenção do Estado nas relações de família*: limites e regulação. 2016. 276 f. Tese (Doutorado em Direito) – Universidade do Estado do Rio de Janeiro, Rio de Janeiro, 2016, p. 87. Disponível em: https://www.bdtd.uerj.br:8443/handle/1/9316. Acesso em: 20 fev. 2025.

A família é entendida como formadora do desenvolvimento da personalidade dos filhos. Portanto, os dois pilares das regras parentais devem ser a proteção da vulnerabilidade de crianças e adolescentes e o desenvolvimento da autonomia. O protagonismo dos pais na tomada de decisão – sejam eles pai e mãe, pai e pai, mãe e mãe – será alcançado apenas em espaço em que seja garantido o diálogo e em espaços em que haja a construção de soluções consensuais, com a melhora do processo decisório, pois existem temas inegociáveis e indisponíveis para negociação.

O conceito de vulnerabilidade surgiu, inicialmente, na saúde pública. Carlos Nelson Konder apresenta que "vulnerável é aquele mais suscetível de ser ferido. O termo passou a ser utilizado nas mais diversas searas para se referir a qualquer posição de inferioridade nas relações jurídicas".[4] Martha Albertson Fineman, por sua vez, afirma que:

> a vulnerabilidade como categoria jurídica insere-se em um grupo mais amplo de mecanismos de intervenção reequilibradora do ordenamento, com o objetivo de, para além da igualdade formal, realizar efetivamente uma igualdade substancial.[5]

A autora ainda afirma que "é claro que a sociedade também não é capaz de erradicar a vulnerabilidade. No entanto, a sociedade pode mediar, compensar e diminuir a vulnerabilidade através de programas, instituições e estruturas".[6] Sua utilização no meio jurídico ocorreu inicialmente com o Código de Defesa do Consumidor que, em seu art. 4º, I reconhece a vulnerabilidade do consumidor frente ao mercado de consumo e apresenta ações governamentais para proteção do consumidor e, no inciso II, dispõe sobre incentivos à criação de associações representativas, e a presença do Estado no mercado de consumo.

Importante perceber a indispensável atuação do Estado no reconhecimento das vulnerabilidades que ocorreu com o CDC, com o Estatuto da Criança e do Adolescente, com o Estatuto da Pessoa com deficiência. Atualmente, o sistema jurídico acolhe e protege essas vulnerabilidades.

Daniela Brauner, Claudia Lima Marques e Antonio Herman Benjamin afirmam que "o Direito Privado moderno foi desenvolvido em função do paradigma da igualdade perante a lei, sendo o Código Civil a verdadeira Constituição do homem comum".[7] Por outro lado, o paradigma de proteção reconhece as diferenças

---

4. KONDER, Carlos Nelson. A Distinção entre vulnerabilidade patrimonial e existencial. In: BARLETTA, Fabian; ALMEIDA, Vitor. *Vulnerabilidades e suas Dimensões Jurídicas*. Indaiatuba: Foco, 2023, p. 19-20.
5. FINEMAN, Martha Albertson. The Vulnerable Subject: anchoring equality in the human condition. *Yale Journal Of Law & Feminism*, Yale, v. 20, n. 1, p. 1-23, 2008.
6. FINEMAN, Martha Albertson. The Vulnerable Subject: anchoring equality in the human condition. *Yale Journal Of Law & Feminism*, Yale, v. 20, n. 1, p. 1-23, 2008.
7. BRAUNER, Daniela Correa Jacques; MARQUES, Claudia Lima; BENJAMIN, Antonio Herman (Coords.). *Igualdade, diversidade e vulnerabilidades*: revisitando o regime das incapacidades rumo a um direito privado solidário de proteção à pessoa. São Paulo: RT, 2021, p. 27.

entre os indivíduos e os protege. A vulnerabilidade, nesse contexto, se contrapõe à visão tradicional de igualdade.

Para Carlos Konder "a vulnerabilidade das crianças e dos adolescentes é existencial. Desde o seu nascimento, a criança demanda amparo material para a sua sobrevivência e amparo afetivo para a construção de personalidade de forma sadia e sociável".[8] O Estado apenas agia como garantidor dos contratos firmados entre as partes.

Daniela Brauner, Claudia Lima Marques e Antonio Herman Benjamin apontam que, "como nos demais grupos, o reconhecimento por meio de instrumentos internacionais foi essencial para a trajetória de sua proteção".[9] No ordenamento pátrio, por meio do Estatuto da Criança e do Adolescente (ECA), houve uma modificação na maneira de se entender os menores, que antes eram contemplados pela ótica do Código de Menores.

Eunice Fávero diz que o "problema do menor" era visto como "problema social" e a atenção a ele dispensada pelo Estado era a correcional-repressiva.[10] Porém, em consonância com diretrizes internacionais estabelecidas na Convenção dos Direitos da Criança e com a Constituição Federal, o ECA incorporou a doutrina da proteção integral como paradigma central. Deixou de ver a criança como objeto e passou a tratá-la como sujeito de direitos.

Atualmente, a comunidade, a sociedade em geral e o poder público passam a ter como responsabilidade observar a condição peculiar e proteger crianças e adolescentes, entendidos como pessoas em desenvolvimento que devem ser protegidas.

Para os pais, ainda haverá a incumbência de representar os filhos até os 12 anos incompletos e dos 12 anos até os 18 incompletos deverão assisti-los. Nessa linha, o art. 1.690 do CC[11] dispõe que compete aos pais, e na falta de um deles ao outro, com exclusividade, representar os filhos menores de 16 anos, bem como assisti-los até completarem a maioridade ou serem emancipados. No caso de

---

8. KONDER, Carlos. Vulnerabilidade patrimonial e vulnerabilidade existencial: por um sistema diferenciador. *Revista de Direito do Consumidor*: RDC, [s. l.], v. 24, n. 99, p. 101-123, maio/jun. 2015, p. 106.

9. BRAUNER, Daniela Correa Jacques; MARQUES, Claudia Lima; BENJAMIN, Antonio Herman (Coord.). *Igualdade, diversidade e vulnerabilidades*: revisitando o regime das incapacidades rumo a um direito privado solidário de proteção à pessoa. São Paulo: RT, 2021, p. 156.

10. FÁVERO, Eunice T. Judicialização da atenção a crianças, adolescentes e suas famílias e a (des) proteção integral: uma análise na perspectiva do serviço social. In: FÁVERO, E. T. (Org.). *Famílias na cena contemporânea*: (des)proteção soccial, (des)igualdades e judicialização. Uberlândia: Navegando Publicações, 2020, p. 131.

11. BRASIL. *Lei 10.406, de 10 de janeiro de 2002*. Institui o Código Civil. Brasília, DF: Presidência da República, 2002. Disponível em: https://www.planalto.gov.br/ccivil_03/leis/2002/l10406compilada. htm. Acesso em: 20 fev. 2025.

colidirem os interesses da criança e do adolescente com os pais, a autoridade judiciária dará curador especial.

Sendo assim, inicia-se aqui a margem que os pais têm na criação dos filhos. Ou seja, o protagonismo dos pais em relação aos filhos pode sofrer restrições. A tomada de decisão dos pais em relação aos filhos, crianças e adolescentes, requer, portanto, não apenas o diálogo e a autonomia das partes, mas informação jurídica e respeito aos limites e às possibilidades negociais.

É necessário que as negociações tenham como delimitação os critérios legais e os parâmetros jurídicos, a fim de dar exequibilidade jurídica aos pais no que diz respeito às decisões da vida dos filhos. Dessa forma, para que os pais possam encontrar soluções em negociação, deverão ter claras suas margens ou contornos. Diante disso, a partir das diretrizes constitucionais e infraconstitucionais, passa-se a apresentar a margem de negociação dos pais em relação aos filhos, crianças e adolescentes.

2. RESPONSABILIDADES NA CONTRATUALIZAÇÃO ENVOLVENDO CRIANÇAS E ADOLESCENTES

Por meio da atuação estatal, da sociedade e da família, conforme preceitua o art. 227 da Constituição Federal, é dever de todos assegurar à criança e ao adolescente, com absoluta prioridade, o direito à vida, à saúde, à alimentação, à educação, ao lazer, à profissionalização, à cultura, à dignidade, ao respeito, à liberdade e à convivência familiar e comunitária.[12]

Nessa linha, o Estatuto da Criança e do Adolescente estabelece, em seu art. 6º, que crianças e adolescentes são pessoas em desenvolvimento e, em diferentes oportunidades, reforça que essa condição deve ser respeitada e assegurada. Portanto, com a introdução da Constituição Federal e dos microssistemas protetivos, trabalha-se com maior responsabilização estatal, comunitária e familiar e com maior proteção às crianças e aos adolescentes, nos mais diversos cenários.

Na seara familiar, de acordo com o art. 1.630 e seguintes do Código Civil, até a maioridade civil, os filhos estarão sujeitos ao poder familiar, não havendo distinção entre o formato de família em que crianças e adolescentes são criados e em que formato permanecerão criados:

> Art. 1.631. Durante o casamento e a união estável, compete o poder familiar aos pais; na falta ou impedimento de um deles, o outro o exercerá com exclusividade.

---

12. BRASIL. [Constituição (1988)]. *Constituição da República Federativa do Brasil de 1988*. Brasília, DF: Presidência da República, 1988. Disponível em: http://www.planalto.gov.br/ccivil_03/Constituicao/Constituicao.htm. Acesso em: 20 fev. 2025.

Parágrafo único. Divergindo os pais quanto ao exercício do poder familiar, é assegurado a qualquer deles recorrer ao juiz para solução do desacordo.

Art. 1.632. A separação judicial, o divórcio e a dissolução da união estável não alteram as relações entre pais e filhos senão quanto ao direito, que aos primeiros cabe, de terem em sua companhia os segundos.

[...]

Art. 1.636. O pai ou a mãe que contrai novas núpcias, ou estabelece união estável, não perde, quanto aos filhos do relacionamento anterior, os direitos ao poder familiar, exercendo-os sem qualquer interferência do novo cônjuge ou companheiro.

Parágrafo único. Igual preceito ao estabelecido neste artigo aplica-se ao pai ou à mãe solteiros que casarem ou estabelecerem união estável.

Também não deve haver distinção entre filhos biológicos, socioafetivos e adotivos, previsão expressa na Constituição Federal e também no Código Civil, que dispõe que os filhos, havidos ou não da relação de casamento ou por adoção, terão os mesmos direitos e qualificações, proibidas quaisquer designações discriminatórias relativas à filiação.

Leonora Oliven discorre que não mais se admitem quaisquer formas de diferenciação em direitos ou de discriminações referentes à origem, como outrora, em que os filhos havidos na constância do matrimônio possuíam direitos outros – e até mesmo "mais" direitos – do que os extramatrimoniais.[13]

Aos pais, caberá, portanto, a proteção dos filhos, independentemente da forma de filiação e do formato da família, e também a responsabilidade de desenvolvimento de sua autonomia. Nesse sentido, como deveres dos pais, constam expressamente na Constituição Federal os deveres de assistir, criar e educar os filhos, de forma assim expressa: "Art. 229. Os pais têm o dever de assistir, criar e educar os filhos menores, e os filhos maiores têm o dever de ajudar e amparar os pais na velhice, carência ou enfermidade".

Diante disso, Leonora Oliven afirma que o poder familiar se traduz no dever-função advindo da autoridade parental, o qual deve ser exercido por ambos de forma concomitante e sempre no interesse da criança.[14]

Patrícia Fontanella, Eduardo Passold e Jéssica Gonçalves afirmam que poder familiar é a denominação conferida pelo direito brasileiro aos poderes-deveres ou poderes funcionais que devem ser exercidos pelos pais em decorrência da filiação. Constitui-se a partir do conjunto de situações jurídicas que surgem do

---

13. OLIVEN, Leonora Roizen Albek. A judicialização da família. *Revista do Mestrado em Direito da UCB*, [s. l.], v. 4, n. 2, 2010. Disponível em: https://portalrevistas.ucb.br/index.php/rvmd/article/view/2546. Acesso em: 20 fev. 2025.

14. OLIVEN, Leonora Roizen Albek. A judicialização da família. *Revista do Mestrado em Direito da UCB*, [s. l.], v. 4, n. 2, 2010. Disponível em: https://portalrevistas.ucb.br/index.php/rvmd/article/view/2546. Acesso em: 20 fev. 2025.

CONTRATUALIZAÇÃO ENVOLVENDO CRIANÇAS E ADOLESCENTES   195

vínculo de filiação, poder-dever de guarda, dever de sustento e poder-dever de dirigir a educação.[15]

No Código Civil, o exercício do poder familiar, consistente na criação, na educação e na representação judicial, aparece no art. 1.634, que afirma que compete a ambos os pais, qualquer que seja a sua situação conjugal, o pleno exercício do poder familiar, que consiste em, quanto aos filhos, dirigir-lhes a criação e a educação; conceder-lhes ou negar-lhes consentimento para se casarem, viajarem, mudarem de residência.

Nesse sentido, incumbe aos pais o dever de sustento, guarda e educação dos filhos menores, cabendo-lhes, ainda, no interesse destes, a obrigação de cumprir e fazer cumprir as determinações judiciais, de acordo com o art. 22 do ECA.

A possibilidade de restrição desse poder dos pais ocorrerá por meio da suspensão do poder familiar, em caso de abuso de autoridade e ausência de cumprimento dos deveres parentais. A suspensão do poder familiar, que poderá ser total ou parcial, deverá ser decretada judicialmente em procedimento contraditório, é temporária e perdurará enquanto for necessária à preservação dos direitos dos filhos, e os limites da suspensão serão estabelecidos pelo juízo. A perda do poder é a mais grave de todas as sanções e abrange toda a prole, não apenas um dos filhos, se for o caso. Os casos estão previstos no art. 1.638 do CC:

Art. 1.638. Perderá por ato judicial o poder familiar o pai ou a mãe que:

I – castigar imoderadamente o filho;

II – deixar o filho em abandono;

III – praticar atos contrários à moral e aos bons costumes;

IV – incidir, reiteradamente, nas faltas previstas no artigo antecedente.

V – entregar de forma irregular o filho a terceiros para fins de adoção.

Parágrafo único. Perderá também por ato judicial o poder familiar aquele que:

I – praticar contra outrem igualmente titular do mesmo poder familiar:

a) homicídio, feminicídio ou lesão corporal de natureza grave ou seguida de morte, quando se tratar de crime doloso envolvendo violência doméstica e familiar ou menosprezo ou discriminação à condição de mulher;

b) estupro ou outro crime contra a dignidade sexual sujeito à pena de reclusão;

II – praticar contra filho, filha ou outro descendente:

a) homicídio, feminicídio ou lesão corporal de natureza grave ou seguida de morte, quando se tratar de crime doloso envolvendo violência doméstica e familiar ou menosprezo ou discriminação à condição de mulher;

---

15. FONTANELLA, Patrícia; REIS, Eduardo Passold; GONÇALVES, Jéssica (Coord.). *Cadernos ESMESC – Direito de Família*. Florianópolis: Emais, 2002, p. 63.

b) estupro, estupro de vulnerável ou outro crime contra a dignidade sexual sujeito à pena de reclusão.

Quando se lê que perderá o poder familiar o pai ou a mãe que deixar o filho em abandono, destaca-se que o dispositivo não está a tratar dos casos de falta ou de carência de recursos, mas por conta de descaso. Frise-se que o art. 23 do ECA dispõe, nesse sentido, que a falta ou a carência de recursos materiais não constitui motivo suficiente para a perda ou a suspensão do poder familiar.

O art. 155 do ECA disciplina que o procedimento para declarar a suspensão ou a perda do poder familiar é iniciado pelo Ministério Público ou por quem tenha legítimo interesse. O art. 1.635 do Código Civil, por sua vez, prevê os casos em que o poder familiar se extingue, sendo eles a morte dos pais ou do filho; a emancipação; a maioridade; a adoção; a decisão judicial.

Os pais têm – ou deveriam ter – as melhores condições de definir, respeitados os limites cogentes, o exercício da parentalidade. No entanto, utilizar apenas desse norte nos impede de perceber que, no processo decisório parental, crianças e adolescentes podem ficar afastadas da decisão, ainda que o objetivo do sistema seja assegurar-lhes a proteção e o desenvolvimento da autonomia.

No que diz respeito à manifestação da vontade das crianças e dos adolescentes em processos, as previsões são excepcionais. Atualmente, haverá oitiva na perda e suspensão do poder familiar, com base no art. 161, 3º do ECA, que estabelece que se o pedido importar em modificação de guarda, será obrigatória, desde que possível e razoável, a oitiva da criança ou adolescente, respeitado seu estágio de desenvolvimento e grau de compreensão sobre as implicações da medida.

Também no caso de colocação em família substituta, conforme art. 28, § 1º do ECA, segundo o qual, sempre que possível, a criança ou o adolescente será previamente ouvido por equipe interprofissional, respeitado seu estágio de desenvolvimento e grau de compreensão sobre as implicações da medida, e terá sua opinião devidamente considerada.

Ana Carolina Brochado e Joyceane Bezerra de Menezes apontam que:

Nas primeiras fases da vida da criança e até mesmo no início da adolescência, a intervenção heterônoma parental, na dicção do que seja esse melhor interesse, será muito mais intensa e ressaltará, consequentemente, uma maior responsabilidade para si. Contudo, ainda que a imaturidade não lhe permita uma decisão independente, respeitado o grau de desenvolvimento alcançado, esse filho deverá ser envolvido nas decisões sobre questões que lhe são pertinentes.[16]

---

16. BROCHADO, Ana Carolina; TEIXEIRA, Joyceane Bezerra de Menezes. Autoridade parental e vacinação infantil: vulnerabilidade e superior interesse da criança e do adolescente. *Pensar Revista de Ciências Jurídicas*, [s. l.], v. 27, n. 1, 2022. DOI. https://doi.org/10.5020/2317-2150.2022.13468.

Diante disso, é importante que se possa trabalhar com a inclusão dos maiores atingidos pelas decisões a fim de garantir o desenvolvimento da autonomia e da cidadania. João Villela reforça que, se a função do poder familiar passou a ser educar para contribuir para o bom desenvolvimento da personalidade da criança, não há como fazê-lo somente mediante o cerceamento da liberdade, sendo necessário também e, principalmente, promovê-la e respeitá-la.[17]

Por fim, pontua-se que, caso os pais não consigam dialogar entre si e caso não entrem em acordo quanto aos termos da parentalidade, poderão acionar o judiciário. Isso porque o art. 1.690 do CC, em seu parágrafo único, prevê que os pais devem decidir em comum as questões relativas aos filhos e a seus bens; havendo divergência, poderá qualquer deles recorrer ao juiz para a solução necessária.

Renata Multedo afirma que, no caso da parentalidade, não raro, o Estado evoca para si, por meio de disciplina legal específica ou de decisões judiciais, o direito de decidir sobre certas questões, retirando-o do infante e de seus pais, com o objetivo de proteger a criança ou o adolescente de si mesmo e (ou) de terceiros, no caso, da família.[18]

No caso da guarda, atributo do poder familiar, o sistema já estabelece, no art. 1.583 do Código Civil, como norma-padrão, que ela será compartilhada, conferindo-lhe contornos, sendo que a guarda compartilhada é a responsabilização conjunta e o exercício de direitos e deveres do pai e da mãe que não vivam sob o mesmo teto, concernentes ao poder familiar dos filhos comuns e o tempo de convívio com os filhos, na modalidade, deve ser dividido de forma equilibrada com a mãe e com o pai, sempre tendo em vista as condições fáticas e os interesses dos filhos.

As maneiras de obter a guarda são definidas no artigo seguinte, segundo o qual:

> Art. 1.584. A guarda, unilateral ou compartilhada, poderá ser:
>
> I – requerida, por consenso, pelo pai e pela mãe, ou por qualquer deles, em ação autônoma de separação, de divórcio, de dissolução de união estável ou em medida cautelar;
>
> II – decretada pelo juiz, em atenção a necessidades específicas do filho, ou em razão da distribuição de tempo necessário ao convívio deste com o pai e com a mãe.
>
> § 1º Na audiência de conciliação, o juiz informará ao pai e à mãe o significado da guarda compartilhada, a sua importância, a similitude de deveres e direitos atribuídos aos genitores e as sanções pelo descumprimento de suas cláusulas.

---

17. VILLELA, João Baptista. *Liberdade e família*. Belo Horizonte: Faculdade de Direito da UFMG, 1980.
18. MULTEDO, Renata Vilela. *A intervenção do Estado nas relações de família*: limites e regulação. 2016. 276 f. Tese (Doutorado em Direito) - Universidade do Estado do Rio de Janeiro, Rio de Janeiro, 2016, p. 85. Disponível em: https://www.bdtd.uerj.br:8443/handle/1/9316. Acesso em: 20 fev. 2025.

§ 2º Quando não houver acordo entre a mãe e o pai quanto à guarda do filho, encontrando-se ambos os genitores aptos a exercer o poder familiar, será aplicada a guarda compartilhada, salvo se um dos genitores declarar ao magistrado que não deseja a guarda da criança ou do adolescente ou quando houver elementos que evidenciem a probabilidade de risco de violência doméstica ou familiar.

Nesse sentido, conforme Renata Vilela Multedo, as opções-padrão podem auxiliar o tomador de decisão que não quer decidir com uma escolha já pré-definida, facultando aos que desejarem decidir de maneira diferente uma margem para negociar.

No caso da guarda, informando um dos pais que não deseja a guarda da criança ou do adolescente, por exemplo, a guarda será unilateral. Em não sendo o caso, a guarda será compartilhada, como regra geral. Logo, a regra-padrão instituída pelo Estado é a guarda compartilhada.

Recentemente, foi incluída pela Lei 14.713 a possibilidade de guarda unilateral, nos casos em que houver elementos que evidenciem a probabilidade de risco de violência doméstica ou familiar. Não se descuida da previsão do art. 1.586 do CC que diz que "havendo motivos graves, poderá o juiz, em qualquer caso, a bem dos filhos, regular de maneira diferente da estabelecida nos artigos antecedentes a situação deles para com os pais". Isso significa dizer que o Estado poderá e deverá atuar para proteção das crianças e dos adolescentes.

Tendo em vista que o poder familiar é dos pais, ressalvadas as possibilidades de suspensão ou perda do poder familiar, independentemente do tipo de filiação e do formato familiar, é importante refletir sobre a necessidade de discussão de guarda no atual cenário jurídico.

Ana Carolina Brochado e Joyceane Bezerra disciplinam que:

Sendo um poder-dever atribuído aos pais, o dever de guarda, como atribuição e característica do poder familiar, não deveria ser uma escolha, mas sim, uma imposição. Isso porque os pais não podem ser negligentes na desincumbência do múnus parental, podendo, inclusive, incorrer em abuso ao desempenhar esses deveres.[19]

Assim, devem os pais decidir acerca da convivência e dos alimentos, compatibilizando recursos, tempo e dinheiro, na consecução dos deveres dos pais em relação aos filhos. Até mesmo porque a margem decisória de um pai e de uma mãe, mesmo na guarda unilateral, é limitada.

A saber, Patrícia Fontanella, Eduardo Passold e Jéssica Gonçalves pontuam que, independentemente da modalidade de guarda, para que a mudança seja lícita

---

19. BROCHADO, Ana Carolina; TEIXEIRA, Joyceane Bezerra de Menezes. Autoridade parental e vacinação infantil: vulnerabilidade e superior interesse da criança e do adolescente. *Pensar Revista de Ciências Jurídicas*, [s. l.], v. 27, n. 1, 2022. DOI. https://doi.org/10.5020/2317-2150.2022.13468.

é necessário que o genitor tenha a autorização do outro ou suprimento judicial de outorga paterna/materna.[20]

A questão a ser apontada como desafio é que, ainda que a decisão seja de um ou de outro pai, no caso de guarda unilateral, em pouquíssimos casos, a decisão não implica os pilares de convivência e de alimento. Isso significa dizer que não pode o pai ou a mãe alterar a residência ou o colégio, por exemplo, sem que isso altere os outros dois atributos do poder familiar.

Então, discutir guarda e seus efeitos pode dar uma falsa sensação de que caberá a um ou outra a definição de local de moradia, qual tratamento dentário ou médico fazer, qual escola frequentar, sendo que a outra ou ao outro caberá apenas pagar. Enquanto um decide, outro paga.

Importante, nesse ponto, fazer um breve apanhado sobre as decisões em família, Andrea Pachá e Vilma Piedade afirmam que:

> Na vigência do Código Civil de 1916: nos núcleos familiares, quem mandava era o homem, o pai; o homem era o chefe da família, enquanto as mulheres criavam os filhos sozinhas e eram subjugadas; tudo era silenciado e achavam que assim a sociedade funcionaria.[21]

Diana Poppe acrescenta que, durante o casamento, até pouco tempo atrás, os papeis de maternidade e de paternidade eram fixos e assimétricos: os pais proviam, enquanto as mães cuidavam da criação.[22] De acordo com o CC de 1916, uma mulher só poderia trabalhar fora se o marido permitisse.

O advento do Estatuto da Mulher Casada previa, em seu art. 233, que o marido era o chefe da sociedade conjugal, função que exerce com a colaboração da mulher, no interesse comum do casal e dos filhos, competindo-lhe a representação legal da família e a mantença da família.[23] Isso significa dizer que quem decidia e pagava eram apenas os homens, os pais.

Na hipótese de desquite judicial – ainda não se falava em divórcio, já que a Lei do Divórcio é de 1977 – os filhos menores ficariam com o cônjuge inocente; se ambos os cônjuges fossem culpados, os filhos menores ficariam em poder da mãe.

À medida em que houve avanços na sociedade e na Lei, com a possibilidade do divórcio em 1977, ainda com resquício da proteção da família matrimoniali-

---

20. FONTANELLA, Patrícia; REIS, Eduardo Passold; GONÇALVES, Jéssica (Coord.). *Cadernos ESMESC* – Direito de Família. Florianópolis: Emais, 2002, p. 68.
21. PACHÁ, Andrea; PIEDADE, Vilma. *Sobre feminismos*. Rio de Janeiro: Agir, 2021, p. 24.
22. POPPE, Diana. *Manual do bom divórcio*. São Paulo: Globo, 2017, p. 81.
23. BRASIL. *Lei 4.121, de 27 de agosto de 1962* [Estatuto da mulher casada]. Dispõe sobre a situação jurídica da mulher casada. Brasília, DF: Presidência da República, 1962. Disponível em: https://www.planalto.gov.br/ccivil_03/leis/1950-1969/l4121.htm#:~:text=III-,%E2%80%9CArt.,dire%C3%A7%C3%A3o%20material%20e%20moral%20desta%22. Acesso em: 20 fev. 2025.

zada, como única merecedora de proteção pelo Estado, manteve-se a discussão de culpa pelo final do relacionamento.

Hildemar Meneguzzi Carvalho discorre que, historicamente, a guarda unilateral tinha relação com sistema que privilegiava o interesse dos genitores, em detrimento dos filhos, e que se preocupava com a questão da culpa pela separação.[24]

Como a discussão de culpa pelo fim do casamento era presente, ela também era determinante para a definição de guarda, como um prêmio ao inocente. Com o início da discussão sobre o culpado e o inocente, passou a existir uma penalização ao cônjuge culpado, com a impossibilidade de exercer plenamente o poder parental, ou seja, com a impossibilidade de decidir.

Apenas em 2010 é que o divórcio passou a ser decretado sem a discussão de culpa, passando a ser o exercício de um direito potestativo, podendo ser exercido por qualquer dos cônjuges que não queira permanecer unido ao outro. Renata Multedo afirma que:

> A dificuldade em separar o exercício da conjugalidade da parentalidade, seja pelo ex-casal, seja por apenas um deles, torna-se hoje o principal obstáculo para o exercício da corresponsabilidade parental e acaba por impedir a efetiva participação de ambos os pais no processo de educação e formação dos filhos após a dissolução da sociedade conjugal.[25]

Hildemar Carvalho apresenta que a guarda compartilhada surgiu num cenário de desequilíbrio dos direitos parentais, fruto de uma cultura que, inicialmente, atribuiu aos pais os poderes soberanos sobre os filhos e, posteriormente, às mães de forma exclusiva.[26]

No entanto, atualmente, manter a discussão sobre guarda pode manter a cisão entre quem decide e quem paga, com discussões eternas e sem resultados práticos. Isso porque muitos pais e mães, com a incorreta percepção da guarda, passam a disputar os filhos como objetos, em cristalina falta de proteção aos filhos, perdendo de vista que o poder familiar subsiste em quaisquer modalidades de família.

Se deixasse de existir o termo guarda, restaria aos pais divorciados estabelecer apenas como será a convivência de ambos com os filhos comuns. Afinal, Diana Poppe acrescenta que o dever de decidir sobre as questões relativas à vida dos

---

24. CARVALHO, Hildemar Meneguzzi de. *Pacto de amor*: o caminho da guarda compartilhada. Florianópolis: Emais, 2023, p. 111.
25. MULTEDO, Renata Vilela. *A intervenção do Estado nas relações de família*: limites e regulação. 2016. 276 f. Tese (Doutorado em Direito) – Universidade do Estado do Rio de Janeiro, Rio de Janeiro, 2016, p. 69. Disponível em: https://www.bdtd.uerj.br:8443/handle/1/9316. Acesso em: 20 fev. 2025.
26. CARVALHO, Hildemar Meneguzzi de. *Pacto de amor*: o caminho da guarda compartilhada. Florianópolis: Emais, 2023, p. 116.

filhos e ao exercício da parentalidade de cada um não desaparece com o divórcio, nem com uma guarda unilateral.[27]

O mérito da discussão da guarda se faz presente, nesse aspecto, pelo caráter pedagógico de redefinição de responsabilidade e de corresponsabilidade parental. É importante ressaltar, nesse aspecto, que a guarda diz respeito à responsabilização parental e não se confunde com a residência-base. A residência-base é a residência de referência da criança ou adolescente, e nada impede que exista uma dupla residência.

Ainda, é fundamental deixar claro que a fixação de guarda não impede a fixação de alimentos, como acreditam alguns. Ou seja, não é possível que um dos pais se exima de contribuir com o sustento dos filhos.

Certo é que as famílias são plurais, e os filhos, independente da origem, são e devem ser protegidos. Portanto, o foco deveria ser na manutenção dos atributos do poder familiar, como forma de materializar as responsabilidades parentais.

A discussão da guarda e seus reflexos, não há dúvidas, deve ser mantida apenas nos casos em que a guarda seja conferida a terceiros que não os pais, que terão o direito de opor-se inclusive aos pais e, como obrigação, devem prestar alimentos, educação à criança e/ou adolescente. Isto é, os terceiros deverão ter clareza sobre os direitos e deveres advindos da guarda concedida a eles.

Não sendo caso de perda ou suspensão do poder familiar, os pais serão responsáveis, em conjunto, pela criação, pela educação e pelo desenvolvimento dos filhos, independentemente do tipo de filiação e do tipo de formação de família, até que uma das causas de extinção do poder familiar, porventura, ocorra.

Passa-se, após o tópico das responsabilidades parentais, aos limites parentais na contratualização envolvendo crianças e adolescentes.

3. LIMITES PARENTAIS NA CONTRATUALIZAÇÃO ENVOLVENDO CRIANÇAS E ADOLESCENTES

Existem temas com margem de negociação reduzidos ou inexistentes, com proibições e com obrigatoriedades, que serão abordados a seguir.

Com a proteção constitucional e infraconstitucional assegurada às crianças e aos adolescentes, é indispensável ter em mente que será papel do Estado a definição dos contornos de proteção da vulnerabilidade.

---

27. POPPE, Diana. *Manual do bom divórcio*. São Paulo: Globo, 2017, p. 86.

Nesse sentido, a Lei 9.434/97,[28] que dispõe sobre a remoção de órgãos, tecidos e partes do corpo humano para fins de transplante e tratamento, apresenta, em seu art. 9º, que é permitido à pessoa juridicamente capaz dispor gratuitamente de tecidos, órgãos e partes do corpo vivo, para fins terapêuticos ou para transplante.

Ou seja, crianças e adolescentes são proibidos por lei de doarem, salvo em se tratando de medula óssea, pois o § 6º afirma que o indivíduo juridicamente incapaz, com compatibilidade imunológica comprovada, poderá fazer doação nos casos de transplante de medula óssea, desde que haja consentimento de ambos os pais ou seus responsáveis legais e autorização judicial e o ato não oferecer risco para a sua saúde.

Da mesma forma, permitir atos sexuais com crianças e adolescentes menores de 14 anos é expressamente proibido. Conforme art. 217-A do Código Penal, configura crime ter conjunção carnal ou praticar outro ato libidinoso com menor de 14 anos.[29]

Crianças e adolescentes também não podem dirigir, já que não podem possuir habilitação, pois, para tanto, o art. 140 do Código de Trânsito Brasileiro requer a possibilidade de imputação penal, o que pode ocorrer apenas a partir dos 18 anos. O CTB inclusive prevê, no art. 130 como crime, permitir, confiar ou entregar a direção de veículo automotor a pessoa não habilitada.[30]

Pais deverão cumprir as regras do Estado, sem espaço para negociação, também no que diz respeito à educação, conforme disciplina o art. 6º da Lei de Diretrizes e Bases da Educação, que prevê que é dever dos pais ou responsáveis efetuar a matrícula das crianças na educação básica a partir dos 4 anos de idade.[31]

Dessa maneira, assim como o Estado é obrigado a fornecer educação, previsão do art. 4º da mesma lei – que diz que o dever do Estado com educação escolar pública será efetivado mediante a garantia de ensino fundamental, obrigatório e

---

28. BRASIL. *Lei 9.434, de 4 de fevereiro de 1997*. Dispõe sobre a remoção de órgãos, tecidos e partes do corpo humano para fins de transplante e tratamento e dá outras providências. Brasília, DF: Presidência da República, 1997. Disponível em: https://www.planalto.gov.br/ccivil_03/leis/l9434.htm. Acesso em: 20 fev. 2025.

29. BRASIL. *Decreto-lei 2.848, de 7 de dezembro de 1940* [Código Penal]. Rio de Janeiro: Presidência da República, 1940. Disponível em: https://www.planalto.gov.br/ccivil_03/decreto-lei/del2848compilado. htm. Acesso em: 20 fev. 2025.

30. BRASIL. *Lei 9.503, de 23 de Setembro de 1997*. Institui o Código de Trânsito Brasileiro. Brasília, DF: Presidência da República, 1997. Disponível em: http://www.planalto.gov.br/ccivil_03/leis/ L9503Compilado.htm. Acesso em: 20 fev. 2025.

31. BRASIL. *Lei 9.394, de 20 de dezembro de 1996*. Estabelece as diretrizes e bases da educação nacional. Brasília, DF: Presidência da República, 1996. Disponível em: https://www.planalto.gov.br/ccivil_03/ leis/l9394.htm#:~:text=L9394&text=Estabelece%20as%20diretrizes%20e%20bases%20da%20 educa%C3%A7%C3%A3o%20nacional.&text=Art.%201%C2%BA%20A%20educa%C3%A7%C3%A3-o%20abrange,civil%20e%20nas%20manifesta%C3%A7%C3%B5es%20culturais. Acesso em: 20 fev. 2025.

gratuito, inclusive para os que a ele não tiveram acesso na idade própria –, os pais são obrigados a matricular e a garantir a frequência das crianças e dos adolescentes em aula, conforme disciplina o art. 6º da Lei. A previsão de obrigatoriedade também está no art. 55 do ECA.[32]

O dever de matricular e de garantir frequência não será apenas fiscalizado pela escola, pois existe todo um sistema de garantias. Nesse sentido, o art. 56 do ECA estabelece que os dirigentes de estabelecimentos de ensino fundamental comunicarão ao Conselho Tutelar os casos de reiteração de faltas injustificadas e de evasão escolar, esgotados os recursos escolares.

Para combater a evasão escolar, em 2001, o Ministério Público de Santa Catarina (MPSC), criou o Programa APOIA, que mobiliza as escolas, os conselhos tutelares, o MPSC e toda a sociedade para trazer os alunos de volta para a sala de aula.[33]

Observa-se, nesse aspecto, que se trata de um dever que os pais deverão cumprir. Ainda que desejassem, nem mesmo poderiam os pais discutir acerca do *homeschooling*, ou ensino domiciliar.

Nesse sentido, no Recurso Extraordinário 888.815 do Rio Grande do Sul, o Supremo Tribunal Federal (STF) reforçou a educação como direito fundamental que visa a formação da cidadania de crianças e de adolescentes e decidiu que "A Constituição Federal não veda de forma absoluta o ensino domiciliar, mas proíbe qualquer de suas espécies que não respeite o dever de solidariedade entre a família e o Estado como núcleo principal à formação educacional das crianças, jovens e adolescentes. São inconstitucionais, portanto, as espécies de *unschooling* radical (desescolarização radical), *unschooling* moderado (desescolarização moderada) e *homeschooling* puro, em qualquer de suas variações".[34]

Lauro Luiz Gomes Ribeiro afirma que a escola ainda é o *locus* ideal para se promover uma educação de qualidade, garantindo uma convivência democrática entre alunos, professores e funcionários com vivências diferentes e permitindo uma educação na diversidade.[35]

---

32. BRASIL. *Lei 8.069, de 13 de julho de 1990.* Dispõe sobre o Estatuto da Criança e do Adolescente e dá outras providências. Brasília, DF: Presidência da República, 1990. Disponível em: https://www.planalto. gov.br/ccivil_03/leis/l8069.htm. Acesso em: 20 fev. 2025.

33. SANTA CATARINA. Ministério Público de Santa Catarina. *Manual do sistema apoia online.* 2. ed. Florianópolis: MPSC, 2015. Disponível em: https://documentos.mpsc.mp.br/portal/manager/ resourcesDB.aspx?path=5439. Acesso em: 20 fev. 2025.

34. BRASIL. Supremo Tribunal Federal (Tribunal Pleno). *RE 888815.* Relator Min. Roberto Barroso; Relator (a) p/ Acórdão: Min. Alexandre de Moraes. Data de julgamento: 12.09.2018; data de publicação no DJe-055 21.03.2019.

35. RIBEIRO, Lauro Luiz Gomes. Desescolarização (unschooling) e educação domiciliar (homeschooling): um desafio ao dever de cuidado e o direito de ser da criança e do adolescente. *In:* PEREIRA, Tânia da

A legislação nada prescreve sobre o modo que os filhos devem ser criados, tampouco como devem ser executados os encargos parentais.[36] No entanto, também é fundamental apontar os limites para educar que os pais estão submetidos. O art. 18-A do ECA prevê:

> Art. 18-A. A criança e o adolescente têm o direito de ser educados e cuidados sem o uso de castigo físico ou de tratamento cruel ou degradante, como formas de correção, disciplina, educação ou qualquer outro pretexto, pelos pais, pelos integrantes da família ampliada, pelos responsáveis, pelos agentes públicos executores de medidas socioeducativas ou por qualquer pessoa encarregada de cuidar deles, tratá-los, educá-los ou protegê-los.
>
> Parágrafo único. Para os fins desta Lei, considera-se
>
> I – castigo físico: ação de natureza disciplinar ou punitiva aplicada com o uso da força física sobre a criança ou o adolescente que resulte em:
>
> a) sofrimento físico; ou
>
> b) lesão;
>
> II – tratamento cruel ou degradante: conduta ou forma cruel de tratamento em relação à criança ou ao adolescente que:
>
> a) humilhe; ou
>
> b) ameace gravemente; ou
>
> c) ridicularize.

Observa-se, também, pelo art. 60 do ECA, que é proibido qualquer trabalho a menores de 14 anos de idade, salvo na condição de aprendiz e salvo o trabalho artístico para menores de 16 anos em situações excepcionais, desde que haja licença ou alvará judicial, previsão da Convenção 138 da Organização Internacional do Trabalho, ratificada pelo Brasil.

Sobre o tema, o art. 149 do ECA afirma que compete à autoridade judiciária disciplinar, através de portaria, ou autorizar, mediante alvará, a participação de criança e adolescente em espetáculos públicos e seus ensaios e em certames de beleza.

Outras proibições expressas no mencionado Estatuto são referentes à venda de armas, munições, explosivos, bebidas alcoólicas, bilhetes lotéricos e equivalentes no art. 81 e à hospedagem de criança ou de adolescente em hotel, motel, pensão, ou estabelecimento congênere, salvo de acompanhado pelos pais ou responsável.

Também não será possível aos pais discutirem acerca da aplicação ou não de vacina obrigatória, pois, de acordo com o art. 14, § 1º do ECA, é mandatória

---

Silva; OLIVEIRA, Guilherme; COLTRO, Antônio Carlos Mathias. *Cuidado e o direito de ser*: respeito e compromisso. Rio de Janeiro: LMJ Mundo Jurídico, 2018, p. 310.

36. FONTANELLA, Patrícia; REIS, Eduardo Passold; GONÇALVES, Jéssica (Coord.). *Cadernos ESMESC* – Direito de Família. Florianópolis: Emais, 2002, p. 66.

a vacinação das crianças nos casos recomendados pelas autoridades sanitárias. Sobre a vacinação do COVID-19, o entendimento do ministro Barroso foi de que o poder familiar não autoriza que pais, invocando questões religiosas e crenças, coloquem em risco a saúde dos filhos.[37] Sobre esse assunto, Ana Carolina Brochado e Joyceane Bezerra de Menezes disciplinam que

> Importa considerar que a recusa dos pais em vacinar os filhos menores transborda os limites da autoridade parental, notadamente, a sua liberdade/privacidade para definir o modo como os cria e os educa. Ofende o direito subjetivo da criança e do adolescente em receber a imunização, descumprindo a regra legal e compromete a saúde pública.[38]

Adiciona-se que o ato de não vacinar os filhos nos casos enquadrados é considerado uma negligência parental.

Sendo assim, o Estado impõe limites através de lei, executa através de política pública e fiscaliza, através do judiciário. Em relação a essas matérias, portanto, não existe margem para negociação e para a tomada de decisão dos pais, para proteção das crianças e adolescentes, salvo se a discussão se restringir a qual escola estudar e qual clínica, pública ou privada, aplicar as vacinas.

Haverá margem para discussão quando a liberdade da criança e do adolescente confrontar com a proteção. A saber, o art. 16 do ECA prevê que a liberdade compreende os seguintes aspectos: ir, vir e estar nos logradouros públicos e espaços comunitários, ressalvadas as restrições legais; opinião e expressão; crença e culto religioso, sem discriminação.

Ana Carolina Brochado e Joyceane Bezerra de Menezes afirmam que, de um lado, pais têm a liberdade para eleger o que é melhor para si e para seus filhos, conforme os seus próprios valores morais, religiosos e ideológicos, mas de outro lado, não poderão arriscar a vida e a saúde dos filhos.[39] No entanto, a liberdade não é irrestrita. Será cerceada quando colocar a criança ou o adolescente em desproteção. Crianças e adolescentes têm liberdade de crença e culto religioso, salvo se o culto tiver como consequência sacrifícios corporais, por exemplo.

De todo o exposto, observa-se que soluções em negociações de pais no que se refere aos filhos devem ser juridicamente possíveis, respeitando-se limites es-

---

37. BRASIL. Supremo Tribunal Federal (Plenário). *Ação Direta de Inconstitucionalidade 6.587 Distrito Federal*. Relator: Min. Ricardo Lewandowski. Data de julgamento: 17/12/2020. Disponível em: https://redir.stf.jus.br/paginadorpub/paginador.jsp?docTP=TP&docID=755517731. Acesso em: 20 fev. 2025.
38. BROCHADO, Ana Carolina; TEIXEIRA, Joyceane Bezerra de Menezes. Autoridade parental e vacinação infantil: vulnerabilidade e superior interesse da criança e do adolescente. *Pensar Revista de Ciências Jurídicas*, [s. l.], v. 27, n. 1, 2022. DOI. https://doi.org/10.5020/2317-2150.2022.13468, p. 7.
39. BROCHADO, Ana Carolina; TEIXEIRA, Joyceane Bezerra de Menezes. Autoridade parental e vacinação infantil: vulnerabilidade e superior interesse da criança e do adolescente. *Pensar Revista de Ciências Jurídicas*, [s. l.], v. 27, n. 1, 2022. DOI. https://doi.org/10.5020/2317-2150.2022.13468, p. 3.

tabelecidos na Constituição Federal e em leis infraconstitucionais como forma de proteção aos vulneráveis, bem como atendendo-se responsabilidades parentais com a busca pela autonomia das crianças e dos adolescentes.

CONSIDERAÇÕES FINAIS

Diante da pesquisa desenvolvida, a conclusão que se pôde extrair do presente trabalho é a de que é indispensável que as negociações tenham como delimitação os critérios legais e os parâmetros jurídicos, a fim de dar exequibilidade aos pais no que diz respeito às decisões da vida dos filhos, crianças e adolescentes, entendidos como vulneráveis pelo ordenamento jurídico.

Como responsabilidades, foi apresentado o pleno exercício do poder familiar, que consiste em, quanto aos filhos, dirigir-lhes a criação e a educação. Como limites, foram apresentados: a) Obrigatório ensino regular, a partir dos 4 anos. São inconstitucionais, as espécies de *unschooling* radical (desescolarização radical), *unschooling* moderado (desescolarização moderada) e *homeschooling* puro, em qualquer de suas variações; b) Obrigatória vacinação nos casos recomendados; c) Proibida doação de órgãos de crianças e adolescentes, salvo doação de medula óssea; d) Proibida a realização de atos sexuais por crianças e adolescentes menores de 14; e) Proibido permitir, confiar ou entregar a direção de veículo automotor a criança e ao adolescente; f) Proibidos os castigos físicos como forma de correção, disciplina, educação; g) Proibido o trabalho a menores de 14 anos de idade, salvo na condição de aprendiz e salvo o trabalho artístico para menores de 16 anos em situações excepcionais; h) Proibida a venda de armas, munições, explosivos, bebidas alcoólicas, bilhetes lotéricos e equivalentes e hospedagem de criança ou de adolescente em hotel, motel, pensão, ou estabelecimento congênere, salvo de acompanhado pelos pais ou responsável.

Não se pretendeu esgotar o tema pretendido, mas tão somente levantar aspectos e parâmetros que destacassem o fato de que a negociação e a tomada de decisão dos pais em relação aos filhos demandam um olhar técnico e jurídico.

REFERÊNCIAS

BRASIL. [Constituição (1988)]. *Constituição da República Federativa do Brasil de 1988*. Brasília, DF: Presidência da República, 1988. Disponível em: http://www.planalto.gov.br/ccivil_03/ Constituicao/ Constituiçao.htm. Acesso em: 20 fev. 2025.

BRASIL. *Decreto-lei 2.848, de 7 de dezembro de 1940* [Código Penal]. Rio de Janeiro: Presidência da República, 1940. Disponível em: https://www.planalto.gov.br/ccivil_03/decreto-lei/ del2848compilado.htm. Acesso em: 20 fev. 2025.

BRASIL. *Lei 9.503, de 23 de Setembro de 1997*. Institui o Código de Trânsito Brasileiro. Brasília, DF: Presidência da República, 1997. Disponível em: http://www.planalto.gov.br/ccivil_03/leis/ L9503Compilado.htm. Acesso em: 20 fev. 2025.

BRASIL. *Lei 10.406, de 10 de janeiro de 2002.* Institui o Código Civil. Brasília, DF: Presidência da República, 2002. Disponível em: https://www.planalto.gov.br/ccivil_03/leis/2002/l10406compilada.htm. Acesso em: Acesso em: 20 fev. 2025.

BRASIL. *Lei 4.121, de 27 de agosto de 1962* [Estatuto da mulher casada]. Dispõe sobre a situação jurídica da mulher casada. Brasília, DF: Presidência da República, 1962. Disponível em: https://www.planalto.gov.br/ccivil_03/leis/1950-1969/l4121.htm#:~:text=III,%E2%80%9CArt.,dire%C3%A7%C3%A3o%20material%20e%20moral%20desta%2. Acesso em: 20 fev. 2025.

BRASIL. *Lei 8.069, de 13 de julho de 1990.* Dispõe sobre o Estatuto da Criança e do Adolescente e dá outras providências. Brasília, DF: Presidência da República, 1990. Disponível em: https://www.planalto.gov.br/ccivil_03/leis/l8069.htm. Acesso em: 20 fev. 2025.

BRASIL. *Lei 9.394, de 20 de dezembro de 1996.* Estabelece as diretrizes e bases da educação nacional. Brasília, DF: Presidência da República, 1996. Disponível em: https://www.planalto.gov.br/ccivil_03/leis/l9394.htm#:~:text=L9394&text=Estabelece%20as%20diretrizes%20e%20bases%20da%20educa%C3%A7%C3%A3o%20nacional.&text=Art.%201%C2%BA%20A%20educa%C3%A7%C3%A3o%20abrange,civil%20e%20nas%20manifesta%C3%A7%C3%B5es%20culturais. Acesso em: 20 fev. 2025.

BRASIL. *Lei 9.434, de 4 de fevereiro de 1997.* Dispõe sobre a remoção de órgãos, tecidos e partes do corpo humano para fins de transplante e tratamento e dá outras providências. Brasília, DF: Presidência da República, 1997. Disponível em: https://www.planalto.gov.br/ccivil_03/leis/l9434.htm. Acesso em: 20 fev. 2025.

BRASIL. Supremo Tribunal Federal (Plenário). *Ação Direta de Inconstitucionalidade 6.587 Distrito Federal.* Relator: Min. Ricardo Lewandowski. Data de julgamento: 17/12/2020. Disponível em: https://redir.stf.jus.br/paginadorpub/paginador.jsp?docTP=TP&docID=755517731. Acesso em: Acesso em: 20 fev. 2025.

BRASIL. Supremo Tribunal Federal (Tribunal Pleno). *RE 888815.* Relator Min. Roberto Barroso; Relator (a) p/ Acórdão: Min. Alexandre de Moraes. Data de julgamento: 12.09.2018; data de publicação no DJe-055 21.03.2019.

BROCHADO, Ana Carola; TEIXEIRA, Joyceane Bezerra de Menezes. Autoridade parental e vacinação infantil: vulnerabilidade e superior interesse da criança e do adolescente. *Pensar Revista de Ciências Jurídicas,* [*s. l.*], v. 27, n. 1, 2022. DOI. Disponível em: https://doi.org/10.5020/2317-2150.2022.13468. Acesso em: 20 fev. 2025.

CARVALHO, Hildemar Meneguzzi de. *Pacto de amor:* o caminho da guarda compartilhada. Florianópolis: Emais, 2023.

FÁVERO, Eunice T. Judicialização da atenção a crianças, adolescentes e suas famílias e a (des) proteção integral: uma análise na perspectiva do serviço social. In: FÁVERO, E. T. (Org.). *Famílias na cena contemporânea:* (des)proteção soccial, (des)igualdades e judicialização. Uberlândia: Navegando Publicações, 2020.

FINEMAN, Martha Albertson. The Vulnerable Subject: anchoring equality in the human condition. *Yale Journal Of Law & Feminism,* Yale, v. 20, n. 1, p. 1-23, 2008.

FONTANELLA, Patrícia; REIS, Eduardo Passold; GONÇALVES, Jéssica (Coord.). *Cadernos ESMESC – Direito de Família.* Florianópolis: Emais, 2002.

KONDER, Carlos Nelson. A Distinção entre vulnerabilidade patrimonial e existencial. In: BARLETTA, Fabian; ALMEIDA, Vitor. *Vulnerabilidades e suas Dimensões Jurídicas.* Indaiatuba: Foco, 2023.

KONDER, Carlos. Vulnerabilidade patrimonial e vulnerabilidade existencial: por um sistema diferenciador. *Revista de Direito do Consumidor*: RDC, [*s. l.*], v. 24, n. 99, p. 101-123, maio/ jun. 2015.

MENEZES, Joyceane; MORAES, Maria Celina. Autoridade parental e privacidade do filho menor: o desafio de cuidar para emancipar. *Novos Estudos Jurídicos*, [*s. l.*], v. 20 n. 2, p. 501-532, 2015.

MULTEDO, Renata Vilela. *A intervenção do Estado nas relações de família*: limites e regulação. 2016. 276 f. Tese (Doutorado em Direito) – Universidade do Estado do Rio de Janeiro, Rio de Janeiro, 2016. Disponível em: https://www.bdtd.uerj.br:8443/handle/1/9316. Acesso em: 20 fev. 2025.

OLIVEN, Leonora Roizen Albek. A judicialização da família. *Revista do Mestrado em Direito da UCB*, [*s. l.*], v. 4, n. 2, 2010. Disponível em: https://portalrevistas.ucb.br/index.php/rvmd/article/ view/2546. Acesso em: 20 fev. 2025.

PACHÁ, Andrea; PIEDADE, Vilma. *Sobre feminismos*. Rio de Janeiro: Agir, 2021.

POPPE, Diana. *Manual do bom divórcio*. São Paulo: Globo, 2017.

RIBEIRO, Lauro Luiz Gomes. Desescolarização (unschooling) e educação domiciliar (homeschoolin): um desafio ao dever de cuidado e o direito de ser da criança e do adolescente. In: PEREIRA, Tânia da Silva; OLIVEIRA, Guilherme; COLTRO, Antônio Carlos Mathias. *Cuidado e o direito de ser*: respeito e compromisso. Rio de Janeiro: LMJ Mundo Jurídico, 2018.

SANTA CATARINA. Ministério Público de Santa Catarina. *Manual do sistema apoia online*. 2. ed. Florianópolis: MPSC, 2015. Disponível em: https://documentos.mpsc.mp.br/portal/manager/ resourcesDB.aspx?path=5439. Acesso em: 20 fev. 2025.

O DIREITO DE FAMÍLIA MÍNIMO E AS HIPÓTESES DE NÃO CONTRATUALIZAÇÃO DAS RELAÇÕES FAMILIARES

Matheus Filipe de Queiroz

Mestrando em Direito Negocial pela Universidade Estadual de Londrina (UEL). Pós-Graduando em Direito de Família e Sucessões pela Escola Brasileira de Direito (EBRADI). Pós-Graduando em Direito, Processo e Execução Penal pelo Instituto de Direito Constitucional e Cidadania (IDCC). Advogado. E-mail: queiirozmatheuss@gmail.com.

Sumário: Introdução – 1. "Menos é mais": a mínima intervenção do estado nas relações familiares e a contratualização pelos membros – 2. Das pessoas vulneráveis: hipóteses de não contratualização das relações familiares; 2.1 Resguardando direitos: há contratualização quando uma das partes é criança, adolescente ou mulher em situação de violência?; 2.2 Da pessoa com deficiência e da pessoa idosa: pode contratualizar? – Considerações finais – Referências.

INTRODUÇÃO

Contratualizar dentro do contexto familiar não é simples. Afinal, não se poderia exigir menos de uma ramificação do direito de família tão fascinante. O casamento, o primeiro contrato familiar conhecido, é denominado como um procedimento complexo, por ser regido de requisitos formais, os quais devem ser respeitados um a um, sob pena de anulabilidade ou até mesmo nulidade do ato.

Com o passar dos anos, superada a revolução sexual e a necessidade de igualar homens e mulheres socialmente (art. 5º, I, da Constituição Federal de 1988), os membros de uma família passaram a buscar a sua felicidade à sua maneira, mesmo que fora dos costumes aceitos socialmente ou pelo Estado.

Cada relação familiar contemporânea carrega um tipo de negócio jurídico, e pode se valer de um contrato adequado para regê-la, que pode ser um contrato de convivência de união estável, contrato de namoro, contrato de inseminação caseira ou um contrato de coparentalidade. Aí está a contratualização das relações familiares, que é possível a partir da liberdade para contratar, a autonomia privada e a mínima intervenção do Estado no âmbito do direito de família.

Em que pese a vasta possibilidade de se contratualizar, alguns grupos têm a sua liberdade tolhida ou diminuída pelo Estado, para que não haja ofensa aos direitos dos envolvidos. Assim, o estudo principal deste artigo consiste em analisar quais são as hipóteses em que não se permite a contratualização das relações familiares, entendendo os fundamentos pelos quais o Estado, nesses casos, possui permissão para interferir na seara familiar.

Inicialmente, o estudo discute a mínima intervenção do Estado nas relações familiares e explora as possibilidades de contratualização entre seus membros. Em seguida, analisa as situações em que a contratualização não é viável, como nos casos que envolvem grupos vulneráveis – crianças e adolescentes, mulheres, pessoas com deficiência e idosos – ou quando há afronta à ordem pública ou aos direitos fundamentais. Além disso, destaca-se a impossibilidade de contratualização em contextos de violência doméstica.

Por fim, a pesquisa adota o método dedutivo, fundamentado na análise de bibliografias e obras que abordam a temática, especialmente as de Rodrigo da Cunha Pereira, Gustavo Tepedino e Ana Carolina Brochado Teixeira.

1. "MENOS É MAIS": A MÍNIMA INTERVENÇÃO DO ESTADO NAS RELAÇÕES FAMILIARES E A CONTRATUALIZAÇÃO PELOS MEMBROS

A busca pela felicidade fez com que novas formas de constituir família surgissem no ordenamento jurídico brasileiro, ocasionadas por uma valorização maior da individualidade da pessoa humana no contexto pós-moderno.

Com isso, "adotaram-se instituições mais flexíveis e abertas, que recusando as estruturas rígidas e uniformes, hierarquizadas do passado, fazem vigorar o ecletismo cultural, a informação, o estímulo das necessidades",[1] tudo isso com o intuito de conceder ao indivíduo a realização pessoal que tanto se busca.

A contratualização das relações familiares é um movimento que tem ganhado cada vez mais adeptos dentro da seara do direito de família, especialmente em razão da busca, pelos membros que a compõem, por uma maior autorregulamentação dos interesses na convivência, objetivos etc.

Com o surgimento de novas formas de se constituir família, cada uma com seu formato específico e demandas únicas, surgem também novas formas de se contratualizar, de modo a preservar os próprios sujeitos dessa relação. Portanto, deve-se "construir modelos contratuais que [...] atendam aos interesses subjetivos e específicos próprios, considerando suas reais singularidades e prevenindo-se de conflitos futuros".[2]

---

1. MALUF, Carlos Alberto Dabus; MALUF, Adriana Caldas do Rego Freitas Dabus. A família na pós-modernidade: aspectos civis e bioéticos. *Revista da Faculdade de Direito da Universidade de São Paulo*, v. 108, p. 221-242, 2013, p. 222.
2. MADRUGA, Rochele da Silva. A contratualização do direito de família e a valorização da autonomia privada. *IBDFAM*, 2024. Disponível em: https://ibdfam.org.br/artigos/2120/

A contratualização é possibilitada através da liberdade concedida pelo Estado, por meio do artigo 421 do Código Civil, que prevê que as partes sejam livres para contratualizar os seus interesses, desde que respeitados os limites da função social do contrato.

No dispositivo mencionado, no parágrafo único, o legislador prevê que "nas relações contratuais privadas, prevalecerão o princípio da intervenção mínima e a excepcionalidade da revisão contratual".[3] Isso porque, nas relações em geral, costumeiramente, ao se arrependerem do conteúdo entabulado, as partes procuravam (e ainda procuram) o Poder Judiciário para ter o seu contrato reapreciado e, consequentemente, invalidado ou modificado, o que causou uma "excessiva judicialização dos conflitos existentes nesta seara".[4]

O princípio da intervenção mínima, no âmbito do direito de família, recebeu o nome de direito de família mínimo, oriundo do direito penal mínimo, que tem como objetivo a mínima intervenção do Estado nas relações familiares e sucessórias.

A Constituição Federal de 1988, no artigo 226, assegura às famílias o direito ao planejamento familiar, de livre decisão do casal, cabendo ao Estado propiciar a concretização desse direito às partes, sendo "vedada qualquer forma coercitiva por parte de instituições oficiais ou privadas".[5]

De igual maneira, o Código Civil de 2002 regulamentou, no artigo 1.513, ser "defeso a qualquer pessoa, de direito público ou privado, interferir na comunhão de vida instituída pela família".[6] Acerca disso, Gustavo Tepedino e Ana Carolina Brochado Teixeira ensinam que "não é dado ao Estado impor a estrutura familiar que julgar acertada, sob pena de restringir ilegitimamente a esfera de liberdade dos indivíduos".[7]

A+contratualiza%C3%A7%C3%A3o+do+direito+de+fam%C3%ADlia+e+a+valoriza%C3%A7%C3%A3o+da+autonomia+privada. Acesso em: 18 fev. 2025.

3. BRASIL. Lei 10.406, de 10 de janeiro de 2002. Institui o Código Civil. *Diário Oficial da União*, Brasília, 10 de janeiro de 2002. Disponível em: https://www.planalto.gov.br/ccivil_03/leis/2002/l10406compilada.htm. Acesso em: 18 fev. 2025.

4. MULTEDO, Renata Vilela; MORAES, Maria Celina Bodin de. A privatização do casamento. *Civilística. com*. a. 5, n. 2, 2016, p. 7. Disponível em: https://civilistica.emnuvens.com.br/redc/article/view/263. Acesso em: 18 fev. 2025.

5. BRASIL. *Constituição da República Federativa do Brasil de 1988*. Brasília: Presidência da República. Disponível em: http://www.planalto.gov.br/ccivil_03/constituicao/constituicao.htm. Acesso em 08 fev. 2025.

6. BRASIL. Lei 10.406, de 10 de janeiro de 2002. Institui o Código Civil. *Diário Oficial da União*, Brasília, 10 de janeiro de 2002. Disponível em: https://www.planalto.gov.br/ccivil_03/leis/2002/l10406compilada.htm. Acesso em: 18 fev. 2025.

7. TEPEDINO, Gustavo; TEIXEIRA, Ana Carolina B. *Fundamentos do Direito Civil*: Direito de Família. 5. ed., v. 6. Rio de Janeiro: Forense, 2024, p. 95. *E-book*. Disponível em: https://app.minhabiblioteca. com.br/reader/books/9788530994532/. Acesso em: 18 fev. 2025.

Não é possível atribuir ao Estado a escolha de quais realidades vivenciadas pelas partes podem ser consideradas como entidades familiares ou não, uma vez que a vida prática, do dia a dia daqueles membros, não pode ser alterada. Por exemplo, três pessoas que vivem juntas em uma relação afetiva multiparceiral podem não receber proteção do Estado frente a essa união, mas a realidade fática por eles vivenciadas não vai deixar de existir porque não houve a tutela deste. Logo,

> não se pode deixar de enfrentar, nos dias que passam, a realidade dos arranjos afetivos e as numerosas modalidades, sérias e estáveis, de constituição de entidades familiares aptas à realização da pessoa e a expressar suas próprias escolhas existenciais, cuja tutela e promoção encontram fundamento nos princípios da isonomia, da solidariedade social e da democracia.[8]

Nesse contexto, o Estado deve estar ali para garantir os direitos dessa família e não gerar empecilhos para a sua constituição. Assim, "o Estado não deve ingerir no âmago familiar, devendo ser reservado espaço íntimo para que seus próprios componentes, por meio do afeto, busquem a felicidade própria, desenvolvam sua personalidade, e, por consequência, fomentem a satisfação uns dos outros".[9]

Diante disso, não se pode mais permitir que haja uma intervenção do Estado nas relações familiares de modo desmotivado, seja "sob o pretexto de se resguardar a moral ou os bons costumes, ou pior, sob o pretexto de manter-se íntegra a base da sociedade".[10] De qualquer modo, tais intervenções não são bem-vistas na pós-modernidade.

A contratualização no direito de família tem como intuito promover a execução da autonomia da vontade entre as partes, regulamentando, da forma que melhor lhes aprouver, como pretendem vivenciar essa família, seja no presente ou até mesmo no futuro, impossibilitando ajustes retroativos.

Nesses casos, ainda que haja pactuação sobre questões retroativas ou que afetem direitos de terceiros, mesmo sem reconhecimento jurídico pleno, o acordo terá força de lei entre as partes, pois reflete a vontade manifestada no momento da celebração do negócio jurídico. Isso porque o Estado não pode invalidar aquilo que foi pensado e planejado de forma legítima pelas partes, pois,

> afastar a 'pacta sunt servanda' das relações contratuais de Direito de Família geraria crise de confiança, fragilizaria a autonomia da vontade e descaracterizaria o significado dos próprios direitos da personalidade envolvidos nas negociações. Isto é, o vetor da confiança, através

---

8. Idem.
9. ROSA, Conrado Paulino; ALVES, Leonardo Barreto Moreira. *Direito de Família Mínimo na Prática Jurídica*. São Paulo: JusPodivm, 2023, p. 154.
10. Ibidem, p. 156.

da estabilização das expectativas criadas e da previsibilidade dos negócios jurídicos, reforça a própria autonomia dos direitos de personalidade envolvidos nos contratos familiares.[11]

Refere-se à medida que usufrui da liberdade concedida pelo Estado para possibilitar que as partes tomem as rédeas da sua própria vida, delineando desde questões patrimoniais até mesmo existenciais. Pode ser entendida como uma liberdade positiva, pois "trata-se da liberdade vivida na coexistência, na definição dos rumos da vida da pessoa em relação, como espaço de efetiva autoconstituição".[12] Nesse contexto,

> a compatibilização da noção de ordem pública com a intransigente tutela da dignidade da pessoa humana não deve afastar, senão estimular o desenvolvimento da autonomia privada, desde que as relações contratuais que vicejam no núcleo familiar, permeadas por intenso conteúdo ético, se constituam em instrumento de promoção e desenvolvimento da personalidade de seus integrantes.[13]

A contratualização das relações familiares tem o propósito de garantir a proteção dos próprios membros que escolhem ajustar seus interesses no âmbito familiar. Os contratos, portanto, devem ser situados "como promotores da igualdade e da afirmação das singularidades dos desejos e das diferenças individuais"[14] e não como inibidor destas, uma vez que "mostra-se inquestionável que qualquer pretensão de manutenção do vínculo conjugal jamais possa se sobrepor às necessidades dos cônjuges de se relacionarem conforme melhor lhes aprouver".[15]

Perceba-se, então, que a contratualização das relações familiares é pensada visando ampliar as autonomias do casal, garantindo-lhes instrumentos jurídicos que propiciam uma autocomposição dos seus interesses. Contudo, deve o Estado garantir que "o exercício da liberdade não seja a aniquilação da liberdade e da dignidade do outro".[16]

---

11. CARVALHO, Dimitre Braga Soares de. Contratos familiares: cada família pode criar seu próprio Direito de Família. *IBDFAM*, 2020. Disponível em: https://ibdfam.org.br/artigos/1498/Contratos+familiares:+cada+fam%C3%ADlia+pode+criar+seu+pr%C 3%B3prio+Direito+de+Fam%C3%ADlia. Acesso em: 18 fev. 2025.

12. RUZYK, Carlos Eduardo Pianovski. *Liberdade(s) e função*: Contribuição crítica para uma nova fundamentação da dimensão funcional do Direito Civil brasileiro. 2009. Tese (Doutorado em Direito) – Universidade Federal do Paraná, Curitiba, 2009, p. 354.

13. TEPEDINO, Gustavo. Contratos em direito de família. In: PEREIRA, Rodrigo da Cunha (Org.). *Tratado de Direito das Famílias*. Belo Horizonte: IBDFAM, 2015, p. 496.

14. Idem.

15. MULTEDO, Renata Vilela; MORAES, Maria Celina Bodin de. A privatização do casamento. *Civilística. com*. a. 5, n. 2, 2016, p. 7. Disponível em: https://civilistica.emnuvens.com.br/redc/article/view/263. Acesso em: 18 fev. 2025.

16. RUZYK, Carlos Eduardo Pianovski. *Liberdade(s) e função*: Contribuição crítica para uma nova fundamentação da dimensão funcional do Direito Civil brasileiro. 2009. Tese (Doutorado em Direito) – Universidade Federal do Paraná, Curitiba, 2009, p. 359.

Dentre os tipos de negócios jurídicos familiares, pode-se citar: o contrato de namoro,[17] o contrato de convivência de união estável,[18] o pacto antenupcial,[19] o contrato de coparentalidade,[20] o contrato de doação de material genético,[21] o contrato de reprodução assistida, o pacto de pós convivência,[22] o contrato paraconjugal,[23] entre outros. Cada um desses instrumentos possui particularidades próprias e permite a regulamentação tanto de aspectos patrimoniais quanto existenciais, sempre em conformidade com a escada ponteana, ou seja, atendendo aos requisitos de existência, validade e eficácia no ordenamento jurídico brasileiro.

---

17. Conforme Marília Pedroso Xavier, trata-se de "m documento escrito no qual as partes que estão tendo um relacionamento afetivo acordam consensualmente que não há entre eles objetivo de constituir família". In: XAVIER, Marília Pedroso. *Contrato de namoro*: amor líquido e direito de família mínimo. 1 ed. Paraná: Clássica Editora, 2015, p. 83.

18. De acordo com Francisco José Cahali, este negócio jurídico "apresenta-se como um instrumento apropriado para a auto-regulamentação dos reflexos patrimoniais decorrentes da união estável, reconhecendo, criando, modificando ou extinguindo direitos entre os companheiros". In: CAHALI, Francisco José. *Contrato de convivência na união estável*. São Paulo: Saraiva, 2002, p. 203.

19. Trata-se de negócio jurídico familiar, previsto no Código Civil entre os artigos 1.653 a 1.657, o qual é realizado anteriormente ao casamento, no momento da habilitação, oportunidade em que "as partes convencionam sobre as regras econômicas e patrimoniais do casamento, ou fazendo adaptações a um dos regimes de bens previstos na lei". In: PEREIRA, Rodrigo da Cunha. *Conheça 05 tipos de contratos de Direito de Família e para que serve cada um deles*. Rodrigo da Cunha Pereira Advocacia, 12 de setembro de 2023. Disponível em: https://www.rodrigodacunha.adv.br/contratos-de-direito-de-familia/. Acesso em: 18 fev. 2025.

20. Trata-se de um negócio jurídico no qual duas pessoas assumem um projeto parental entre si, sem a existência de conjugalidade, com o objetivo de constituir uma família coparental, cuja finalidade é a criação de filho(s) em comum. Nesse instrumento, "são estabelecidas cláusulas que almejam a criação, manutenção e auxílio dos infantes, sempre observando o melhor interesse da criança e do adolescente". In: STROZZI, Arthur Lustosa; PAIANO, Daniela Braga; ESPOLADOR, Rita de Cassia Resquetti Tarifa. Pacto de Coparentalidade: O negócio jurídico de geração, criação e desenvolvimento de filhos. In: BARCELLOS, Daniela Silva Fontoura de; et al (Coord.). *Direito Civil Contemporâneo I*. CONPEDI. Florianópolis: CONPEDI, 2023, p. 18. Disponível em: http://site.conpedi.org.br/publicacoes/w7dsqk3y/67t73265/H9O6qhVZjzDyK17h.pdf. Acesso em: 18 fev. 2025.

21. Trata-se de negócio biojurídico, utilizado para fins de concretização do direito constitucional do planejamento familiar, no qual as partes pactuam a possibilidade de doação de material genético por um terceiro, seja ele conhecido ou não do núcleo familiar, como mero instrumento de efetivação do direito, sem a possibilidade de almejar vínculos biológicos com a criança que será gerada, desde que respeitados os cuidados genéticos necessários.

22. Após a realização de um negócio jurídico familiar, podem surgir novos contextos que se percebem somente após o início da convivência do casal, cuja adaptabilidade pode ser realizada por meio de um novo negócio jurídico familiar exclusivamente para essa finalidade. Alguns dos exemplos são: o início de uma família multiespécie, regulamentando quem ficará responsável por esses gastos e eventuais despesas com médico veterinário; o planejamento de um projeto parental por meio das técnicas de reprodução assistida; a necessidade de alteração do regime de bens anteriormente pactuado pelas partes etc.

23. Conforme Silvia Felipe Marzagão, trata-se de "um negócio jurídico pelo qual duas pessoas casadas modulam sua conjugalidade, estabelecendo direitos e deveres específicos e recíprocos, sempre em busca de comunhão plena de vidas". In: MARZAGÃO, Silvia Felipe. *Contrato paraconjugal*: a modulação da conjugalidade por contrato teoria e prática. Indaiatuba, São Paulo: Foco, 2023, p. 62.

DIREITO DE FAMÍLIA MÍNIMO E A NÃO CONTRATUALIZAÇÃO DAS RELAÇÕES FAMILIARES **215**

Nota-se que, por meio da contratualização das relações familiares há um enaltecimento "da plena comunhão de vidas, até para que se possa primar pela plena valorização da autonomia privada, com o estabelecimento daquilo que fará sentido para cada qual dentro de sua conjugalidade e individualidade".[24] Ao definir o que consideram essencial para si no contexto da relação, o casal assume um papel mais ativo e protagonista em sua própria vida.

Além do mais, a contratualização do direito de família permite o afastamento da judicialização dessas demandas, pois permite que cada casal construa o seu próprio direito de família. O Estado deve primar pela realização desses instrumentos, pois, no fim, também é beneficiado por não ser onerado com questões que podem (e devem) ser resolvidas pelos envolvidos. Em caso de conflito entre as partes, o juízo pode utilizar dois parâmetros para analisar a questão posta: o grau de desigualdade fática entre as partes e o critério de essencialidade do bem jurídico.

Já no que concerne ao eventual inadimplemento do negócio jurídico familiar, Dimitre Braga Soares de Carvalho defende que "a aferição do cumprimento (ou não) de obrigações de cunho íntimo não pode ser objeto de averiguação judicial, sobretudo se tal perquirição invadir a privacidade e feria a dignidade humana das partes envolvidas".[25]

De todo o exposto, visualiza-se que os negócios jurídicos familiares, até o momento, têm sido a força motriz do direito de família, possibilitando às partes feitos jamais vistos no ordenamento jurídico brasileiro, especialmente como instrumento de manutenção das escolhas e vontades externalizados na pactuação, garantindo direitos e deveres, além de concretizar a busca pela felicidade humana.

Portanto, embora existam diversas possibilidades para o exercício da autonomia privada e da liberdade na contratualização das relações familiares, há também hipóteses em que o Estado deve intervir para defender os interesses dos próprios membros da família, garantindo a sua proteção em situações específicas, das quais tratar-se-á na sequência.

2. DAS PESSOAS VULNERÁVEIS: HIPÓTESES DE NÃO CONTRATUALIZAÇÃO DAS RELAÇÕES FAMILIARES

Conforme previsão no artigo 226 da Constituição Federal, a família é a base do Estado e merece sua proteção. Logo, há situações em que, mesmo na seara

---

24. MARZAGÃO, Silvia Felipe. *Contrato paraconjugal:* a modulação da conjugalidade por contrato teoria e prática. Indaiatuba, São Paulo: Foco, 2023, p. 29.

25. CARVALHO, Dimitre Braga Soares de. Contratos familiares: cada família pode criar seu próprio Direito de Família. *IBDFAM*, 2020. Disponível em: https://ibdfam.org.br/artigos/1498/Contratos+familiares:+cada+fam%C3%ADlia+pode+criar+seu+pr%C3%B3prio+Direito+de+Fam%C3%ADlia. Acesso em: 18 fev. 2025.

familiar, o Estado precisa intervir para assegurar direitos aos membros que a compõem. Dimitre Braga Soares de Carvalho expõe que há situações em que não se pode contratualizar, pois

> nenhum contrato afetivo ou de família pode desrespeitar a dignidade humana dos envolvidos, tratar homens e mulheres de forma diferente, viabilizar distorções por questões de gênero, tolerar qualquer tipo de violência física, psicológica ou patrimonial, ou deixar de observar os direitos e garantias constitucionais de crianças, adolescentes, idosos, portadores de deficiência ou qualquer outro grupo em situação de vulnerabilidade.[26]

Isso porque a Constituição Federal de 1988, popularmente conhecida como Constituição Cidadã, não apenas consolidou o Brasil como um Estado Democrático de Direito, mas também assegurou uma ampla gama de direitos à população, incluindo os direitos fundamentais.

Alexandre de Moraes ensina que "as garantias institucionais, apesar de muitas vezes virem consagradas e protegidas pelas leis constitucionais, não seriam verdadeiros direitos atribuídos diretamente às pessoas, mas a determinadas instituições que possuem sujeito e objeto diferenciado",[27] que é o caso da família, no qual há uma expansão do direito ao preção aqueles indivíduos que a compõem. Assim, os direitos e garantias fundamentais

> [...] coloca-os em elevada posição hermenêutica em relação aos demais direitos previstos no ordenamento jurídico, apresentando diversas características: imprescritibilidade, inalienabilidade, irrenunciabilidade, inviolabilidade, universalidade, efetividade, interdependência, complementaridade e relatividade.[28]

Fazem parte desse grupo de direitos e garantias fundamentais a dignidade da pessoa humana, a igualdade entre homens e mulheres e a vedação a tortura ou a tratamento desumano ou degradante. Assim, não é possível pactuar questões que vão de encontro aos direitos garantidos constitucionalmente pois ferem a ordem pública e, consequentemente, são nulos.

Inclusive, na Lei de Introdução às normas do Direito Brasileiro, no artigo 5º, consta a previsão de que "na aplicação da lei, o juiz atenderá aos fins sociais

---

26. CARVALHO, Dimitre Braga Soares de. Contratos familiares: cada família pode criar seu próprio direito de família. *In*: TEIXEIRA, Ana Carolina Brochado; RODRIGUES, Renata de Lima (Coord.). *Contratos, Família e Sucessões*: Diálogos Interdisciplinares. Indaiatuba, São Paulo: Editora Foco Jurídico Ltda, 2021.

27. MORAES, Alexandre de. *Direito Constitucional*. 40. ed. Rio de Janeiro: Atlas, 2024, p. 39. E-book. Disponível em: https://app.minhabiblioteca.com.br/reader/books/9786559776375/. Acesso em: 18 fev. 2025.

28. MORAES, Alexandre de. *Direito Constitucional*. 40. ed. Rio de Janeiro: Atlas, 2024, p. 39. E-book. Disponível em: https://app.minhabiblioteca.com.br/reader/books/9786559776375/. Acesso em: 18 fev. 2025.

DIREITO DE FAMÍLIA MÍNIMO E A NÃO CONTRATUALIZAÇÃO DAS RELAÇÕES FAMILIARES

a que ela se dirige e às exigências do bem comum",[29] Logo, há uma limitação na aplicação de direitos.

Neste capítulo, propõe-se analisar legislações específicas que preveem o dever de cuidado, atribuindo não só ao Estado, mas também à sociedade e à família garantir o direito dos grupos denominados vulneráveis. Nesse contexto, o Estatuto da Pessoa com Deficiência, em seu parágrafo único do artigo 5º, dispõe que "são considerados especialmente vulneráveis a criança, o adolescente, a mulher e o idoso, com deficiência".[30] Contudo, considerando as semelhanças nas legislações que tratam do dever de cuidado pelo Estado para esses mesmos grupos, este será o foco momentâneo deste estudo.

Conforme mencionado, nesses casos, "por serem intransmissíveis, irrenunciáveis, irrevogáveis e indisponíveis, não são passíveis de serem contratualizados, sob pena do interesse privado se sobrepor aos direitos fundamentais, violando a dignidade da pessoa humana".[31]

Desta forma, analisar-se-á o Estatuto da Criança e do Adolescente, a Lei Maria da Penha, o Estatuto da Pessoa com Deficiência e o Estatuto da Pessoa Idosa, visando auferir quais são as hipóteses em que não se permitiria a contratualização e se já há posicionamentos dentro do ordenamento jurídico brasileiro que discutam situações como essas.

2.1 Resguardando direitos: há contratualização quando uma das partes é criança, adolescente ou mulher em situação de violência?

O Estatuto da Criança e do Adolescente (ECA) é uma legislação cujo objeto principal é a proteção da criança e do adolescente. Logo em seu início,[32] a lei

---

29. BRASIL. Decreto-Lei 4.657, de 04 de setembro de 1942. Lei de Introdução às normas do Direito Brasileiro. *Diário Oficial da União*, Rio de Janeiro, 09 de setembro de 1942. Disponível em: https://www.planalto. gov.br/ccivil_03/decreto-lei/del4657compilado.htm. Acesso em: 18 fev. 2025.

30. BRASIL. Lei 13.146, de 06 de julho de 2015. Institui a Lei Brasileira de Inclusão da Pessoa com Deficiência (Estatuto da Pessoa com Deficiência). *Diário Oficial da União*, Brasília, 06 de julho de 2015. Disponível em: https://www.planalto.gov.br/ccivil_03/_ato2015-2018/2015/lei/l13146.htm. Acesso em: 18 fev. 2025.

31. MADRUGA, Rochele da Silva. A contratualização do direito de família e a valorização da autonomia privada. *IBDFAM*, 2024. Disponível em: https://ibdfam.org.br/artigos/2120/ A+contratualiza%C3%A7%C3%A3o+do+direito+de+fam%C3%ADlia+e+a+valoriza%C3%A7%C 3%A3o+da+autonomia+privada. Acesso em: 18 fev. 2025.

32. Art. 3º A criança e o adolescente gozam de todos os direitos fundamentais inerentes à pessoa humana, sem prejuízo da proteção integral de que trata esta Lei, assegurando-se-lhes, por lei ou por outros meios, todas as oportunidades e facilidades, a fim de lhes facultar o desenvolvimento físico, mental, moral, espiritual e social, em condições de liberdade e de dignidade. BRASIL. Lei 8.069, de 13 de julho de 1990. Dispõe sobre o Estatuto da Criança e do Adolescente e dá outras providências. *Diário Oficial da União*, Brasília, 13 de julho de 1990. Disponível em: https://www.planalto.gov.br/ccivil_03/leis/ l8069.htm. Acesso em: 18 fev. 2025.

estabelece que todos os direitos fundamentais inerentes à pessoa humana são garantidos a crianças e adolescentes, reconhecendo-os como sujeitos de direitos. Essa perspectiva contrasta com a visão da antiguidade, em que eles não eram considerados detentores de direitos, estando submetidos, muitas vezes, às vontades e decisões de seus pais.

O artigo 4º é a concretização das garantias individuais das crianças e dos adolescentes ao prever ser dever da família, da comunidade, da sociedade em geral e do poder público lhes garantir uma série de direitos, como à vida, à dignidade, ao respeito, à liberdade etc. Da mesma maneira que há a garantia desse direito, há a previsão de responsabilização daqueles que atentarem contra essas garantias, seja por ação ou omissão, livrando-os de qualquer forma de negligência, discriminação, exploração, violência, crueldade e opressão.

No artigo 70 do ECA, o preceito é reforçado ao dizer ser "dever de todos prevenir a ocorrência de ameaça ou violação dos direitos da criança e do adolescente"[33] e, desse modo, àqueles que não observarem o dever legal, "importará em responsabilidade da pessoa física ou jurídica".[34] Em caso de ameaça ou violação aos direitos previstos no ECA, aplicam-se as medidas de proteção previstas no artigo 101 do ECA, seja por ação ou omissão da sociedade ou do Estado; por falta, omissão ou abuso dos pais ou responsável; ou em razão da conduta da pessoa que causou o ato (artigo 98 do ECA). Já, em caso de violência contra as crianças e adolescentes, a Lei Henry Borel (Lei 14.344/2022) determina as devidas punições.

Assim, diante dos direitos mencionados acerca da criança e do adolescente, reconhece-se que esses indivíduos, em razão de sua condição peculiar de desenvolvimento e vulnerabilidade, estão mais suscetíveis a violações jurídicas por parte de outros atores sociais. Essa fragilidade intrínseca justifica a impossibilidade de contratação em questões que envolvam diretamente os interesses das crianças e dos adolescentes.

No âmbito dos negócios jurídicos familiares não se pode contratualizar questões que sujeitem os membros desse núcleo à violência e situações degradantes. De igual modo, cláusulas que versem sobre a vontade dos pais devem ser reavaliadas sob o prisma do melhor interesse da criança e do adolescente.

Outros temas ainda suscitam discussões relevantes na doutrina, como a questão da não incidência de vínculo de filiação em relação ao terceiro doador de material genético, especialmente quando essa condição é estabelecida por meio de cláusula em contrato de doação de material genético.

---

33. BRASIL. Lei 8.069, de 13 de julho de 1990. Dispõe sobre o Estatuto da Criança e do Adolescente e dá outras providências. *Diário Oficial da União*, Brasília, 13 de julho de 1990. Disponível em: https://www. planalto.gov.br/ccivil_03/leis/l8069.htm. Acesso em: 18 fev. 2025.
34. Idem.

No mais, temáticas que contrariam a previsão legal, especialmente aquelas que ofendem direitos fundamentais, não podem ser objeto de contratação, pois violam a dignidade humana dos membros da família envolvidos. Dessa forma, a intervenção estatal torna-se essencial para resguardar os interesses daqueles que se encontram em situação de vulnerabilidade.

Já no que tange ao direito da mulher, a igualdade entre homens e mulheres é preceito fundamental da Constituição Federal de 1988. Logo, não há discussão que permita a possibilidade de se contratualizar questões que desigualem homens e mulheres ou que sujeitem a mulher ao controle do marido, como se operava socialmente antigamente.

A mulher conquistou o espaço não só do mercado de trabalho, mas também há a possibilidade de ela ser a chefe de uma família. Uma coisa é prever nos contratos familiares que uma das partes irá trabalhar, enquanto a outra cuida da prole, outra é constar a submissão de uma parte àquela que irá prover o lar. Isso não pode ocorrer.

A Lei Maria da Penha (Lei 11.340/2006) é uma legislação que apresenta mecanismos jurídicos criados visando coibir a violência contra as mulheres e as crianças e adolescentes. Logo no seu início,[35] assim como faz o ECA, lhes é reservada a garantia de todos os direitos fundamentais inerentes à pessoa humana, como o direito à vida, à liberdade, à dignidade, entre outros.

A Lei Maria da Penha também estabelece a responsabilidade da família, da sociedade e do poder público em garantir condições para o exercício pleno dos direitos assegurados às mulheres. Isso inclui a proteção contra qualquer forma de negligência, discriminação, exploração, violência, crueldade e opressão, com a devida responsabilização por eventuais violações.

Apesar da legislação em vigor, os índices de violência doméstica contra a mulher no Brasil continuam alarmantes. No país, são reconhecidos como tipos de violência doméstica a física, psicológica, sexual, patrimonial, moral e institucional. Diante da complexidade dessas violências e de suas diversas manifestações, o

---

35. Art. 2º Toda mulher, independentemente de classe, raça, etnia, orientação sexual, renda, cultura, nível educacional, idade e religião, goza dos direitos fundamentais inerentes à pessoa humana, sendo-lhe asseguradas as oportunidades e facilidades para viver sem violência, preservar sua saúde física e mental e seu aperfeiçoamento moral, intelectual e social. BRASIL. Lei 11.340, de 07 de agosto de 2006. Cria mecanismos para coibir a violência doméstica e familiar contra a mulher, nos termos do § 8º do art. 226 da Constituição Federal, da Convenção sobre a Eliminação de Todas as Formas de Discriminação contra as Mulheres e da Convenção Interamericana para Prevenir, Punir e Erradicar a Violência contra a Mulher; dispõe sobre a criação dos Juizados de Violência Doméstica e Familiar contra a Mulher; altera o Código de Processo Penal, o Código Penal e a Lei de Execução Penal; e dá outras providências. Diário Oficial da União, Brasília, 07 de agosto de 2006. Disponível em: https://www.planalto.gov.br/ccivil_03/_ato2004-2006/2006/lei/l11340.htm. Acesso em: 18 fev. 2025.

Conselho Nacional de Justiça criou o Protocolo para Julgamento com Perspectiva de Gênero, com o objetivo de orientar magistrados a conduzir os julgamentos de forma isenta de influências do machismo estrutural ainda presente na sociedade.

Conforme comenta Eduardo Augusto Salomão Cambi, "a legítima defesa da honra foi, historicamente, utilizada para justificar atos de violência no contexto familiar, para proteger a reputação e a dignidade dos homens traídos".[36] Somente em 2023, por meio do julgamento da Ação de Descumprimento de Preceito Fundamental 779, o Supremo Tribunal Federal declarou inconstitucional a utilização da referida tese.

Assim, por óbvio, não é possível constar nos contratos familiares que a esposa/companheira aceita apanhar do esposo/companheiro ou até mesmo constar uma cláusula de silêncio em negócios jurídicos familiares, pois em caso de violência doméstica, essa mulher terá direito a expor a situação mesmo que o contrato esteja em vigência, pois contraria preceitos legais.

A Lei Maria da Penha alcança ainda relações não somente conjugais, mas também parentais, ou seja, não há como constar num contrato de coparentalidade que a irmã mais velha poderá bater na mais nova sempre que ela desejar.

Logo, opera-se a impossibilidade de contratualizar questões que firam a ordem pública, coloquem a mulher em situação de desigualdade ou que, indiretamente, lhes cause qualquer prejuízo ou algum tipo de violência, discriminação ou perigo pela condição de gênero, sob pena de nulidade.

2.2   Da pessoa com deficiência e da pessoa idosa: pode contratualizar?

O dever de cuidado também é visualizado nas Leis 10.741/2003 (Estatuto da Pessoa Idosa) e 13.146/2015 (Estatuto da Pessoa com Deficiência). A Lei Brasileira de Inclusão, conhecida como Estatuto da Pessoa com Deficiência adentrou no ordenamento jurídico brasileiro para salvaguardar os direitos deste grupo que por muitos anos esteve à mercê da sociedade, como se não detivessem capacidade para dirimir suas próprias questões.

Conforme seu artigo 4º, garante-se que "toda pessoa com deficiência tem direito à igualdade de oportunidades com as demais pessoas e não sofrerá nenhuma espécie de discriminação"[37] e, assim como outros grupos vulneráveis, a pessoa

---

36. CAMBI, Eduardo Augusto Salomão. *Direito das famílias com perspectiva de gênero*: aplicação do protocolo de julgamento do Conselho Nacional de Justiça (Recomendação 128/2022 e Resolução 192/2023). Indaiatuba, SP: Editora Foco, 2024, p. 23.

37. BRASIL. Lei 13.146, de 06 de julho de 2015. Institui a Lei Brasileira de Inclusão da Pessoa com Deficiência (Estatuto da Pessoa com Deficiência). *Diário Oficial da União*, Brasília, 06 de julho de 2015. Disponível em: https://www.planalto.gov.br/ccivil_03/_ato2015-2018/2015/lei/l13146.htm. Acesso em: 18 fev. 2025.

com deficiência deverá ser protegida de toda forma de negligência, discriminação, exploração, violência, tortura, crueldade, opressão e tratamento desumano ou degradante. Ademais, consta em tal estatuto ser dever do Estado, da sociedade e da família assegurar a essas pessoas a efetivação de diversos direitos.[38]

O artigo 6º, por sua vez, aduz que a deficiência não afeta a plena capacidade civil da pessoa, inclusive para: "I – casar-se e constituir união estável; II – exercer direitos sexuais e reprodutivos; III – exercer o direito de decidir sobre o número de filhos e de ter acesso a informações adequadas sobre reprodução e planejamento familiar".[39] Na mesma oportunidade, prevê ainda o exercício do direito à família, além de assegurar outros direitos.

Em que pese parecer absurda a necessidade de uma legislação que aborde essas questões, a realidade mostra que as pessoas com deficiência sempre foram marginalizadas e excluídas do acesso pleno à sociedade. Assim, fazem parte do grupo de pessoas vulneráveis sobretudo devido à persistência de crenças equivocadas que questionam sua capacidade de exercer seus próprios direitos. Conforme previsão expressa no Estatuto da Pessoa com Deficiência, aqueles que possuem capacidade jurídica têm o direito de formalizar suas relações familiares, podendo casar-se, elaborar contrato de convivência de união estável, realizar testamento e outros negócios jurídicos familiares.

O que não é permitido no âmbito da contratualização das relações familiares é sujeitar a pessoa com deficiência à hierarquia de outras pessoas somente pela sua condição, ou qualquer outro ato que tenha como objetivo discriminá-la em razão da sua deficiência.

Conforme já salientado, atos que ferem a ordem pública e a dignidade da pessoa humana não podem ser objeto de pactuação, mesmo que haja concordância entre as partes envolvidas. Desta maneira, a intervenção estatal se faz necessária para assegurar que a pessoa com deficiência não tenha seus direitos violados

---

38. Art. 8º É dever do Estado, da sociedade e da família assegurar à pessoa com deficiência, com prioridade, a efetivação dos direitos referentes à vida, à saúde, à sexualidade, à paternidade e à maternidade, à alimentação, à habitação, à educação, à profissionalização, ao trabalho, à previdência social, à habilitação e à reabilitação, ao transporte, à acessibilidade, à cultura, ao desporto, ao turismo, ao lazer, à informação, à comunicação, aos avanços científicos e tecnológicos, à dignidade, ao respeito, à liberdade, à convivência familiar e comunitária, entre outros decorrentes da Constituição Federal, da Convenção sobre os Direitos das Pessoas com Deficiência e seu Protocolo Facultativo e das leis e de outras normas que garantam seu bem-estar pessoal, social e econômico. *In*: BRASIL. Lei 10.741, de 1 de outubro de 2003. Dispõe sobre o Estatuto da Pessoa Idosa e dá outras providências. *Diário Oficial da União*, Brasília, 1 de outubro de 2003. Disponível em: https://www.planalto.gov.br/ccivil_03/leis/2003/l10.741.htm. Acesso em: 18 fev. 2025.

39. BRASIL. Lei 10.741, de 1 de outubro de 2003. Dispõe sobre o Estatuto da Pessoa Idosa e dá outras providências. *Diário Oficial da União*, Brasília, 1 de outubro de 2003. Disponível em: https://www.planalto.gov.br/ccivil_03/leis/2003/l10.741.htm. Acesso em: 18 fev. 2025.

dentro dessas relações, evitando interferências desnecessárias na vida familiar e ocorrendo apenas quando houver justa causa.

Outro grupo que suscita debates intensos acerca da possibilidade de formalizar contratos na esfera familiar é o das pessoas idosas. A principal discussão gira em torno do alcance de sua autonomia e da necessidade de avaliar seu discernimento para a celebração desses contratos, na seara familiar.

O Estatuto da Pessoa Idosa é muito claro em sua redação quando prevê ser "obrigação do Estado e da sociedade assegurar à pessoa idosa a liberdade, o respeito e a dignidade, como pessoa humana e sujeito de direitos civis, políticos, individuais e sociais, garantidos na Constituição e nas leis".[40] No que concerne ao direito ao respeito, o Estatuto o descreve como a "inviolabilidade da integridade física, psíquica e moral, abrangendo a preservação da imagem, da identidade, da autonomia, de valores, ideias e crenças, dos espaços e dos objetos pessoais"[41] da pessoa idosa.

O artigo 4° da legislação mencionada prevê ainda que "nenhuma pessoa idosa será objeto de qualquer tipo de negligência, discriminação, violência, crueldade ou opressão, e todo atentado aos seus direitos, por ação ou omissão, será punido na forma da lei",[42] também atribuindo a todos os cidadãos o dever de prevenir a ameaça ou lesão aos direitos da pessoa idosa.

Assim, não há possibilidades de se contratualizar nas relações familiares questões que visam ferir os direitos das pessoas idosas, justamente por compor grupo vulnerável socialmente e suscetíveis a manobras jurídicas que lhes causem lesões aos direitos previstos no mencionado estatuto.

No entanto, no ano de 2024, o Supremo Tribunal Federal negou provimento ao Recurso Extraordinário com Agravo 1.309.642 e fixou o entendimento de que o regime obrigatório de separação de bens nos casamentos e uniões estáveis envolvendo pessoas idosas com mais de 70 anos pode ser alterado pela vontade das partes.

A discussão gira em torno do artigo 1.641 do Código Civil de 2002, que atribuía obrigatoriedade do regime de separação de bens no casamento (e analogamente às uniões estáveis) da pessoa maior de 70 anos.

A decisão alcançada é fruto de uma luta do Instituto Brasileiro de Direito de Família e da maioria da doutrina, que defendiam a revogação da obrigatoriedade.

---

40. BRASIL. Lei 10.741, de 1 de outubro de 2003. Dispõe sobre o Estatuto da Pessoa Idosa e dá outras providências. *Diário Oficial da União*, Brasília, 1 de outubro de 2003. Disponível em: https://www. planalto.gov.br/ccivil_03/leis/2003/l10.741.htm. Acesso em: 18 fev. 2025.
41. Idem.
42. Idem.

Isso se deve ao aumento da expectativa de vida no Brasil e às melhores condições da população idosa, tornando a regra anteriormente imposta injusta. Na realidade, "o cerne da questão está no fato de que essa restrição viola frontalmente a autonomia privada, constituindo intervenção estatal indevida no campo familiar".[43]

Assim, no que diz respeito à população idosa, é essencial uma análise minuciosa da capacidade do indivíduo para realizar um negócio jurídico familiar, evitando, assim, intervenções estatais desnecessárias no ambiente familiar. Por outro lado, em casos em que haja ofensa aos direitos previstos no Estatuto da Pessoa Idosa, deve o Estado imediatamente averiguar a situação e cumprir seu papel de garantidor e protetor desses direitos.

CONSIDERAÇÕES FINAIS

A contratualização das relações familiares é um ramo do direito de família que atua na confecção de negócios jurídicos que visam enaltecer a liberdade e autonomia privada dos seus membros, através da pactuação dos seus interesses.

No entanto, para que haja maior incentivo à autonomia privada dos membros de uma família, adota-se a teoria do direito de família mínimo, que prevê a mínima intervenção do Estado nas relações familiares, princípio presente tanto na Constituição Federal de 1988 quanto no Código Civil de 2002.

Diante disso, as partes têm o direito, por meio do planejamento familiar, de regulamentar a sua convivência e o modo com que pretendem vivenciar a sua família, em prol da busca pela felicidade, da forma que melhor lhes aprouver.

Pautando-se por esse aspecto, por vezes, é muito tênue a linha de quando o Estado deve ou não intervir no ambiente familiar, tendo em vista o mandamento constitucional que lhe atribui a proteção da família, por ser a base da sociedade.

O artigo teve como propósito debater quais são as hipóteses nas quais a contratualização das relações familiares não é possível. Concluiu-se que, quando há ofensas aos direitos fundamentais de grupos considerados vulneráveis, como crianças, adolescentes, mulheres, pessoas com deficiência e pessoas idosas, deve-se verificar atentamente se há ou não a possibilidade de contratualização, sob pena de ferir a dignidade humana e ter o seu negócio jurídico familiar considerado nulo ou anulável.

Observa-se, portanto, que a sociedade tem evoluído para acionar o Poder Judiciário apenas em casos que realmente exijam sua intervenção. No entanto, o Estado deve manter seu papel protetivo diante de ameaças ou de violações de

---

43. ROSA, Conrado Paulino; ALVES, Leonardo Barreto Moreira. *Direito de Família Mínimo na Prática Jurídica*. São Paulo: JusPodivm, 2023, p. 260.

direitos, especialmente daqueles pertencentes aos grupos considerados vulneráveis, evitando, dessa forma, a excessiva contratualização de situações como as abordadas neste artigo.

REFERÊNCIAS

BRASIL. Decreto-Lei 4.657, de 04 de setembro de 1942. Lei de Introdução às normas do Direito Brasileiro. *Diário Oficial da União*, Rio de Janeiro, 09 de setembro de 1942. Disponível em: https://www.planalto.gov.br/ccivil_03/decreto-lei/del4657compilado.htm. Acesso em: 18 fev. 2025.

BRASIL. Constituição da República Federativa do Brasil de 1988. Brasília: Presidência da República. Disponível em: http://www.planalto.gov.br/ccivil_03/constituicao/constituicao.htm. Acesso em: 08 fev. 2025.

BRASIL. Lei 8.069, de 13 de julho de 1990. Dispõe sobre o Estatuto da Criança e do Adolescente e dá outras providências. *Diário Oficial da União*, Brasília, 13 de julho de 1990. Disponível em: https://www.planalto.gov.br/ccivil_03/leis/l8069.htm. Acesso em: 18 fev. 2025.

BRASIL. Lei 10.406, de 10 de janeiro de 2002. Institui o Código Civil. *Diário Oficial da União*, Brasília, 10 de janeiro de 2002. Disponível em: https://www.planalto.gov.br/ccivil_03/leis/2002/l10406compilada.htm. Acesso em: 18 fev. 2025.

BRASIL. Lei 10.741, de 1 de outubro de 2003. Dispõe sobre o Estatuto da Pessoa Idosa e dá outras providências. *Diário Oficial da União*, Brasília, 1 de outubro de 2003. Disponível em: https://www.planalto.gov.br/ccivil_03/leis/2003/l10.741.htm. Acesso em: 18 fev. 2025.

CAHALI, Francisco José. *Contrato de convivência na união estável*. São Paulo: Saraiva, 2002.

CAMBI, Eduardo Augusto Salomão. *Direito das famílias com perspectiva de gênero*: aplicação do protocolo de julgamento do Conselho Nacional de Justiça (Recomendação 128/2022 e Resolução 192/2023). Indaiatuba, SP: Editora Foco, 2024.

CARVALHO, Dimitre Braga Soares de. Contratos familiares: cada família pode criar seu próprio Direito de Família. *IBDFAM*, 2020. Disponível em: https://ibdfam.org.br/artigos/1498/Contratos+familiares:+cada+fam%C3%ADlia+pode+criar+seu+pr%C3%B3prio+Direito+de+Fam%C3%ADlia. Acesso em: 18 fev. 2025.

CARVALHO, Dimitre Braga Soares de. Contratos familiares: cada família pode criar seu próprio direito de família. In: TEIXEIRA, Ana Carolina Brochado; RODRIGUES, Renata de Lima (Coord.). *Contratos, Família e Sucessões*: Diálogos Interdisciplinares. Indaiatuba, São Paulo: Foco Jurídico Ltda, 2021.

MADRUGA, Rochele da Silva. A contratualização do direito de família e a valorização da autonomia privada. *IBDFAM*, 2024. Disponível em: https://ibdfam.org.br/artigos/2120/A+contratualiza%C3%A7%C3%A3o+do+direito+de+fam%C3%ADlia+e+a+valoriza%C3%A7%C3%A3o+da+autonomia+privada. Acesso em: 18 fev. 2025.

MALUF, Carlos Alberto Dabus; MALUF, Adriana Caldas do Rego Freitas Dabus. A família na pós-modernidade: aspectos civis e bioéticos. *Revista da Faculdade de Direito da Universidade de São Paulo*, v. 108, p. 221-242, 2013.

MARZAGÃO, Silvia Felipe. *Contrato paraconjugal*: a modulação da conjugalidade por contrato teoria e prática. Indaiatuba, São Paulo: Foco, 2023.

MORAES, Alexandre de. *Direito Constitucional*. 40. ed. Rio de Janeiro: Atlas, 2024, p. 39. *E-book*. Disponível em: https://app.minhabiblioteca.com.br/reader/books/9786559776375/. Acesso em: 18 fev. 2025.

MULTEDO, Renata Vilela; MORAES, Maria Celina Bodin de. A privatização do casamento. *Civilística.com*. a. 5, n. 2, 2016, p. 7. Disponível em: https://civilistica.emnuvens.com.br/redc/article/view/263. Acesso em: 18 fev. 2025.

PEREIRA, Rodrigo da Cunha. *Conheça 05 tipos de contratos de Direito de Família e para que serve cada um deles*. Rodrigo da Cunha Pereira Advocacia, 12 de setembro de 2023. Disponível em: https://www.rodrigodacunha.adv.br/contratos-de-direito-de-familia/. Acesso em: 18 fev. 2025.

ROSA, Conrado Paulino; ALVES, Leonardo Barreto Moreira. *Direito de Família Mínimo na Prática Jurídica*. São Paulo: Editora JusPodivm, 2023.

RUZYK, Carlos Eduardo Pianovski. *Liberdade(s) e função*: Contribuição crítica para uma nova fundamentação da dimensão funcional do Direito Civil brasileiro. 2009. Tese (Doutorado em Direito). Universidade Federal do Paraná, Curitiba, 2009.

STROZZI, Arthur Lustosa; PAIANO, Daniela Braga; ESPOLADOR, Rita de Cassia Resquetti Tarifa. Pacto de Coparentalidade: O negócio jurídico de geração, criação e desenvolvimento de filhos. In: BARCELLOS, Daniela Silva Fontoura de; et al (Coord.). *Direito Civil Contemporâneo I*. CONPEDI. Florianópolis: CONPEDI, 2023, p. 18. Disponível em: http://site.conpedi.org.br/publicacoes/w7dsqk3y/67t73265/H9O6qhVZjzDyK17h.pdf. Acesso em: 18 fev. 2025.

TEPEDINO, Gustavo; TEIXEIRA, Ana Carolina B. *Fundamentos do Direito Civil*: Direito de Família. 5. ed., v. 6. Rio de Janeiro: Forense, 2024, p. 95. *E-book*. Disponível em: https://app.minhabiblioteca.com.br/reader/books/9788530994532/. Acesso em: 18 fev. 2025.

TEPEDINO, Gustavo. Contratos em direito de família. In: PEREIRA, Rodrigo da Cunha (Org.). *Tratado de Direito das Famílias*. Belo Horizonte: IBDFAM, 2015.

XAVIER, Marília Pedroso. *Contrato de namoro*: amor líquido e direito de família mínimo. Paraná: Clássica Editora, 2015.

EXTRAJUDICIALIZAÇÃO DO DIREITO DE FAMÍLIA: CONSIDERAÇÕES INCIPIENTES DA RESOLUÇÃO 571 DO CONSELHO NACIONAL DE JUSTIÇA

João Antonio Sartori Júnior

Mestrando em Direito Negocial da Universidade Estadual de Londrina (UEL). Especialista em Direito Aplicado pela Escola da Magistratura do Estado do Paraná (EMAP). Graduado em Direito pela Faculdade Estadual do Norte Pioneiro (2002). Tabelião de Notas do Estado de São Paulo. Professor de Direito Anhanguera – Campos de Bandeirantes – PR. E-mail: dr.sartori@hotmail.com.

Sumário: Introdução – 1. Da extrajudicialização – 2. Do conceito contemporâneo do direito de família – 3. Da resolução 571 do Conselho Nacional de Justiça; 3.1 Da união estável – Considerações finais – Referências.

INTRODUÇÃO

As recentes alterações legislativas ressaltam a importância das atividades notariais e registrais, ampliando a extrajudicialização e permitindo a regularização de direitos familiares diretamente nos serviços notariais e registrais, sem necessidade de intervenção do Poder Judiciário. Neste estudo, destaca-se a Resolução 571, de 26 de agosto de 2024, do Conselho Nacional de Justiça (CNJ), que alterou a Resolução 35/2007. Dentre as mudanças, possibilitou-se a realização de inventários extrajudiciais mesmo com filhos menores, a alienação de bens do acervo hereditário por escritura pública sem autorização judicial e a lavratura de inventário extrajudicial mesmo quando houver testamento deixado pelo autor da herança, entre outras alterações.

A demora na resolução dos conflitos, em especial os familiares, pode gerar consequências irreversíveis para os envolvidos, rompendo vínculos e ferindo sentimentos que, em muitos casos, jamais serão restaurados. Isso pode resultar em cicatrizes emocionais profundas, traumas persistentes e gatilhos que acompanharão as vítimas ao longo da vida, além de contribuir para a crescente judicialização das demandas.

Diante de tal quadro, portanto, a atuação dos notários e registradores, com a devida utilização dos instrumentos legais decorrentes da extrajudicialização, possibilitam uma interiorização efetiva na solução dos litígios. Isso assegura aos cidadãos acesso aos seus direitos, exercendo a função social de auxiliar na regularização de direitos e na resolução de conflitos familiares.

1. DA EXTRAJUDICIALIZAÇÃO

A sociedade historicamente recorreu ao Poder Judiciário para a resolução de conflitos, o que resultou no congestionamento de ações e comprometeu a celeridade e a eficiência dos processos.

Com o objetivo de desafogar o sistema judicial, recentes alterações legislativas passaram a atribuir novas competências às Serventias Extrajudiciais, permitindo a concretização de direitos diretamente por esses órgãos. Esse movimento, conhecido como extrajudicialização ou desjudicialização, viabiliza a solução de diversas demandas nos serviços notariais e registrais, sem a necessidade de intervenção do Poder Judiciário.

Os notários e registradores, na forma do artigo 236 da Constituição Federal e do artigo 3º da Lei 8.935/94, são profissionais do direito que prestam serviços públicos, em caráter privado em colaboração com o Estado, mediante aprovação em concurso público, dotados de fé pública, aos quais é delegada a atividade notarial e registral, destinados a garantir a publicidade, a autenticidade, a segurança e a eficácia dos atos jurídicos. Neste vértice, Luiz Guilherme Loureiro[1] apresenta que os notários e registradores:

> Como profissionais do Direito têm a missão de assessorar a todos que reclamam seu ministério a fim de constituir ou transferir direitos, torná-los eficazes perante os demais membros da comunidade e evitar vícios que possam afetar as relações jurídicas e a segurança do tráfego.

No mesmo sentido, afirma Walter Ceneviva[2] que "O notário e o registrador não exercem cargo público, mas são agentes públicos. Agem como representantes da autoridade pública, eles mesmos providos de autoridade, posto que substituem, por delegação, o Estado, em serviços deste".

As principais características da atividade notarial e registral são: a função delegada do Estado; o controle de legalidade (qualificação jurídica); a intervenção nos negócios jurídicos particulares; a função de assessoramento e mediação; e a imparcialidade e a independência funcional. Como profissionais do direito, os notários e registradores atuam junto ao Poder Judiciário como importante instrumento de regularização de direitos e de exercício de cidadania.

---

1. LOUREIRO, Luiz Guilherme. *Registros Públicos*: teoria e prática. Salvador: JusPodivm, 2019, p. 55.
2. CENEVIVA, Walter. *Lei dos notários e registradores comentada*. 8. ed. São Paulo: Saraiva, 2010, p. 49.

O termo desjudicialização[3] está definido no dicionário como a "prática de chegar à solução de conflitos sem ter que apelar para a justiça, evitando processos e atrasos para o impasse dos conflitos". Assim, na contemporaneidade, a extrajudicialização – ou desjudicialização – representa um avanço inestimável e um marco no ordenamento jurídico brasileiro, pois possibilita a interiorização efetiva na solução dos litígios e a facilitação do acesso aos usuários dos serviços públicos, o que proporciona uma resolução rápida e eficaz diretamente pelos serviços notariais e registrais e uma desobstrução do Poder Judiciário.

Outro importante ponto a favor da extrajudicialização consiste na capilaridade, pois, conforme parágrafo segundo do artigo 44 da Lei 8.935 de 18 de novembro de 1994, cada sede municipal deverá ter (no mínimo) um registrador civil das pessoas naturais. Os serviços notariais e registrais, especialmente os registros civis das pessoas naturais, estão presentes em todos os municípios do país e, em muitos casos, são a única representação do Estado em regiões remotas. Esses serviços promovem a interiorização da solução de litígios, facilitando o acesso da população aos serviços públicos.

A atuação dos notários e registradores deve ser guiada pelo compromisso com a justiça social, tendo como finalidade a prevenção de litígios e a garantia da regularização de direitos. Além disso, desempenham um papel fundamental na resolução de conflitos, assegurando celeridade, eficácia e segurança jurídica.

Historicamente, a Lei 11.441, de 04 de janeiro de 2007, e a Resolução 35, de 24 de abril de 2007 do Conselho Nacional de Justiça (CNJ), provocaram uma mudança que possibilitou a lavratura dos atos notariais relacionados a inventário, partilha, separação consensual, divórcio consensual e extinção consensual de união estável diretamente pelos serviços notariais, representando um avanço inestimável e um marco no ordenamento jurídico brasileiro.

A partir desse marco, a extrajudicialização concretizou-se como um instrumento efetivo e eficaz, dentro das competências de cada notário ou registrador. O Tabelião de Notas está apto a realizar lavraturas das escrituras públicas de divórcio, de inventários e partilhas; atas notariais e atas de usucapião extrajudicial; escrituras públicas de constituição de união estável e de namoro; apostilamento de documentos; além das autorizações eletrônicas de viagem e de Doação de Órgãos (AEDO). O Oficial de Registro Civil das Pessoas Naturais pode redigir o termo declaratório de união estável; a alteração do regime de bens na união estável; a alteração imotivada do nome e do sobrenome; o reconhecimento de paternidade e de filiação socioafetiva; e a alteração de nome e de gênero do transgênero. O Ofi-

---

3. DESJUDICIALIZAÇÃO, 2023. *Dicionário Informal Online*. Disponível em: https://www. dicionarioinformal.com.br/significado/desjudicializa%C3%A7%C3%A3o/19327/>. Acesso em: 08 fev. 2025.

cial de Registro de Imóveis está autorizado a executar a usucapião extrajudicial; a regularização fundiária; a alienação fiduciária; a retificação de área extrajudicial; a adjudicação compulsória extrajudicial, entre outros.

Assim, os cidadãos podem buscar os serviços notariais e registrais para a regularização de direitos, o que ocorre, na maioria dos casos, sem a necessidade de intervenção do Poder Judiciário, que permanece responsável pela resolução dos conflitos não consensuais. Embora a utilização das serventias extrajudiciais tenha se tornado comum, sua atuação é limitada pela fé pública e pela qualificação notarial e registral, o que garante segurança jurídica aos processos.

A fé pública notarial e registral é atribuída por lei e está diretamente relacionada à autenticidade dos documentos emitidos pelos notários e registradores. Essa atribuição confere aos atos praticados uma presunção relativa de veracidade e legitimidade, garantindo-lhes força probatória plena. No entanto, essa presunção é *juris tantum,* ou seja, admite prova em contrário, cabendo a quem a contesta o ônus de demonstrar eventual vício.

Além disso, os notários e registradores exercem a qualificação jurídica, função essencial da atividade notarial e registral, por meio da qual realizam o controle de legalidade dos atos a serem praticados nesse âmbito. Nesse sentido, Ricardo Dip[4] define a qualificação registral (imobiliária) como "o juízo prudencial, positivo ou negativo, da potência de um título em ordem a sua inscrição predial, importando no império de seu registro ou de sua irregistração".

Por sua vez Luiz Guilherme Loureiro[5] diferencia o registro jurídico e o registro administrativo ou cadastro:

> O registro jurídico tem por finalidade garantir a publicidade, autenticidade, segurança e eficácia dos atos jurídicos (art. 1º, Lei 8.935/1994) e, portanto, não se limita a recolher e publicar simples informações, por exemplo, a titularidade de direitos, mas afirma, ou pelo menos faz presumir, que aquele que consta em seus livros como titular do direito assim o é efetivamente. Difere, portanto, do registro administrativo, que é aquele que tem por objeto a recopilação e racionalização dos dados para colocá-los a serviço de uma organização pública (*v.g.,* cadastro de imóveis municipal).

Portanto, os notários e registradores, ao exercerem o controle de legalidade e em razão da presunção relativa de legitimidade e de veracidade dos atos notariais e registrais, realizam o registro jurídico, garantindo publicidade, autenticidade, segurança e eficácia aos atos jurídicos, características essenciais da atividade notarial e registral que as distinguem de quaisquer outros atos ou cadastros.

---

4. DESJUDICIALIZAÇÃO, 2023. *Dicionário Informal Online.* Disponível em: https://www.dicionarioinformal.com.br/significado/desjudicializa%C3%A7%C3%A3o/19327/. Acesso em: 08 fev. 2025.

5. LOUREIRO, Luiz Guilherme. *Registros Públicos*: teoria e prática. Salvador: JusPodivm, 2019, p. 569.

Nesse diapasão, conclui Leonardo Brandelli:[6]

A atividade registral imobiliária, em um registro de direitos, caracteriza-se essencialmente pela qualificação jurídica previamente à publicidade de situações jurídicas, isto é, pela análise jurídica do ato jurídico apresentado a registro por meio do título que o contém. E isto não é mecânico.

Ainda, segundo Flávio Tartuce,[7] o vigente Código de Processo Civil tem como um dos seus nortes principiológicos "a desjudicialização dos conflitos e contendas", com a possibilidade da solução de certos casos extrajudicialmente, o que confere celeridade à resolução dos conflitos familiares e sucessórios. No mesmo contexto, Erica Barbosa e Silva e Fernanda Tartuce[8] reconhecem que "a atuação de notários e registradores pode contribuir de forma significativa para a efetivação do acesso à ordem jurídica justa com eficiência e celeridade".

Ressalte-se aqui que a Lei 14.382, publicada no diário oficial da União em 28 de junho de 2022, regulamentou o Sistema Eletrônico dos Registros Públicos (SERP), com o objetivo de modernizar e simplificar os procedimentos relativos aos registros públicos de atos e negócios jurídicos. Portanto, a extrajudicialização transformou-se em uma realidade presente no cotidiano das pessoas, de forma que notários e registradores devem utilizar os instrumentos legais como forma de regularização de direitos e de prevenção de litígios, de forma rápida e eficaz, diretamente pelas Serventias Extrajudiciais, a fim de garantir a justiça social.

2. DO CONCEITO CONTEMPORÂNEO DO DIREITO DE FAMÍLIA

Atualmente, o conceito de direito de família e da própria entidade familiar vêm sendo amplamente debatido no meio jurídico, considerando suas múltiplas formas de constituição. Fundamentado na dignidade da pessoa humana, o direito de família busca preservar valores sociais inerentes à dinâmica da sociedade. A família desempenha um papel essencial na estrutura social e, por isso, recebe proteção especial do Estado, conforme estabelece o artigo 226, caput, da Constituição Federal de 1988. Sendo a base para a formação do ser humano, tanto na infância quanto na vida adulta, a família é responsável por promover a educação,

---

6. BRANDELLI, Leonardo. Inteligência artificial e o registro de imóveis. In: GALHARDO, Flaviano et. al (Coord.). *Direito Registral e Novas Tecnologias*. Rio de Janeiro: Forense, 2021, p. 397.
7. TARTUCE, Flávio. Da extrajudicialização da parentalidade socioafetiva e da multiparentalidade. *Migalhas*. Publicado em: 29 mar. 2017. Disponível em: https://www.migalhas.com.br/coluna/familia-e-sucessoes/256444/da-extrajudicializacao-da-parentalidade-socioafetiva-e-da-multiparentalidade. Acesso em: 08 fev. 2025.
8. SILVA, Erica Barbosa; TARTUCE, Fernanda. Reconhecimento de Paternidade Socioafetiva no Cartório de Registro Civil: Mudanças Significativas. *Revista IBDFAM*: Família e Sucessões. v. 35, p. 41-50, set./out. 2019.

saúde, proteção e lazer dos filhos, influenciando diretamente seu comportamento na sociedade.

Nesse contexto, a família é uma realidade sociológica que constitui a base do Estado e um núcleo fundamental sobre o qual repousa toda a organização social. Trata-se de um elemento essencial, composto por indivíduos que compartilham laços de proximidade ou afetividade.

Historicamente, sob influência do direito romano, a estrutura familiar era pautada no pátrio poder, conferindo ao homem – à época, o chefe da família – autoridade absoluta, à qual esposa e filhos deviam se submeter. Atualmente, no entanto, a família é concebida como um espaço de proteção, afeto e lealdade, caracterizando-se como um agrupamento de pessoas unidas por laços de convivência contínua e duradoura. Com as transformações sociais, esse conceito tem evoluído constantemente, dando lugar a novas configurações familiares e novos ideais. O antigo pátrio poder foi substituído pelo poder familiar, que distribui direitos e deveres entre todos os integrantes do núcleo familiar, promovendo uma estrutura mais igualitária.

A Constituição Federal de 1988 consolidou a família como base da sociedade, reconhecendo novas formas de organização familiar e estabelecendo valores que priorizam a dignidade da pessoa humana. Além disso, garantiu tratamento prioritário a crianças e adolescentes, fundamentado no princípio do melhor interesse do menor.

Ao longo do tempo, diversas mudanças ocorreram na estrutura familiar. Embora ainda exista o modelo convencional – formado pela união entre homem e mulher por meio do casamento –, o perfil contemporâneo reflete uma reformulação estrutural, na qual o vínculo afetivo é o principal elemento de juridicidade da família.

Diante desse cenário, as mudanças no direito de família demonstram sua função social no ordenamento jurídico brasileiro. As inovações nesse campo oferecem uma visão abrangente das profundas transformações que vêm ocorrendo nas relações familiares.

As alterações sociais vêm trazendo novas estruturas familiares, conforme dispõe Maria Berenice Dias,[9] cujos objetivos traduzem um conjunto de sentimentos e comportamentos como a lealdade, a dependência recíproca, a confiança, o respeito, o carinho e o amor. Assim, entende-se que os novos modelos familiares estão pautados no sentimento puro e sincero das pessoas, principalmente no afeto, o que caracteriza a família contemporânea.

---

9. DIAS, Maria Berenice. *Manual de direito das famílias*. 11. ed. São Paulo: RT, 2016, p. 105.

Concorda com esse entendimento Maria Helena Diniz,[10] quando afirma que a afetividade é "corolário do respeito da dignidade da pessoa humana, como norteador das relações familiares e da solidariedade familiar". Desta forma, a convivência familiar corresponde a verdadeiro direito fundamental da criança, inserido no bojo da família pós-moderna, em qualquer dos arranjos em que ela se afigure.

Do mesmo modo, Maria Celina Bodin de Moraes e Ana Carolina Brochado Teixeira[11] apresentam as famílias democráticas como constituídas pelos núcleos de pessoas unidas pela afetividade e pela reciprocidade, funcionalizadas para o desenvolvimento individual pleno de cada um de seus membros, como forma de incentivar, respeitar e tutelar a dignidade da pessoa humana.

Ocorre que as relações familiares, independentemente de sua constituição, refletem na órbita do direito – principalmente no direito imobiliário e no direito sucessório – trazendo insegurança jurídica em razão dos efeitos produzidos nos negócios jurídicos realizados com terceiros. Com o término de relações familiares, em especial as decorrentes de uniões estáveis de fato, podem ser geradas disputas judiciais que, por exemplo, pretendem a partilhas de bens adquiridos onerosamente em período ocorrido durante a constituição da união estável.

Como forma de garantir uma maior segurança jurídica e evitar litígios, as relações familiares despertaram um viés contratual, com a formalização de escrituras públicas realizadas pelos Tabelionatos de Notas, além dos termos declaratórios tanto de reconhecimento quanto de dissolução de união estável, realizado perante o registro civil das pessoas naturais, à luz da Lei 14.382, de 27 de junho de 2022.

Dentro desse contexto é possível afirmar que o ordenamento jurídico brasileiro admite que o indivíduo se autorregule de acordo com seus interesses individuais, sem se olvidar que deverá respeitar os limites impostos pelo próprio Estado e também os limites que se encontram na esfera de liberdade dos outros indivíduos que convivem na mesma sociedade.

Ao tratar da autonomia privada, Pietro Perlingieri[12] explica que "pode-se entender por autonomia privada, em geral, o poder, reconhecido ou concedido pelo ordenamento estatal a um indivíduo ou a um grupo, de determinar vicissitudes jurídicas como consequência de comportamentos". Assim, a autonomia

---

10. DINIZ, Maria Helena. *Curso de direito civil brasileiro*: direito de família. 27. ed. São Paulo: Saraiva, 2012, v. 5. p. 38.
11. TEIXEIRA, Ana Carolina Brochado; MORAES, Maria Celina Bodin de. Contratos no ambiente familiar. In: TEIXEIRA, Ana Carolina Brochado; RODRIGUES, Renata de Lima. *Contratos, Família e Sucessões*: Diálogos interdisciplinares. Indaiatuba: Foco, 2019.
12. PERLINGIERI, Pietro. *Perfis do Direito Civil*. Trad. Maria Cristina de Cicco. 2. ed. Rio de Janeiro: Renovar, 2002, p 17.

privada comporta uma nova interpretação, dissociada da autonomia da vontade, sendo possível seu reconhecimento em toda relação jurídica negocial, inclusive naquelas de caráter existencial.

Importante destacar que, a partir da Constituição Federal de 1988, a pessoa humana foi elevada ao centro do Estado Democrático de Direito, e questões que digam respeito ao seu projeto de vida, ligados à sua intimidade e privacidade, devem ser decididas dentro de sua parcela de liberdade, em observância ao princípio da dignidade da pessoa humana.

Porém, em determinadas situações, a disposição dos direitos da personalidade pode ser relativizada. Com a evolução da sociedade, cada vez mais são admitidas novas formas de contratualização envolvendo os direitos existenciais como, por exemplo, no campo do direito de família os contratos de convivência e o contrato de namoro, contratos de regulação de guarda entre filhos; e também em outras searas, como contratos de uso da imagem da pessoa, entre outros.

Da mesma forma, o ordenamento jurídico brasileiro admite a celebração de negócio biojurídico, que envolve os direitos ao próprio corpo, dos quais são exemplos os contratos de clínicas de reprodução humana assistida para doação gratuita de material genético, diretivas de vontade antecipadas, doação de órgãos *post mortem*, autorização para utilização de material genético *post mortem*, dentre outros, desde que observados os elementos de formação dos negócios jurídicos, a boa-fé, e que não sejam contrários à lei e a ordem pública.

Num primeiro momento, convém pontuar que o artigo 1.513 do Código Civil veda a interferência de pessoas de direito público ou privado na comunhão de vida instituída pela família, de forma que não cabe ao Estado interferir nos contratos familiares, pois cada família apresenta regulamentações e organizações próprias, consentidas e cumpridas por cada membro da sociedade familiar.

No mesmo sentido, o parágrafo 7º do Art. 226 da Constituição Federal de 1988 assegura o planejamento familiar de livre decisão da família, fundamentado no princípio da dignidade da pessoa humana e da paternidade responsável, vedada qualquer forma coercitiva por parte de instituições oficiais ou privadas. Nesse diapasão, com precisão cirúrgica, Pietro Perlingieri[13] dispara que "expressão de liberdade é o poder reconhecido aos cônjuges de acordar a direção da vida familiar interpretando as exigências de ambos e da família".

---

13. PERLINGIERI, Pietro. *Perfis do Direito Civil*. Trad. Maria Cristina de Cicco. 2. ed. Rio de Janeiro: Renovar, 2002, p 17.

No caso de desigualdades e vulnerabilidade, segundo Maria Celina Bodin de Moraes e Ana Carolina Brochado Teixeira,[14] "quando se tratar de criança, adolescente, idoso, pessoa com deficiência e mulher (em algumas circunstâncias), as relações familiares têm um vetor protetivo, pressupondo-se maior ingerência do Estado nesses espaços de intimidade".

Nesse sentido, Renata Vilela Multedo[15] define que deve haver um reequilíbrio da relação jurídica: "quando houver essa assimetria relacional, os espaços de negociabilidade ficam mais reduzidos, pois se espera um comportamento positivo de atuação em prol daquele que é vulnerável, a fim de que essa conduta possa reequilibrar a relação jurídica".

As famílias democráticas são constituídas por núcleos de pessoas unidas pela afetividade e pela reciprocidade, tendo como finalidade promover o desenvolvimento pleno de cada um de seus membros. Nesse contexto, o respeito à dignidade da pessoa humana é incentivado, protegido e tutelado, garantindo a autonomia das vontades, a validade dos contratos e o cumprimento das regulamentações acordadas dentro do núcleo familiar.

Em regra, a intervenção do Estado não se faz necessária, sendo a autonomia familiar preservada. No entanto, em situações de desigualdade ou vulnerabilidade, a atuação estatal pode ser excepcionalmente justificada, com o objetivo de restabelecer o equilíbrio na relação jurídica.

3. DA RESOLUÇÃO 571 DO CONSELHO NACIONAL DE JUSTIÇA

Da análise do conteúdo desenvolvido nesse estudo, percebe-se que a extrajudicialização do direito de família é uma realidade, e muito embora tenha potencial para proporcionar um estudo aprofundado do tema, não é a pretensão deste artigo, que objetiva trazer considerações incipientes e contemporâneas sobre o tema, em especial com a Resolução 571 do Conselho Nacional de Justiça – CNJ, de 26 de agosto de 2024.

Dois momentos importantes marcam as mudanças que deram origem à extrajudicialização. O primeiro foi a Lei 11.441 de 04 de janeiro de 2007, que alterou dispositivos da Lei 5.869, de 11 de janeiro de 1973 do Código de Processo Civil, possibilitando a realização de inventário, partilha, separação consensual e divórcio consensual por via administrativa ou extrajudicial. O segundo foi a

---

14. TEIXEIRA, Ana Carolina Brochado; MORAES, Maria Celina Bodin de. Contratos no ambiente familiar. In: TEIXEIRA, Ana Carolina Brochado; RODRIGUES, Renata de Lima. *Contratos, Família e Sucessões*: Diálogos interdisciplinares. Indaiatuba: Foco, 2019.

15. MULTEDO, Renata Vilela. Liberdade e família: uma proposta para a privatização das relações conjugais e convivenciais. *R. Fórum de Dir. Civ. – RFDC*. Belo Horizonte, ano 9, n. 23, p. 219-241, jan./abr. 2020.

Resolução 35 de 24 de abril de 2007 do Conselho Nacional de Justiça, que disciplinou a lavratura dos atos notariais relacionados a inventário, partilha, separação consensual, divórcio consensual e extinção consensual de união estável por via administrativa. Tais alterações provocaram uma mudança de paradigma, possibilitando a lavratura dos atos notariais relacionados a inventário, partilha, separação consensual, divórcio consensual e extinção consensual de união estável diretamente pelos serviços notariais, o que representou um avanço inestimável e um marco no ordenamento jurídico brasileiro.

No mesmo sentido, Vitor Frederico Kümpel[16] traz o conceito de inventário administrativo ou extrajudicial, que ele explana ser "aquele feito perante o Tabelião de Notas, por meio do qual se apura o ativo e o passivo deixado pelo falecido, com o objetivo de partilhar o patrimônio líquido em favor dos herdeiros". Desde a Lei 11.441/2007 e da Resolução 35/2017 do CNJ, o ordenamento jurídico passou a admitir o inventário extrajudicial realizado diretamente pelos Tabeliães de Notas de todo território nacional. Contabiliza-se terem sido realizados mais de dois milhões e seiscentos mil atos de inventários, entre janeiro de 2007 e setembro de 2024, conforme números da 6ª Edição 2024 do Cartório em Números,[17] principal informativo de publicidade e transparência dos Cartórios Extrajudiciais brasileiros, produzidos pela Associação dos Notários e Registradores do Brasil – ANOREG/BR.

No que diz respeito à competência notarial, o inventário extrajudicial exclui a aplicabilidade das regras processuais de competência do Código de Processo Civil (foro do domicílio do autor da herança), pois o artigo 8º da Lei 8.935/94 consagra o princípio da plena liberdade de escolha das partes do tabelião. No entanto, restringe-se aos bens situados no território nacional, de forma que o inventário extrajudicial pode ser realizado por qualquer tabelião de notas de livre escolha das partes, na forma do artigo 1º da Resolução 35/07,[18] sendo facultada aos interessados a opção pela via judicial ou extrajudicial.

Em agosto do ano passado, outra mudança que beneficiou a extrajudicialização foi a decisão unânime aprovada pelo Plenário do Conselho Nacional de Justiça, no dia 20 de agosto de 2024,[19] que alterou a Resolução CNJ 35/2007 que

---

16. Kümpel, Vitor Frederico. *Tratado Notarial e Registral*. São Paulo: YK Editora, 2017, p. 912.
17. Anoreg-BR. *Cartórios em Números*. 6. ed. Disponível em: https://www.anoreg.org.br/site/comunicacao/revistas/cartorio-em-numeros/. Acesso em: 08 fev. 2025.
18. Art. 1º Para a lavratura dos atos notariais relacionados a inventário, partilha, divórcio, declaração de separação de fato e extinção de união estável consensuais por via administrativa, é livre a escolha do tabelião de notas, não se aplicando as regras de competência do Código de Processo Civil.
19. No julgamento do Pedido de Providências 0001596-43.2023.2.00.0000, de autoria do Instituto Brasileiro de Direito de Família – IBDFAM, durante a 3ª Sessão Extraordinária de 2024, relatado pelo Corregedor Nacional de Justiça, ministro Luis Felipe Salomão, e por conseguinte aprovação da Resolução 571 do Conselho Nacional de Justiça – CNJ, de 26 de agosto de 2024.

disciplina a lavratura dos atos notariais relacionados a inventários, partilhas, separação consensual, divórcio consensual e extinção consensual de união estável por via administrativa.

A medida simplifica a tramitação dos atos, que não dependem mais de homologação judicial, tornando-os mais céleres. A solução pela via extrajudicial é uma forma de desafogar o Poder Judiciário; atualmente, para a realização dos inventários extrajudiciais apresentam-se como únicos requisitos legais somente o consenso entre os herdeiros quanto à partilha dos bens e a participação de um advogado ou defensor público.

No que tange ao inventário extrajudicial de filhos menores, a Resolução 571 do Conselho Nacional de Justiça (CNJ) incluiu o artigo 12-A na Resolução CNJ 35/2007, estabelecendo novos requisitos para o procedimento.

O inventário extrajudicial poderá ser realizado desde que seja garantida ao menor a parte ideal de cada bem a que tiver direito, sendo vedada a prática de atos de disposição sobre os bens ou direitos do menor. Além disso, os tabeliães devem remeter a escritura pública de inventário ao Ministério Público (MP) para manifestação. Caso o parecer do MP seja favorável, o tabelião poderá lavrar a escritura do inventário extrajudicial. No entanto, se houver manifestação desfavorável, divisão injusta ou impugnação por terceiros, o caso deverá ser submetido ao Juízo Competente.

Outra previsão expressa incluída na Resolução 35 do CNJ, com as alterações trazidas pela Resolução 571, está disposta no artigo 12-B e trata da possibilidade de realização do inventário extrajudicial mesmo quando o autor da herança houver deixado testamento.

Nesse caso, é necessária a autorização expressa do juízo sucessório competente, obtida por meio de ação de abertura e cumprimento de testamento, permitindo que o inventário e a partilha sejam realizados extrajudicialmente. Importa ressaltar que não basta apenas a abertura do testamento no Poder Judiciário; é imprescindível a autorização expressa do juízo sucessório para a lavratura da escritura pública de inventário extrajudicial.

Convém destacar, ainda, que o inciso V do artigo 12-B da Resolução 571 regulamenta a possibilidade de realização do inventário extrajudicial nos casos em que o testamento tenha sido invalidado, revogado, rompido ou considerado caduco. No entanto, para que o inventário extrajudicial seja possível, a invalidade ou ineficácia do testamento deve ter sido reconhecida por sentença judicial transitada em julgado na ação de abertura e cumprimento de testamento, sendo imprescindível, além disso, a capacidade e a concordância de todos os herdeiros.

Outro ponto positivo da Resolução 571/24 do CNJ foi a autorização da alienação de bens do acervo hereditário antes da conclusão do inventário, sem a necessidade de intervenção do Poder Judiciário. A medida tem como o objetivo simplificar a venda de imóveis em inventários extrajudiciais, seja por necessidade urgente das partes ou pela falta de recursos dos herdeiros para concluir a partilha, que devido aos custos dos emolumentos e impostos do inventário pode dificultar a divisão do patrimônio ou levar à judicialização do processo, na tentativa de obter um alvará judicial que autorize a venda de parte dos bens para gerar liquidez suficiente para cobrir essas despesas.

Portanto, na forma do artigo 11-A, da Resolução 571/24 do CNJ, incluído na Resolução CNJ 35/2007, o inventariante pode ser autorizado, através de escritura pública, a alienar móveis e imóveis de propriedade do espólio, independentemente de autorização judicial. Tal normatização do procedimento se alinha à extrajudicialização que vem ocorrendo com relação a diversos procedimentos imobiliários, que antes eram exclusivamente processados pelo Poder Judiciário, sendo necessário:[20]

I – discriminação das despesas do inventário com o pagamento dos impostos de transmissão, honorários advocatícios, emolumentos notariais e registrais e outros tributos e despesas devidos pela lavratura da escritura de inventário; (incluído pela Resolução 571, de 26.08.2024)

II – vinculação de parte ou todo o preço ao pagamento das despesas discriminadas na forma do inciso anterior; (incluído pela Resolução 571, de 26.08.2024)

III – não constar indisponibilidade de bens de quaisquer dos herdeiros ou do cônjuge ou convivente sobrevivente; (incluído pela Resolução 571, de 26.08.2024)

IV – a menção de que as guias de todos os impostos de transmissão foram apresentadas e o seus respectivos valores; (incluído pela Resolução 571, de 26.08.2024)

V – a consignação no texto da escritura dos valores dos emolumentos notariais e registrais estimados e a indicação das serventias extrajudiciais que expedirem os respectivos orçamentos; e (incluído pela Resolução 571, de 26.08.2024)

VI – prestação de garantia, real ou fidejussória, pelo inventariante quanto à destinação do produto da venda para o pagamento das despesas discriminadas na forma do inciso I deste artigo. (incluído pela Resolução 571, de 26.08.2024)

Em consonância com os parágrafos primeiro, segundo e terceiro do artigo 11-A, da Resolução 571/24 do CNJ, incluído na Resolução CNJ 35/2007, o prazo para o pagamento das despesas do inventário não poderá ser superior a um ano a contar da venda do bem, podendo ser autorizada a estipulação de prazo inferior pelas partes. Cumprida a obrigação do inventariante de pagar as despesas discriminadas, fica extinta a garantia prestada e o bem alienado será relacionado no

---

20. CONSELHO NACIONAL DE JUSTIÇA. *Resolução 35 de 24 de abril de 2017*. Disponível em: https://atos.cnj.jus.br/files/compilado172958202007015efcc816b5a16.pdf. Acesso em: 08 fev. 2025.

EXTRAJUDICIALIZAÇÃO DO DIREITO DE FAMÍLIA **239**

acervo hereditário somente para fins de apuração dos emolumentos do inventário, cálculo dos quinhões hereditários, apuração do imposto de transmissão causa mortis, mas não será objeto de partilha, consignando-se a sua venda prévia na escritura do inventário.

Em relação ao divórcio, são requisitos para o divórcio extrajudicial a inexistência de filhos menores, nascituros ou incapazes ou, havendo filhos comuns do casal menores ou incapazes, será permitida a lavratura da escritura pública de divórcio desde que devidamente comprovada a prévia resolução judicial de todas as questões referentes à guarda, visitação e alimentos deles, o que deverá ficar consignado no corpo da escritura. Além disso, deve haver consenso entre os cônjuges quanto à eventual partilha dos bens, que pode ser realizada em ato posterior, e também é necessária participação de um advogado ou defensor público.

No que tange à separação, diante da tese de repercussão geral fixada pelo Supremo Tribunal Federal no Tema 1.053, não mais subsiste a figura autônoma da separação judicial, porém a Resolução 571 do CNJ incluiu os artigos 52-A a 52-E na Resolução 35/2007, regulamentando a separação de fato. Tal resolução autoriza a lavratura de Escritura Pública de Separação de Fato Consensual, que deve exclusivamente comprovar o fato de que cessou a comunhão plena de vida entre o casal. Ela possibilita o restabelecimento posteriormente da comunhão plena de vida entre o casal por escritura pública, ainda que a separação de fato tenha sido judicial.

3.1 Da união estável

O ordenamento jurídico brasileiro, por muito tempo, conferiu primazia do casamento em relação à união estável, estabelecendo regulamentações distintas para cada uma das formas de constituição familiar. O Código Civil, em seu artigo 1.723, disciplina a união estável, reconhecendo-a como entidade familiar desde que caracterizada por uma convivência pública, contínua e duradoura, com o objetivo de constituição de família.

Diferentemente do casamento, a união estável não exige qualquer ato formal, solene ou escrito para seu reconhecimento, pois se trata de uma relação jurídica baseada em uma situação de fato. A jurisprudência dos Tribunais Superiores brasileiros dispensa a formalização por escrito, a existência de prole comum ou a coabitação sobre o mesmo teto.[21]

---

21. STJ: AgRg no AREsp 649786/GO, AgRg no AREsp 223319/RS, AgRg no AREsp 59256/SP, AgRg nos EDcl no REsp 805265/AL, REsp 1096324/RS, REsp 275839/SP), admitindo a união estável entre pessoas do mesmo sexo (STF: ADI 4.227 e a ADPF 132 e STJ – Informativo de Jurisprudência 472), porém vedam o reconhecimento de uniões estáveis simultâneas (STJ – Informativo de Jurisprudência 464) ou decorrentes de concubinatos (STJ – Informativo de Jurisprudência 404).

A mudança de paradigma no que se refere a união estável iniciou-se com a Lei 14.382, publicada no diário oficial da União em 28 de junho de 2022, que acrescentou o artigo 94-A na Lei 6.015/73, inovando no ordenamento jurídico brasileiro ao atribuir aos registros civis a possibilidade de lavrarem os termos declaratórios de reconhecimento e dissolução de união estável.

O Provimento 141 do Conselho Nacional de Justiça, de 16 de março de 2023, ratificado pelo Provimento 146, de 26 de junho de 2023, revisou o Provimento 37, de 7 de julho de 2014. Com isso, passou a regulamentar o termo declaratório de reconhecimento e a dissolução de união estável perante o Registro Civil das Pessoas Naturais, além de permitir a alteração do regime de bens da união estável diretamente nos cartórios, sem a intervenção do Poder Judiciário ou do Ministério Público.

Os novos provimentos regulamentaram, ainda, a possibilidade de indicação das datas de início ou fim da união estável – se constarem – de decisões judiciais e das escrituras públicas, nesse último caso, desde que corresponda à data da lavratura do instrumento e, atualmente, pelo procedimento de certificação eletrônica de união estável realizado perante oficial de registro civil.

No ano de 2014, o Conselho Nacional de Justiça (CNJ) regulamentou a união estável através do Provimento 3, possibilitando o registro da sentença declaratória de reconhecimento e a escritura pública de contrato da união estável no Livro "E" do Oficial do Registro Civil das Pessoas Naturais, na sede em que os companheiros tiveram seu último domicílio, constando o regime de bens.

Atualmente, além do reconhecimento judicial e da escritura pública de união estável, e com base no Provimento 141 do CNJ, de 16 de março de 2023, e na Lei 14.382, de 27 de junho de 2022, foi criada uma nova modalidade: o termo declaratório de reconhecimento e dissolução de união estável, realizado perante o Registro Civil das Pessoas Naturais. Essa alternativa apresenta maior acessibilidade, tanto pela ampla presença de Oficiais de Registros Civis em todos os municípios do país quanto pelo custo reduzido. Enquanto não for editada legislação específica nos âmbitos dos Estados e do Distrito Federal, os emolumentos relativos aos termos declaratórios de reconhecimento ou de dissolução da união estável corresponderão a 50% do valor previsto para o procedimento de habilitação de casamento. Nos casos que envolverem partilha de bens, o termo declaratório de dissolução da união estável equiparará o valor dos emolumentos previstos para a escritura pública do mesmo ato jurídico, conforme o inciso I, parágrafo 6º, do art. 1º-A do Provimento 141 do CNJ.

No que se refere ao registro da união estável, na forma do artigo 94-A da Lei 6. 015/73 e artigos 537 a 546 do Provimento 149 de 30.08.2023, do Código Nacional de Normas da Corregedoria Nacional de Justiça, do Conselho Nacional de Justiça, Foro Extrajudicial (CNN), a competência do local de registro deve ocorrer no Livro E do Oficial de Registro Civil das Pessoas Naturais em que os companheiros têm ou tiveram sua última residência, sendo títulos admitidos para registro: as sentenças declaratórias do reconhecimento e de dissolução da união estável – proferidas pelo Poder Judiciário (Título Judicial); as escrituras públicas declaratórias de reconhecimento e de dissolução da união estável – lavradas pelo Tabelião de Notas; e os termos declaratórios de reconhecimento e de dissolução de união estável – lavrados pelos Oficial de Registro Civil das Pessoas Naturais.

A Resolução CNJ 35/2007 já assegurava o reconhecimento da união estável na própria escritura pública do inventário extrajudicial, porém exigia o reconhecimento judicial da união estável ou o consenso de todos os herdeiros.

Na atualidade, com a nova redação dada pela Resolução 571/24 do CNJ, a união estável pode ser reconhecida por sentença judicial, escritura pública ou termo declaratório, desde que devidamente registrados ou pelo consenso de todos os herdeiros, na forma do artigo 19 da Resolução 35 do CNJ.

CONSIDERAÇÕES FINAIS

Da análise do conteúdo desenvolvido nesse estudo, conclui-se que os notários e registradores, como profissionais do direito, devem atuar junto ao Poder Judiciário na garantia da proteção e regularização dos direitos, proporcionando a extrajudicialização do direito de família.

Reafirma-se o dever da família, da sociedade, do Estado e das Serventias Extrajudiciais de zelar pelas relações familiares. Sempre que forem solicitadas e tiverem competência, essas instituições devem aplicar, de maneira plena, célere e eficaz, os instrumentos previstos na legislação vigente, garantindo a proteção da família contemporânea e evitando maiores transtornos aos seus integrantes.

O estudo foi capaz de demonstrar a mudança de paradigma na resolução das relações familiares, introduzindo a utilização dos serviços extrajudiciais como um instrumento de concretização dos direitos e de resolução de conflitos nessa seara. As mudanças retiram a obrigatoriedade de se recorrer ao Poder Judiciário, ao mesmo tempo que garantem a publicidade, a autenticidade, a segurança jurídica e a eficácia, em busca da pacificação social acessível a todos os cidadãos.

REFERÊNCIAS

ANOREG-BR. *Cartórios em Números*. 6. ed. Disponível em: https://www.anoreg.org.br/site/comunicacao/revistas/cartorio-em-numeros/. Acesso em: 08 fev. 2025.

BRASIL. *Lei 6.015 de 31 de dezembro de 1973*. Dispõe sobre os registros públicos. Disponível em: https://www.planalto.gov.br/ccivil_03/leis/l6015compilada.htm. Acesso em: 08 fev. 2025.

BRASIL. *Constituição da República Federativa Do Brasil*. Disponível em: http://www.planalto.gov. br/ccivil_03/constituicao/constituicao.htm. Acesso em: 08 fev. 2025.

BRASIL. *Lei 8.935 de 18 de novembro de 1994*. Regulamenta o art. 236 da Constituição Federal, dispondo sobre serviços notariais e de registro. Disponível em: https://www.planalto.gov.br/ ccivil_03/leis/l8935.htm. Acesso em: 08 fev. 2025.

BRASIL. *Lei 10.406 de 10 de janeiro de 2002*. Institui o Código Civil. Disponível em: http://www. planalto.gov.br/ccivil_03/leis/2002/L10406compilada.htm. Acesso em: 08 fev. 2025.

BRASIL. *Lei 11.441 de 4 de janeiro de 2007*. Altera dispositivos da Lei nº 5.869, de 11 de janeiro de 1973 – Código de Processo Civil, possibilitando a realização de inventário, partilha, separação consensual e divórcio consensual por via administrativa. Disponível em: https://www.planalto. gov.br/ccivil_03/_ato2007-2010/2007/lei/l11441.htm. Acesso em: 08 fev. 2025.

BRASIL. *Lei 14.382 de 27 de junho de 2022*. Dispõe sobre o Sistema Eletrônico dos Registros Públicos (SERP). Disponível em: https://www.planalto.gov.br/ccivil_03/_ato2019-2022/2022/lei/l14382. htm. Acesso em: 08 fev. 2025.

CONSELHO NACIONAL DE JUSTIÇA. *Resolução 35 de 24 de abril de 2017*. Disciplina a lavratura dos atos notariais relacionados a inventário, partilha, separação consensual, divórcio consensual e extinção consensual de união estável por via administrativa. (Redação dada pela Resolução 571, de 26.8.2024). Disponível em: https://atos.cnj.jus.br/files/ compilado172958202007015efcc816b5a16.pdf. Acesso em: 08 fev. 2025.

CONSELHO NACIONAL DE JUSTIÇA. *Provimento 141 de 16 de março de 2023*. Altera o Provimento 37, de 7 de julho de 2014, para atualizá-lo à luz da Lei 14.382. Disponível em: https://atos.cnj. jus.br/atos/detalhar/4996. Acesso em: 08 fev. 2025.

CONSELHO NACIONAL DE JUSTIÇA. *Provimento 146 de 26 de junho de 2023*. Altera o Provimento 37, de 7 de julho de 2014, para esclarecer os limites do termo declaratório formalizado perante Registro Civil Das Pessoas Naturais. Disponível em: https://atos.cnj.jus.br/atos/detalhar/5170. Acesso em: 08 fev. 2025.

DESJUDICIALIZAÇÃO, 2023. *Dicionário Informal Online*. Disponível em: https://www. dicionarioinformal.com.br/significado/desjudicializa%C3%A7%C3%A3o/19327/>. Acesso em: 08 fev. 2025.

DIAS, Maria Berenice. *Manual de direito das famílias*. 11. ed. São Paulo: RT, 2016.

DINIZ, Maria Helena. *Curso de direito civil brasileiro*: direito de família. 27. ed. São Paulo: Saraiva, 2012. v. 5.

KÜMPEL, Vitor Frederico. *Tratado Notarial e Registral*. São Paulo: YK Editora, 2017.

LOUREIRO, Luiz Guilherme. *Registros Públicos*: teoria e prática. Salvador: JusPodivm, 2019.

MEIRELES, Rose Melo Vencelau. Negócios biojurídicos. In: PONA, Éverton Willian; AMARAL, Ana Cláudia Corrêa Zuin Mattos do; MARTINS, Priscila Machado (Coord.). *Negócio jurídico e liberdades individuais*: autonomia privada e situações jurídicas existenciais. Curitiba: Juruá, 2016.

MULTEDO, Renata Vilela. Liberdade e família: uma proposta para a privatização das relações conjugais e convivenciais. *R. Fórum de Dir. Civ. – RFDC*. Belo Horizonte, ano 9, n. 23, p. 219-241, jan./abr. 2020.

PERLINGIERI, Pietro. *Perfis do Direito Civil*. Trad. Maria Cristina de Cicco. 2. ed. Rio de Janeiro: Renovar, 2002.

SILVA, Erica Barbosa; TARTUCE, Fernanda. Reconhecimento de Paternidade Socioafetiva no Cartório de Registro Civil: Mudanças Significativas. *Revista IBDFAM: Família e Sucessões*. vol. 35, set./out. 2019.

TARTUCE, Flávio. Da extrajudicialização da parentalidade socioafetiva e da multiparentalidade. *Migalhas*. Publicado em: 29 mar. 2017. Disponível em: https://www.migalhas.com.br/coluna/familia-e-sucessoes/256444/da-extrajudicializacao-da-parentalidade-socioafetiva-e-da-multiparentalidade. Acesso em: 17 mar. 2024.

TEIXEIRA, Ana Carolina Brochado; MORAES, Maria Celina Bodin de. Contratos no ambiente familiar. In: TEIXEIRA, Ana Carolina Brochado; RODRIGUES, Renata de Lima. *Contratos, Família e Sucessões*: Diálogos interdisciplinares. Indaiatuba: Foco, 2019.

RENÚNCIA À CONCORRÊNCIA SUCESSÓRIA DO CÔNJUGE: UMA ANÁLISE SOB O VIÉS DA CONTRATUALIZAÇÃO DAS RELAÇÕES SUCESSÓRIAS

Isabela Nabas Schiavon

Doutoranda e Mestre em Direito Negocial pela Universidade Estadual de Londrina (UEL). Especialista em Direito Civil e Processo Civil pela Universidade Estadual de Londrina (UEL). Especialista em Direito Aplicado pela Escola da Magistratura do Estado do Paraná (EMAP). Graduada em Direito pela Universidade Estadual de Londrina (UEL). Advogada. Professora. E-mail: isabelanschiavon@hotmail.com.

Sumário: Introdução – 1. Alterações na sucessão do cônjuge: do Código Civil de 1916 ao Código Civil de 2002 – 2. As novas formações de família e a mínima intervenção do Estado nas relações familiares e sucessórias – 3. O instituto jurídico da renúncia da herança à luz da teoria do negócio jurídico – 4. Análise da possibilidade da renúncia da concorrência sucessória do cônjuge – 5. O pacto antenupcial como instrumento jurídico adequado para a declaração da renúncia da concorrência sucessória do cônjuge – Considerações finais – Referências.

INTRODUÇÃO

A transformação dos modelos familiares acarretou a mudança paradigmática do reconhecimento constitucional de novas entidades familiares, sob a ótica da repersonalização do Direito Civil. Diante disso, pode-se observar que houve uma ampliação do conceito de família para outras conjunturas anteriormente não tratadas de maneira específica pelo ordenamento jurídico brasileiro, a fim de que essas novas configurações de entidades familiares passassem a serem reconhecidas como relação jurídica, com vistas à garantia da dignidade da pessoa humana.

Na contemporaneidade, as famílias passam a contemplar, para além do escopo afetivo-eudemonista, o aspecto da contratualização das relações familiares e sucessórias. Em decorrência disso, observa-se que a alteração substancial de um fato deve necessariamente conduzir uma releitura do fenômeno jurídico à luz dos novos valores. Nesse contexto, a reflexão se volta para ingerência estatal nos espaços de autonomia no âmbito do Direito Sucessório, mais especificamente sobre os efeitos patrimoniais da sucessão *mortis causa* nas relações conjugais sob a ótica do titular do patrimônio.

Assim, o problema da pesquisa consiste em investigar a viabilidade da convenção de renúncia à concorrência sucessória do cônjuge, considerando a atual conjuntura legislativa sucessória, especialmente no que tange ao pacta corvina. À vista disso, questiona-se a possibilidade de tal renúncia no pacto antenupcial.

Justifica-se a pesquisa uma vez que, no cenário contemporâneo, algumas normativas tornaram-se incompatíveis com os anseios das famílias atuais, trazendo a necessidade de revisão da interpretação jurídica desse instituto. O legislador do Código Civil de 2002, diversamente do Código Civil de 1916, incluiu o cônjuge na concorrência sucessória da herança no primeiro e segundo grau da ordem de vocação hereditária. Assim, a escolha do regime de bens pactuados pelo casal antes da realização do casamento produz efeitos fundamentalmente relacionados à sucessão, em razão da concorrência. Desse modo, se quando em vida os cônjuges não desejam a comunicação do patrimônio, da mesma maneira têm o direito de manifestar a sua vontade de que a incomunicabilidade permaneça quando do seu falecimento.

A metodologia adotada é de natureza teórico-conceitual, desenvolvendo-se uma pesquisa explicativa voltada à análise de uma hipótese teórica. Metodologicamente, emprega-se o método dedutivo, partindo de premissas gerais para a análise de hipóteses concretas.

Para tanto, inicialmente, serão abordadas as alterações na sucessão do cônjuge do Código Civil de 1916 para o Código Civil de 2002. Em seguida, discutir-se-á as novas configurações familiares e a mínima intervenção do Estado nas relações familiares e sucessórias. Posteriormente, será analisado o instituto jurídico da renúncia à herança à luz da teoria do negócio jurídico. Na sequência, investigar-se-á a possibilidade de renúncia à concorrência sucessória do cônjuge. Por fim, examinar-se-á o pacto antenupcial como instrumento jurídico adequado para formalizar essa renúncia.

1. ALTERAÇÕES NA SUCESSÃO DO CÔNJUGE: DO CÓDIGO CIVIL DE 1916 AO CÓDIGO CIVIL DE 2002

Os direitos sucessórios do cônjuge passaram por significativas transformações desde o Código Civil de 1916, perpassando pela constitucionalização do Direito Civil, até o Código Civil de 2002, havendo uma alteração na posição em que o cônjuge sobrevivente assume na sucessão.

No Código Civil de 1916, a ordem de vocação hereditária deferia a sucessão legítima na seguinte disposição hierárquica: descendentes; ascendentes; cônjuge sobrevivente; colaterais; Municípios, Distrito Federal ou União (art. 1.603, CC 1916). Primeiramente eram chamados os descendentes, como filhos, netos e bisnetos, posteriormente os ascendentes, como pais, avós e bisavós, e na sequência, somente na ausência de descendentes e ascendentes é que o cônjuge sobrevivente viria a herdar, encontrando-se, portanto, em terceiro lugar na ordem de vocação hereditária, portanto, não havendo a concorrência do cônjuge com os herdeiros de primeira e segunda classe.

À época, o cônjuge não era categorizado como herdeiro necessário, uma vez que somente os descendentes e, em sua ausência, os ascendentes eram considerados como herdeiros necessários, aos quais deveria ser reservada a legítima (art. 1.721, CC 1916). Dessa forma, sob a vigência do antigo Código Civil, o cônjuge poderia ser completamente afastado da herança por meio de disposição testamentária.

Além disso, o cônjuge sobrevivente somente herdaria se quando do falecimento não estivesse dissolvida a sociedade conjugal (art. 1.611, CC 2), de modo que a separação de fato não era o suficiente para a exclusão do cônjuge da sucessão conforme se aplica na vigência do Código Civil de 2002 (art. 1.830). Isso posto, o cônjuge supérstite, casado pelo regime de separação de bens, poderia não receber nenhum bem quando do falecimento do *de cujus*, nem a título de meação, nem a título de herança.

À vista disso, sob a égide do Código Civil de 1916, restava aos cônjuges sobreviventes, casados pelo regime da comunhão universal de bens, o direito real de habitação sobre bem imóvel que era utilizado como residência familiar, desde que único bem dessa natureza (art. 1.611, § 2º). Trata-se de uma forma de salvaguardar os cônjuges que não haviam sido contemplados na herança, em que pese esse não fosse um requisito exclusivo dos cônjuges que foram excluídos da sucessão.

Já ao cônjuge supérstite casado por um regime de bens diverso do da comunhão universal, tinha o direito de usufruto da quarta parte dos bens do cônjuge falecido, se ele tivesse deixado filhos, ou caso não houvesse deixado filhos, tinha o direito de usufruto da metade dos bens do falecido (art. 1.611, § 1º, CC 1916).

Com o advento do Código Civil de 2002, o cônjuge passou a ser considerado herdeiro necessário, nos termos do art. 1.845.[1] Na qualidade de herdeiro necessário, ao cônjuge pertence, de pleno direito, a metade da herança do falecido, quando herdeiro em terceira classe e em divisão com os ascendentes e descendentes quando em concorrência em primeira e segunda classe.

No que tange ao direito real de habitação, observa-se que foi mantido pelo Código Civil de 2002, inclusive se estendendo para o cônjuge sobrevivente casado em qualquer dos regimes de bens estabelecidos legalmente (art. 1.831), com a

---

1. Com a equiparação da união estável ao casamento para fins sucessórios, por meio da declaração de inconstitucionalidade do art. 1.790 do Código Civil, no Tema 809 do Supremo Tribunal Federal, existe entendimento doutrinário no sentido de o companheiro passar a compor o rol de herdeiros necessários, todavia, adota-se a posição na qual argumenta-se que o Supremo não analisou no Recurso Extraordinário a tese do companheiro como herdeiro necessário, portanto, não passando a compor o rol taxativo do art. 1.845.

finalidade de garantir o direito constitucional à moradia ao cônjuge sobreviven-te, independentemente de ele possuir outros bens em seu patrimônio pessoal, tendo como requisito que seja o único o imóvel do casal destinado à residência da família deixado como herança. Cabe ressaltar que, nos termos do Enunciado 271 do Conselho de Justiça Federal, o cônjuge pode renunciar o direito real de habitação nos autos do inventário ou por escritura pública.[2]

Por outro lado, o usufruto vidual, garantido ao cônjuge supérstite no Código Civil de 1916 como salvaguarda do mínimo necessário a subsistência do cônjuge não beneficiado com a herança, não foi trazido para o Código Civil de 2002 em razão do cônjuge ter alçado a qualidade de herdeiro necessário[3]. Ao estabelecer como requisito para o reconhecimento do usufruto vidual, que o regime de bens do casamento fosse diverso da comunhão universal, o Código de 1916 pretendeu contemplar os viúvos que não receberiam a herança. Isso porque, o cônjuge já contemplado com a divisão de bens não pode ser beneficiado novamente com o usufruto vidual, causando injustiça no recebimento do patrimônio pelos her-deiros[4].

Em que pese a sucessão dos companheiros não ser objeto desse estudo, cabe mencionar que a união estável passou a ser reconhecida como entidade familiar pela Constituição Federal de 1988 e os direitos sucessórios passaram a ser garan-tidos a união estável por uma analogia com os direitos sucessórios dos cônjuges. Posteriormente foi regulada com a Lei 8.971/1994, trazendo aos companheiros o direito aos alimentos e à sucessão, estabelecendo que os companheiros passaram a ter direito ao usufruto vidual. Foi com a promulgação da Lei 9.278/1996 que os companheiros também passaram a ter garantido o direito real de habitação.

Com o advento do Código Civil de 2002, não ficou estabelecido de maneira expressa o direito real de habitação aos companheiros, tendo sido garantido apenas aos cônjuges, entretanto a Lei 9.278/1996 não foi expressamente revogada pelo Código, dessa forma, somente foram revogadas as disposições que o contrariam, razão pela qual foi mantido o direito real de habitação aos companheiros.[5]

---

2. BRASIL. Conselho da Justiça Federal (CJF). *Enunciado 271 da III Jornada de Direito Civil*. Disponível em: https://www.cjf.jus.br/enunciados/enunciado/533. Acesso em: 19 fev. 2025.
3. CAHALI, Francisco José; HIRONAKA, Giselda Maria Fernandes Novaes. *Curso avançado de Direito Civil*. 2. ed. São Paulo: RT, 2023. v. 6. p. 212.
4. BRASIL. Superior Tribunal de Justiça. *Recurso Especial 1.280.102/SP*. Relator: Ministro Marco Buzzi, Quarta Turma, julgado em 13.10.2020, DJe de 16.10.2020. Disponível em: https://processo.stj.jus.br/processo/revista/documento/mediado/?componente=ITA&sequencial=1992690&num_registro=201101897587&data=20201016&formato=PDF. Acesso em: 19 fev. 2025.
5. BRASIL. Superior Tribunal de Justiça. *Recurso Especial 1.582.178/RJ*. Relator: Ministro Ricardo Villas Bôas Cueva, Terceira Turma, julgado em 11.09.2018, DJe de 14.09.2018. Disponível em: https://processo.stj.jus.br/processo/revista/documento/mediado/?componente=MON&sequencial=80240100&tipo_documento=documento&num_registro=201201610937&data=20180320&formato=PDF. Acesso em: 19 fev. 2025.

RENÚNCIA À CONCORRÊNCIA SUCESSÓRIA DO CÔNJUGE 249

Como consequência do reconhecimento constitucional da união estável como entidade familiar, passou-se a sustentar que a desigualdade de tratamento entre os companheiros e os cônjuges viola o princípio constitucional da igualdade, razão pela qual o Supremo Tribunal Federal declarou o artigo 1.790 do Código Civil inconstitucional nos seguintes termos: "É inconstitucional a distinção de regimes sucessórios entre cônjuges e companheiros prevista no artigo 1.790 do CC/2002, devendo ser aplicado, tanto nas hipóteses de casamento quanto nas de união estável, o regime do artigo 1.829 do CC/2002".[6]

A tutela dos direitos sucessórios tem estrita conexão com a escolha do regime de bens adotado pelo casal.[7] A sucessão prevista no Código Civil de 1916 basea-va-se no parentesco consanguíneo, privilegiando os descendentes e ascendentes. Todavia, o regime de bens legal era o da comunhão universal de bens, de modo que o cônjuge sobrevivente não ficava desamparado materialmente, uma vez que tinha direito à metade do patrimônio, a título de meação.

Observa-se que no Código Civil de 1916 não existia a concorrência do côn-juge na sucessão, que apenas foi implementada no Código Civil de 2002, com a argumentação de que, em razão da adoção do regime de comunhão parcial de bens como regra para o novo Código, deveria ser dada especial atenção aos direitos do cônjuge supérstite, por se considerar "injustificado passar do regime da comunhão universal, que importa a comunicação de todos os bens presentes e futuros dos cônjuges, para o regime da comunhão parcial, sem se atribuir ao cônjuge supérstite o direito de concorrer com descendentes e ascendentes",[8] conforme a Exposição de Motivos do Código Civil de 2002.

Assim, "deve-se ressaltar que o regime de bens, com o advento do Código Civil de 2002, passou a ter relevância na definição dos direitos hereditários do cônjuge, quando este concorra com descendentes do *de cujus*".[9] Dessa forma, a concorrência sucessória do cônjuge com os descendentes, estabelecida no art. 1.829, inc. I, do Código Civil de 2002, está diretamente relacionada ao regime de

---

6. Vide: BRASIL. Supremo Tribunal Federal. *Recurso Extraordinário 646.721/RS*. Relator: Marco Aurélio. Relator para Acórdão: Roberto Barroso, Tribunal Pleno, julgado em 10/05/2017, DJe de 08/09/2017, publicado em 11.09.2017. Disponível em: https://jurisprudencia.stf.jus.br/pages/search/sjur373165/false. Acesso em: 19 fev. 2025.
   BRASIL. Supremo Tribunal Federal. *Recurso Extraordinário 878694/MG*. Relator: Roberto Barroso, Tribunal Pleno, julgado em 10/05/2017, DJe de 05/02/2018, publicado em 06.02.2018. Disponível em: http://portal.stf.jus.br/processos/detalhe.asp?incidente=4744004. Acesso em: 19 fev. 2025.
7. TEPEDINO, Gustavo; NEVARES, Ana Luiza Maia; MEIRELES, Rose Melo Vencelau. *Fundamentos do Direito Civil*: Direito das Sucessões. 3. ed. Rio de Janeiro: Forense, 2022. v. 7. *E-book*, p. 87.
8. BRASIL. Senado Federal. *Novo Código Civil*: Exposição de motivos e texto sancionado. 2. ed. Brasília: Secretaria especial de editoração e publicações, 2005. Disponível em: https://www2.senado.leg.br/bdsf/bitstream/handle/id/70319/743415.pdf?sequence=2&isAllowed=y. Acesso em: 19 fev. 2025.
9. PEREIRA, Caio Mário da Silva. *Instituições de Direito Civil*: Direito das Sucessões. 28. ed. Rio de Janeiro: Forense, 2022. v. 6. *E-book,* p. 139.

bens escolhido pelo casal quando do momento da habilitação para o casamento. Nesse sentido, não terá direito à herança em concorrência sucessória quando o cônjuge supérstite for casado no regime da comunhão universal de bens, uma vez que, nesse caso, em razão da sua condição de meeiro, ficará com a metade do patrimônio do falecido.

Os casados em regime de separação convencional de bens, também denominado separação total de bens, evitarão a comunicação do patrimônio em caso de divórcio, porém, na sucessão, o cônjuge sobrevivente terá direto à herança do falecido e concorrerá com os descendentes.

Já os casados em separação obrigatória de bens – que se dá no casamento de pessoas com mais de setenta anos, nas causas suspensivas para o casamento e nos casos de suprimento judicial (art. 1.641, CC) –, não irão concorrer com os descendentes, uma vez que, por disposição legal, o patrimônio dos cônjuges não deve ser transferido de um para o outro.[10]

No caso de um casamento regido pelo regime de comunhão parcial de bens, em que se comunicam os bens adquiridos pelo casal durante a constância do matrimônio, o falecimento de um dos cônjuges resulta na divisão do patrimônio da seguinte forma: o cônjuge supérstite, na condição de meeiro, recebe metade do patrimônio do *de cujus* a título de meação, enquanto a outra metade compõe a herança dos descendentes, da qual o cônjuge não participa. Contudo, se o falecido deixar bens particulares, o cônjuge supérstite será herdeiro em concorrência com os descendentes em relação a esses bens. Caso contrário, os descendentes ficariam com a metade do patrimônio comum ao casal somada à totalidade dos bens particulares, o que representaria uma desvantagem para o cônjuge sobrevivente.

Com relação ao regime de participação final nos aquestos – pelo qual cada cônjuge possui patrimônio próprio e tem direito a metade dos bens adquiridos de forma onerosa pelo casal na constância do casamento, a meação do cônjuge sobrevivente se dará conforme as disposições legais que regem todas as especificidades do regime, devendo ser a herança deferida aos herdeiros conforme estabelecido no Código Civil (art. 1.685, CC). Nesse sentido, ocorrerá de maneira muito semelhante ao que acontece no regime da comunhão parcial de bens com relação aos bens comuns e particulares.

---

10. Ressalvadas as disposições da Súmula 377 do STF e a possibilidade de afastamento do regime de separação obrigatória de bens pelos septuagenários, vide Tema 1236 da Tese de Repercussão Geral advinda do Agravo em Recurso Extraordinário 1.309.642. BRASIL. Supremo Tribunal Federal. *Agravo em Recurso Extraordinário 1.309.642/SP*. Relator: Ministro Roberto Barroso, Tribunal Pleno, julgado em 30.09.2022, DJe de 03.03.2023. Disponível em: https://redir.stf.jus.br/paginadorpub/paginador. jsp?docTP=TP&docID=765987090. Acesso em: 19 fev. 2025.

RENÚNCIA À CONCORRÊNCIA SUCESSÓRIA DO CÔNJUGE

Diante do exposto, observa-se que houve um retrocesso legislativo com o advento do Código Civil de 2002 em comparação ao Código Civil de 1916 no que tange à liberdade do casal na disposição do seu patrimônio para fins sucessórios – mitigando-se, portanto, o princípio da mínima intervenção estatal na comunhão de vida instituída pela família.

Isso porque a colocação do cônjuge como concorrente sucessório com os descendentes e ascendentes acabou por conferir a ele o direito sucessório à concorrência, que anteriormente não era garantido, uma vez que sob a égide do Código Civil de 1916 o cônjuge somente participava da sucessão como herdeiro a título universal (em terceira classe) e não em concorrência. Desse modo, tal garantia implicou na colocação do cônjuge na qualidade de herdeiro em bens que anteriormente não herdaria.

2. AS NOVAS FORMAÇÕES DE FAMÍLIA E A MÍNIMA INTERVENÇÃO DO ESTADO NAS RELAÇÕES FAMILIARES E SUCESSÓRIAS

A maneira como cada família deseja desenvolver as suas aspirações comuns e a forma como os casais desejam construir a sua realização conjugal, existencial e patrimonial, implica, hodiernamente, em uma discussão sobre os limites da intervenção estatal na esfera familiar e sucessória, tornando-se necessário repensar a maneira pela qual o ordenamento regulamenta a da disposição do patrimônio *post mortem*.

Isso porque, no contexto das famílias recompostas, os interesses no que diz respeito à destinação do patrimônio se modificaram. Explica-se que as famílias recompostas são formadas por membros que já tinham uma família constituída antes da nova família, na qual "ao menos uma das crianças de uma união anterior dos cônjuges vive sob o mesmo teto".[11] Essa transformação na forma como a família é entendida pelo ordenamento jurídico sob a ótica civil-constitucional origina a necessidade de que seja assegurada a autonomia, tanto nas escolhas patrimoniais quanto existenciais do casal, com o intuito de comunhão de vida.

Assim, pensar na ampliação do espaço de atuação do titular dos bens sobre a destinação do seu patrimônio no Direito Sucessório, pelo viés da autonomia privada e da mínima intervenção estatal, implica em reconhecer que apenas cabe a interferência do Estado em situações em que haja violação legal.

Os autores da herança encontram-se restritos às disposições legais do Código Civil, podendo dispor de apenas metade de seu patrimônio, por força da

---

11. GRISARD FILHO, Waldyr. Famílias reconstituídas. Novas relações depois das separações. Parentesco e autoridade parental. *In*: PEREIRA, Rodrigo da Cunha (Coord.). *Afeto, ética, família e o novo Código Civil*. Belo Horizonte: Del Rey, 2004, p. 262.

legítima, sendo impossibilitados de dar destinação diversa da legal à totalidade do acervo patrimonial. Ocorre que os acordos patrimoniais do casal em vida, em alguns casos, acabam gerando efeitos diversos daqueles pretendidos quando da morte de um dos cônjuges, cerceando, portanto, sua autonomia privada como, por exemplo, quando da escolha pelo regime de separação convencional de bens.

Nos termos do art. 1.513 do Código Civil, é proibida a interferência de qualquer pessoa, de direito público ou privado, na comunhão de vida instituída pela família, de modo que é assegurada à família a regulamentação dos seus próprios interesses no livre exercício da sua autonomia privada, sendo essa limitada apenas quando violar direitos de terceiros.[12]

O princípio da intervenção mínima do Estado nas relações familiares, além de estar previsto em legislação específica, encontra-se disposto na Constituição Federal, no artigo 226, § 7º, que dispõe que: "fundado nos princípios da dignidade da pessoa humana e da paternidade responsável, o planejamento familiar é livre decisão do casal, competindo ao Estado propiciar recursos educacionais e científicos para o exercício desse direito, vedada qualquer forma coercitiva por parte de instituições oficiais ou privadas".[13] Isso significa que cabe ao Estado intervir nas relações familiares apenas para fornecer tais recursos, bem como em situação violação de direitos. Ressalta-se ainda que a Constituição também garante a liberdade ao indivíduo por meio do rol de direitos e garantias dispostos no seu artigo 5º.

Diante desse cenário aduz-se que a mínima intervenção estatal seja admitida como prerrogativa fundamental para efetivação da vontade do autor da herança e da preservação da autonomia privada. Isso porque, "de liberdade necessita o homem para poder desenvolver todas as suas potencialidades, fazendo ou deixando de fazer alguma coisa por vontade própria, quando não o for em virtude de lei".[14]

Destarte, a ingerência do Estado nos espaços da vida privada, para além da esfera da liberdade patrimonial, influencia também a autonomia existencial, compreendida como um aspecto da dignidade humana orientada à realização de valores extrapatrimoniais para o desenvolvimento pleno da personalidade,[15]

---

12. TARTUCE, Flávio. *Direito Civil*: Direito de Família. 17. ed. Rio de Janeiro: Forense, 2022. v. 5. *E-book*, p. 42.

13. BRASIL. Constituição (1998). BRASIL. *Constituição da República Federativa do Brasil de 1988*. Brasília, DF: Presidência da República. Disponível em: http://www.planalto.gov.br/ccivil_03/constituicao/constituicao.htm. Acesso em: 19 fev. 2024.

14. MADALENO, Rolf. *Direito de Família*. 12. ed. Rio de Janeiro: Forense, 2022. *E-book*, p. 132.

15. TEIXEIRA, Daniele Chaves. Noções prévias do direito das sucessões: sociedade, funcionalização e planejamento sucessório. In: TEIXEIRA, Daniele Chaves (Coord.). *Arquitetura do Planejamento Sucessório*. 2. ed. Belo Horizonte: Fórum, 2019, p. 35-38.

inclusive no que tange a comunhão integral de vida na constituição de família e seus efeitos sucessórios.

Nesse sentido, Conrado Paulino da Rosa e Leonardo Barreto Moreira Alves afirmam que o ser humano "é livre para viver como quiser e, sem dúvida, inexistem motivos para que a liberdade e a autonomia que lhe são outorgadas durante toda a sua existência possam lhe ser retiradas após a sua morte. Se o afeto prepondera nas relações intervivos, é evidente que deve permanecer preponderando e sendo reconhecido mesmo após a morte do sujeito".[16]

Para Stéfano Rodotá, existe um verdadeiro espaço de "indecibilidade para o legislador" em que somente o indivíduo tem legitimidade para legislar, por se tratar de questões muito intrínsecas à personalidade da pessoa.[17] Diante disso é que se defende a compreensão da inviolabilidade da intimidade da família pelo ordenamento jurídico, isto é, da mínima intervenção estatal nas relações familiares e sucessórias.

Dessa forma, o Estado não deve intervir em aspectos da vida privada que dizem respeito somente à vontade da pessoa, como expressão mais pura da sua dignidade, de modo a possibilitar que busquem a sua própria felicidade no modelo familiar que deseje viver, isso porque o princípio constitucional da liberdade autoriza o livre poder de escolha ou autonomia de constituição, realização e extinção da entidade familiar.[18] Afinal, a família é espécie de Direito Privado e não de Direito Público, e no direito de família mínimo deve prevalecer, como regra geral, o exercício da autonomia.

Ademais, Conrado Paulino da Rosa e Leonardo Barreto Moreira Alves afirmam que, em razão do princípio da intervenção mínima no âmbito do Direito de Família, "a intervenção do Estado nas relações familiares só deve ocorrer excepcionalmente, em situações extremas, como última *ratio*, já que, como visto, deve prevalecer a regra geral da liberdade dos membros da família".[19]

Com isso, a partir da mínima intervenção estatal nas relações familiares, cujos efeitos refletem diretamente nas relações sucessórias, as pessoas poderiam dispor de seus próprios bens, nos limites legais, devendo a atuação do Estado se limitar à fiscalização das interações familiares e sucessórias, cabendo eventual intervenção

---

16. ROSA, Conrado Paulino da; MOREIRA ALVES, Leonardo Barreto. *Direito de Família Mínimo na Prática Jurídica*. São Paulo: JusPodivm, 2023, p. 232.

17. RODOTÁ, Stefano. *Politici, liberateci dalla vostra coscienza*. Disponível em: http://daleggere.wordpress.com/2008/01/13/stefano-rodota-%C2%ABpolitici-liberateci-dalla-vostra-coscienza%C2%BB/. Acesso em: 19 fev. 2025.

18. ROSA, Conrado Paulino da; MOREIRA ALVES, Leonardo Barreto. *Direito de Família Mínimo na Prática Jurídica*. São Paulo: JusPodivm, 2023, p. 154-155.

19. ROSA, Conrado Paulino da; MOREIRA ALVES, Leonardo Barreto. *Direito de Família Mínimo na Prática Jurídica*. São Paulo: JusPodivm, 2023, p. 155-156.

quando envolver abuso de direito ou sujeitos de direitos por ele especialmente protegidos em razão da sua vulnerabilidade.

3. O INSTITUTO JURÍDICO DA RENÚNCIA DA HERANÇA À LUZ DA TEORIA DO NEGÓCIO JURÍDICO

Em razão do princípio de *saisine*, no momento do falecimento do *de cujus* ocorre a imediata transferência da herança aos seus sucessores, com o objetivo de que o patrimônio por ele deixado não fique sem titularidade até a transferência definitiva dos bens. Para isso, é necessário que o sucessor aceite a herança, seja de forma expressa, por meio de declaração escrita, seja de forma tácita, por meio da realização de atos próprios da qualidade de herdeiro (arts. 1.804 e 1.805, CC).

Sob a ótica dos princípios constitucionais da liberdade e autonomia das pessoas, o herdeiro ou o legatário têm a faculdade de aceitar ou renunciar à herança. Caso escolha pela renúncia, deverá fazê-la antes de qualquer ato que possa induzir uma aceitação. De acordo com o disposto no Código Civil, a renúncia à herança deve ser realizada por meio de instrumento público ou termo judicial (art. 1.806, CC), sob pena de nulidade, pois a forma, nesse caso, é da substância do ato jurídico.

O instrumento público apto é a escritura pública, que deverá ser levada aos autos do inventário, e o termo judicial deverá ser feito perante o juízo do inventário.[20] Assim, observa-se que a renúncia deverá ser feita por declaração expressa, não pode ser presumida, bem como é vedada a sua realização de forma parcial e sob condição ou termo (art. 1.808, CC).

No que tange à natureza jurídica da renúncia da herança, Paulo Lôbo afirma que é de ato jurídico, que decorre de um direito potestativo do beneficiado.[21] Na visão de Pablo Stolze Gagliano e Rodolfo Pamplona Filho, a renúncia da herança privilegia o princípio da autonomia privada e "consiste na prática de um ato jurídico abdicativo do direito hereditário conferido, com efeitos retroativos, que excluem o sujeito da cadeia sucessória como se herdeiro nunca houvesse sido".[22]

Sob a mesma perspectiva, José Fernando Simão e Flávio Tartuce aduzem que, "a renúncia da herança constitui um ato jurídico unilateral e não receptício, pelo qual o herdeiro ou o legatário recusa a herança ou o legado, não criando,

---

20. VENOSA, Sílvio de Salvo. *Direito Civil*: Sucessões. 18. ed. São Paulo: Atlas, 2017. v. 6. *E-book*, p. 39.
21. LÔBO, Paulo. *Direito Civil*: Sucessões. 9. ed. São Paulo: SaraivaJur, 2023. v. 6. *E-book*, p. 30.
22. GAGLIANO, Pablo Stolze; PAMPLONA FILHO, Rodolfo. *Novo Curso de Direito Civil*: Direito das Sucessões. 9. ed. São Paulo: SaraivaJur, 2022. *E-book*, v. 7. p. 38.

consequentemente, qualquer direito ao renunciante, pois se considera que ele nunca tivesse sido herdeiro",[23] portanto, tendo a renúncia efeito *ex tunc*.

Diante do exposto, adota-se para o presente estudo que a renúncia da herança possui natureza jurídica de ato jurídico *stricto sensu*, compreendido como uma conduta humana volitiva da qual decorrem efeitos previstos em lei, uma vez que a renúncia da herança é a manifestação de vontade de abdicar de um direito. Trata-se da renúncia abdicativa, entendida como a rejeição pura e simples da herança, regulamentada no art. 1.805, § 2º, do Código Civil, de modo que, quando um herdeiro renuncia a herança, a cobrança do imposto de transmissão *causa mortis* (ITCM) será feita aos outros herdeiros, relativa à parte renunciada.[24]

Assim, a renúncia não é ato translativo de direito, uma vez que não tem como efeito a transmissão de bens e direitos, trata-se, na verdade, de ato abdicativo de direito. Por isso, não é possível que se indique um ou mais herdeiros como beneficiários da renúncia, pois não há a transmissão de bens (art. 1.804, parágrafo único, CC).

Caso o herdeiro renuncie em favor de alguém, isto é, deseje indicar um beneficiário para receber a sua parte na herança, estará diante de uma aceitação tácita da herança para em seguida realizar a cessão dos direitos hereditários, denominada renúncia translativa, implicando na incidência do imposto *causa mortis*, com posterior (e mesmo que seguida) transmissão de bens para outrem, incidindo também o imposto de transmissão *inter vivos*,[25] o que não ocorre quando se realiza a renúncia abdicativa.

Nos termos do artigo 1.812 do Código Civil, tanto o ato de aceitação como o ato de renúncia da herança são irrevogáveis, uma vez que os efeitos jurídicos que decorrem de tais atos são imediatos, todavia a renúncia da herança pode ser anulada por vício de consentimento em que pese já haver produzido efeitos.[26]

A fim de se evitar fraudes contra credores na sucessão, o Código Civil já estabeleceu que, quando a renúncia à herança vier a prejudicar os credores do herdeiro, eles poderão aceitá-la em nome do renunciante com a devida autorização judicial para tanto (art. 1.813, CC). Assim, poderão ter a sua dívida paga no limite da parte da herança que era cabível ao herdeiro, seu credor, sendo que

---

23. TARTUCE, Flávio; SIMÃO, José Fernando. *Direito Civil*: Direito das Sucessões. 3. ed. Rio de Janeiro: Forense; São Paulo: Método, 2010, v. 6. p. 63.

24. VENOSA, Sílvio de Salvo. *Direito Civil*: Sucessões. 18. ed. São Paulo: Atlas, 2017. v. 6. *E-book*, p. 39.

25. MADALENO, Rolf. *Sucessão legítima*. 2. ed. Rio de Janeiro: Forense, 2020. *E-book*, p. 139.

26. GOMES, Orlando. *Sucessões*. 17. ed. Rio de Janeiro: Forense, 2019. *E-book*, p. 20.

caso haja excedente, o valor remanescente será devolvido para ser partilhado aos demais herdeiros.[27]

4. ANÁLISE DA POSSIBILIDADE DA RENÚNCIA DA CONCORRÊNCIA SUCESSÓRIA DO CÔNJUGE

Antes do Código Civil de 1916, o cônjuge era herdeiro em quarto grau na ordem de vocação hereditária, sendo herdeiro somente depois dos parentes colaterais. Foi apenas com o Decreto-Lei 1.839, de 31 de dezembro de 1907, que os cônjuges passaram a ocupar o terceiro grau na ordem sucessória, cuja regra foi posteriormente confirmada pelo Código Civil de 1916, permanecendo também no Código Civil de 2002.

A classe dos herdeiros é o conjunto de pessoas que são legitimadas a receber a herança, o acervo patrimonial do *de cujus*. Esses legitimados são os descendentes, ascendentes, cônjuge e colaterais (art. 1.829, CC). Os descendentes são pessoas privilegiadas na partilha de bens, uma vez que, pela ordem de sucessão, são os primeiros da lista, concorrendo com o cônjuge. Na falta dos descendentes, o legislador decidiu por privilegiar os ascendentes como sendo os próximos legitimados para receber a herança, também em concorrência com o cônjuge.

Seguindo a ordem de vocação hereditária, o cônjuge sobrevivente somente será herdeiro universal quando o falecido não houver deixado ascendentes ou descendentes, herdando, portanto, todo o acervo patrimonial sozinho, em terceiro grau, na ordem de vocação hereditária.

Ocorre que, em razão do cônjuge ser considerado herdeiro necessário, por determinação legal (art. 1.845, CC), ele possui direito à legítima e não pode ser excluído da herança, salvo em caso de deserdação ou indignidade. Diante disso, mesmo que o casal se case em regime de separação total de bens, de modo convencional, isto é, não desejando a comunicação dos seus bens e não havendo imposição legal para tanto, ainda assim, o cônjuge supérstite terá o direito sucessório da concorrência em primeiro e segundo grau (com os descendentes e ascendentes, respectivamente), bem como haverá concorrência nos bens particulares se casados no regime da comunhão parcial de bens. Assim, o cônjuge só será herdeiro em universalidade quando ocupar a posição do terceiro grau na ordem de vocação hereditária.

A problemática em torno dos reflexos da escolha do regime de bens causa indignação nos casais que não compreendem tal imposição legislativa. Isso porque muitos casais que não desejam a divisão dos seus bens em vida, assim também

---

27. PEREIRA, Caio Mário da Silva. *Instituições de Direito Civil: Direito das Sucessões.* 28. ed. Rio de Janeiro: Forense, 2022. v. 6. *E-book,* p. 71.

querem que seja quando do seu falecimento. A legislação, portanto, acaba impondo aos nubentes de que forma será destinado o seu patrimônio após a morte, ainda que se casem pelo regime de separação convencional de bens, por exemplo.

Desse modo, a formação desse novo núcleo familiar é afetada, uma vez que o casal não deseja a comunicação patrimonial *post mortem*, desejando que a sua herança seja apenas destinada aos filhos ou aos pais, tendo, portanto, a sua autonomia privada e o livre desenvolvimento da sua personalidade tolhidos,[28] razão pela qual se vislumbra a possibilidade da renúncia da concorrência sucessória antes da celebração do casamento, a ser realizada no pacto antenupcial.

As partes, então, convencionariam no pacto antenupcial que nenhum dos cônjuges concorrerá com os descendentes ou com os ascendentes, optando pela renúncia da regra de concorrência disposta nos incisos I e II do artigo 1.829, do Código Civil. Entretanto, o que se questiona é se o afastamento da regra de concorrência sucessória da herança esbarra na vedação legal do *pacta corvina*.

Parte majoritária da doutrina, a exemplo de Giselda Hironaka, Flávio Tartuce e José Fernando Simão,[29] entende que a renúncia da herança viola a disposição proibitiva do art. 426 do Código Civil, sendo vedada realização de pacto sucessório, isto é, negócio jurídico que verse sobre herança de pessoa viva, sob pena de nulidade absoluta virtual, nos termos do artigo 166, inciso VII, do Código Civil, cuja declaração de nulidade do negócio jurídico pela lei não impõe uma sanção, mas reconhece o negócio como nulo de pleno direito.

Ademais, argumenta-se que o Código Civil ainda traz como regramento específico atinente ao pacto antenupcial que "é nula a convenção ou cláusula dela que contravenha disposição absoluta de lei" (art. 1.655). Dessa forma, entendem que a disposição de cláusula que contrarie normas cogentes ou de ordem pública, seja no pacto antenupcial ou no contrato de convivência, incide em nulidade dos referidos negócios jurídicos.[30]

João Manuel de Carvalho Santos aponta três razões que vedariam a pactuação sucessória: a) a contrariedade dos pactos sucessórios aos bons costumes, por incitarem o desejo da morte da pessoa; b) a violação do *pacta corvina*, disposição

---

28. MADALENO, Rolf. Renúncia de herança no pacto antenupcial. *Revista IBDFAM*: Famílias e Sucessões, Belo Horizonte, v. 27, p. 09-58, maio/jun. 2018, p. 38.

29. Vide: SIMÃO, José Fernando. Repensando a noção de pacto sucessório: "de lege ferenda". *Carta Forense*, 02 fev. 2017. Disponível em: https://professorsimao.com.br/repensando-a-nocao-de-pacto-sucessorio-de-lege-ferenda/. Acesso em: 19 fev. 2025. HIRONAKA, Giselda Maria Fernandes Novaes; TARTUCE, Flávio. Planejamento Sucessório: conceito, mecanismos e limitações. *Revista Brasileira de Direito Civil – RBDCivil*, Belo Horizonte, v. 21, p. 87-109, jul./set. 2019.

30. HIRONAKA, Giselda Maria Fernandes Novaes; TARTUCE, Flávio. Planejamento Sucessório: conceito, mecanismos e limitações. *Revista Brasileira de Direito Civil – RBDCivil*, Belo Horizonte, v. 21, p. 87-109, jul./set. 2019, p. 98.

legal de ordem pública e; c) a violação ao princípio da liberdade de testar, que é fundamental na revogabilidade das disposições de última vontade.[31]

Diante disso, Rolf Madaleno refuta esses três argumentos e defende que: a) a renúncia possui natureza abdicativa e não aquisitiva, portanto, não se deseja a morte do cônjuge para obter vantagem econômica, na medida em que, de antemão, já se manifesta pelo desejo de não receber a herança concorrente; b) o cônjuge, em situação de concorrência com ascendentes ou descendentes, é herdeiro irregular, tornando-se credor de um benefício *ex lege* e não da herança universal, à qual somente terá direito quando alocado na terceira posição da ordem de vocação da legítima; c) amplia a liberdade de testar, visto que afasta o cônjuge herdeiro irregular da concorrência sucessória, ampliando a universalidade da herança aos outros herdeiros.[32]

No que tange à violação do *pacta corvina*, observa-se que a legislação atual manteve a tradição romana segundo a qual se veda a pactuação de herança de pessoa viva, seja pacto aquisitivo ou renunciativo, tendo como fundamento o enojamento, a repulsa moral pela tratativa sucessória do patrimônio daquele que ainda não faleceu,[33] trazendo uma especulação sobre a morte da pessoa. Além disso, "o Direito Romano condenava tanto o contrato que tinha por objeto a própria herança como aquele que objetivava a herança de terceiro. A principal razão da proibição era de que, com o pacto vedado, poder-se-ia derrogar a ordem de vocação hereditária".[34]

Entretanto, evidencia-se que existe uma exceção legal que autoriza a pactuação de herança de pessoa viva trazida pelo Código Civil, funcionando como uma sucessão antecipada. Trata-se da denominada partilha em vida, pela qual é possível que seja feita uma disposição antecipada do patrimônio pelo ascendente, antes da sua morte, aos descendentes, ou de um cônjuge a outro, representando adiantamento daquilo que lhes caberia como herança (art. 544, CC), produzindo efeitos ainda em vida.

A partilha em vida pode ser realizada por ato entre vivos ou por disposição de última vontade, realizada pelo titular do patrimônio com a finalidade de destinar os quinhões hereditários aos seus sucessores.[35] Ou seja, o próprio partilhante

---

31. SANTOS, João Manuel de Carvalho. *Código Civil Brasileiro Interpretado*. 4. ed. Rio de Janeiro: Freitas Bastos, 1951, v. XV, p. 192-197 apud MADALENO, Rolf. Renúncia de herança no pacto antenupcial. *Revista IBDFAM*: Famílias e Sucessões, Belo Horizonte, v. 27, p. 09-58, maio/jun. 2018, p. 32.

32. MADALENO, Rolf. Renúncia de herança no pacto antenupcial. *Revista IBDFAM*: Famílias e Sucessões, Belo Horizonte, v. 27, p. 09-58, maio/jun. 2018, p. 11-19.

33. MONTEIRO, Washington de Barros. *Curso de direito civil*: Direito das sucessões. 37. ed. São Paulo: Saraiva, 2009. v. 6, p. 13.

34. VENOSA, Sílvio de Salvo. *Direito Civil*: Sucessões. 18. ed. São Paulo: Atlas, 2017. v. 6. *E-book*, p. 58.

35. ZANINI, Leonardo Estevam de Assis Zanini. *Direito Civil*: Direito das Sucessões. Indaiatuba: Foco, 2021, p. 254-255.

procede à distribuição do seu acervo patrimonial em vida, devendo respeitar a legítima (art. 2.018, CC), evitando-se posterior inventário.[36]

Atuando como uma sucessão entre vivos, a partilha em vida feita por ato *inter vivos* ocorre por meio da doação, ficando sujeita às regras específicas desse instituto jurídico, sendo, portanto, vedado que o titular do patrimônio doe a totalidade dos seus bens sem que reserve parte ou renda suficiente para a sua subsistência (art. 548, CC), sob pena de nulidade. Esse tipo de partilha em vida tem eficácia imediata.

Nesse sentido, Heloisa Helena Barboza e Vitor Almeida apontam que na partilha o ascendente fará a transmissão definitiva da posse e da propriedade dos bens ao descendente beneficiário, assim não é possível que a partilha seja "condicional, nem onerosa, diversamente das doações que admitem condições de vários tipos. Aquele que partilha em vida não tem intuito de fazer uma liberalidade, substrato da doação, mas o de demitir de si a posse e o domínio dos bens, de renunciar a esses bens, ao seu gozo".[37]

Além disso, Mário Luiz Delgado e Jânio Urbano Marinho Júnior argumentam que a renúncia da concorrência sucessória do cônjuge não viola a vedação legal do *pacta corvina* (art. 426, CC), pois diferenciam conceitualmente sucessão, herança e diretos sucessórios como institutos jurídicos distintos.[38]

Para os autores, "sucessão constitui o direito por força do qual a herança é devolvida a alguém, enquanto herança refere-se ao acervo de bens transmitidos por ocasião da morte; de tal maneira que a vedação do ordenamento jurídico brasileiro alcança a herança, ou seja, o acervo de bens, mas não o direito sucessório em si".[39]

No que tange à concorrência sucessória, Delgado e Marinho Júnior entendem que ela tem natureza jurídica[40] de direito sucessório – que vem a ser um direito recebido por hereditariedade decorrente da sucessão *causa mortis*[41] – e que a implicação prática da concorrência sucessória é a participação no recebimento de

---

36. GAMA, Guilherme Calmon Nogueira da. *Direito Civil*: sucessões. 2. ed. São Paulo: Atlas, 2007, p. 261.
37. BARBOSA, Heloisa Helena; ALMEIDA, Vitor. Partilha em vida como forma de planejamento sucessório. *In*: TEIXEIRA, Daniele Chaves (Coord.). *Arquitetura do Planejamento Sucessório*. 2. ed. Belo Horizonte: Fórum, 2019, p. 491.
38. DELGADO, Mário Luiz; MARINHO JÚNIOR, Jânio Urbano. Posso renunciar à herança em pacto antenupcial? *Revista IBDFAM*: Famílias e Sucessões, Belo Horizonte, v. 31, p. 09-21, jan./fev. 2019, p. 17.
39. DELGADO, Mário Luiz; MARINHO JÚNIOR, Jânio Urbano. Posso renunciar à herança em pacto antenupcial? *Revista IBDFAM*: Famílias e Sucessões, Belo Horizonte, v. 31, p. 09-21, jan./fev. 2019, p. 18.
40. A natureza jurídica é aqui compreendida como uma acepção conceitual que visa trazer a compreensão da essência de um instituto jurídico.
41. DELGADO, Mário Luiz. *Direito fundamental de herança*: sob a ótica do titular do patrimônio. Indaiatuba: Foco, 2023, p. 02.

parte do acervo patrimonial, isto é, da herança, em divisão com os descendentes em primeira classe e ascendentes em segunda classe.

Por essa perspectiva, observa-se que o dispositivo legal dispõe que a herança de pessoa viva não pode ser objeto de contrato, todavia não veda que um direito sucessório seja objeto de um negócio jurídico, devendo ser realizada uma interpretação restritiva ao dispositivo legal, uma vez que o que a legislação proíbe é a contratualização da herança em si. De acordo com Delgado e Marinho Júnior, a proibição legal não alcança a renúncia dos direitos sucessórios concedidos por lei, com exceção "se contrariar à ordem pública ou se for em prejuízo de terceiro, o que não ocorre na específica hipótese do direito à concorrência sucessória do cônjuge ou companheiro, que não se confunde com a hipótese de ser chamado sozinho à sucessão, como herdeiro único e universal".[42]

Para Rolf Madaleno, diversamente do entendimento de Mário Luiz Delgado e Jânio Urbano Marinho Júnior, a natureza jurídica do direito sucessório concorrencial se assemelha a do usufruto vidual, sendo o cônjuge visto como um destinatário de um benefício concedido em razão da sua viuvez e que vai além da sua condição de herdeiro legitimário, com a finalidade de que o cônjuge sobrevivente tenha a sua condição de vida melhorada quando viúvo.[43]

Isso porque, sob a égide do Código Civil de 1916, o usufruto vidual tinha a função de manter a família unida, garantindo que o cônjuge sobrevivente também tivesse uma posição de autoridade no núcleo familiar sobre os bens que lhes cabiam, bem como um caráter semelhante à obrigação alimentar para o viúvo desamparado,[44] quando em regime de separação de bens o viúvo não possuísse recursos próprios para sua sobrevivência, por exemplo.

Observa-se que, no Código Civil de 1916, o cônjuge sobrevivente alcançou a condição de concorrente do usufruto vidual, mas não a condição de herdeiro necessário. Ademais, esse benefício somente durava enquanto durasse a viuvez, cessando com a constituição de um novo casamento, ao passo que a herança é um direito que permanece independente de nova situação de conjugalidade adquirida.

Rolf Madaleno entende que, quando em concorrência, os cônjuges não são sucessores universais, mas são herdeiros singulares e atípicos, uma vez que somente serão herdeiros universais quando ausentes os descendentes e ascendentes, ou

---

42. DELGADO, Mário Luiz; MARINHO JÚNIOR, Jânio Urbano. Posso renunciar à herança em pacto antenupcial? *Revista IBDFAM*: Famílias e Sucessões, Belo Horizonte, v. 31, p. 09-21, jan./fev. 2019, p. 18-19.

43. MADALENO, Rolf. Renúncia de herança no pacto antenupcial. *Revista IBDFAM*: Famílias e Sucessões, Belo Horizonte, v. 27, p. 09-58, maio/jun. 2018, p. 10-12.

44. MADALENO, Rolf. Renúncia de herança no pacto antenupcial. *Revista IBDFAM*: Famílias e Sucessões, Belo Horizonte, v. 27, p. 09-58, maio/jun. 2018, p. 14-15.

seja, compreende que o usufruto vidual do Código Civil de 1916 e o direito concorrencial do Código Civil de 2002 são como um benefício *ex lege* – garantidos por força de lei, que independem da vontade do falecido.[45]

Assim, na visão do autor, com a promulgação do Código Civil de 2002, o cônjuge passou a ter o direito concorrencial, de forma semelhante ao destinatário do benefício vidual do Código Civil de 1916 quando em concorrência com os descendentes ou ascendentes, pois passam a adquirir um direito concedido *causa mortis* como se um legado fosse e não uma herança, se tornando, portanto, análogo a um legatário e não um herdeiro.[46] O autor entende que "a concorrência sucessória reflete típico direito vidual e não se confunde com o direito sucessório puro que é reservado ao cônjuge ou convivente e com direito à legítima intangível e sucessível, somente quando convocado na terceira e rigorosa ordem de vocação hereditária".[47]

Nessa perspectiva, Rolf Madaleno aduz que o cônjuge em posição concorrente não é considerado legitimário,[48] ou seja, abarcado pela sucessão legítima, uma vez que, na posição de concorrente, o cônjuge será somente o beneficiário de um direito sucessório. Assim, o cônjuge somente será considerado herdeiro legitimário quando herdar a título universal, no terceiro grau da ordem de vocação hereditária, sem estar em posição de concorrência, de recebimento de um benefício vidual.

À vista disso, Rolf Madaleno afirma que os benefícios viduais, como por exemplo o usufruto e a concorrência, sempre foram renunciáveis, salvo quando a renúncia viesse a contrariar norma de ordem pública ou em prejuízo de terceiros, sendo que somente a legítima dos ascendentes, descendentes e cônjuge quando herdar em terceiro grau na ordem de vocação hereditária é considerada inviolável e irrenunciável.[49]

Mário Delgado – coadunando com o pensamento de Rolf Madaleno, entretanto acrescentando-se outros fundamentos jurídicos, afirma que o cônjuge sobrevivente não deveria figurar como herdeiro necessário por entender que "a rápida mutabilidade dos estados civis, o elevado número de divórcios[50] e o crescimento

---

45. MADALENO, Rolf. Renúncia de herança no pacto antenupcial. *Revista IBDFAM*: Famílias e Sucessões, Belo Horizonte, v. 27, p. 09-58, maio/jun. 2018, p. 13; 18-20.
46. MADALENO, Rolf. Renúncia de herança no pacto antenupcial. *Revista IBDFAM*: Famílias e Sucessões, Belo Horizonte, v. 27, p. 09-58, maio/jun. 2018, p. 16; 20 e 24.
47. MADALENO, Rolf. Renúncia de herança no pacto antenupcial. *Revista IBDFAM*: Famílias e Sucessões, Belo Horizonte, v. 27, p. 09-58, maio/jun. 2018, p. 26.
48. MADALENO, Rolf. Renúncia de herança no pacto antenupcial. *Revista IBDFAM*: Famílias e Sucessões, Belo Horizonte, v. 27, p. 09-58, maio/jun. 2018, p. 30.
49. MADALENO, Rolf. Renúncia de herança no pacto antenupcial. *Revista IBDFAM*: Famílias e Sucessões, Belo Horizonte, v. 27, p. 09-58, maio/jun. 2018, p. 30.
50. O BRASIL registrou 386,8 mil divórcios no ano de 2021, número 16,8% maior em relação ao ano de 2020, representando um total de 55,6 mil divórcios a mais, segundo Estatísticas de Registro Civil do

das famílias recompostas [...] transformou o estado civil de casado, e a posição do cônjuge, em verdadeiro 'cargo interino', demissível a qualquer momento".[51] Para o autor, o cônjuge não é herdeiro necessário quando concorre com os descendentes ou ascendentes, trata-se, na verdade de um herdeiro eventual e irregular, sendo que, somente quando chamado em terceira convocação é que são considerados herdeiros necessários, destinatários da legítima.

5. O PACTO ANTENUPCIAL COMO INSTRUMENTO JURÍDICO ADEQUADO PARA A DECLARAÇÃO DA RENÚNCIA DA CONCORRÊNCIA SUCESSÓRIA DO CÔNJUGE

Sobre a viabilidade de se pactuar a renúncia da concorrência sucessória do cônjuge no pacto antenupcial, faz-se mister apontar que a eficácia da escolha do regime de bens resultante de uma declaração de vontade feita ainda em vida e antes do casamento, para além de influenciar a partilha de bens quando do divórcio, também irá impactar na divisão dos bens quando da sucessão. Por esse motivo, a possibilidade de disposição sobre a renúncia concorrência sucessória do cônjuge no pacto antenupcial é parte integrante do regramento patrimonial do casal em vida,[52] na forma de planejamento sucessório, declarando as suas vontades para quando estiverem diante da dissolução do casamento pelo falecimento.[53]

Nesse sentido, sobre a contratação de negócios jurídicos no Direito de Família, adota-se como fundamento o seguinte entendimento de Gustavo Tepedino "[...] deve estimular o desenvolvimento da autonomia privada, desde que as relações contratuais que vicejam no núcleo familiar, permeadas por intenso conteúdo ético, se constituam em instrumento de promoção e desenvolvimento da personalidade de seus integrantes".[54]

No que tange à possibilidade da renúncia da concorrência sucessória do cônjuge em pacto antenupcial, Rolf Madaleno, entendendo-a como benefício vidual, observa que não tem a natureza jurídica sucessória, mas sim um conteúdo assistencial, como uma garantia mínima para a sobrevivência digna, e que tem a

---

Instituto Brasileiro de Geografia e Estatística (IBGE). *IBDFAM*, 2023. Disponível em: https://l1nq.com/divorcios-ibge. Acesso em: 19 fev. 2025.

51. DELGADO, Mário Luiz. *Direito fundamental de herança*: sob a ótica do titular do patrimônio. Indaiatuba: Foco, 2023, p. 64-65.

52. DELGADO, Mário Luiz; MARINHO JÚNIOR, Jânio Urbano. Posso renunciar à herança em pacto antenupcial? *Revista IBDFAM*: Família e Sucessões, Belo Horizonte, n. 31, p. 9-21, jan./fev. 2019, p. 11.

53. MENDONÇA, Luiza Mendes; SILVA, Anelise Otaviano da; GIROTTO, Guilherme Augusto. Pacto antenupcial: instrumento da autonomia privada dos nubentes nas famílias contemporâneas. In: PAIANO, Daniela Braga et. al. *Direito de Família*: aspectos contemporâneos. São Paulo: Almedina, 2023, p. 299.

54. TEPEDINO, Gustavo. Contratos em Direito de Família. In: PEREIRA, Rodrigo da Cunha et al (Coord.). *Tratado de Direito das Famílias*. Belo Horizonte: IBDFAM, 2015, p. 496.

sua eficácia condicionada a um momento futuro em que haja a ruptura da sociedade conjugal, apresentando um caráter preventivo das consequências jurídicas avindas desse rompimento.[55]

Tal situação é possível, na atualidade, considerando a autonomia privada dos cônjuges em suas relações, que se deve, em grande parte, à simetria de direitos e obrigações entre marido e esposa no âmbito conjugal. Essa simetria decorre da nova configuração do papel social de cada um na entidade familiar, além de não afetar a legítima dos herdeiros necessários.

Deve-se observar que a renúncia da concorrência sucessória no pacto antenupcial é irrevogável, visto que ambos os nubentes devem assinar o pacto, aceitando, portanto, as cláusulas por eles convencionadas em negócio jurídico sinalagmático, resultando na impossibilidade da revogação da renúncia, pois a bilateralidade vincula ambos os cônjuges.[56] Ainda, para Rolf Madaleno, a renúncia antecipada no pacto antenupcial deve ser recíproca, pois dessa forma os cônjuges encontram-se em equilíbrio de condições.[57]

Na visão de Mário Luiz Delgado e Jânio Urbano Marinho Júnior, a renúncia da concorrência sucessória do cônjuge tem natureza jurídica de direito sucessório e pode ser realizada por meio do pacto antenupcial. Os autores entendem que a renúncia da concorrência sucessória no pacto antenupcial não viola o princípio da intangibilidade da legítima e nem na condição restritiva do *pacta corvina* (art. 426, CC),[58] justamente por compreender que possui natureza jurídica de direito sucessório e não de herança, logo, não se estaria renunciando à legítima como herdeiro universal da herança, mas sim aos direitos sucessórios garantidos em razão da concorrência em primeiro e segundo grau na ordem de vocação hereditária.

Todavia, para além disso, Mário Delgado também entende ser possível a renúncia à herança propriamente dita em pacto antenupcial, sob o argumento de que a proibição do *pacta corvina* disposta no art. 426 do Código Civil consta expressamente que "não pode ser objeto de contrato a herança de pessoa viva". Argumenta que a proibição diz respeito a "contrato" e a renúncia é "ato unilateral de vontade", de forma que, de acordo com o ordenamento e a hermenêutica ju-

---

55. MADALENO, Rolf. Renúncia de herança no pacto antenupcial. *Revista IBDFAM*: Famílias e Sucessões, Belo Horizonte, v. 27, p. 09-58, maio/jun. 2018, p. 48.

56. MADALENO, Rolf. Renúncia de herança no pacto antenupcial. *Revista IBDFAM*: Famílias e Sucessões, Belo Horizonte, v. 27, p. 09-58, maio/jun. 2018, p. 49.

57. MADALENO, Rolf. Renúncia de herança no pacto antenupcial. *Revista IBDFAM*: Famílias e Sucessões, Belo Horizonte, v. 27, p. 09-58, maio/jun. 2018, p. 50.

58. DELGADO, Mário Luiz; MARINHO JÚNIOR, Jânio Urbano. Posso renunciar à herança em pacto antenupcial? *Revista IBDFAM*: Famílias e Sucessões, Belo Horizonte, v. 31, p. 09-21, jan./fev. 2019, p. 19.

rídica, não se pode atribuir uma interpretação extensiva a uma norma restritiva (proibitiva) de direitos.[59]

Além disso, o autor expõe que não existe, em tese, regra que restrinja a renúncia de direito futuro, isso porque quando o Código assim desejou, o fez expressamente, como é o caso do art. 556, que proíbe o doador de renunciar antecipadamente ao direito de revogar a doação por ingratidão.[60]

Ainda, não se deve confundir direito futuro com expectativa de direito. A expectativa de direito é uma situação que não possui significado no mundo jurídico, pois antecede a aquisição efetiva de um direito. Já o direito futuro é efeito de negócio jurídico existente, cuja aquisição encontra-se pendente de condição ou termo, como é o caso da herança.[61]

Ressalta-se que na Bélgica, Polônia, República Checa, França, Espanha e Alemanha, a renúncia prévia da herança ou de direitos sucessórios é admitida. Ainda que na Alemanha "é possível a celebração de contrato de renúncia prévia à sucessão entre os potenciais herdeiros e o autor (§2º.346 BGB), por escritura pública. Pode-se também renunciar exclusivamente à legítima (§2.346,2, BGB), por escritura pública".[62]

Demonstrando estar em consonância com os anseios da sociedade atual, em setembro de 2018, houve uma alteração legislativa em Portugal com o advento da Lei nº 48/2018,[63] que veio a alterar a redação do artigo 1.700, item 1.c, do Código Civil Português, passando a dispor que a convenção antenupcial pode conter "a renúncia recíproca à condição de herdeiro legitimário do outro cônjuge".[64] ressalvando-se no item 3 que "a estipulação referida na alínea c) do n. 1 apenas é admitida caso o regime de bens, convencional ou imperativo, seja o da separação".[65] Dessa

---

59. DELGADO, Mário Luiz. *Direito fundamental de herança*: sob a ótica do titular do patrimônio. Indaiatuba: Foco, 2023, p. 45.
60. DELGADO, Mário Luiz. *Direito fundamental de herança*: sob a ótica do titular do patrimônio. Indaiatuba: Foco, 2023, p. 46.
61. DELGADO, Mário Luiz. *Direito fundamental de herança*: sob a ótica do titular do patrimônio. Indaiatuba: Foco, 2023, p. 47.
62. DELGADO, Mário Luiz. *Direito fundamental de herança*: sob a ótica do titular do patrimônio. Indaiatuba: Foco, 2023, p. 48.
63. PORTUGAL. *Lei 48, de 14 de agosto de 2018*. Altera o Código Civil, aprovado pelo Decreto-Lei 47 344, de 25 de novembro de 1966, reconhecendo a possibilidade de renúncia recíproca à condição de herdeiro legitimário na convenção antenupcial. Disponível em: https://www.pgdlisboa.pt/leis/lei_mostra_articulado.php?nid=2923&tabela=leis&ficha=1&pagina=1&so_miolo=. Acesso em: 19 fev. 2025.
64. PORTUGAL. Código Civil Português (1966). *DL 47.334, de 25 de novembro de 1966*. Disponível em: https://www.pgdlisboa.pt/leis/lei_mostra_articulado.php?ficha=1701&artigo_id=&nid=775&pagina=18&tabela=leis&nversao=&so_miolo=. Acesso em: 19 fev. 2025.
65. PORTUGAL. Código Civil Português (1966). *DL 47.334, de 25 de novembro de 1966*. Disponível em: https://www.pgdlisboa.pt/leis/lei_mostra_articulado.php?ficha=1701&artigo_id=&nid=775&pagina=18&tabela=leis&nversao=&so_miolo=. Acesso em: 19 fev. 2025.

forma observa-se que tal alteração legislativa autoriza a renúncia da condição de herdeiro legitimário em Portugal, quando em vida os cônjuges optarem pela não comunicação de seu acervo patrimonial.

Na Itália, tal qual no Brasil, a sucessão se abre no momento da morte, no lugar do último domicílio do falecido e a herança se adquire com a aceitação, sendo que o efeito da aceitação remonta ao momento em que foi aberta a sucessão.[66] No que tange à renúncia à herança, verifica-se que na Itália há a proibição dos pactos sucessórios, de modo que, nos termos do artigo 458 do Código Civil Italiano, é nulo qualquer acordo pelo qual alguém disponha da própria sucessão.[67] É igualmente nulo todo ato em que alguém dispõe dos direitos que lhes sejam devidos sobre sucessão ainda não aberta, ou pelo qual a eles renuncia. Dessa forma, o Código Civil Italiano traz uma proibição expressa da renúncia dos direitos devidos sobre a sucessão quando ela ainda não foi aberta, já o Código Civil Brasileiro veda que a herança de pessoa viva seja objeto de contrato (art. 426, CC).

A propósito, ressalta-se que o Projeto de Lei 4 de 2025 que dispõe sobre a atualização do Código Civil de 2002, encontra-se em conformidade com a hipótese norteadora do problema de pesquisa apresentado nesse estudo, uma vez que propõe que não são considerados contratos que têm por objeto herança de pessoa viva os que autorizam os nubentes ou conviventes a renunciarem à condição de herdeiro por pacto antenupcial ou convivencial (art. 426, § 1º, inc. II). Assim, caso aprovado, passa a expressamente autorizar que "Os nubentes podem, por meio de pacto antenupcial ou por escritura pública pós-nupcial, e os conviventes, por meio de escritura pública de união estável, renunciar reciprocamente à condição de herdeiro do outro cônjuge ou convivente" (art. 426, § 2º).[68]

Diante do exposto, entende-se que a renúncia da concorrência sucessória do cônjuge pode ser realizada antes da abertura da sucessão, bem como ser declarada em pacto antenupcial. Todavia, caso haja opção pela renúncia após a realização do casamento, mas antes do falecimento, sugere-se que seja realizada em instrumento análogo ao pacto antenupcial, isto é, por escritura pública, uma vez que a alteração do pacto antenupcial demanda autorização judicial, pois se trata de um processo com requisitos a serem observados nos termos do art. 1.639, § 2º do Código Civil, que demanda análise probatória, portanto, retardando o resultado pretendido.

---

66. ITALIA. *Codice Civille Italiano*. *Regio Decreto 262, 16 marzo 1942*. Disponível em: https://www.gazzettaufficiale.it/dettaglio/codici/codiceCivile. Acesso em: 19 fev. 2025.

67. ITALIA. *Codice Civille Italiano*. *Regio Decreto 262, 16 marzo 1942*. Disponível em: https://www.gazzettaufficiale.it/dettaglio/codici/codiceCivile. Acesso em: 19 fev. 2025.

68. BRASIL. Senado Federal. *Projeto de Lei 4, de 2025*. Dispõe sobre a atualização da Lei 10.406, de 10 de janeiro de 2002 (Código Civil), e da legislação correlata. Brasília, DF: 31 jan. 2025, p. 33. Disponível em: https://legis.senado.leg.br/sdleg-getter/documento?dm=9889356&ts=1739463355689&disposition=inline. Acesso em: 19 fev. 2025.

CONSIDERAÇÕES FINAIS

Tendo em vista a análise realizada, conclui-se que a renúncia da concorrência sucessória do cônjuge é válida sob a ótica da teoria do negócio jurídico, cumprindo os seus pressupostos e requisitos, sendo considerada existente, válida e eficaz, de modo que não viola o *pacta corvina* e nem o princípio da intangibilidade da legítima, bem como garante a liberdade sucessória do titular do patrimônio como expoente da sua dignidade, pela perspectiva do Direito Civil na legalidade constitucional.

A alteração jurídico-axiológica decorrente da constitucionalização do Direito Civil posicionou a pessoa humana como centralidade no ordenamento jurídico, razão pela qual se justifica reexaminar a *ratio* que fundamenta os preceitos sucessórios que balizam o *pacta corvina* e a legítima e entender que o pensamento social sobre a disposição do patrimônio mudou ao longo dos anos. Isso se deve ao fato de que o que mantém o núcleo familiar já não é mais o *pater familias*, o culto familiar do período romano ou a transmissão patrimonial pela sucessão, mas sim os laços de afeto e o ambiente que favorece o desenvolvimento da personalidade dos indivíduos, elementos essenciais à família contemporânea.

Além disso, a renúncia da concorrência sucessória não infringe o princípio da intangibilidade da legítima e nem na condição restritiva do *pacta corvina* (art. 426, CC), justamente por se compreender que a concorrência sucessória possui natureza jurídica de direito sucessório e não de herança, logo, não se estaria renunciando à herança legítima e à posição do cônjuge como herdeiro universal da herança em terceira classe (herdeiro necessário), mas sim aos direitos sucessórios garantidos em razão da concorrência em primeiro e segundo grau na ordem de vocação hereditária.

Dessa forma, a renúncia antecipada da concorrência sucessória do cônjuge pode ser realizada de *lege lata*, isto é, sem a necessidade da alteração legislativa do art. 426 do Código Civil, uma vez que o dispositivo não veda a renúncia da concorrência sucessória do cônjuge, que tem natureza jurídica de ato jurídico unilateral abdicativo e não de contrato.

Assim, demonstra-se que é viável a manifestação renunciativa da concorrência sucessória declarada no instrumento do pacto antenupcial, como forma de expressão da negociação patrimonial na relação sucessória dos cônjuges, de modo a tutelar os interesses do titular do patrimônio antes do seu falecimento e permitir que escolha o destino dos seus bens da maneira que melhor irá amparar os seus familiares. Tal ato favorece o exercício da autonomia privada em observância às disposições legais da comunhão plena de vida (art. 1.511, CC), uma vez que o direito real de habitação exerce a função de proteção do cônjuge sobrevivente, e da mínima interferência, especialmente do Estado, na comunhão de vida instituída pela família (art. 1.513, CC).

REFERÊNCIAS

BARBOSA, Heloisa Helena; ALMEIDA, Vitor. Partilha em vida como forma de planejamento sucessório. In: TEIXEIRA, Daniele Chaves (Coord.). *Arquitetura do Planejamento Sucessório*. 2. ed. Belo Horizonte: Fórum, 2019.

BRASIL. Código Civil Brasileiro (1916). *Lei 3.071, de 1º de janeiro de 1916*. Código Civil dos Estados Unidos do Brasil. Disponível em: https://www.planalto.gov.br/ccivil_03/leis/l3071.htm. Acesso em: 19 fev. 2025.

BRASIL. Código Civil Brasileiro (2002). *Lei 10.406 de 10 de janeiro de 2002*. Institui o Código Civil. Disponível em: http://www.planalto.gov.br/ccivil_03/leis/2002/l10406compilada.htm. Acesso em: 19 fev. 2025.

BRASIL. Conselho da Justiça Federal (CJF). *Enunciado 271 da III Jornada de Direito Civil*. Disponível em: https://www.cjf.jus.br/enunciados/enunciado/533. Acesso em: 19 fev. 2025.

BRASIL. Constituição (1998). BRASIL. *Constituição da República Federativa do Brasil de 1988*. Brasília, DF: Presidência da República. Disponível em: http://www.planalto.gov.br/ccivil_03/constituicao/constituicao.htm. Acesso em: 19 fev. 2024.

BRASIL. Senado Federal. *Projeto de Lei 4, de 2025*. Dispõe sobre a atualização da Lei nº 10.406, de 10 de janeiro de 2002 (Código Civil), e da legislação correlata. Brasília, DF: 31 jan. 2025. Disponível em: https://legis.senado.leg.br/sdleg-getter/documento?dm=9889356&ts=1739463355689&disposition=inline. Acesso em: 19 fev. 2025.

BRASIL. Senado Federal. *Novo Código Civil*: Exposição de motivos e texto sancionado. 2. ed. Brasília: Secretaria especial de editoração e publicações, 2005. Disponível em: https://www2.senado. leg.br/bdsf/bitstream/handle/id/70319/743415.pdf?sequence=2&isAllowed=y. Acesso em: 19 fev. 2025.

BRASIL. Superior Tribunal de Justiça. *Recurso Especial 1.280.102/SP*. Relator: Ministro Marco Buzzi, Quarta Turma, julgado em 13.10.2020, DJe de 16.10.2020. Disponível em: https://processo.stj. jus.br/processo/revista/documento/mediado/?componente=ITA&sequencial=1992690&num_ registro=201101897587&data=20201016&formato=PDF. Acesso em: 19 fev. 2025.

BRASIL. Superior Tribunal de Justiça. *Recurso Especial 1.582.178/RJ*. Relator: Ministro Ricardo Villas Bôas Cueva, Terceira Turma, julgado em 11/09/2018, DJe de 14/09/2018. Disponível em: https://processo.stj.jus.br/processo/revista/documento/mediado/?componente=MON&sequencial=80240100&tipo_documento=documento&num_ registro=201201610937&data=20180320&formato=PDF. Acesso em: 19 fev. 2025.

BRASIL. Supremo Tribunal Federal. *Recurso Extraordinário nº 878694/MG*. Relator: Roberto Barroso, Tribunal Pleno, julgado em 10/05/2017, DJe de 05/02/2018, publicado em 06/02/2018. Disponível em: http://portal.stf.jus.br/processos/detalhe.asp?incidente=4744004. Acesso em: 19 fev. 2025.

CAHALI, Francisco José; HIRONAKA, Giselda Maria Fernandes Novaes. *Curso avançado de Direito Civil*. 2. ed. São Paulo: RT, 2023. v. 6.

DELGADO, Mário Luiz. *Direito fundamental de herança*: sob a ótica do titular do patrimônio. Indaiatuba: Foco, 2023.

DELGADO, Mário Luiz; MARINHO JÚNIOR, Jânio Urbano. Posso renunciar à herança em pacto antenupcial? *Revista IBDFAM*: Famílias e Sucessões, Belo Horizonte, v. 31, p. 09-21, jan./fev. 2019.

GAGLIANO, Pablo Stolze; PAMPLONA FILHO, Rodolfo. *Novo Curso de Direito Civil*: Direito das Sucessões. 9. ed. São Paulo: SaraivaJur, 2022. *E-book*. v. 7.

GAMA, Guilherme Calmon Nogueira da. *Direito Civil*: sucessões. 2. ed. São Paulo: Atlas, 2007.

GOMES, Orlando. *Sucessões*. 17. ed. Rio de Janeiro: Forense, 2019. *E-book*.

GRISARD FILHO, Waldyr. Famílias reconstituídas. Novas relações depois das separações. Parentesco e autoridade parental. In: PEREIRA, Rodrigo da Cunha (Coord.). *Afeto, ética, família e o novo Código Civil*. Belo Horizonte: Del Rey, 2004.

HIRONAKA, Giselda Maria Fernandes Novaes; TARTUCE, Flávio. Planejamento Sucessório: conceito, mecanismos e limitações. *Revista Brasileira de Direito Civil* – RBDCivil. Belo Horizonte, v. 21, p. 87-109, jul./set. 2019.

ITALIA. Codice Civille Italiano. *Regio Decreto 262, 16 marzo 1942*. Disponível em: https://www.gazzettaufficiale.it/dettaglio/codici/codiceCivile. Acesso em: 19 fev. 2025.

LÔBO, Paulo. *Direito Civil*: Sucessões. 9. ed. São Paulo: SaraivaJur, 2023. v. 6. *E-book*.

MADALENO, Rolf. *Direito de Família*. 12. ed. Rio de Janeiro: Forense, 2022. *E-book*.

MADALENO, Rolf. Renúncia de herança no pacto antenupcial. *Revista IBDFAM*: Famílias e Sucessões, Belo Horizonte, v. 27, p. 09-58, maio/jun. 2018.

MADALENO, Rolf. *Sucessão legítima*. 2. ed. Rio de Janeiro: Forense, 2020. *E-book*.

MENDONÇA, Luiza Mendes; SILVA, Anelise Otaviano da; GIROTTO, Guilherme Augusto. Pacto antenupcial: instrumento da autonomia privada dos nubentes nas famílias contemporâneas. In: PAIANO, Daniela Braga et al. *Direito de Família*: aspectos contemporâneos. São Paulo: Almedina, 2023.

MONTEIRO, Washington de Barros. *Curso de direito civil*: Direito das sucessões. 37. ed. São Paulo: Saraiva, 2009. v. 6.

O BRASIL registrou 386,8 mil divórcios no ano de 2021, número 16,8% maior em relação ao ano de 2020, representando um total de 55,6 mil divórcios a mais, segundo Estatísticas de Registro Civil do Instituto Brasileiro de Geografia e Estatística (IBGE). *IBDFAM*, 2023. Disponível em: https://l1nq.com/divorcios-ibge. Acesso em: 19 fev. 2025.

PEREIRA, Caio Mário da Silva. *Instituições de Direito Civil*: Direito das Sucessões. 28. ed. Rio de Janeiro: Forense, 2022. v. 6. *E-book*.

PORTUGAL. Código Civil Português (1966). *DL 47.334, de 25 de novembro de 1966*. Disponível em: https://www.pgdlisboa.pt/leis/lei_mostra_articulado.php?ficha=1701&artigo_id=&nid=775&pagina=18&tabela=leis&nversao=&so_miolo=. Acesso em: 19 fev. 2025.

PORTUGAL. *Lei 48, de 14 de agosto de 2018*. Altera o Código Civil, aprovado pelo Decreto-Lei 47 344, de 25 de novembro de 1966. Disponível em: https://www.pgdlisboa.pt/leis/lei_mostra_articulado.php?nid=2923&tabela=leis&ficha=1&pagina=1&so_miolo=. Acesso em: 19 fev. 2025.

RODOTÁ, Stefano. *Politici, liberateci dalla vostra coscienza*. Disponível em: http://daleggere.wordpress.com/2008/01/13/stefano-rodota-%C2%ABpolitici-liberateci-dalla-vostra-coscienza%C2%BB/. Acesso em: 19 fev. 2025.

ROSA, Conrado Paulino da; MOREIRA ALVES, Leonardo Barreto. *Direito de Família Mínimo na Prática Jurídica*. São Paulo: JusPodivm, 2023.

SANTOS, João Manuel de Carvalho. *Código Civil Brasileiro Interpretado*. 4. ed. Rio de Janeiro: Freitas Bastos, 1951, v. XV, p. 192-197 apud MADALENO, Rolf. Renúncia de herança no pacto antenupcial. *Revista IBDFAM*: Famílias e Sucessões, Belo Horizonte, v. 27, p. 09-58, maio/jun. 2018.

TARTUCE, Flávio. *Direito Civil*: Direito de Família. 17. ed. Rio de Janeiro: Forense, 2022. v. 5. *E-book*.

TARTUCE, Flávio; SIMÃO, José Fernando. *Direito Civil*: Direito das Sucessões. 3. ed. Rio de Janeiro: Forense; São Paulo: Método, 2010. v. 6.

TEIXEIRA, Daniele Chaves. Noções prévias do direito das sucessões: sociedade, funcionalização e planejamento sucessório. In: TEIXEIRA, Daniele Chaves (coord.). *Arquitetura do Planejamento Sucessório*. 2. ed. Belo Horizonte: Fórum, 2019.

TEPEDINO, Gustavo. Contratos em Direito de Família. In: PEREIRA, Rodrigo da Cunha (Coord.) et al. *Tratado de Direito das Famílias*. Belo Horizonte: IBDFAM, 2015.

TEPEDINO, Gustavo; NEVARES, Ana Luiza Maia; MEIRELES, Rose Melo Vencelau. *Fundamentos do Direito Civil*: Direito das Sucessões. 3. ed. Rio de Janeiro: Forense, 2022. v. 7. *E-book*.

VENOSA, Sílvio de Salvo. *Direito Civil*: Sucessões. 18. ed. São Paulo: Atlas, 2017. v. 6. *E-book*.

ZANINI, Leonardo Estevam de Assis Zanini. *Direito Civil*: Direito das Sucessões. Indaiatuba: Foco, 2021.

RELATIVIZAÇÃO DA LEGÍTIMA: A VULNERABILIDADE COMO CRITÉRIO DE REVISÃO NO DIREITO SUCESSÓRIO

Ana Luiza Mendes Mendonça

Mestra em Direito Negocial pela Universidade Estadual de Londrina (UEL), Graduada em Direito pela UEL. Especialista em Direito de Família e Sucessões e em Direito Ambiental. Professora. Advogada. E-mail: analuiza.mendonca20@ gmail.com.

Sumário: Introdução – 1. A vulnerabilidade como possível critério de revisão – 2. A legítima em perspectiva funcional: uma visão propositiva – Considerações finais – Referências.

INTRODUÇÃO

O Direito Sucessório brasileiro tem como uma de suas bases a proteção da família por meio da legítima, resguardando uma parte da herança aos herdeiros necessários. Essa previsão legal limita a autonomia privada do testador, impedindo a livre disposição de seu patrimônio. Considerando-se que o conceito de família tem sofrido profundas transformações ao longo dos anos, observa-se a necessidade de revisão dos critérios utilizados na sucessão, especialmente no que se refere à distribuição patrimonial baseada exclusivamente no grau de parentesco.

A crescente longevidade, o aumento das uniões informais e a reestruturação familiar são fatores que demandam uma revisão sobre quais indivíduos realmente necessitam da proteção conferida pela legítima. Em muitos casos, herdeiros que gozam de estabilidade financeira continuam a usufruir desse direito em detrimento de outros familiares em condição de vulnerabilidade econômica. Assim, questiona-se se a atual regulação sucessória efetivamente atende aos princípios de justiça social e igualdade material.

O conceito de vulnerabilidade, amplamente discutido em outras esferas do Direito, deve ser incorporado ao Direito Sucessório como critério de revisão da legítima. Essa abordagem permitiria a destinação dos bens de forma mais equitativa, privilegiando aqueles que realmente necessitam da herança para sua subsistência. Ademais, diversos sistemas jurídicos estrangeiros têm caminhado nesse sentido, conferindo maior flexibilidade ao testador e permitindo ajustes que garantam a dignidade dos herdeiros.

O presente estudo adota uma abordagem qualitativa, utilizando o método dedutivo e o com base em pesquisa bibliográfica e documental. O objetivo geral é discutir a viabilidade da vulnerabilidade como critério de revisão na sucessão, abordando seus impactos, fundamentos legais e possibilidades de implementação no ordenamento jurídico brasileiro. Para tanto, examina-se a evolução da proteção patrimonial, as modificações nas configurações familiares e a necessidade de adaptação das normas sucessórias aos princípios constitucionais de solidariedade e dignidade da pessoa humana.

Por fim, serão analisadas propostas doutrinárias e comparações com legislações estrangeiras que já adotaram mecanismos similares. Dessa forma, busca-se contribuir para a discussão sobre a atualização do Direito Sucessório, visando um sistema mais justo e adequado às necessidades da sociedade contemporânea.

1. A VULNERABILIDADE COMO POSSÍVEL CRITÉRIO DE REVISÃO

O direito sucessório tem sido historicamente fundamentado na presunção de que os herdeiros necessários, como descendentes e ascendentes, são os principais destinatários da herança, garantindo-lhes segurança patrimonial após o falecimento do autor da herança. Contudo, a evolução das dinâmicas familiares e a crescente longevidade da população evidenciam a necessidade de revisão dos critérios sucessórios, considerando, sobretudo, a vulnerabilidade econômica e social de determinados indivíduos.

A sociedade contemporânea se distancia do modelo tradicional de família, tornando essencial a adoção de critérios mais flexíveis na distribuição patrimonial. Assim, propõe-se a análise da vulnerabilidade como um fator determinante na revisão do regime da legítima, a fim de assegurar que a proteção patrimonial seja direcionada àqueles que realmente dependem do falecido para a manutenção de uma vida digna.

A legislação brasileira prevê a proteção patrimonial da família por meio da legítima, ou seja, a lei civil limita a autonomia privada testamentária do autor da herança quando há herdeiros necessários. Por conseguinte, os herdeiros necessários foram escolhidos pelo legislador por serem considerados os mais próximos do falecido, existindo anteriormente uma presunção de que eles já seriam beneficiados pela vontade do *de cujus*, bem como de necessidade de manutenção da família.

Ocorre que a família a ser protegida não é a mesma do passado, marcada pela matrimonialidade e patriarcalismo. Além disso, seus membros vivenciam uma realidade biológica, socioeconômica e jurídica distinta, com uma crescente longevidade e novas técnicas de proteção, como a segurança social e os contratos de seguro.

Quanto ao aumento da longevidade, uma pesquisa realizada pelo Instituto Brasileiro de Geografia e Estatística (IBGE) revela que, até 2020, a expectativa de vida do brasileiro ao nascer era de 76,8 anos, enquanto a expectativa em 1940 era de 45,5 anos.[1] Importante ressaltar que os efeitos da pandemia de Covid-19 serão tabulados no próximo censo demográfico, com previsão para 2022.

Tendo em vista a igualdade entre cônjuges na família, o aumento da expectativa de vida – que leva a situações como a sucessão em benefício de filhos já adultos ou a sucessão em favor de pais idosos e dependentes –, e a recomposição familiar decorrente de divórcios e novas núpcias, questiona-se se a proteção à família prevista na legislação sucessória está em consonância com a proteção da família fundada na individualidade de cada um de seus membros.[2]

O movimento doutrinário inerente ao direito sucessório, cuja tendência certamente começou com a eliminação das discriminações entre os filhos, também marca, na legislação estrangeira, uma forte inclinação pela redução das quotas das legítimas, e como sucede no Brasil, pela inclusão dos direitos hereditários ao cônjuge e à condição de herdeiros que vem sendo outorgada aos que integram as novas formas de constituição de família.

Com o surgimento, na legislação brasileira, do Estatuto do Deficiente, observa-se um futuro desdobramento que certamente permitirá que um ascendente direcione a legítima para os filhos que realmente não dispõem de idênticas condições de crescer em um investimento profissional em razão de suas limitações, sejam elas físicas ou mentais. Tal fato alerta para os sistemas jurídicos de raiz anglo-saxônica e testamentária, impondo limites somente à salvaguarda das necessidades concretas daqueles que efetivamente dependem do sucedido, em resguardo do interesse, da dependência e da solidariedade familiar.[3]

Levando em conta que a questão sucessória está intimamente relacionada ao direito de propriedade, deve-se ter uma maior atenção à função da propriedade dita pessoal, voltada para a realização de uma vida livre e digna.[4] Nesse cenário,

> A propriedade qualificada como pessoal não se identificar nem deve ser confundida com a propriedade individual, egoísta, da qual é titular um único sujeito. O atributo pessoal deve ser entendido no sentido de atinência à pessoa humana, no sentido de instrumento apto a realizar a dignidade do sujeito. A propriedade pessoal pode também ter caráter coletivo, qual

---

1. IBGE. *Tábuas Completas de Mortalidade*. Disponível em: https://www.ibge.gov.br/estatisticas/sociais/populacao/9126-tabuas-completas-de-mortalidade.html?edicao=18026. Acesso em: 09 jun. 2022.
2. NEVARES, Ana Luiza Maia. Perspectivas para o planejamento sucessório. *Revista IBDFAM*: Famílias e Sucessões, Belo Horizonte, v. 18, p. 11-31, nov./dez., 2016, p. 15.
3. MADALENO, Rolf. O fim da legítima. *Revista IBDFAM*: família e sucessões, v. 16, p. 31-72. Belo Horizonte: IBDFAM, jul./ago., 2016, p. 52.
4. PERLINGIERI, Pietro. *O direito civil na legalidade constitucional*. Trad. Maria Cristina de Cicco. Rio de Janeiro: Renovar, 2008, p. 924.

seja aquela que não se refere completamente ao sujeito em si e por si, mas tem a função de realizar a liberdade pessoal, a liberdade da necessidade.[5]

Considera-se, portanto, a propriedade pessoal como instrumento apto à realização da dignidade da pessoa – não devendo confundi-la com a propriedade individual, da qual é titular um único sujeito – e que tem a função de realização da liberdade pessoal e da liberdade da necessidade, com foco na promoção da pessoa; portanto, afigura-se a possibilidade de construção de reforma legislativa visando à modificação dos contornos da legítima.

Tal reforma não se orienta rumo à sua extinção do instituto, o que consagraria a liberdade absoluta, nem à ampliação da intervenção do Estado na transmissão patrimonial *mortis causa*. Em vez disso, ela se traduz no redirecionamento da proteção legal para atender às efetivas necessidades dos herdeiros, readequando a disciplina normativa da herança forçada à real concretização da função de solidariedade social. Para isso, é necessário desvincular-se da estrutura abstrata e formalista que atribui os bens de maneira genérica, com base exclusivamente nas classes de herdeiros e nos graus de parentesco, e voltar o foco à promoção da isonomia substancial entre os membros familiares.[6]

Hodiernamente, predomina na família o distanciamento, e podem ser observadas situações em que filhos não assumem a responsabilidade pelos pais ou até mesmo os abandonam. em razão de seu frenético ritmo de vida. Portanto, não pode a legítima encontrar sua base tão somente nos vínculos de parentesco ou de casamento, tendo como escora uma garantia de subsistência.

Logo, se a legítima está fundamentada na solidariedade familiar, ela poderia ser dispensada aos ascendentes quando estes concorrem com o cônjuge supérstite, especialmente considerando que, em geral, pais, avós ou bisavós já apresentam uma vida financeira estabilizada. Nesses casos, suas necessidades não justificam que concorram com a herança, a qual, em regra, deveria ser destinada àqueles que ajudaram a construí-la ao lado do falecido ou contribuíram para sua preservação.[7]

Também se questiona o direito incondicional à legítima daquele neto ou bisneto distante, que não mantém nenhuma relação de proximidade com seus avós e muito menos com bisavós, cujo direito à legítima é reivindicado exclusivamente em nome da representação de seus pais ou avós falecidos, nada guardando o seu

---

5. PERLINGIERI, Pietro. *O direito civil na legalidade constitucional*. Trad. Maria Cristina de Cicco. Rio de Janeiro: Renovar, 2008, p. 924-925.
6. SCHREIBER, Anderson; VIEGAS, Francisco de Assis. Por uma releitura funcional da legítima no direito brasileiro. *Revista de Direito Civil Contemporâneo*. São Paulo: RT, v. 19, ano 6, p. 211-250, abr./jun. 2019, p. 235-236.
7. MADALENO, Rolf. O fim da legítima. *Revista IBDFAM*: família e sucessões, v. 16, p. 31-72. Belo Horizonte: IBDFAM, jul./ago. 2016, p. 56.

RELATIVIZAÇÃO DA LEGÍTIMA 275

chamamento de qualquer recíproca convivência de cadente solidariedade familiar. Portanto, torna-se coerente reconhecer quão ausente se mostra qualquer suposta solidariedade entre vidas completamente distantes e indiferentes, o que faz com que muitas pessoas fiquem sós nos últimos anos de suas vidas.[8]

Considerando uma realidade em que a mulher está inserida no mercado de trabalho e diante de uma consagração "tendente" do princípio da igualdade entre cônjuges, bem como uma maior expectativa de vida alcançada hodiernamente, é necessário repensar quem deve ser beneficiário com uma herança forçada. Tal hipótese pode ser exemplificada com o benefício do direito real de habitação quanto ao imóvel destinado à residência da família. Tendo em vista o mencionado direito sucessório, verificam-se situações em que há, de um lado, filhos menores do autor da herança ou pais idosos dependentes e, de outro, o cônjuge supérstite, são e independente, podendo estar a situação ainda mais gravosa quando o monte hereditário limitar-se ao único imóvel residencial do falecido.[9]

Ou seja, com as mudanças na estrutura familiar e o crescimento da participação da mulher no mercado de trabalho, torna-se essencial repensar os critérios de sucessão forçada. O tradicional modelo de proteção patrimonial pode não refletir a realidade atual, em que o cônjuge sobrevivente muitas vezes já possui independência financeira, enquanto filhos menores ou pais idosos podem apresentar maior necessidade de amparo. Assim, garantir automaticamente o direito real de habitação ao cônjuge supérstite pode resultar em injustiças, especialmente quando há herdeiros mais vulneráveis que necessitam de maior suporte econômico.

Em razão disso, pode-se encontrar na jurisprudência decisões que afastam o direito real de habitação quando o cônjuge já é detentor de imóvel que lhe garante moradia, o que é contrário ao artigo 1.831 do Código Civil,[10] o que demonstra a preocupação de a tutela sucessória ligar-se às especificidades da pessoa que é agraciada com a herança, em crítica ao dispositivo mencionado que acabaria, em

---

8. MADALENO, Rolf. O fim da legítima. *Revista IBDFAM*: família e sucessões, v. 16, p. 31-72. Belo Horizonte: IBDFAM, jul./ago. 2016, p. 56.

9. NEVARES, Ana Luiza Maia. Perspectivas para o planejamento sucessório. *Revista IBDFAM*: Famílias e Sucessões, Belo Horizonte, v. 18, p. 11-31, nov./dez. 2016, p. 16. A autora ainda explica que o emprego do adjetivo "tendente" acerca da consagração do princípio da igualdade entre homens e mulheres se deve ao fato de que "[...] enquanto não houver a inserção do homem no espaço privado, as mulheres que assumem múltiplas funções, não terão plena igualdade. Enquanto forem exitosas as políticas de inserção da mulher no espaço público, pouquíssimas são as políticas de inserção do homem no espaço privado, valendo mencionar como exemplo dessa última a guarda compartilhada, que começa a dar resultados".

10. "Art. 1.831. Ao cônjuge sobrevivente, qualquer que seja o regime de bens, será assegurado, sem prejuízo da participação que lhe caiba na herança, o direito real de habitação relativamente ao imóvel destinado à residência da família, desde que seja o único daquela natureza a inventariar". BRASIL. Lei 10.046, de 10 de janeiro de 2002. *Código Civil*. Brasília, DF: Presidência da República. Disponível em: http://www.planalto.gov.br/ccivil_03/leis/2002/l10406compilada.htm. Acesso em: 31 mar. 2022.

determinados casos, protegendo excessivamente o cônjuge em detrimento dos descendentes e ascendentes.[11]

Dessa forma, a revisão do direito sucessório deve buscar um equilíbrio entre a autonomia privada e a solidariedade familiar, assegurando que a herança seja destinada a quem realmente dela necessita para garantir sua dignidade e estabilidade econômica.

Partindo da premissa debatida anteriormente de que o Direito Sucessório não deve permitir a transmissão da herança de forma indiscriminada a pessoas que já possuem meios de garantir uma vida digna, especialmente quando há herdeiros em situação de vulnerabilidade econômica – ou seja, dependentes financeiramente do falecido ou que, entre os herdeiros legítimos, não tenham condições de prover o próprio sustento –, torna-se essencial considerar critérios de justiça na sucessão.[12] Esse é o posicionamento defendido por grande parcela da doutrina: como Anderson Schreiber, Giselda Hironaka, Rolf Madaleno, Roxana Borges, Ana Carolina Brochado e Simone Fleischmann.[13]

As duas últimas autoras explicam que o caminho para reformular a legítima é remodelá-la, para que as restrições à autonomia privada fundadas na solidariedade familiar se justifiquem na proteção daqueles que realmente necessitam, como os que têm alguma vulnerabilidade.[14]

De modo geral, a Constituição Federal determinou tutela qualitativa e quantitativamente diferenciada para as pessoas que possuem algum tipo de vulnerabilidade. No âmbito familiar, essa proteção particularizada dirige-se para a criança, o adolescente, o jovem, o idoso, a pessoa com deficiência e a mulher,

---

11. NEVARES, Ana Luiza Maia. Perspectivas para o planejamento sucessório. *Revista IBDFAM*: Famílias e Sucessões, Belo Horizonte, v. 18, p. 11-31, nov./dez. 2016, p. 16-17.
12. BORGES, Roxana Cardoso Brasileiro; DANTAS, Renata Marques Lima. Direito das sucessões e a proteção dos vulneráveis econômicos. *Revista Brasileira de Direito Civil* – RBDCivil. Belo Horizonte, v. 11, p. 73-91, jan./mar. 2017, p. 74.
13. Vide: SCHREIBER, Anderson; VIEGAS, Francisco de Assis. Por uma releitura funcional da legítima no direito brasileiro. *Revista de Direito Civil Contemporâneo*, São Paulo: RT, v. 19, ano 6, p. 211-250, abr./jun. 2019; HIRONAKA, Giselda Maria Fernandes Novaes. Os herdeiros legitimários no direito civil contemporâneo: ampliação da liberdade de testar e proteção dos vulneráveis. In: TEPEDINO, Gustavo; MENEZES, Joyceane Bezerra de (Coord.). *Autonomia Privada, Liberdade Existencial e Direitos Fundamentais*. Belo Horizonte: Fórum, 2019; MADALENO, Rolf. O fim da legítima. *Revista IBDFAM*: família e sucessões, v. 16, p. 31-72. Belo Horizonte: IBDFAM, jul./ago., 2016; BORGES, Roxana Cardoso Brasileiro; DANTAS, Renata Marques Lima. Direito das sucessões e a proteção dos vulneráveis econômicos. *Revista Brasileira de Direito Civil* – RBDCivil. Belo Horizonte, v. 11, p. 73-91, jan./mar. 2017; TEIXEIRA, Ana Carolina Brochado; FLEISCHMANN, Simone Tassinari Cardoso. Futuros possíveis para o planejamento sucessório. *Revista Brasileira de Direito Civil* – RBDCivil. Belo Horizonte, v. 29, p. 101-120, jul./set. 2021.
14. TEIXEIRA, Ana Carolina Brochado; FLEISCHMANN, Simone Tassinari Cardoso. Futuros possíveis para o planejamento sucessório. *Revista Brasileira de Direito Civil* – RBDCivil. Belo Horizonte, v. 29, p. 101-120, jul./set. 2021, p. 107.

considerando que nem sempre tais pessoas teriam condições, sozinhas, de exercer sua subjetividade plenamente e de assumir integralmente as consequências de seus atos de forma responsável.[15]

A vulnerabilidade é um conceito que tem evoluído e passou a ser analisada com maior frequência no Direito Civil, em especial "para adequar a dogmática tradicional do direito privado à ordem constitucional que privilegia a pessoa humana, no sentido da despatrimonialização do direito civil".[16]

É uma palavra de origem latina, derivando *de vulnus (eris)*, que significa "ferida", de modo que a vulnerabilidade é, irredutivelmente, definida como suscetibilidade de ser ferido, com efeito, "[...] a qualificação de pessoas e populações como vulneráveis impõe a obrigatoriedade ética da sua defesa e proteção, para que não sejam "feridas", maltratadas, abusadas".[17]

Na primeira metade do século XX, com o crescimento dos experimentos biomédicos, passou-se a reconhecer a função adjetivante da vulnerabilidade na acepção em que se exige o respeito pelas pessoas, o não fazer mal a outrem e a busca pela equidade. A partir disso, é conferido maior poder às pessoas.[18]

A partir de 1980, o conceito de vulnerabilidade ampliou-se, assumindo a caracterização da subjetividade, que é construída da relação de uma pessoa com a outro. Desse modo, a vulnerabilidade passa a ser vista como condição humana que pode ser violada nesse contato com outrem. Consiste, portanto, na "realidade constitutiva da pessoa, como condição universal da humanidade e como indissoluvelmente ligada à responsabilidade".[19]

No âmbito do Direito Civil, há a vulnerabilidade patrimonial, constituindo-se de situação em que o patrimônio da pessoa está suscetível de ser atingido e, desse modo, as normas jurídicas a incidirem estarão alinhadas com os interesses patrimoniais, geralmente, na seara negocial e de responsabilização pecuniária. Nesse diapasão, quando da análise das situações jurídicas existenciais e patrimo-

---

15. TEIXEIRA, Ana Carolina Brochado; FLEISCHMANN, Simone Tassinari Cardoso. Futuros possíveis para o planejamento sucessório. *Revista Brasileira de Direito Civil* – RBDCivil. Belo Horizonte, v. 29, p. 101-120, jul./set. 2021, p. 107.

16. KONDER, Carlos Nelson. Vulnerabilidade patrimonial e vulnerabilidade existencial: por um sistema diferenciador. *Revista de Direito do Consumidor*, Brasília, ano 24, v. 99, p. 101-123, maio/jun. 2015, p. 102.

17. NEVES, Maria do Céu Patrão. Sentidos da Vulnerabilidade: característica, condição e princípio. *Revista Brasileira de Bioética*, Brasília, v. 2, n. 2, p. 157-172, 2006, p. 158-159.

18. NEVES, Maria do Céu Patrão. Sentidos da Vulnerabilidade: característica, condição e princípio. *Revista Brasileira de Bioética*, Brasília, v. 2, n. 2, p. 157-172, 2006, p. 160-163.

19. NEVES, Maria do Céu Patrão. Sentidos da Vulnerabilidade: característica, condição e princípio. *Revista Brasileira de Bioética*, Brasília, v. 2, n. 2, p. 157-172, 2006, p. 164.

niais, em diversas circunstâncias a vulnerabilidade existencial terá embutido um aspecto patrimonial.[20]

Quando se trata de determinados grupos vulneráveis, verifica-se que a especial proteção legal incide sobre a peculiaridade que coloca a pessoa em posição de extrema desvantagem e que exige um mecanismo para garantir a igualdade material. Logo, não é porque um determinado grupo é considerado vulnerável em algum aspecto que o será para todos, bem como num mesmo grupo as vulnerabilidades podem se revelar diversas.[21]

Carlos Nelson Konder defende que podem ser elencados como vulneráveis: (a) a criança, cuja vulnerabilidade existencial associa-se à sua personalidade ainda em desenvolvimento, assim como ela demanda, desde o seu nascimento, amparo material para a sua sobrevivência, e amparo afetivo para a construção de personalidade de forma as dia e sociável; (b) o idoso, cuja vulnerabilidade coloca-se associada à queda das condições de saúde decorrente do envelhecimento, em primeiro plano e, num segundo plano, em razão da sua retirada do mundo do trabalho, o que reduz e compromete sua renda e capacidade física; e (c) a pessoa com deficiência, cuja vulnerabilidade decorre não apenas da privação de um sentido ou de uma habilidade, mas dos efeitos desse fato nas interações sociais.[22]

Nesse contexto, sob a diretriz constitucional, o ordenamento infraconstitucional confere tratamento diferenciado e mais protetivo a certos grupos de vulneráveis como crianças e adolescentes (Lei 8.069/90, Estatuto da Criança e do Adolescente), mulheres (dentre outras leis, a de n. 11.340/2006, que cria mecanismos para coibir a violência doméstica e familiar contra a mulher, conhecida como Lei Maria da Penha), idosos (dentre outras, a Lei 10.741/2003, Estatuto do Idoso), empregados (Decreto-lei 5.452/1943, Consolidação das Leis do Trabalho) e, mais recentemente, pessoas com deficiência (Lei 13.146/2015, Estatuto da Pessoa com Deficiência).[23]

---

20. BORGES, Roxana Cardoso Brasileiro; DANTAS, Renata Marques Lima. Direito das sucessões e a proteção dos vulneráveis econômicos. *Revista Brasileira de Direito Civil* – RBDCivil. Belo Horizonte, v. 11, p. 73-91, jan./mar. 2017, p. 81.

21. BORGES, Roxana Cardoso Brasileiro; DANTAS, Renata Marques Lima. Direito das sucessões e a proteção dos vulneráveis econômicos. *Revista Brasileira de Direito Civil* – RBDCivil. Belo Horizonte, v. 11, p. 73-91, jan./mar. 2017, p. 81.

22. KONDER, Carlos Nelson. Vulnerabilidade patrimonial e vulnerabilidade existencial: por um sistema diferenciador. *Revista de Direito do Consumidor*, Brasília, ano 24, v. 99, p. 101-123, maio/jun. 2015, p. 110.

23. BORGES, Roxana Cardoso Brasileiro; DANTAS, Renata Marques Lima. Direito das sucessões e a proteção dos vulneráveis econômicos. *Revista Brasileira de Direito Civil* – RBDCivil. Belo Horizonte, v. 11, p. 73-91, jan./mar. 2017, p. 82.

Pietro Perlingieri defende que o sistema hereditário deve ser revisitado, a fim de valorizar a autonomia negocial, equilibrando-a com o dever de solidariedade. Observa-se também a importância de prestar mais atenção às necessidades da pessoa dentro da família e, por conseguinte, elaborar critérios mais flexíveis para a individualização dos legitimários. Os critérios devem ser em relação à proximidade do grau de parentesco, em especial considerando o estado de necessidade – entendido *lato sensu* como uma incapacidade de manter condições existenciais adequadas às que desfrutaram durante a vida do falecido –, à duração e seriedade do vínculo afetivo, e a eventuais comportamentos que, ao mesmo tempo em que não integram as hipóteses de indignidade, representam violações dos deveres mais elementares de solidariedade familiar e, assim, devem constituir justa causa de deserdação, mesmo para os herdeiros necessários.[24]

Conclui-se, desse modo, que a vulnerabilidade é um critério que possibilita a readequação da disciplina normativa da legítima à real perseguição da função de máxima concretização da solidariedade social, desapegando-se da estrutura abstrata e formalista baseada exclusivamente nas classes de herdeiros e graus de parentesco, voltando o foco à promoção da isonomia substancial ente os membros familiares que necessitam de proteção, e que está conforme a Constituição Federal.

Nesse contexto, o autor da herança, considerando uma perspectiva de planejamento sucessório pode, exemplificativamente, antever a existência de herdeiros legítimos vulneráveis quando da abertura da sucessão. Pode também o planejador levar em consideração a qualidade dos bens a serem transmitidos que, muitas vezes, envolvem bens de produção ou sociedades empresárias, nas quais a atual restrição à liberdade de testar compromete até mesmo a viabilidade produtiva e a continuidade intergeracional dos empreendimentos do *de cujus*.[25]

Entre as pessoas que devem ser elencadas como vulneráveis para o direito sucessório estão os herdeiros menores de idade (crianças e adolescentes), os idosos e os herdeiros com deficiência, pelas vulnerabilidades já expostas anteriormente. Ressalta-se que se mantêm o grau de parentesco vigente na lei civil, ou seja, os parentes próximos pela presunção de afetividade e laços de solidariedade existente (filho, pais, entre outros) que possuam as mencionadas vulnerabilidades.

Nesse sentido é o posicionamento de Giselda Hironaka, que pontua que a questão da legítima e da autonomia privada testamentária fica delicada "[...] com relação ao grupo de pessoas vulneráveis, como os herdeiros incapazes, os

---

24. PERLINGIERI, Pietro. La funcione sociale del diritto successorio. *Rassegna di diritto civile*, 1, p. 131-146, Saggi, 2009, p. 145.

25. DUTRA, Elder Gomes. *Premissas para um Direito Sucessório mínimo*. A superação dos obstáculos ao efetivo Planejamento Sucessório no Brasil. Londrina: Thoth, 2021, p. 81.

herdeiros com deficiência e/ou os herdeiros idosos, em relação a quem o falecido, se vivesse, naturalmente teria o dever de sustento ou de prestar alimentos", e que, nesses casos, a legislação deve reservar um patrimônio mínimo que seja suficiente para lhes garantir a subsistência digna, devendo ser mantida para essas pessoas uma previsão de legítima.[26]

Além deles, é importante também incluir como vulnerável o cônjuge ou companheiro supérstite que não apresente condições econômicas de manter seu padrão de vida e que não tenha sido contemplado com a meação. Esse posicionamento é defendido tanto por Anderson Schreiber[27] como por Ana Luiza Nevares,[28] com o qual se concorda.

Resta, portanto, resolver a questão de como efetivar a proteção aos vulneráveis no direito sucessório, conciliando a autonomia negocial do autor da herança e a solidariedade familiar, o que será abordado na sequência.

2. A LEGÍTIMA EM PERSPECTIVA FUNCIONAL: UMA VISÃO PROPOSITIVA

Com o objetivo de buscar respostas ao problema, passa-se à averiguação de algumas legislações estrangeiras que já conferem, em certo grau, uma proteção aos vulneráveis no Direito Sucessório.

Nessa linha, cita-se a legislação argentina de 2015, que autoriza o testador a destinar 1/3 da legítima para descendentes ou ascendentes incapacitados – sendo consideradas pessoas com incapacidade aquelas que padecem de uma alteração funcional permanente ou prolongada, física ou mental, que em relação à sua idade e meio social implica em consideráveis desvantagens de integração familiar, educacional ou laboral.[29]

---

26. HIRONAKA, Giselda Maria Fernandes Novaes. Os herdeiros legitimários no direito civil contemporâneo: ampliação da liberdade de testar e proteção dos vulneráveis. In: TEPEDINO, Gustavo; MENEZES, Joyceane Bezerra de (Coord.). *Autonomia Privada, Liberdade Existencial e Direitos Fundamentais*. Belo Horizonte: Fórum, 2019, p. 499-500.

27. SCHREIBER, Anderson; VIEGAS, Francisco de Assis. Por uma releitura funcional da legítima no direito brasileiro. *Revista de Direito Civil Contemporâneo*, São Paulo: RT, v. 19, ano 6, p. 211-250, abr./ jun. 2019, p. 244.

28. NEVARES, Ana Luiza Maia. A crise da legítima no direito brasileiro In: TEIXEIRA, Ana Carolina Brochado; RODRIGUES, Renata de Lima (Coord.). *Contratos, famílias e sucessões*: diálogos complementares. Indaiatuba: Foco, 2019, p. 276.

29. "Artículo 2448. Mejora a favor de heredero con discapacidad El causante puede disponer, por el medio que estime conveniente, incluso mediante un fideicomiso, además de la porción disponible, de un tercio de las porciones legítimas para aplicarlas como mejora estricta a descendientes o ascendientes con discapacidad. A estos efectos, se considera persona con discapacidad, a toda persona que padece una alteración funcional permanente o prolongada, física o mental, que en relación a su edad y medio social implica desventajas considerables para su integración familiar, social, educacional o laboral". ARGENTINA. *Código Civil y Comercial de la Nación*. Ciudad Autónoma de Buenos Aires: Infojus, 2014, p. 376.

RELATIVIZAÇÃO DA LEGÍTIMA **281**

Assim, admite-se a disposição de parte da legítima em benefício do herdeiro com deficiência, sem prejuízo de sua participação concorrendo com os demais herdeiros. Chama a atenção, também, o conceito amplo de pessoa com incapacidade adotado pela lei argentina, que em muito se parece com a conceituação brasileira de pessoa com deficiência trazida pela Lei 13.146 de 2015, qual seja:

> Art. 2º Considera-se pessoa com deficiência aquela que tem impedimento de longo prazo de natureza física, mental, intelectual ou sensorial, o qual, em interação com uma ou mais barreiras, pode obstruir sua participação plena e efetiva na sociedade em igualdade de condições com as demais pessoas.[30]

Por sua vez, o Código Civil da Catalunha, estado autônomo da Espanha, regulamentou a "quarta vidual" em seu artigo 452-1,[31] que nada mais é do que a tutela do cônjuge ou companheiro em situação de vulnerabilidade econômica. Nesse caso, a legislação estabelece que o cônjuge ou companheiro supérstite que não possua recursos econômicos suficientes para satisfazer suas necessidades tem o direito de obter, na sucessão, a quantia suficiente para atender às suas necessidades, no limite máximo de 1/4 dos bens.

O mencionado dispositivo ainda dispõe expressamente, no item 2, que, para fins de determinação das necessidades do cônjuge/companheiro, deve-se considerar: (a) o padrão de vida de que usufruíram durante a coabitação; (b) o patrimônio, (c) a sua idade; (d) estado de saúde; (e) os salários ou outros rendimentos que está recebendo; (f) as perspectivas econômicas previsíveis e (g) qualquer outra circunstância relevante.

O direito inglês, a despeito de prevalecer atualmente um sistema de plena liberdade testamentária, privilegia a proteção aos dependentes do falecido. Tal proteção é concretizada por intermédio do Poder Judiciário, a quem é dado discricionariedade para reformar testamentos que não contemplaram os dependentes,

---

30. BRASIL. Lei 13.146, de 6 de julho de 2015. *Institui a Lei Brasileira de Inclusão da Pessoa com Deficiência (Estatuto da Pessoa com Deficiência)*. Brasília, DF: Presidência da República. Disponível em: http://www.planalto.gov.br/ccivil_03/_Ato2015-2018/2015/Lei/L13146.htm#art105. Acesso em: 09 jun. 2022.

31. "Artículo 452-1. Derecho a la cuarta viudal.

1. El cónyuge viudo o el conviviente en pareja estable que, con los bienes propios, los que puedan corresponderle por razón de liquidación del régimen económico matrimonial y los que el causante le atribuya por causa de muerte o en consideración a esta, no tenga recursos económicos suficientes para satisfacer sus necesidades tiene derecho a obtener en la sucesión del cónyuge o conviviente premuerto la cantidad que sea precisa para atenderlas, hasta un máximo de la cuarta parte del activo hereditario líquido, calculado de acuerdo con lo establecido por el artículo 452-3.

2. Para determinar las necesidades del cónyuge o del conviviente acreedor, debe tenerse en cuenta el nivel de vida de que disfrutaba durante la convivencia y el patrimonio relicto, así como su edad, el estado de salud, los salarios o rentas que esté percibiendo, las perspectivas económicas previsibles y cualquier otra circunstancia relevante". COMUNIDADE AUTÔNOMA DA CATALUNHA. Ley 10, de 10 de julho de 2008. Livro IV do Código Civil, relativo às sucessões. Disponível em: https://www.boe.es/eli/es-ct/l/2008/07/10/10/con. Acesso em: 09 jun. 2022.

outorgando-lhes provisão suficiente para a sua subsistência, denominada pela doutrina inglesa de *judicial discretion*.[32]

O Ato de 1975 autoriza que certos parentes pleiteiem à Corte uma provisão financeira razoável caso fiquem desamparados, em razão da abertura da sucessão. Podem pleitear os cônjuges e companheiros, ex-cônjuges e ex-companheiros que não contraíram novas núpcias ou não constituíram nova união estável, filhos ou pessoas que tenham sido tratadas como filhos pela família, e os dependentes do autor da herança.[33]

Todavia, esclarece-se que o direito inglês sofre severas críticas quanto à carência de padrões objetivos no Ato de 1975, ou seja, quanto à discricionariedade do julgador, embora as bases que sustentam as regras de provisão e, de modo geral, o direito hereditário da Inglaterra, estejam fundadas no princípio da solidariedade.[34]

Outra crítica que deve ser levantada ao direito inglês diz respeito ao acesso à justiça, que é muito oneroso, o que pode repelir o demandante que, em geral, é uma pessoa de meios modestos. Apesar da necessidade da revisão judicial para receber a provisão para sua subsistência, deve considerar pleitear colocando seus parcos recursos financeiros para participar de um processo judicial destinado à interpretação de regras com máxima discricionariedade.

Quanto à alteração da legislação brasileira, deve-se ter como ponto de partida que a reserva legítima deve permanecer cogente, a fim de ser vedada a livre disposição dos bens – o que levaria à insegurança das pessoas que necessitam da proteção patrimonial do autor da herança, propondo a modificação, portanto, dos critérios funcionais de identificação dos herdeiros necessários.

Concorda-se, ainda, com o posicionamento defendido por Anderson Schreiber[35] de manutenção do *quantum* legitimário em metade dos bens da herança, conforme artigo 1.789 do Código Civil. Isso porque a abolição da legítima, como ocorre na Inglaterra, levaria a uma enorme judicialização e insegurança jurídica, além de elevar a autonomia privada testamentária a um patamar absoluto, pois somente admitiria restrições a título excepcional, e que deveria ser comprovada no Poder Judiciário.

---

32. ANDRADE, Gustavo Henrique Baptista. *O direito de herança e a liberdade de testar*: um estudo comparado entre os sistemas jurídicos brasileiro e inglês. Belo Horizonte: Fórum, 2019, p. 22.

33. NEVARES, Ana Luiza Maia. A crise da legítima no direito brasileiro. In: TEIXEIRA, Ana Carolina Brochado; RODRIGUES, Renata de Lima (Coord.). *Contratos, famílias e sucessões*: diálogos complementares. Indaiatuba: Foco, 2019, p. 265.

34. ANDRADE, Gustavo Henrique Baptista. *O direito de herança e a liberdade de testar*: um estudo comparado entre os sistemas jurídicos brasileiro e inglês. Belo Horizonte: Fórum, 2019, p. 109.

35. SCHREIBER, Anderson; VIEGAS, Francisco de Assis. Por uma releitura funcional da legítima no direito brasileiro. *Revista de Direito Civil Contemporâneo*. São Paulo: RT, v. 19, ano 6, p. 211-250, abr./jun. 2019, p. 240.

Observa-se que a ausência de definição de uma quota fixa ou de estabelecimento de critérios objetivos para a comprovação da situação de vulnerabilidade econômica dos herdeiros (descendentes e ascendentes), poderia conduzir a uma maciça necessidade de se analisar as peculiaridades de todos os casos concretos, o que, certamente, encontraria óbice de acesso à justiça, inclusive diante da morosidade do Poder Judiciário, constituindo fonte de propagação de dissídios familiares, na contramão do movimento de desjudicialização das demandas das questões de natureza familiar e sucessória.[36]

Porém, merecem ser revistos os critérios adotados pelo legislador para definir as pessoas que devem ser protegidas pela legítima. Como aventado no tópico anterior, o presente trabalho concluiu que os vulneráveis – menores de idade, idosos, pessoas com deficiência e cônjuge/companheiro que não foram contemplados com a meação e não possuam condições econômicas de manter seu padrão de vida – são os herdeiros que precisam de tal proteção.

Em vista disso, não se pode deixar que a criação de critérios funcionais – necessariamente concretos – torne-se tão casuística que o direito sucessório passe a estar desprovido de segurança jurídica, como ocorre no direito inglês citado acima. Ou seja, deve-se evitar que cada sucessão seja analisada individualmente pelo Poder Judiciário, sob pena de excessiva judicialização, pois, além dos ônus econômicos, também se devem considerar os ônus emocionais impostos sobre uma família já atingida pelo falecimento de um ente. Portanto, é indispensável que a legislação tenha critérios objetivos para identificação daqueles que devem merecer a proteção legítima.[37]

Sobre esse aspecto, a legislação sucessória brasileira deveria prever uma especial atenção aos herdeiros (a) menores de idade, (b) com deficiência, (c) idosos, e (d) cônjuges e companheiros no tocante a aspectos que realmente dependiam do autor da herança, procurando concretizar, na transmissão hereditária, um espaço de promoção da pessoa que atenda às singularidades dos herdeiros, especialmente diante de sua vulnerabilidade e de seus vínculos com os bens que compõem a herança, bem como protegendo a liberdade do testador quando não se vislumbrar na família aqueles que necessitam de uma proteção patrimonial quando da morte de um familiar.[38]

---

36. DUTRA, Elder Gomes. *Premissas para um Direito Sucessório mínimo.* A superação dos obstáculos ao efetivo Planejamento Sucessório no Brasil. Londrina: Thoth, 2021, p. 83.

37. SCHREIBER, Anderson; VIEGAS, Francisco de Assis. Por uma releitura funcional da legítima no direito brasileiro. *Revista de Direito Civil Contemporâneo*, São Paulo: RT, v. 19, ano 6, p. 211-250, abr./jun. 2019, p. 241.

38. NEVARES, Ana Luiza Maia. A crise da legítima no direito brasileiro. In: TEIXEIRA, Ana Carolina Brochado; RODRIGUES, Renata de Lima (Coord.). *Contratos, famílias e sucessões*: diálogos complementares. Indaiatuba: Foco, 2019, p. 271.

Assim, a legislação sucessória brasileira deve priorizar a proteção daqueles herdeiros que efetivamente dependiam do autor da herança, considerando suas condições de vulnerabilidade. O objetivo é garantir que a transmissão patrimonial cumpra um papel social, atendendo às reais necessidades das pessoas e respeitando a liberdade do testador quando não houver herdeiros em situação de dependência econômica.

Para tanto, sugere-se uma redefinição do rol de herdeiros necessários, incluindo apenas aqueles que apresentam efetiva necessidade patrimonial. No entanto, essa proteção não deve ser absoluta, permitindo que outros herdeiros possam contestar a condição de vulnerabilidade caso ela não se verifique na prática.

Ainda, embora alguns autores defendam que o cônjuge ou companheiro não deva ser beneficiado pela legítima em razão das novas dinâmicas familiares, essa posição deve ser relativizada quando houver dependência financeira. Assim, a sucessão deve buscar um equilíbrio entre a autonomia privada e a proteção dos sujeitos mais vulneráveis, promovendo uma distribuição patrimonial justa e condizente com a realidade social contemporânea.

Desse modo, o rol de herdeiros necessários passaria a ser: (a) os filhos menores de idade, (b) filhos maiores incapazes ou com deficiência, (c) descendentes idosos, e (d) cônjuges e companheiros que não possuam condições econômicas de manter seu padrão de vida e que não foram contemplados com a meação. Entretanto, não se trataria de direito absoluto, cabendo a qualquer outro herdeiro a faculdade de contestar sua pretensão, demonstrando a ausência de necessidade econômica.[39]

Ana Luiza Nevares, apesar de afirmar que os herdeiros vulneráveis também seriam os citados acima, conclui que a reserva da legítima não deveria ser devida ao cônjuge/companheiro, tendo em vista a "[...] possibilidade de o cônjuge herdar bens que vieram da família do primeiro consorte falecido, em detrimento dos filhos das primeiras núpcias, muito pertinentes diante da nova dinâmica das famílias recompostas",[40] e que ao cônjuge seria devido o direito real de habitação, mas que deve ser estendido aos demais herdeiros vulneráveis cuja moradia dependia daquela do falecido.[41]

---

39. SCHREIBER, Anderson; VIEGAS, Francisco de Assis. Por uma releitura funcional da legítima no direito brasileiro. *Revista de Direito Civil Contemporâneo*. São Paulo: RT, v. 19, ano 6, p. 211-250, abr./jun. 2019, p. 241.

40. NEVARES, Ana Luiza Maia. A crise da legítima no direito brasileiro. In: TEIXEIRA, Ana Carolina Brochado; RODRIGUES, Renata de Lima (Coord.). *Contratos, famílias e sucessões*: diálogos complementares. Indaiatuba: Foco, 2019, p. 271.

41. NEVARES, Ana Luiza Maia. A crise da legítima no direito brasileiro. In: TEIXEIRA, Ana Carolina Brochado; RODRIGUES, Renata de Lima (Coord.). *Contratos, famílias e sucessões*: diálogos complementares. Indaiatuba: Foco, 2019, p. 276.

Contudo, discorda-se de tal posicionamento, pois, conforme explanado anteriormente, o cônjuge/companheiro sobrevivente que não possua direito à meação e não tenha condições econômicas de manter seu padrão de vida é vulnerável e merece proteção, conforme se verifica, inclusive, na legislação da Catalunha.

Desse modo, o direito sucessório caminha para sua atualização, com base na sociedade atual, na legalidade constitucional, com foco nas pessoas e promovendo a efetiva conciliação entre autonomia privada testamentária e proteção da família, em razão da solidariedade, observando concretamente as necessidades dos parentes próximos ao autor da herança.

Portanto, o instituto da legítima deve ser mantido no ordenamento jurídico pátrio, a fim de proteger materialmente a família, porém, deve ser repensado e reformulado, uma vez que os atuais moldes da reserva compulsória não estão adequados às mudanças pelas quais a sociedade passou. Assim, objetivando o equilíbrio entre autonomia privada do testador e a solidariedade familiar, bem como visando à promoção da pessoa, e considerando a despatrimonialização do direito civil, é necessária a releitura funcional da legítima, ou seja, sua relativização, observando a pessoa em concreto que merece tutela jurídica.

CONSIDERAÇÕES FINAIS

A discussão sobre a revisão do regime da legítima à luz da vulnerabilidade reflete a necessidade de atualização das normas sucessórias, para que estejam alinhadas com a realidade social e econômica contemporânea. O modelo tradicional de sucessão, baseado exclusivamente no grau de parentesco, revela-se insuficiente para garantir a justiça distributiva, na medida em que não considera as reais necessidades econômicas e sociais dos herdeiros.

A adoção da vulnerabilidade como critério sucessório permitiria a distribuição mais equitativa do patrimônio do falecido, priorizando aqueles que efetivamente dependiam financeiramente dele. Esse modelo encontra respaldo em princípios constitucionais, como o da solidariedade familiar e da dignidade da pessoa humana, além de estar alinhado com tendências observadas em legislações estrangeiras.

Embora a liberdade testamentária não deva ser absoluta, é essencial que o Direito Sucessório proporcione ao testador maior flexibilidade na disposição de seus bens, sem comprometer a proteção dos indivíduos mais vulneráveis. Dessa forma, a previsão de um sistema que combine a autonomia privada com a proteção daqueles que realmente necessitam pode contribuir para uma maior harmonia e justiça na sucessão hereditária.

A reforma legislativa nesse sentido deve ser conduzida com critérios objetivos e bem definidos, evitando-se a judicialização excessiva das questões sucessórias e garantindo maior segurança jurídica. A adoção de um modelo que contemple herdeiros vulneráveis permitiria um direcionamento mais racional da herança, reduzindo disputas patrimoniais e assegurando a efetiva proteção da família.

Diante disso, é fundamental que a discussão sobre a vulnerabilidade na sucessão continue a ser aprofundada, com estudos e debates que auxiliem na construção de um sistema sucessório mais justo e eficiente. A modernização do Direito Sucessório brasileiro, a partir dessa perspectiva, representa um avanço significativo na busca por uma sociedade mais igualitária e solidária.

REFERÊNCIAS

ANDRADE, Gustavo Henrique Baptista. *O direito de herança e a liberdade de testar*: um estudo comparado entre os sistemas jurídicos brasileiro e inglês. Belo Horizonte: Fórum, 2019.

ARGENTINA. *Código Civil y Comercial de la Nación*. Ciudad Autónoma de Buenos Aires: Infojus, 2014.

BORGES, Roxana Cardoso Brasileiro; DANTAS, Renata Marques Lima. Direito das sucessões e a proteção dos vulneráveis econômicos. *Revista Brasileira de Direito Civil* – RBDCivil. Belo Horizonte, v. 11, p. 73-91, jan./mar. 2017.

BRASIL. Lei 10.046, de 10 de janeiro de 2002. *Código Civil*. Brasília, DF: Presidência da República. Disponível em: http://www.planalto.gov.br/ccivil_03/leis/2002/l10406compilada.htm. Acesso em: 31 mar. 2024.

BRASIL. Lei 13.146, de 6 de julho de 2015. *Institui a Lei Brasileira de Inclusão da Pessoa com Deficiência (Estatuto da Pessoa com Deficiência)*. Brasília, DF: Presidência da República. Disponível em: http://www.planalto.gov.br/ccivil_03/_Ato2015-2018/2015/Lei/L13146.htm#art105. Acesso em: 09 jun. 2024.

COMUNIDADE AUTÔNOMA DA CATALUNHA. Ley 10, de 10 de julho de 2008. Livro IV do Código Civil, relativo às sucessões. Disponível em: https://www.boe.es/eli/es-ct/l/2008/07/10/10/con. Acesso em: 09 jun. 2024.

DUTRA, Elder Gomes. *Premissas para um Direito Sucessório mínimo*. A superação dos obstáculos ao efetivo Planejamento Sucessório no Brasil. Londrina: Thoth, 2021.

HIRONAKA, Giselda Maria Fernandes Novaes. Os herdeiros legitimários no direito civil contemporâneo: ampliação da liberdade de testar e proteção dos vulneráveis. In: TEPEDINO, Gustavo; MENEZES, Joyceane Bezerra de (Coord.). *Autonomia Privada, Liberdade Existencial e Direitos Fundamentais*. Belo Horizonte: Fórum, 2019.

IBGE. *Tábuas Completas de Mortalidade*. Disponível em: https://www.ibge.gov.br/estatisticas/sociais/populacao/9126-tabuas-completas-de-mortalidade.html?edicao=18026. Acesso em: 09 jun. 2024.

KONDER, Carlos Nelson. Vulnerabilidade patrimonial e vulnerabilidade existencial: por um sistema diferenciador. *Revista de Direito do Consumidor*, Brasília, ano 24, v. 99, p. 101-123, maio/jun. 2015.

MADALENO, Rolf. O fim da legítima. *Revista IBDFAM:* família e sucessões, v. 16, p. 31-72. Belo Horizonte: IBDFAM, jul./ago. 2016.

NEVARES, Ana Luiza Maia. A crise da legítima no direito brasileiro. In: TEIXEIRA, Ana Carolina Brochado; RODRIGUES, Renata de Lima (Coord.). *Contratos, famílias e sucessões*: diálogos complementares. Indaiatuba: Foco, 2019.

NEVARES, Ana Luiza Maia. Perspectivas para o planejamento sucessório. *Revista IBDFAM*: Famílias e Sucessões, Belo Horizonte, v. 18, p. 11-31, nov./dez. 2016.

NEVES, Maria do Céu Patrão. Sentidos da Vulnerabilidade: característica, condição e princípio. *Revista Brasileira de Bioética*, Brasília, v. 2, n. 2, p. 157-172, 2006.

PERLINGIERI, Pietro. La funcione sociale del diritto successorio. *Rassegna di diritto civile*, 1, p. 131-146, Saggi, 2009.

PERLINGIERI, Pietro. *O direito civil na legalidade constitucional*. Trad. Maria Cristina de Cicco. Rio de Janeiro: Renovar, 2008.

SCHREIBER, Anderson; VIEGAS, Francisco de Assis. Por uma releitura funcional da legítima no direito brasileiro. *Revista de Direito Civil Contemporâneo*, São Paulo: RT, v. 19, ano 6, p. 211-250, abr./jun. 2019.

TEIXEIRA, Ana Carolina Brochado; FLEISCHMANN, Simone Tassinari Cardoso. Futuros possíveis para o planejamento sucessório. *Revista Brasileira de Direito Civil* – RBDCivil. Belo Horizonte, v. 29, p. 101-120, jul./set. 2021.

AFFECTIO SOCIETATIS E SUCESSÃO DE QUOTAS POR MORTE NAS SOCIEDADES LIMITADAS

Sthéfany Beatriz Ferreira Bellan

Mestra em Direito Negocial pela Universidade Estadual de Londrina (UEL). Especialista em Direito Agrário e Agronegócio pela FMP-RS. Advogada. E-mail: sthefanybellan@hotmail.com.

Francisco Tadeu Lima Garcia

Mestre em Direito Político e Econômico pela Universidade Presbiteriana Mackenzie. Mestre em Direito Negocial pela Universidade Estadual de Londrina. Especialista em Direito Tributário pela Universidade de São Paulo. Bacharel em Direito pela Universidade de Araraquara e Bacharel em Ciências Sociais pela Universidade Estadual Paulista Júlio de Mesquita Filho. Advogado. francisco.garcia@uel.br.

Sumário: Introdução – 1. A utilização do *affectio societatis* como elemento da sociedade – 2. Breves aspectos das sociedades limitadas – 3. A sucessão por morte do sócio nas sociedades limitadas – Considerações finais – Referências.

INTRODUÇÃO

O *affectio societatis*, entendido como a vontade de colaboração ativa entre os sócios para a consecução de um fim comum, é um dos pilares fundamentais das sociedades empresariais. Esse elemento subjetivo, que transcende o mero acordo contratual, reflete a confiança mútua e o compromisso de cooperação entre os sócios, essenciais para a manutenção e o desenvolvimento da sociedade. No entanto, quando ocorre a morte de um sócio em uma sociedade limitada, surge um desafio: como preservar o *affectio societatis* diante da sucessão de quotas?

Essa problemática ganha relevância ao considerarmos que, na ausência de previsão contratual específica, a legislação brasileira determina a liquidação das quotas do sócio falecido, o que pode comprometer a continuidade da sociedade e a harmonia entre os demais membros. Diante disso, acredita-se que uma elaboração cuidadosa do contrato social permite manter o *affectio societatis* mesmo após a morte de um dos participantes, assegurando a preservação dos laços de confiança e colaboração entre os sócios remanescentes.

O tema mostra-se relevante, uma vez que as sociedades limitadas representam um dos modelos societários mais utilizados no Brasil, especialmente por pequenos e médios empreendedores, desempenhando um papel crucial na economia nacional.

Para analisar essa questão, o estudo será dividido em três partes principais. No primeiro tópico, abordaremos a utilização do *affectio societatis* como elemento constitutivo da sociedade, explorando seu conceito, evolução histórica e aplicação no direito societário brasileiro. Em seguida, no segundo tópico, serão apresentados breves aspectos das sociedades limitadas, com foco em suas características, vantagens e desafios, especialmente no que diz respeito à sua natureza híbrida e à flexibilidade contratual. Por fim, no terceiro tópico, analisaremos a sucessão por morte do sócio nas sociedades limitadas, discutindo as possibilidades de continuidade da sociedade e os mecanismos legais e contratuais disponíveis para lidar com essa situação.

A pesquisa justifica-se pela necessidade de aprofundar o debate sobre a preservação do *affectio societatis* em situações de sucessão por morte, oferecendo subsídios para a elaboração de contratos sociais mais robustos e adaptados às necessidades dos sócios. Além disso, busca contribuir para a segurança jurídica e a estabilidade das sociedades limitadas, que desempenham um papel central na economia brasileira.

1. A UTILIZAÇÃO DO *AFFECTIO SOCIETATIS* COMO ELEMENTO DA SOCIEDADE

O conceito de *affectio societatis* representa um dos traços mais característicos e subjetivos das sociedades, referindo-se à vontade de colaboração ativa entre os sócios, com o objetivo de alcançar um fim comum. Trata-se de algo que vai além do simples consenso exigido em contratos em geral, implicando uma manifestação clara e inequívoca de intenção de participar de uma sociedade e de contribuir para a realização de seu propósito coletivo.[1] Nessa perspectiva, exige-se um elemento[2] adicional à mera vontade contratual: o compromisso de colaboração entre os sócios, com vistas à consecução de um objetivo comum.

Para a configuração de uma sociedade, não basta a contribuição de duas ou mais pessoas para um determinado resultado econômico. É indispensável que esse resultado seja perseguido conjuntamente, dentro de um contexto de cooperação mútua. Esse caráter colaborativo coloca as sociedades no âmbito dos

---

1. MARTINS, Fran. *Curso de Direito comercial*. 28. ed. Rio de Janeiro: Forense, 2002, p. 139.
2. Rubens Requião destaca que o Código Comercial, em seu artigo 305, indicava que a *affectio societatis* poderia ser entendida como elemento do contrato de sociedade (REQUIÃO, Rubens. *Curso de direito comercial*. 32 ed., rev. e atual. São Paulo: Saraiva, 2013, 1. v., p. 482).

contratos de colaboração ou de atos institucionais, nos quais as partes partilham de um interesse comum. Assim, os lucros ou benefícios obtidos por um sócio não podem ser alcançados em detrimento de outro; devem, ao contrário, ser resultado do esforço coletivo. Fabio Ulhoa Coelho (2016) define *affectio societatis* como:

> a disposição, que toda pessoa manifesta ao ingressar em uma sociedade empresária pluri-pessoal, de lucrar ou suportar prejuízo em decorrência do negócio comum. Essa disposição, este ânimo, é pressuposto de fato da existência da sociedade pluripessoal, posto que, sem ela, não haverá a própria conjugação de esforços indispensável à criação e desenvolvimento do ente coletivo.[3]

Nesse sentido, a *affectio societatis* pode ser entendida como a confiança mútua e a disposição para a colaboração conjunta, visando a obtenção de determinados benefícios. Em outras palavras, é o propósito comum que une os contratantes em busca de um resultado desejado, refletindo uma expressão inequívoca de intenção de contribuir para o proveito comum. Essa vontade de colaboração não apenas define a constituição da sociedade, mas também deve permanecer presente ao longo de toda a sua existência, independentemente da existência de meros conflitos, o que é comum de acontecer em sociedades.[4]

Assim é também é a definição de Vera Helena de Mello Franco, que explora a questão dos cumprimentos dos deveres dos sócios como pressuposto da concretização do *affectio societatis,* ao passo que a falta de cumprimento e violação aos deveres de lealde enseja a legitimidade para exclusão, conforme texto a seguir:

> Affectio societatis significa confiança mútua e vontade de cooperação conjunta, a fim de obter determinado benefício, e o elemento confiança é da essência da sociedade. Por tal razão é dever do sócio colaborar, mas colaborar lealmente para a consecução do fim comum. Se o sócio falta com este dever, rompe-se a affectio societatis e a sanção é a exclusão.[5]

Historicamente, a expressão *affectio societatis* é atribuída ao jurista romano Ulpiano, que a empregava para diferenciar as sociedades do estado de comunhão ou condomínio. Essa distinção era particularmente relevante na época, principalmente no contexto da comunhão universal de bens entre os herdeiros após a morte do *pater familias*. Apesar de originalmente associada às sociedades, a expressão também foi utilizada em outros contextos, como no matrimônio (*"affectio maritalis"*) e na posse (*"affectio tenendi"*).[6]

---

3. COELHO, Fábio Ulhoa. *Manual de Direito Comercial:* Direito de empresa. 28. ed. São Paulo: RT, 2016, p. 90.
4. MAMEDE, Gladston. *Direito Societário.* 2. ed. São Paulo: Atlas, 2007, p. 126-128.
5. FRANCO, Vera Helena de Mello. *Manual de Direito Comercial.* 2. ed. São Paulo: RT, 2004, v. 1, p. 177.
6. FRANÇA, Erasmo Valladão Azevedo e Novaes; ADAMEK, Marcelo Vieira Von. "Affectio societatis": um conceito jurídico superado no moderno direito societário pelo conceito de "fim social". *Revista de Direito Mercantil, Industrial, Econômico e Financeiro,* São Paulo, a. 47, n. 149/150, p. 108-130, jan./dez. 2008, p. 110.

No Direito Romano, a sociedade poderia ser dissolvida por causas relacionadas às pessoas, às coisas, à vontade ou às ações dos sócios. Entre as causas pessoais, estavam a perda da liberdade ou da cidadania. Em relação às coisas, a perda dos bens coletivos configurava motivo de dissolução. Quanto à vontade, ela poderia manifestar-se por meio de renúncia ou distrato, enquanto as ações dos sócios poderiam alterar as condições de execução da sociedade, comprometendo sua continuidade.[7]

Com o passar do tempo, o conceito de *affectio societatis* evoluiu e foi incorporado por outros ordenamentos jurídicos, como o francês e o brasileiro No entanto, deve-se ressaltar que a legislação brasileira não incorporou explicitamente o conceito em seus textos legais. O Código Comercial de 1850, bem como os Códigos Civis de 1916 e de 2002, não mencionam expressamente a *affectio societatis*.[8] Trata-se, portanto, de uma construção doutrinária e jurisprudencial, influenciada pelo direito comparado.

Na França, o conceito romano foi incorporado pela jurisprudência, traduzindo-se em um elemento adicional ao consentimento necessário para a constituição de uma sociedade. Com base nas lições da jurisprudência francesa, doutrinadores brasileiros passaram a tratar a *affectio societatis* como elemento constitutivo da sociedade, reconhecendo sua relevância na manutenção dos laços de colaboração entre os sócios.[9]

Na jurisprudência brasileira, o conceito de *affectio societatis* é utilizado para fundamentar decisões relacionadas à exclusão de sócios ou à dissolução parcial de sociedades. Um exemplo notável é o julgamento do Recurso Especial 388.423-RS[10] pelo Superior Tribunal de Justiça, no qual se discutiu a dissolução de um acordo de acionistas em razão da quebra da *affectio societatis*. O tribunal reconheceu que a ausência de confiança e a quebra do dever de colaboração e lealdade entre os sócios podem justificar a resolução do pacto.

---

7. FRANÇA, Erasmo Valladão Azevedo e Novaes; ADAMEK, Marcelo Vieira Von. "Affectio societatis": um conceito jurídico superado no moderno direito societário pelo conceito de "fim social". *Revista de Direito Mercantil, Industrial, Econômico e Financeiro,* São Paulo, a. 47, n. 149/150, p. 108-130, jan./dez. 2008, 115.

8. BARUFALDI, Luís Fernando Roesler. *A dissolução parcial da sociedade anônima pela quebra da affectio societatis.* 2012. 157 f. Dissertação (Mestrado em Direito) – Faculdade de Direito, Universidade Federal do Rio Grande do Sul, Porto Alegre, 2012, p. 95.

9. SOLER, Jonathas Lima. A quebra da affectio societatis na exclusão de sócios e dissolução parcial de sociedades. *Revista dos Tribunais,* v. 957, p. 177-198, jul. 2015, item 3.1.

10. BRASIL. Superior Tribunal de Justiça (4. Turma). Recurso Especial 388.423 – RS (2001/0169839-0). Sociedade anônima. Acordo de acionistas. Resolução com base na quebra da *affectio societatis* e do dever de lealdade e cooperação entre os convenentes. Possibilidade jurídica. Incidência dos enunciados ns. 5 e 7 da Súmula/STJ quanto à ilegitimidade ativa da recorrida. Inocorrência de decisão extra petita. Matéria não debatida na apelação. Acórdão que não padece de falta de fundamentação. Recurso não conhecido. Min. Ministro Sálvio de Figueiredo Teixeira, 04 de agosto de 2003.

Essa decisão reflete a exigência de boa-fé[11] e lealdade nos acordos entre acionistas de sociedades anônimas, reforçando a importância da *affectio societatis* no direito societário brasileiro. A continuidade das sociedades e dos pactos societários depende da preservação dessa vontade comum de colaboração e confiança recíproca, sem a qual o propósito coletivo torna-se inviável.

Em rigor, é importante destacar que, dado o caráter subjetivo do *affectio societatis*, as decisões judiciais têm entendido que a mera quebra desse vínculo não é suficiente para justificar a exclusão de um sócio. Para tanto, é necessária a comprovação de que houve violação de deveres de cooperação e lealdade, reconhecidos como graves a ponto de caracterizar justa causa.

É o que foi decidido no AgInt no REsp: 1596824.[12] A controvérsia envolvia a dissolução parcial de sociedade empresarial e a exclusão de sócio. O Tribunal reafirmou que, para a exclusão judicial de um sócio, não basta alegar a quebra da *affectio societatis;* é necessária a demonstração de justa causa, como falta grave no cumprimento de suas obrigações ou incapacidade superveniente, conforme prevê o art. 1.030 do Código Civil. Tal entendimento, inclusive, está alinhado ao Enunciado n° 67 da I Jornada de Direito Civil (2003) que assim dispõe: "A quebra do affectio societatis não é causa para a exclusão do sócio minoritário, mas apenas para dissolução (parcial) da sociedade".[13]

Portanto, a *affectio societatis* permanece como um conceito fundamental no direito societário, ainda que sua definição e aplicação sejam objeto de debates e que sua comprovação seja condicionada aos deveres laterais. Sua relevância reside na manutenção dos laços de confiança e colaboração entre os sócios, garantindo a continuidade das sociedades e a realização de seus objetivos comuns.

2. BREVES ASPECTOS DAS SOCIEDADES LIMITADAS

No final do século XIX, em um contexto de evolução jurídica e econômica, surgiu um modelo societário inovador, especialmente pensado para atender às necessidades de pequenos e médios empresários. Esse tipo societário foi idealizado para unir as características mais vantajosas das sociedades de capitais e das sociedades de pessoas, promovendo um equilíbrio entre simplicidade operacional

---

11. MARTINS-COSTA, Judith. *A boa-fé no Direito Privado*: critérios para sua aplicação. 2. ed. São Paulo: Saraiva Educação, 2018, p. 386.

12. STJ – AgInt no REsp: 1596824 MG 2015/0234644-2, Relator: Ministro Marco Buzzi, Data de Julgamento: 08.04.2024, T4 – Quarta Turma, Data de Publicação: DJe 11.04.2024.

13. CJF – CONSELHO FEDERAL DA JUSTIÇA. Jornadas de direito civil I, III, IV e V: enunciados aprovados. Brasília, DF: CJF, 2012. Disponível em: https://www.cjf.jus.br/cjf/corregedoria- da-justica-federal / centro-de-estudos-judiciarios- 1/publicacoes-1/jornadas-cej/EnunciadosAprovados-Jornadas-1345. pdf. Acesso em: 30 dez. 2024.

e proteção patrimonial.[14-15] A principal inovação foi a garantia de responsabilidade limitada aos sócios pelas obrigações da sociedade, o que representou um grande avanço na redução dos riscos financeiros. Ao mesmo tempo, evitou-se a complexidade que caracteriza a sociedade anônima, tornando-se uma solução prática e acessível para novos empreendedores.[16]

A sociedade limitada consolidou-se como o tipo societário mais utilizado no Brasil. Um reflexo direto de suas características que atendem, em especial, aos pequenos e médios empreendimento. Esse sucesso decorre de dois elementos principais: a limitação de responsabilidade dos sócios e a contratualidade, que conferem segurança e flexibilidade, respectivamente.[17]

A limitação de responsabilidade é, sem dúvida, um dos maiores atrativos desse modelo societário. Essa característica assegura que os sócios não sejam obrigados a responder com seus bens pessoais pelas dívidas da sociedade, exceto em casos de abuso de poder ou desconsideração da personalidade jurídica, conforme previsto na legislação. Esse fator reduz significativamente os riscos empresariais, incentivando a criação de novas sociedades. Contudo, é importante destacar que a responsabilidade limitada não é uma característica exclusiva da sociedade limitada, mas também um atributo das sociedades anônimas.

Marlon Tomazzete aponta que o que realmente diferencia a sociedade limitada das demais é sua contratualidade.[18] Enquanto nas sociedades anônimas o vínculo entre os participantes é regulado por um estatuto e submetido a um regime legal mais rígido, na sociedade limitada os sócios dispõem de maior li-

---

14. Acerca da introdução das Sociedades limitadas no Brasil, destaca-se os estudos de Maria do Céu Marques Rosado "Influenciado pelos países estrangeiros e para atender às reivindicações do comércio foi editado o Decreto 3.70823, que introduziu, no ordenamento jurídico nacional, novo tipo societário – as sociedades por quotas de responsabilidade limitada – como instrumento capaz de promover o desenvolvimento do comércio e da indústria incipiente que já se instalava no país" (ROSADO, Maria Do Céu Marques. O *status socii* e a dissolução parcial na sociedade limitada. 2016, p. 21. Dissertação (Mestrado em Direito Comercial) – Universidade de São Paulo, São Paulo, 2016. Disponível em: https://www.teses.usp.br/teses/disponiveis/2/2132/tde-23052024-145249/pt-br.php. Acesso em: 20 dez. 2024.).

15. A evolução normativa das Sociedades Limitadas também é destacada por Sérgio Campinho: "O Código Civil, no Capítulo IV, do Subtítulo II, do Título II, do Livro II, nos artigos 1.052 a 1.087, disciplina por inteiro a sociedade limitada, nova nominação desse tipo societário, sobre a qual podem ser reiteradas as críticas doutrinárias acima relatadas, restando, pois, revogado o Decreto 3.708/19. Prevaleceu, portanto, no Código Civil de 2002, a mesma nomenclatura do Projeto de Inglês de Sousa". CAMPINHO, Sérgio. *O direito de empresa à luz do Código Civil.* 13. ed. Rio de Janeiro: Renovar, 2014, p. 141.

16. TOMAZETTE, Marlon. *Curso de direito empresarial*: teoria geral e direito societário. 8. ed. São Paulo: Editora Atlas Ltda, 2016, v. 1. p. 442.

17. MATIAS, João Luis Nogueira. Sociedade limitada: evolução e função econômica. *Revista Jurídica da FA7*, v. 7, p. 105-117, 2010, p. 107.

18. TOMAZETTE, Marlon. *Curso de direito empresarial*: teoria geral e direito societário. 8. ed. São Paulo: Editora Atlas Ltda, 2016, v. 1. p. 443.

berdade para estabelecer as regras que nortearão sua relação societária por meio do contrato social.

Essa flexibilidade permite aos sócios adaptarem a sociedade às suas necessidades específicas, o que é especialmente relevante para empreendimentos menores. No entanto, com o advento do Código Civil de 2002, essa liberdade deve estar alinhada com a boa-fé objetiva e na função social da empresa e dos negócios jurídicos.

No que diz respeito à classificação destas sociedades, elas apresentam uma natureza híbrida,[19] com possibilidade de caracterização como sociedades de pessoas ou de capital, dependendo do que for pactuado no contrato social. Por exemplo, quando o contrato social condiciona a transferência de quotas ao consentimento dos demais sócios ou prevê a liquidação das quotas em caso de falecimento de um sócio, a sociedade adquire um caráter personalista, privilegiando a confiança entre os sócios. Por outro lado, quando se permite a livre cessão de quotas ou sua transferência direta aos herdeiros, a sociedade assume uma natureza predominantemente capitalista.[20]

Outra característica essencial da sociedade limitada é a formação do capital social, que constitui o patrimônio inicial da sociedade e garante a execução de suas atividades. Esse capital é formado exclusivamente por contribuições em dinheiro ou bens, uma vez que a contribuição em serviços não é permitida, pois não oferece garantia real aos credores. Ao aportar capital na sociedade, os sócios adquirem quotas, que representam sua participação no negócio. Essas, por sua vez, conferem aos sócios direitos patrimoniais e políticos, permitindo-lhes participar das decisões societárias e dos resultados da empresa.

A questão prática da responsabilidade dos sócios limitadas às quotas integralizadas é resumida por Sérgio Campinho:

> Portanto, o perfil característico desse tipo societário traduz-se na regra, segundo a qual, uma vez integralizado o capital social subscrito pelos sócios, ficam eles liberados de qualquer responsabilidade, nada mais devendo cada qual individualmente à sociedade, nem solidariamente aos credores da pessoa jurídica. Se o capital já houver sido integralizado, nenhum sócio poderá ser compelido a realizar qualquer prestação.[21]

Em continuação à análise dos aspectos desse tipo societários, a exclusão dos sócios nas sociedades limitadas também é um tema que merece atenção. A

---

19. MATIAS, João Luis Nogueira. Sociedade limitada: evolução e função econômica. *Revista Jurídica da FA7*, v. 7, p. 105-117, 2010, p. 114.
20. TOMAZETTE, Marlon. *Curso de direito empresarial*: teoria geral e direito societário.. 8. ed. São Paulo: Editora Atlas Ltda, 2016, v. 1, p. 444.
21. CAMPINHO, Sérgio. *O direito de empresa à luz do código civil*. 13ª ed. Rio de Janeiro: Renovar, 2014, p. 143.

legislação permite a exclusão extrajudicial de sócios por justa causa, desde que haja previsão no contrato social e que o procedimento siga o rito estabelecido pela lei, conforme o artigo 1.085 do Código Civil. Para tanto, é necessário que a exclusão seja deliberada pela maioria do capital social em assembleia especificamente convocada. Essa possibilidade é uma manifestação da prevalência do interesse social sobre o individual, aplicável em casos de descumprimento dos deveres societários por parte do sócio. Entretanto, a ausência de cláusula contratual específica não impede a exclusão, mas torna indispensável a intervenção judicial para sua efetivação, conforme o artigo 1.030 do Código Civil.

Como já destacado, a exclusão de um sócio deve sempre estar fundamentada em justa causa, como a quebra de obrigações fundamentais ou o comprometimento do objetivo comum da sociedade. A mera ruptura da *affectio societatis* não é suficiente para justificar a exclusão. É necessário demonstrar que o comportamento do sócio em questão tornou inviável sua permanência na sociedade. Nesse contexto, a exclusão extrajudicial, quando realizada de acordo com as exigências legais, é considerada válida,[22] respeitando os princípios do devido processo legal e da possibilidade de revisão judicial.

Outro aspecto que merece ser abordado é a flexibilidade que a sociedade limitada oferece quanto à continuidade em caso de falecimento de um sócio. O contrato social pode prever tanto a dissolução parcial da sociedade quanto a manutenção da atividade com a inclusão dos herdeiros do sócio falecido.[23] Essa possibilidade reforça a natureza híbrida do modelo, que pode se ajustar às preferências dos sócios e às peculiaridades do negócio.

Outro ponto relevante é que a sociedade limitada possui uma estrutura organizacional simplificada em comparação às sociedades anônimas, seja de capital fechado ou aberto. Nas limitadas, não há obrigatoriedade de criação de órgãos como conselho de administração ou conselho fiscal, o que reduz custos operacionais e facilita a gestão. Todavia, a depender do tamanho e da complexidade da sociedade, os sócios podem optar por adotar tais estruturas, desde que previstas no contrato social.

Em última análise, é importante destacar que a sociedade limitada não é isenta de desafios. A ausência de alinhamento entre os sócios pode comprometer a governança e, consequentemente, o sucesso da sociedade. Por essa razão, é essencial que o contrato social seja elaborado com cuidado, prevendo mecanismos de resolução de conflitos e normas claras sobre os direitos e deveres de cada sócio.

---

22. TOMAZETTE, Marlon. *Curso de direito empresarial*: teoria geral e direito societário. Vol. 1. 8. ed. São Paulo: Editora Atlas Ltda, 2016, p. 460.
23. MATIAS, João Luis Nogueira. Sociedade limitada: evolução e função econômica. *Revista Jurídica da FA7*, v. 7, p. 105-117, 2010, p. 116.

3. A SUCESSÃO POR MORTE DO SÓCIO NAS SOCIEDADES LIMITADAS

A morte é uma preocupação natural que afeta todas as pessoas e, consequentemente, os empresários. Isto porque a morte implica na abertura da sucessão e na transmissão imediata da herança aos herdeiros, sejam eles legítimos ou testamentários. No Direito Societário, especialmente em sociedades limitadas, torna-se essencial determinar o destino das quotas do sócio falecido.[24]

No capítulo do Código Civil (CC, 1.052 a 1.087) sobre as sociedades limitadas, não há qualquer regra específica sobre as implicações do falecimento de um sócio. Isso significa que é o contrato social que deve dispor sobre o tema. Todavia, na ausência de previsão contratual, a legislação estabelece diretrizes gerais para lidar com essa situação. O artigo 1.053 do CC afirma que, nas omissões do capítulo sobre as limitadas, incidem as regras das sociedades simples, salvo se o contrato social dispuser pela aplicação da Lei das Sociedades Anônimas (LSA).

No regime das sociedades simples, a natureza personalista impede a transmissão automática da condição de sócio aos herdeiros do sócio falecido, considerando-se a relevância da identidade dos sócios para a continuidade da sociedade. Contudo, com acordo dos sócios remanescentes ou mediante cláusula contratual específica, pode haver substituição do sócio falecido, sem necessidade de dissolução parcial. Por outro lado, no regime das sociedades anônimas, pela natureza capitalista, as ações são transferidas automaticamente aos herdeiros.

Nesse sentido, concordamos com o posicionamento Marlon Tomazette (2016) de que a aplicação do artigo 1.028 do Código Civil é mais coerente com a natureza contratual das sociedades limitadas.[25] Vale destacar: "Art. 1.028. No caso de morte de sócio, liquidar-se-á sua quota, salvo: I - se o contrato dispuser diferentemente; II - se os sócios remanescentes optarem pela dissolução da sociedade; III - se, por acordo com os herdeiros, regular-se a substituição do sócio falecido".

Assim sendo, sob a interpretação do artigo 1.028, conclui-se que o posicionamento do legislador impede, desde já, a transmissão automática das quotas, respeitando a autonomia dos herdeiros quanto à sua vontade de ingressar na sociedade. Logo, entendemos que esse posicionamento é justamente porque, o princípio da *saisine*, embora relevante na sucessão patrimonial, encontra limites na realidade societária, na qual o vínculo entre os sócios desempenha papel crucial.

Vale ressaltar que, mesmo havendo previsão no contrato social, os herdeiros não são obrigados a ingressar na sociedade, em respeito ao princípio constitu-

---

24. TOMAZETTE, Marlon. *Curso de direito empresarial:* teoria geral e direito societário. Vol. 1. 8. ed. São Paulo: Editora Atlas Ltda, 2016, p. 481.
25. Ibid. 482.

cional da livre associação (art. 5º, XX, da Constituição Federal). Contudo, os sócios remanescentes não podem se opor ao ingresso dos herdeiros, desde que haja previsão contratual nesse sentido. Na ausência dessa previsão ou na falta de interesse dos herdeiros, as quotas serão liquidadas, com o pagamento dos haveres apurados na data do falecimento, conforme determina o artigo 605, inciso I, do Código de Processo Civil.

A propósito, no que tange ao tema, a Junta Comercial de cada Estado exige formalidades específicas para registrar alterações contratuais ou a extinção da sociedade, em atenção à Instrução Normativa 81/2020 do Departamento Nacional de Registro Empresarial e Integração (DREI), tal como consta no Informativo da Junta Comercial do Paraná.[26] A IN 81/2020 do DREI aborda as possibilidades disponíveis aos sócios quanto às quotas, ressalvando que as disposições contratuais prevalecem, nos termos do art. 1.028, do CC.

Um caso relevante foi submetido ao DREI em sede recursal[27] (14022.116144/2022-57) envolvendo a negativa de uma Junta Comercial em registrar a alteração contratual que previa a destinação das quotas de um sócio falecido à sócia remanescente. O órgão concluiu que o artigo 1.028 do Código Civil permite que os sócios disponham de regras específicas para casos de falecimento, respeitando a Lei de Liberdade Econômica e a autonomia privada, desde que não violem normas de ordem pública (Lei 13.874/2019).

Esse entendimento não configura prejuízo patrimonial aos herdeiros, pois separa dois aspectos distintos: a transferência automática das quotas, decorrente da livre disposição dos sócios, e a apuração de haveres para pagamento aos sucessores. Dessa forma, a decisão do DREI amplia as possibilidades de regulação da sucessão empresarial, permitindo a continuidade da sociedade com os sócios remanescentes e assegurando os direitos patrimoniais dos herdeiros.

Vale destacar que na Instrução Normativa 112/2022, o DREI consolidou os entendimentos anteriores acerca do falecimento de sócios em sociedades limitadas. Foram definidas as seguintes diretrizes:

Sociedades com um único sócio:

> Para as sociedades que possuem apenas um sócio no quadro, é necessário apresentar alvará judicial para fazer a baixa, ou então o formal de partilha com a distribuição das cotas entre os herdeiros. Alterações que não afetam o patrimônio do espólio (alteração de endereço,

---

26. ESPÓLIO DE SOCIEDADE EMPRESÁRIA LIMITADA. Junta Comercial do Paraná. Disponível em: https://www.juntacomercial.pr.gov.br/Pagina/ESPOLIO-DE-SOCIEDADE-EMPRESARIA-LIMITADA. acesso em: 20 dez. 2024.

27. Ibidem.

objeto, etc) podem ser realizadas sem apresentação de alvará judicial, porém deve haver representação do espólio pelo inventariante (Art. 1991 do Código Civil).[28]

Sucessão da Sociedade Unipessoal:

Se a intenção for distribuir as cotas entre os herdeiros, é necessário arquivar um processo com evento de alteração de QSA normal no Empresa Fácil (caso ainda não tenha sido informado separadamente, também pode ser selecionado o evento de Espólio), explicitando na redação do documento que se trata de falecimento do sócio, e apresentando documento que comprove a transferência das cotas (alvará ou formal de partilha).[29]

Baixa da sociedade unipessoal:

Se a intenção for baixar a empresa, o arquivamento pode ser feito em ato único pelo módulo Capa de Processo, tendo em vista que são necessários 2 DBE's: o primeiro com alteração do QSA com a saída do falecido e entrada dos herdeiros, e o segundo com evento de baixa. Este procedimento é necessário porque a empresa deve ser baixada com a presença dos herdeiros no QSA e, por isso, o distrato deve dispor claramente sobre a transferência das cotas do espólio aos herdeiros, com a quantidade e os valores recebidos. Se a autorização da baixa for obtida através de alvará judicial, a empresa pode então ser encerrada com o falecido no QSA, mas também é utilizado o módulo Capa de Processo, pois como não será feita alteração e o falecido é o único responsável pelo CNPJ, será necessário solicitar a baixa de ofício na Receita Federal. Para utilização do módulo Capa de Processo, o solicitante deverá abrir chamado no Fale Conosco solicitando autorização para promover o arquivamento do ato.[30]

Já no que tange às sociedades com dois ou mais sócios, se não houver previsão contratual de como deve ser o procedimento, o DREI especifica três caminhos: liquidação parcial, dissolução total ou sucessão, tal como já previsto no art. 1.028 do Código Civil.

O primeiro é a liquidação parcial das quotas. Nessa modalidade, os sócios remanescentes convertem as quotas em valor financeiro, que é pago ao espólio. Em seguida, o capital social é ajustado proporcionalmente ou suplementado pelos demais sócios. A alteração contratual deve ser clara quanto aos termos da liquidação, de modo que é obrigatória a elaboração de um balanço especial para apuração do valor das quotas. O artigo 1.031 do Código Civil regula esse procedimento, prevendo o pagamento em dinheiro em até 90 dias, salvo estipulação em contrário.

O segundo caminho aprontado pelo DREI é a dissolução total da sociedade pelos sócios remanescentes. Nesse caso, é necessário seguir o regramento do

---

28. ESPÓLIO DE SOCIEDADE EMPRESÁRIA LIMITADA. Junta Comercial do Paraná. Disponível em: https://www.juntacomercial.pr.gov.br/Pagina/ESPOLIO-DE-SOCIEDADE-EMPRESARIA-LIMITADA. acesso em: 20 dez. 2024.
29. Ibidem.
30. Ibidem.

artigo 1.102 e seguintes do Código Civil. Inicialmente, os sócios registram na Junta Comercial a decisão de dissolver a sociedade, nomeando um liquidante. Posteriormente, a aprovação das contas e a quitação dos haveres encerram o processo de dissolução.

O terceiro é a sucessão das quotas. Nesse caso, o inventariante deve ser informado para que possa representar o espólio. Quando finalizado o inventário, as quotas são transferidas aos herdeiros mediante alteração contratual registrada na Junta Comercial. A transferência das quotas pode ocorrer simultaneamente à nomeação do inventariante, garantindo maior celeridade ao processo.

Caso ocorra o interesse de encerramento da sociedade após a partilha o procedimento exige dois Documentos Básicos de Entrada (DBE): um para a alteração do quadro societário e outro para o distrato social. Alternativamente, o alvará judicial pode autorizar o encerramento da empresa com o sócio falecido ainda no quadro societário.

Acerca da liquidação das quotas, destacamos desde já a importância de o contrato social ser minucioso quanto à eventual sucessão por morte, para que não ocorra violação à vontade dos contratantes quando da liquidação e apuração de haveres. Tal questão pode ser exemplificada por questão problemática que teve de ser decidida pelo Superior Tribunal de Justiça no REsp 2020490 SP 2022/0260028-0.[31]

A controvérsia dos autos cingiu-se em definir qual é o critério a ser utilizado para a apuração de haveres dos sucessores do sócio falecido: (i) critério do valor patrimonial apurado em balanço de determinação, avaliando-se bens e direitos do ativo, tangíveis e intangíveis, a preço de saída, além do passivo a ser apurado de igual forma (critério adotado pela sentença) ou (ii) critério do valor patrimonial da sociedade a ser apurado em balanço especial, mediante a aplicação dos princípios da contabilidade (critério adotado pelo acórdão recorrido).

Em suma, o Tribunal decidiu que, contendo a cláusula contratual mera reprodução da lei, não há como prevalecer o entendimento da Corte local, que identificou eleição de critério diverso para balizar o procedimento de retirada de sócio (com aplicação dos princípios da contabilidade), merecendo ser restabelecida a sentença que adotou o critério legal do artigo 1.031 do Código Civil, com as especificações do artigo 606 do Código de Processo Civil. Fundamentando-se no sentido de que o 606 do CPC nada mais fez do que reforçar o que já estava previsto no Código Civil (artigo 1.031), tornando ainda mais nítida a opção legislativa segundo a qual, na ausência de cláusula contratual com previsão em

---

31. STJ – REsp: 2020490 SP 2022/0260028-0, Relator: Ministro Ricardo Villas Bôas Cueva, Data de Julgamento: 21.05.2024, T3 – Terceira Turma, Data de Publicação: DJe 24.05.2024.

sentido contrário, o valor da quota do sócio retirante deve ser avaliado pelo critério patrimonial mediante balanço de determinação, incluindo-se os bens e direitos, tangíveis e intangíveis, além do passivo.

CONSIDERAÇÕES FINAIS

Observa-se que a morte de um sócio em uma sociedade limitada coloca em análise a continuidade do *affectio societatis*, elemento essencial para a manutenção da harmonia e da colaboração entre os sócios. A ausência de previsão contratual específica sobre o destino das quotas do sócio falecido pode levar à aplicação automática das regras do Código Civil, que preveem a liquidação das quotas, podendo resultar em dissolução parcial ou total da sociedade.

Diante desse cenário, demonstrou-se que a elaboração de um contrato social bem estruturado é o principal elemento para preservar o *affectio societatis* e garantir a continuidade da sociedade, mesmo diante da sucessão por morte.

A jurisprudência brasileira, como demonstrado no Recurso Especial nº 388.423-RS, reforça a importância do *affectio societatis* ao reconhecer que a quebra do dever de lealdade e colaboração pode justificar a dissolução de pactos societários. No entanto, como destacado no AgInt no REsp 1596824, a simples quebra do *affectio societatis* não é suficiente para a exclusão de um sócio, sendo necessária a comprovação de justa causa. Essas decisões evidenciam a relevância do *affectio societatis* para a manutenção das relações societárias e a necessidade de sua preservação, inclusive em situações de sucessão.

O modelo societário das sociedades limitadas combina características das sociedades de pessoas e de capitais, o que oferece flexibilidade contratual e proteção patrimonial aos sócios. A limitação de responsabilidade e a liberdade para estabelecer regras no contrato social são fatores que contribuem para o sucesso desse tipo societário, especialmente entre pequenos e médios empreendedores. No entanto, a ausência de cláusulas específicas sobre a sucessão por morte pode gerar incertezas e conflitos, comprometendo a continuidade da sociedade. A análise de decisões como a do REsp 2020490 SP 2022/0260028-0 reforça a importância de se estabelecer critérios claros no contrato social para a apuração de haveres e a liquidação de quotas, evitando disputas judiciais e garantindo a segurança jurídica.

Por fim, no que tange às nuances da regularização da sucessão por morte do sócio nas sociedades limitadas, verifica-se que o Código Civil, em seu artigo 1.028, oferece três caminhos possíveis: a liquidação das quotas, a dissolução total da sociedade ou a sucessão pelos herdeiros. A escolha entre essas alternativas depende, em grande medida, das disposições contratuais. A Instrução Normativa 112/2022 do DREI, ao regulamentar o procedimento de sucessão, reforça a importância da autonomia privada e da previsão contratual para garantir a continuidade da sociedade. Decisões como a do processo 14022.116144/2022-57 demonstram que a elaboração de um contrato social minucioso pode evitar prejuízos patrimoniais aos herdeiros e assegurar a preservação do *affectio societatis*.

Diante dessas conclusões, confirma-se a hipótese de que a elaboração de um contrato social bem estruturado é fundamental para manter o *affectio societatis* mesmo após a morte de um sócio. A previsão de cláusulas específicas sobre a sucessão de quotas, a apuração de haveres e a continuidade da sociedade não apenas evita conflitos e incertezas, mas também reforça os laços de confiança e colaboração entre os sócios.

REFERÊNCIAS

BARUFALDI, Luís Fernando Roesler. *A dissolução parcial da sociedade anônima pela quebra da affectio societatis*. 2012. 157 f. Dissertação (Mestrado em Direito) – Faculdade de Direito, Universidade Federal do Rio Grande do Sul, Porto Alegre, 2012.

BRASIL. STJ – REsp: 2020490 SP 2022/0260028-0, Relator: Ministro ricardo villas

BÔAS CUEVA, Data de Julgamento: 21.05.2024, T3 – Terceira Turma, Data de Publicação: DJe 24.05.2024.

BRASIL. Superior Tribunal de Justiça (STJ). Recurso Especial 388.423 – RS (2001/2003). Relator: Ministro Sálvio De Figueiredo Teixeira. Julgado em 04 de agosto de 2003.

BRASIL. Superior Tribunal de Justiça. AgInt no REsp: 1596824 MG 2015/0234644-2, Relator: Ministro MARCO BUZZI, Data de Julgamento: 08.04.2024, T4 – Quarta Turma, Data de Publicação: DJe 11.04.2024.

CAMPINHO, Sérgio. *O direito de empresa à luz do Código Civil*. 13. ed. Rio de Janeiro: Renovar, 2014.

CJF – CONSELHO FEDERAL DA JUSTIÇA. Jornadas de direito civil I, III, IV e V: enunciados aprovados. Brasília, DF: CJF, 2012. Disponível em: https://www.cjf.jus.br/cjf/corregedoria- da-justica-federal/centro-de-estudos-judiciarios- 1/publicacoes-1/jornadas-cej/EnunciadosAprovados-Jornadas-1345.pdf. Acesso em: 30 dez. 2024.

COELHO, Fábio Ulhoa. *Manual de Direito Comercial*: Direito de empresa. 28ª ed. São Paulo: Revista dos Tribunais, 2016.

ESPÓLIO DE SOCIEDADE EMPRESÁRIA LIMITADA. Junta Comercial do Paraná. Disponível em: <https://www.juntacomercial.pr.gov.br/Pagina/ESPOLIO-DE-SOCIEDADE-EMPRESARIA-LIMITADA>. Acesso em: 20 dez. 2024.

FRANÇA, Erasmo Valladão Azevedo e Novaes; ADAMEK, Marcelo Vieira Von. "Affectio societatis": um conceito jurídico superado no moderno direito societário pelo conceito de "fim social". *Revista de Direito Mercantil, Industrial, Econômico e Financeiro*. São Paulo, a. 47, n. 149/150, p. 108-130., jan./dez. 2008, 115.

FRANCO, Vera Helena de Mello. *Manual de Direito Comercial*. 2. ed. São Paulo: RT, 2004. v. 1.

MAMEDE, Gladston. *Direito Societário*. 2. ed. São Paulo: Atlas, 2007.

MARTINS, Fran. *Curso de Direito comercial*. 28. ed. Rio de Janeiro: Forense, 2002.

MARTINS-COSTA, Judith. *A boa-fé no Direito Privado: critérios para sua aplicação*. 2. ed. São Paulo: Saraiva Educação, 2018.

MATIAS, João Luis Nogueira. Sociedade limitada: evolução e função econômica. *Revista Jurídica da FA7*, v. 7, p. 105-117, 2010.

REQUIÃO, Rubens. *Curso de direito comercial*. 32. ed. rev. e atual. São Paulo: Saraiva, 2013. 1. v.

ROSADO, Maria Do Céu Marques. *O status socii e a dissolução parcial na sociedade limitada*. 2016. Dissertação (Mestrado em Direito Comercial) – Universidade de São Paulo, São Paulo, 2016. Disponível em: https://www.teses.usp.br/teses/disponiveis/2/2132/tde-23052024-145249/pt-br.php. Acesso em: 20 dez. 2024.

SOLER, Jonathas Lima. A quebra da affectio societatis na exclusão de sócios e dissolução parcial de sociedades. *Revista dos Tribunais*. v. 957, p. 177-198, jul. 2015.

TOMAZETTE, Marlon. *Curso de direito empresarial*: teoria geral e direito societário. 8. ed. São Paulo: Atlas Ltda, 2016. v. 1.

CONTRATOS ASSISTENCIAIS: RENDA VITALÍCIA, ALIMENTOS E HIPOTECA REVERSA

Romualdo Baptista dos Santos

Pós-doutorado em Direitos Humanos, Sociais e Difusos pela Universidade de Salamanca – USAL. Pós-doutorando em Direito Civil pela Universidade de São Paulo – USP. Doutor e Mestre em Direito Civil pela Universidade de São Paulo – USP. Especialista em Direito Contratual e Direito de Danos (Contratos y Daños) pela Universidade de Salamanca – USAL. Professor convidado em cursos de pós-graduação. Autor e coautor de várias obras e artigos jurídicos. Ex-Procurador do Estado de São Paulo. Advogado.

Sumário: Introdução – 1. Aumento da longevidade: fenômeno jurígeno – 2. Contratos assistenciais: renda vitalícia, alimentos e hipoteca reversa; 2.1 Contrato de renda vitalícia; 2.2 Contrato de alimentos; 2.3 Contrato de hipoteca inversa ou hipoteca reversa – 3. Viabilidade dos contratos assistenciais no direito brasileiro – 4. Análise crítica dos contratos assistenciais; 4.1 Aspectos positivos dos contratos assistenciais; 4.2 Alertas e cuidados quanto aos contratos assistenciais – Considerações finais – Referências.

INTRODUÇÃO

O aumento da longevidade das pessoas, impulsionado pelo aprimoramento da ciência e da tecnologia, pelos avanços na medicina, pela urbanização, pela mudança de hábitos alimentares, de trabalho e de vida, é um fenômeno que desperta preocupações de diversas ordens, nos planos da economia, da medicina, da previdência social e das políticas públicas, fazendo-se necessário o aperfeiçoamento dos instrumentos jurídicos para proteção e tutela das pessoas idosas.

No Brasil, o crescimento da população idosa repercute sobre as políticas públicas voltadas à saúde, ao trabalho, ao lazer, ao turismo e à acessibilidade. Destaca-se a promulgação do Estatuto da Pessoa Idosa, Lei 10.741, de 1º de outubro de 2003, que contém medidas de tutela e proteção às pessoas maiores de 60 anos, nas esferas cível, criminal, administrativa e de políticas públicas.

No plano do Direito Privado, porém, as normas jurídicas apresentam um viés mais restritivo do que de tutela à liberdade e à dignidade das pessoas idosas, a exemplo daquelas que restringem a liberdade de testar e de escolher o regime de bens no casamento, com o intuito de proteger a legítima dos herdeiros. No âmbito dos contratos, conquanto não haja norma restritiva da liberdade de contratar, vigora a ideia de que a pessoa idosa não é plenamente capaz e que seus bens se destinam à herança da família, o que inibe o exercício da autonomia privada.

Os denominados contratos assistenciais são instrumentos pautados na autonomia privada que têm por finalidade assegurar conforto e segurança financeira às pessoas idosas, mediante comprometimento de parte ou da totalidade de seu patrimônio. No presente estudo, analisam-se as principais modalidades de contratos assistenciais a partir da experiência no direito espanhol e a viabilidade de seu acolhimento pelo sistema jurídico brasileiro.

1. AUMENTO DA LONGEVIDADE: FENÔMENO JURÍGENO

Segundo dados oficiais, a expectativa de vida do brasileiro ao nascer, que era de 45,5 anos em 1940, aumentou para 76,4 anos em 2023. Entre os homens, a expectativa de 42,9 anos em 1940 passou para 73,1 anos em 2023, ao passo que entre as mulheres foi de 48,3 anos em 1940 para 79,7 anos em 2023. Na média, houve aumento de 30,9 anos na expectativa de vida dos brasileiros entre 1940 e 2023, conforme demonstra o quadro a seguir:[1]

Expectativa de vida ao nascer – Brasil – 1940/2023				
Ano	Diferencial entre os sexos (anos)			Diferencial (anos) (M-H)
	Total	Homem	Mulher	
1940	45,5	42,9	48,3	5,4
1950	48	45,3	50,8	5,5
1960	52,5	49,7	55,5	5,8
1970	57,6	54,6	60,8	6,2
1980	62,5	59,6	65,7	6,1
1991	66,9	63,2	70,9	7,7
2000	71,1	67,3	75,1	7,8
2010	74,4	70,7	78,1	7,4
2019	76,2	72,8	79,6	6,8
2020	74,8	71,2	78,5	7,3
2021	72,8	69,3	76,4	7,1

---

1. INSTITUTO BRASILEIRO DE GEOGRAFIA E ESTATÍSTICA. Em 2023, expectativa de vida chega aos 76,4 anos e supera patamar pré-pandemia. *Agência de Notícias IBGE*, 29 nov. 2024. Disponível em: https://agenciadenoticias.ibge.gov.br/agencia-noticias/2012-agencia-de-noticias/noticias/41984-em-2023-expectativa-de-vida-chega-aos-76-4-anos-e-supera-patamar-pre-pandemia. Acesso em: 04 jan. 2025.

2022	75,4	72,1	79,8	6,7
2023	76,4	73,1	79,7	6,6
(1940/2023)	30,9	30,2	31,4	

Fontes: 1940, 1950, 1960 e 1970 – Tábuas construídas no âmbito da Gerência de Estudos e Análises da Dinâmica Demográfica.
1980 e 1991 – ALBUQUERQUE, Fernando Roberto P. de C. e SENNA, Janaína R. Xavier "Tábuas de Mortalidade por Sexo e Grupos de Idade – Grandes e Unidades da Federação – 1980, 1991 e 2000. *Textos para discussão*, Diretoria de Pesquisas, IBGE, Rio de Janeiro, 2005. 161p. ISSN 1518-675X; n. 20.
2000 em diante – IBGE/Diretoria de Pesquisas. Coordenação de População e Indicadores Sociais. Gerência de Estudos e Análises da Dinâmica Demográfica. Projeção da população do Brasil por sexo e idade para o período 2000-2070.

É possível extrair dos dados acima que, no período pesquisado, houve aumento progressivo da expectativa de vida do brasileiro, com exceção dos anos de 2020 e 2021, em que houve recuo devido à pandemia da Covid-19. Outro dado curioso é o aumento progressivo da diferença entre a longevidade dos homens e a longevidade das mulheres, que era de 5,4 anos em 1940, passando para 7,3 anos em 2020 e 6,6 anos em 2023.

Ainda mais significativo é o aumento da longevidade do brasileiro idoso, que era de 10,6 anos em 1940 e passou para 18,8 anos em 2018. Também nesse quesito, a expectativa de vida das mulheres é superior: a dos homens foi de 9,3 anos em 1940 para 17,1 anos em 2018; a das mulheres foi de 11,5 anos em 1940 para 20,3 em 2018. Além disso, observa-se o aumento progressivo tanto da expectativa de vida em geral quanto da diferença entre homens e mulheres, conforme se observa no quadro a seguir:[2]

Expectativa de vida aos 65 anos – Brasil – 1940/2018				
Ano	Diferencial entre os sexos (anos)			Diferencial (anos) (M-H)
	Total	Homem	Mulher	
1940	10,6	9,3	11,5	2,2
1950	10,8	9,6	11,8	2,2
1960	11,4	10,1	12,5	2,4
1970	12,1	10,7	13,4	2,6
1980	13,1	12,2	14,1	1,9

---

2. BRASIL. Instituto Brasileiro de Geografia e Estatística. https://agenciadenoticias.ibge.gov.br/agencia-sala-de-imprensa/2013-agencia-de-noticias/releases/26104-em-2018-expectativa-de-vida-era-de-76-3-anos. Acesso em: 04 jan. 2025.

1991	15,4	14,3	16,4	2
2000	15,8	14,2	17,2	2,9
2010	17,6	16	19	3
2018	18,8	17,1	20,3	3,2
(1940/2018)	8,1	7,6	8,6	

Fontes: 1940 1950,1960 e 1970 – Tábuas construídas no âmbito da Gerência de Estudos e Análises da Dinâmica Demográfica.

1980 e 1991 – ALBUQUERQUE, Fernando Roberto P. de C. e SENNA, Janaína R. Xavier "Tábuas de Mortalidade por Sexo e Grupos de Idade – Grandes e Unidades da Federação – 1980, 1991 e 2000. *Textos para discussão*, Diretoria de Pesquisas, IBGE, Rio de Janeiro, 2005. 161p. ISSN 1518-675X; n. 20.

A expectativa de vida dos brasileiros ao nascer encontra-se acima da média global, que é de 69,8 para os homens, 74,2 para as mulheres e 72 anos para ambos os sexos. No entanto, a expectativa de vida dos brasileiros idosos, cuja média é de 18,8 anos, encontra-se abaixo da média global, que é de 20,5 anos. Ademais, a expectativa de vida média dos brasileiros, de 76,3 anos ao nascer e de 18,8 anos aos 65 anos de idade, aproxima-se da média dos países desenvolvidos, que é de 75,2 anos ao nascer e de 20,2 anos aos 60 anos de idade, embora distante da média dos países superdesenvolvidos, que é de 80,8 anos ao nascer e de 24,3 anos aos 60 anos de idade, conforme demonstra a tabela abaixo:[3]

Expectativa de vida e HALE[4] de acordo com o sexo, regiões definidas pela OMS e nível de renda estabelecido pelo Banco Mundial, 2016

		Expectativa de vida	Hale	Expectativa de vida	Hale
		At birth (years)		At 60 years (years)	
	Homens	69.8	62.0	19.0	14.8
Global	Mulheres	74.2	64.8	21.9	16.8
	Ambos os sexos	72.0	63.3	20.5	15.8

---

3. WORLD HEALTH ORGANIZATION. World health statistics overview 2019: monitoring health for the SDGs, sustainable development goals. Geneva: World Health Organization; 2019 p. 4. Disponível em: https://apps.who.int/iris/bitstream/handle/10665/311696/WHO-DAD-2019.1-eng.pdf. Acesso em: 04 jan. 2025.

4. HALE: (Health-Adjusted Life Expectancy): É a expectativa de vida ajustada pela saúde, ou seja, os anos de vida esperados sem incapacidade ou com boa qualidade de saúde.

Região da OMS (ambos os sexos)	AFR	61.2	53.8	16.6	12.5
	AMR	76.8	67.5	22.7	17.6
	SEAR	69.5	60.4	18.2	13.3
	EUR	77.5	68.4	22.3	17.4
	EMR	69.1	59.7	18.2	13.3
	WPR	76.9	68.9	21.0	16.6
Nível de renda/ Banco Mundial (ambos os sexos)	LI	62.7	54.9	17.1	12.9
	LMI	67.9	59.1	18.0	13.2
	UMI	75.2	67.0	20.2	15.8
	HI	80.8	71.2	24.3	19.0

O aumento da longevidade das pessoas é fenômeno francamente positivo do ponto de vista social, mas que traz preocupações de diversas ordens, uma vez que altera significativamente o perfil das sociedades humanas, agora compostas em grande parte por pessoas que dependem de cuidados especiais relacionados com saúde, alimentação, transporte, lazer, vestuário etc.[5]

Há impacto sobre os sistemas de previdência e seguridade, os quais foram concebidos para atender pessoas que começavam a trabalhar aos 14 anos de idade, contribuíam por volta de 35 anos, aposentavam-se por volta dos 50 anos de idade e tinham expectativa de viver por mais 10 ou 12 anos. Nos dias atuais, as pessoas vivem até 80 ou 90 anos e não têm a mesma trajetória profissional, visto que oscilam de emprego em emprego, permeados por períodos de desemprego ou de subemprego, o que reduz drasticamente a base de contribuição dos sistemas previdenciários.[6] Essas razões justificam os projetos de reforma previdenciária ao redor do mundo, com vista ao aumento do tempo de contribuição e da idade mínima para se aposentar e à redução do valor das aposentadorias já instituídas.[7] Há impacto também sobre os sistemas privados de assistência à saúde, tanto por

---

5. ALVES, José Eustáquio Diniz. *Envelhecimento e longevidade*. Disponível em https://www.ecodebate. com.br/2010/06/04/envelhecimento-e-longevidade-artigo-de-jose-eustaquio-diniz-alves/. Acesso em: 04 jan. 2025.

6. CASTRO, Marinella. Aumento da expectativa de vida tem impacto direto sobre a Previdência Social e a Saúde. O Estado de Minas. *Online. Caderno de Economia*. Disponível em: https://www.em.com. br/app/noticia/economia/2012/10/05/internas_economia,321444/aumento-da-expectativa-de-vida-tem-impacto-direto-sobre-a-previdencia-social-e-a-saude.shtml. Acesso em: 04 jan. 2025.

7. A respeito das reformas da previdência ocorridas na América Latina, confira-se: MOTA, Camilla Veras. Reforma da Previdência: por que 4 países da América Latina revisam modelo de capitalização, prometido por Paulo Guedes. *BBC News Brasil. Online*. Disponível em: https://www.bbc.com/ portuguese/geral-47003508. Acesso em: 04 jan. 2025. Sobre as reformas previdenciárias ocorridas na Europa, confira-se: TIMÓTEO, Antônio. Não é só aqui: 55 países já subiram idade mínima para se aposentar desde 95. *Portal UOL. Online*. Disponível em: https://economia.uol.com.br/noticias/ redacao/2019/03/01/previdencia-idade-minima-reforma.htm. Acesso em: 04 jan. 2025.

conta do aumento da longevidade das pessoas como das novas descobertas no campo da medicina, aspectos esses que atingem o cálculo atuarial dos planos de saúde, cuja consequência é o aumento do valor das mensalidades.[8]

Esses fatores contribuem para o empobrecimento dessa categoria de pessoas que já se encontra em idade avançada, com a saúde debilitada e com parcos recursos financeiros para sobreviver.[9] Diante desse quadro, as pessoas idosas tornam-se dependentes da solidariedade familiar ou das políticas públicas voltadas ao apoio e atenção aos idosos.[10]

Não raro, porém, as pessoas idosas são detentoras de patrimônio, principalmente imobiliário, que seria suficiente para prover a própria subsistência. É certo que, segundo a tradição jurídica romano-germânica, o patrimônio da pessoa destina-se à transmissão aos herdeiros, assim como não é segredo que os pais nutrem o desejo de deixar os filhos amparados após seu falecimento.[11] Todavia, considerando o aumento da longevidade das pessoas, mostra-se necessário obtemperar o sentido dessa tradição jurídica, a fim de possibilitar a utilização do patrimônio em benefício do próprio titular durante os anos de velhice.[12]

Ademais, esses aspectos da cultura jurídica ocidental constituem restrições à autonomia da pessoa idosa, que afetam a liberdade de dispor de seus bens, a

---

8. NOYA, Henrique. *O aumento da longevidade impõe desafios ao setor segurador.* 2018. Disponível em: http://www.sindsegsp.org.br/site/conversa-com-executivos.aspx?id=26. Acesso em: 04 jan. 2025; MOLINA, Nilton. *Impacto da longevidade na sociedade e na previdência social e privada.* Disponível em: https://www.editoraroncarati.com.br/v2/phocadownload/molina_16_junho_2016.pdf. Acesso em: 04 jan. 2025.

9. SALVIANO, Ednéia. *O impacto do envelhecimento na velhice.* 2008. 82 p. Dissertação de mestrado. Orientadora: Beltrina Corte. Pontifícia Universidade Católica de São Paulo – PUC/SP, passim, especialmente p. 38-48.

10. CAPUCHA, Luís. Envelhecimento e políticas sociais em tempos de crise. *Sociologia, Problemas e Práticas. Online.* n. 74, 2014. Disponível em: https://journals.openedition.org/spp/1479. Acesso em: 04 jan. 2025.

11. Giselda Hironaka explica que, a par de todos esses fatores, "o grande fundamento da transmissão sucessória habitaria o fator de proteção, coesão e de perpetuidade da família" (HIRONAKA, Giselda Maria Fernandes Novaes. *Morrer e suceder:* passado e presente da transmissão sucessória concorrente. São Paulo: RT, 2011, p. 333-334).

12. Não sem razão, existem discussões sobre a redução ou até mesmo a extinção da legítima no direito brasileiro, a fim de desafetar o patrimônio para que o titular possa dele dispor livremente, segundo sua conveniência e necessidade, no pleno exercício da autonomia privada (NEVARES, Ana Luiza Maia. A proteção da legítima deve ser mantida, excluída ou diminuída do ordenamento jurídico brasileiro? Revista *IBDFAM: Família e Sucessões*, n. 25, p. 77-94, jan./fev. 2018; DELGADO, Mário Luiz. *Chegou a hora de revisitar a legítima dos descendentes e ascendentes.* Disponível em: https://www.conjur.com.br/2018-mai-13/processo-familiar-preciso-revisitar-legitima-descendentes. Acesso em: 04 jan. 2025). Todavia, a proposta não foi adotada no Anteprojeto de Reforma do Direito das Sucessões apresentado pelo Instituto Brasileiro de Direito de Família – IBDFAM (https://ibdfam.org.br/assets/img/upload/files/ANTEPROJETO%20SUCESS%C3%95ES%20 (v_final%202019).pdf. Acesso em: 04 jan. 2025) nem incorporada ao Anteprojeto de Reforma do Código Civil (https://www12.senado.leg.br/assessoria-de-imprensa/arquivos/anteprojeto-codigo-civil-comissao-de-juristas-2023_2024.pdf. Acesso em: 04 jan. 2025).

liberdade de testar e a liberdade de contratar. Essas restrições vão de encontro à dignidade humana, que é um dos princípios fundamentais da ordem constitucional (CRFB, art. 1º, III) e se contrapõem à diretriz traçada pela Convenção da ONU sobre os Direitos da Pessoa com Deficiência, denominada Convenção de Nova Iorque, cujo propósito primeiro é promover e viabilizar o exercício pleno e equitativo dos direitos e liberdades fundamentais da pessoa humana.[13]

Não será demasiado sublinhar que o ordenamento jurídico brasileiro, desde a Constituição Federal, passando pelo Estatuto da Pessoa Idosa (Lei 10.741, de 1º de outubro de 2003) e pela Lei Brasileira de Inclusão da Pessoa com Deficiência (Lei 13.146, de 6 de julho de 2015), assegura o exercício da autonomia existencial da pessoa idosa, inclusive com a adoção de medidas de inclusão e de apoio, razão pela qual "O mero fator idade não é capaz de retirar a capacidade da pessoa idosa para autodeterminar-se".[14]

Os denominados "contratos asistenciales" surgem nesse cenário como formas de expressão da autonomia privada, a fim de possibilitar a utilização do patrimônio amealhado pela pessoa ao longo da vida para ampará-la financeiramente em sua velhice.

2. CONTRATOS ASSISTENCIAIS: RENDA VITALÍCIA, ALIMENTOS E HIPOTECA REVERSA

Os contratos assistenciais são manifestações da autonomia privada, por meio dos quais a pessoa compromete uma parte ou a totalidade de seus bens, em troca de uma retribuição pecuniária destinada à sua subsistência. São três modalidades de contratos assistenciais, a saber: renda vitalícia, alimentos e hipoteca inversa.

2.1 Contrato de renda vitalícia

O contrato de renda vitalícia é uma modalidade de contrato assistencial por meio do qual o constituinte transmite bens móveis ou imóveis ao constituído, que

---

13. Conquanto a Convenção de Nova Iorque tenha como propósito imediato a promoção dos direitos e liberdades das pessoas com deficiência, é defensável que seus preceitos se apliquem também às pessoas idosas, inclusive por força do disposto no art. 2º do Estatuto do Idoso (Lei 10.741, de 1º de outubro de 2003) (NEVARES, Ana Luíza; GIRARDI, Viviani. *Pessoa idosa:* um novo sujeito e a tutela jurídica dos seus interesses nas relações familiares. In: EHRHARDT, Marcos; CORTIANO JÚNIOR, Eroulths (Coord.). *Transformações no direito privado nos 30 anos da Constituição:* estudos em homenagem a Luiz Edson Fachin. Belo Horizonte: Fórum, 2019, p. 738-739 e 742-745).

14. GOZZO, Débora. A recusa ao tratamento médico pelo paciente idoso. *Migalhas de Direito Médico e Bioética.* Disponível em: https://www.migalhas.com.br/coluna/migalhas-de-direito-medico-e-bioetica/364005/a-recusa-ao-tratamento-medico-pelo-paciente-idoso. Acesso em: 05 jan. 2025.

se compromete a pagar uma renda fixa e vitalícia ao constituinte ou a terceiro.[15] No direito espanhol, essa modalidade contratual é disciplinada nos arts. 1.802 a 1.808 do Código Civil, no capítulo destinado aos contratos aleatórios. No direito brasileiro, o modelo contratual mais parecido com a renda vitalícia é o contrato de constituição de renda, disciplinado nos arts. 803 a 813 do Código Civil, por meio do qual "uma pessoa (instituidor ou censuísta) entrega certo capital, em dinheiro, bem móvel ou imóvel, a outra (rendeiro ou censuário), que se obriga a pagar-lhe, temporariamente, renda ou prestação periódica".[16]

Caracteres

O contrato de renda vitalícia tem caráter oneroso e sinalagmático, visto envolver recíprocas prestações financeiras entre as partes. Trata-se também de contrato aleatório, cuja duração depende da longevidade da pessoa sobre cuja vida se constitui a renda.[17]

No direito brasileiro, o contrato de constituição de renda pode ser gratuito, por meio do qual uma pessoa simplesmente se compromete a pagar uma renda periódica a outra, sem contraprestação (CCB, art. 803); mas pode também ser oneroso, à semelhança do modelo espanhol, caso em que o credor pode exigir que o devedor preste garantia real ou fidejussória de cumprimento das obrigações (CCB, arts. 804 e 805). Além disso, no Brasil, o contrato pode ser aleatório, a depender da duração da vida contemplada; ou por prazo certo, caso em que pode ultrapassar a vida do devedor, mas não a do credor (CCB, art. 806).[18]

Pelo contrato de renda vitalícia a propriedade é transmitida imediatamente ao constituído (CCB, art. 809; CCE, art. 1.802). No entanto, é possível estipular usufruto em favor do constituinte, do beneficiário ou de terceiro, o qual se manterá na posse, uso e gozo do bem até o exaurimento da vida contemplada. Por isso, o constituído pode transmitir o bem a terceira pessoa, sem prejuízo para eventual usufruto instituído, caso em que o adquirente não pode ser demandado a restituir o bem por motivo de não pagamento da pensão.[19]

---

15. TORAL LARA, Estrella. *El contrato de renta vitalicia*. 2008. 578 p. Tesis Doctoral. Director: Eugenio Llamas Pombo. Universidad de Salamanca, p. 106.
16. DINIZ, Maria Helena. *Curso de direito civil brasileiro:* 3 – Teoria das obrigações contratuais e extracontratuais. 24. ed. São Paulo: Saraiva, 2008, p. 560; GOMES, Orlando. *Contratos.* 12. ed. Rio de Janeiro: Forense, 1990, p. 458; RODRIGUES, Sílvio. *Direito civil.* 11. ed. São Paulo: Saraiva, 1981, v. 3 – dos contratos e das declarações unilaterais de vontade p. 359.
17. TORAL LARA, Estrella. *El contrato de renta vitalicia*. 2008. 578 p. Tesis Doctoral. Director: Eugenio Llamas Pombo. Universidad de Salamanca, p. 190 e 237-238.
18. DINIZ, Maria Helena. *Curso de direito civil brasileiro:* 3 – Teoria das obrigações contratuais e extracontratuais. 24. ed. São Paulo: Saraiva, 2008, p. 560-565.
19. TORAL LARA, Estrella. *El contrato de renta vitalicia*. 2008. 578 p. Tesis Doctoral. Director: Eugenio Llamas Pombo. Universidad de Salamanca, p. 190 e 394-400.

O contrato de renda vitalícia estabelece relação jurídica de natureza pessoal, que não constitui ônus real sobre o bem transmitido.[20] Em caso de descumprimento da obrigação, o constituinte ou o pensionista pode demandar o constituído pelo pagamento da pensão vencida, acrescida de perdas e danos, bem como exigir garantia real ou fidejussória de pagamento das parcelas futuras, mas não lhe é dado postular a devolução do bem (CCB, art. 810; CCE, art. 1.805). Também em decorrência do caráter pessoal da obrigação, o constituído deve pagar a renda pelo valor estipulado no contrato, mesmo que haja depreciação do bem recebido ou que os frutos percebidos sejam insuficientes.[21]

Sujeitos do contrato de renda vitalícia

São sujeitos da relação contratual o constituinte, o constituído, o devedor, o favorecido e a vida contemplada.

Constituinte é a pessoa que contrata a renda, mediante transmissão de um bem ou capital ao constituído. Constituído é o devedor, que recebe o bem ou capital do constituinte e assume a obrigação de pagar a renda ao favorecido. Tanto o constituinte quanto o constituído podem ser pessoas físicas ou jurídicas, de modo que a renda vitalícia pode ser contratada com uma empresa ou instituição financeira. Embora invulgar, tanto o constituinte quanto o constituído podem ser uma pluralidade de pessoas.[22]

Na Espanha, a renda é constituída com base na denominada "vida contemplada", cuja duração determina a vigência e a aleatoriedade do contrato. Em regra, a vida contemplada é a do próprio constituinte que, em regra, também é o beneficiário da renda, mas nada impede que a vida contemplada seja a de outra pessoa. A renda pode ser constituída em favor de terceiro para vigorar enquanto viver, caso em que a vida contemplada coincide com a do beneficiário, que é um terceiro em relação ao constituinte e ao constituído (CC brasileiro, art. 806; CC espanhol, art. 1.803). As vidas contempladas podem também ser várias, podendo-se estabelecer que o contrato vigore até o falecimento de uma, de todas ou da maioria das pessoas consideradas. Se nada for estipulado, o contrato vigorará enquanto existir alguma das vidas contempladas. Por óbvio, não é válida a estipulação de

---

20. Maria Helena Diniz lembra que, na vigência do Código Civil brasileiro de 1916 (arts. 749 a 754), o contrato de constituição de renda podia ser real ou pessoal (convencional). A constituição de renda real vinculava o próprio imóvel, obrigando inclusive os futuros adquirentes (DINIZ, Maria Helena. *Curso de direito civil brasileiro*: 3 – Teoria das obrigações contratuais e extracontratuais. 24. ed. São Paulo: Saraiva, 2008, p. 564).

21. TORAL LARA, Estrella. *El contrato de renta vitalicia*. 2008. 578 p. Tesis Doctoral. Director: Eugenio Llamas Pombo. Universidad de Salamanca, p. 449-467.

22. TORAL LARA, Estrella. *El contrato de renta vitalicia*. 2008. 578 p. Tesis Doctoral. Director: Eugenio Llamas Pombo. Universidad de Salamanca, p. 348-349.

renda vitalícia sobre a vida de pessoa morta ou moribunda (CC brasileiro, art. 808; CC espanhol, art. 1.804).[23]

No Brasil, o contrato de constituição de renda pode ser feito por vida contemplada, caso em que tem caráter aleatório e sua vigência pode ultrapassar a vida do devedor, mas não a do credor, seja ele o constituinte ou terceiro; ou por prazo certo, não aleatório, cuja vigência pode ultrapassar a vida tanto do devedor quanto do credor (CCB, art. 806).

Pensionista, beneficiário ou favorecido é a pessoa em favor da qual se institui a renda. Pode ser qualquer pessoa indicada no contrato para perceber a renda a ser paga pelo constituído. Como regra, o favorecido é o próprio constituinte, que também é a vida contemplada, mas pode acontecer que o constituinte institua a renda em benefício de outra pessoa, tendo como vida contemplada a sua própria, a do beneficiário ou a de terceiro. Em todo caso, o contrato tem seu termo final por ocasião do exaurimento da vida contemplada. Os beneficiários podem também ser vários, incluindo ou não o próprio constituinte, incluindo ou não a vida contemplada. Havendo vários beneficiários, pode-se estipular o direito de acrescer entre eles, mas no silêncio do contrato entende-se que são várias rendas vitalícias individuais.[24]

Tendo em vista o caráter oneroso e sinalagmático do contrato de renda vitalícia, o constituinte pode dispor livremente de seus bens ainda que tenha herdeiros necessários. É possível também contratar com algum dos filhos, mas não com o cônjuge, o qual já tem dever de prestar assistência em razão do matrimônio.[25]

Objeto do contrato de renda vitalícia

Os bens dados para constituição de renda podem ser móveis ou imóveis, bem como uma quantia em dinheiro. O domínio se transmite imediatamente, com a instituição da renda, podendo-se, porém, estipular reserva de usufruto em favor do constituinte ou de terceiro. É importante ressaltar que o constituído pode transmitir o bem a terceiro, desde que não prejudique a reserva de usufruto eventualmente instituída.[26]

---

23. TORAL LARA, Estrella. *El contrato de renta vitalicia*. 2008. 578 p. Tesis Doctoral. Director: Eugenio Llamas Pombo. Universidad de Salamanca, p. 348-349 e 366-369.
24. TORAL LARA, Estrella. *El contrato de renta vitalicia*. 2008. 578 p. Tesis Doctoral. Director: Eugenio Llamas Pombo. Universidad de Salamanca, p. 348-357.
25. ALBALADEJO, Cristina Belenguer. *El contrato de alimentos*. 2012. 784 p. Tesis doctoral. Universidad de Alicante, p. 220-224 e 316-317.
26. TORAL LARA, Estrella. *El contrato de renta vitalicia*. 2008. 578 p. Tesis Doctoral. Director: Eugenio Llamas Pombo. Universidad de Salamanca, p. 387-400.

CONTRATOS ASSISTENCIAIS **315**

Como regra, a renda ou pensão deve ser paga em dinheiro, mas nada impede que seja ajustado o pagamento total ou parcial em espécie.[27] A lei espanhola não dispõe sobre a possibilidade de transmissão da obrigação do constituído a terceiro, tampouco se se trata de obrigação personalíssima, de sorte que é de todo conveniente estipular essa circunstância expressamente no contrato. Em caso de ser admitida a referida transmissão, convém estabelecer também se o constituído se exonera ou se continua responsável, solidária ou subsidiariamente, pela obrigação.

Em caso de não pagamento da pensão, o beneficiário pode reclamar o pagamento das parcelas vencidas e exigir garantias quanto ao pagamento das futuras, mas não lhe é dado postular a devolução do bem dado para constituição da renda (CCB, art. 810; CCE, art. 1.805).

2.2 Contrato de alimentos

O contrato de alimentos é previsto nos arts. 1.791 a 1.797 do Código Civil espanhol, com as modificações introduzidas pela Lei 41/2003, de 18 de novembro, que trata da proteção patrimonial das pessoas com deficiência. No Brasil, conquanto não haja previsão legal, nada impede que a obrigação alimentar tenha como causa a livre manifestação de vontade, por ato *inter vivos* ou *causa mortis*.[28]

Pelo contrato de alimentos, a pessoa transmite um capital ou qualquer classe de bens ou direitos a outra pessoa em troca de uma prestação complexa que envolve habitação, manutenção e assistência material e afetiva (CCE, art. 1.792).[29]

Caracteres

O legislador espanhol não estabeleceu nenhum requisito à celebração do contrato de alimentos, a não ser a própria vontade dos contratantes, razão pela qual sua natureza é negocial, lastreada na autonomia privada.[30] Por conseguinte o contrato de alimentos não se confunde com a pensão alimentícia legal, que se baseia na solidariedade familiar.[31] Ademais, a obrigação de prestar alimentos entre parentes envolve o pagamento de uma pensão em dinheiro ou de despesas com

---

27. TORAL LARA, Estrella. *El contrato de renta vitalicia*. 2008. 578 p. Tesis Doctoral. Director: Eugenio Llamas Pombo. Universidad de Salamanca, p. 406-407.
28. CAHALI, Yussef Said. *Dos alimentos*. 4. ed. São Paulo: Saraiva, 2002, p. 22.
29. ALBALADEJO, Cristina Belenguer. *El contrato de alimentos*. 2012. 784 p. Tesis doctoral. Universidad de Alicante, p. 175.
30. ALBALADEJO, Cristina Belenguer. *El contrato de alimentos*. 2012. 784 p. Tesis doctoral. Universidad de Alicante, p. 198.
31. DINIZ, Maria Helena. *Curso de direito civil*. 28. ed. São Paulo: Saraiva, 2013, v. 5: Direito de Família p. 636; PEREIRA, Caio Mário da Silva. *Instituições de direito civil*. 7. ed. Rio de Janeiro: Forense, 1990, v. V: Direito de família, p. 264; CAHALI, Yussef Said. *Dos alimentos*. 4. ed. São Paulo: Saraiva, 2002, p. 33.

moradia, com educação etc. Por seu turno, no modelo espanhol, o contrato de alimentos envolve uma prestação complexa, de assistência integral, com fornecimento de moradia, acolhimento, cuidados, manutenção, assistência sanitária, gestão de assuntos pessoais etc.[32]

O contrato de alimentos é oneroso e sinalagmático, visto estabelecer prestações recíprocas entre as partes. Ademais, é duplamente aleatório porque sua duração depende da longevidade do alimentário e o conteúdo da prestação varia de acordo com as necessidades do alimentário.[33]

Sujeitos da relação contratual

São sujeitos do contrato de alimentos o constituinte, que é também o alimentário ou destinatário da prestação alimentícia; e o constituído, que recebe os bens e assume a obrigação de prestar assistência ao alimentário.

O contrato de alimentos visa a proteção de pessoa em "situação de dependência", com perda da autonomia física, mental, intelectual ou sensorial, seja em razão da idade, de enfermidade ou de incapacidade, que necessita de apoio de outras pessoas para realizar as atividades básicas da vida diária (Lei espanhola 39/2006, art. 2.2).[34] A natureza assistencial e o conteúdo complexo da prestação atribuem ao contrato de alimentos um caráter personalíssimo, cuja obrigação não pode ser transmitida a terceiros, salvo disposição contratual expressa em sentido contrário, caso em que a prestação se converte em renda mensal vitalícia.[35]

A natureza do contrato e o conteúdo da prestação sugerem que deve ser firmado entre pessoas físicas. No entanto, é possível contratar com pessoa jurídica, inclusive entidades que tenham por objeto social a prestação de cuidados a pessoas idosas. Fora desses casos, a contratação com pessoa jurídica prejudica a prestação afetiva e o contrato assume a feição de renda mensal vitalícia variável.[36]

Como se trata de contrato oneroso, não há vulneração de legítima, de modo que o constituinte pode onerar os seus bens para constituir renda vitalícia ou contrato de alimentos ainda que tenha herdeiros necessários. No direito espanhol, considera-se válido contratar com os filhos, mas não com o cônjuge, visto que o

---

32. ALBALADEJO, Cristina Belenguer. *El contrato de alimentos*. 2012. 784 p. Tesis doctoral. Universidad de Alicante, p. 166.
33. ALBALADEJO, Cristina Belenguer. *El contrato de alimentos*. 2012. 784 p. Tesis doctoral. Universidad de Alicante, p. 148-150.
34. ALBALADEJO, Cristina Belenguer. *El contrato de alimentos*. 2012. 784 p. Tesis doctoral. Universidad de Alicante, p. 166-167.
35. TORAL LARA, Estrella. *El contrato de renta vitalicia*. 2008. 578 p. Tesis Doctoral. Director: Eugenio Llamas Pombo. Universidad de Salamanca, p. 150-154.
36. ALBALADEJO, Cristina Belenguer. *El contrato de alimentos*. 2012. 784 p. Tesis doctoral. Universidad de Alicante, p. 316-324.

CONTRATOS ASSISTENCIAIS **317**

matrimônio pressupõe dever de assistência mútua que coincidiria com o objeto contratual. Se ocorrer matrimônio superveniente entre as partes, fica suspensa a eficácia do contrato.[37]

Objeto do contrato de alimentos

O objeto do contrato de alimentos é a entrega de bens ou capital pelo constituinte ao constituído, em troca da prestação de assistência material e afetiva, integral e complexa, que envolve o pagamento de uma quantia em dinheiro e o fornecimento de moradia, acolhimento, cuidados, manutenção, assistência sanitária, gestão de assuntos pessoais etc. A prestação afetiva do contrato de alimentos tem caráter personalíssimo intransmissível, podendo se converter em renda mensal vitalícia variável nos casos de descumprimento voluntário, de falecimento do alimentante ou de tornar-se impossível ou insuportável a convivência entre os contratantes (CCE, art. 1.792).[38]

Em caso de descumprimento da obrigação, o alimentário pode exigir o cumprimento forçado, a resolução do contrato com a devolução dos bens ou a continuidade do negócio mediante oferecimento de caução de cumprimento da obrigação pelo devedor (CCE, arts. 1.795-1.796). Os bens entregues ao alimentante podem ser móveis, imóveis ou uma quantia em dinheiro. Tratando-se de bens sujeitos a registro, como é o caso dos imóveis, o contrato deve ser registrado para que tenha publicidade e produza efeitos em relação a terceiros (CCE, art. 1.797). Cessa a obrigação de prestar alimentos com a morte do alimentário (CCE, art. 1.794 c/c art. 152, § 1º).

2.3   Contrato de hipoteca inversa ou hipoteca reversa

Por meio da hipoteca inversa ou hipoteca reversa, a pessoa grava um imóvel de sua propriedade com ônus de garantia em favor de uma instituição financeira, em troca de uma contraprestação pecuniária, que pode ser uma renda mensal ou uma quantia em dinheiro.[39]

Caracteres

A aleatoriedade é o fator que distingue o contrato de hipoteca reversa, visto não se saber de antemão qual será a duração do contrato nem qual será o

---

37. ALBALADEJO, Cristina Belenguer. *El contrato de alimentos*. 2012. 784 p. Tesis doctoral. Universidad de Alicante, p. 220-224 e 316-317.
38. ALBALADEJO, Cristina Belenguer. *El contrato de alimentos*. 2012. 784 p. Tesis doctoral. Universidad de Alicante, p. 150-154 e 166.
39. TORAL LARA, Estrella. La hipoteca inversa y el contrato de renta vitalicia, una alternativa viable. Revista Actualidad Civil, n. 16-2009, p. 6.

montante devido ao final. A duração do contrato depende da longevidade do proprietário, de modo que a instituição financeira não pode cobrar a dívida senão após o falecimento do proprietário. Além disso, o valor da dívida é progressivo, pois a pessoa vai recebendo os valores periodicamente, sobre os quais incidem juros e atualização monetária, até o momento de seu falecimento, quando então é apurado o montante da dívida que grava o imóvel.

Na Espanha, a hipoteca reversa é prevista na Lei 41/2007, de 7 de dezembro, que introduz modificações à Lei Hipotecária de 8 de fevereiro de 1946, à Lei de Regulação do Mercado Hipotecário de 25 de março de 1981 e à Lei de Empréstimos Hipotecários de 30 de março de 1994. O Capítulo VI da Lei 41/2007, que trata da flexibilização do mercado hipotecário, introduz "Disposições Adicionais" a respeito da hipoteca reversa.

O legislador espanhol define a hipoteca reversa como o empréstimo garantido por um bem imóvel que constitua a moradia habitual do solicitante (Item 1 da Disposição Adicional Primeira). Pode recair sobre qualquer imóvel do solicitante, mas a lei só concede benefícios fiscais relativos ao Imposto de Transmissão e aos honorários e emolumentos notariais quando incidirem sobre o imóvel residencial (Itens 7, 8, 9 e 10 da Disposição Adicional Primeira).[40]

São requisitos para a instituição de hipoteca inversa: a) que o solicitante e os beneficiários designados contem ao menos 65 anos de idade ou se encontrem em situação de severa dependência, nos termos da Lei 39/2006; b) que o solicitante receba o valor pretendido em parcela única ou prestações periódicas; c) que o imóvel seja assegurado contra danos; d) que a dívida seja exigida após a morte do solicitante ou de todos os beneficiários, conforme dispuser o contrato (Item 1 da Disposição Adicional Primeira).[41]

De acordo com a lei espanhola, o contrato de empréstimo mediante hipoteca inversa só pode ser firmado com instituição financeira autorizada a funcionar na Espanha (Item 2 da Disposição Adicional Primeira). Além disso, os contratantes

---

40. CÁRDENAS, M. Carmen C. *La hipoteca inversa: instrumento de previsión social*. S/d. 43 p. Trabalho de conclusão do Curso de Graduação em Administração e Direção de Empresas. Universidade de Barcelona. Tutor: Antônio Alegre Escolano, p. 22-23. Disponível em: http://diposit.ub.edu/dspace/bitstream/2445/101405/1/TFG-ADE-Casademunt-MariCarmen-juliol16.pdf. Acesso em: 12 jun. 2019. Ver também: TORAL LARA, Estrella. La hipoteca inversa y el contrato de renta vitalicia, una alternativa viable. *Revista Actualidad Civil*, n. 16-2009, p. 8.

41. DEVESA CARPIO, José Enrique; DEVESA CARPIO, Mar; DOMÍNGUEZ FABIÁN, Inmaculada; ENCINAS GOENECHEA, Borja; MENEU GAYA, Robert; NAGORE GARCÍA, Amparo. *La hipoteca inversa. análisis financiero y comparación con otras alternativas de ahorro-pensión en España*. Trabalho apresentado nas XX Jornadas Hispano-Lusas de Gestão Científica, 2011, p. 5. Disponível em: https://www.uv.es/pensiones/docs/productos-ahorro/La-Hipoteca-Inversa-Def.pdf. Acesso em: 12.06.2019; TORAL LARA, Estrella. La hipoteca inversa y el contrato de renta vitalicia, una alternativa viable. *Revista Actualidad Civil*, n. 16-2009, p. 8.

devem observar as normas do direito espanhol sobre o regime de transparência e de proteção ao consumidor (Itens 3 e 4 da Disposição Adicional Primeira).[42]

O contrato de hipoteca inversa ou hipoteca reversa tem natureza de contrato aleatório, pois o credor hipotecário só pode executar a dívida após a morte do devedor ou dos beneficiários, se assim dispuser o contrato. Se o devedor alienar o imóvel hipotecado, o credor pode exigir o pagamento antecipado da dívida ou a substituição da garantia.[43]

De acordo com a lei espanhola, o devedor pode liberar o bem hipotecado a qualquer momento, mediante pagamento da dívida com todos os acréscimos legais. Em caso de recusa pelo credor, o devedor pode consignar o valor da dívida em juízo e obter a liberação do imóvel (Código de Processo Civil espanhol, art. 693, alterado pela Lei 41/2007, Disposição Adicional Terceira).

Uma vez verificado o evento morte, abre-se para o credor a possibilidade de executar a dívida, até os limites da herança, tendo o imóvel como garantia. No entanto, os herdeiros do devedor têm a opção de levantar a hipoteca e liberar o imóvel, mediante quitação do débito e seus acréscimos junto ao credor (Itens 5 e 6 da Disposição Adicional Primeira). Caso os herdeiros não tenham liquidez, poderão transformar a hipoteca inversa em hipoteca ordinária ou vender o imóvel a terceiros, no prazo que lhes for concedido pela instituição financeira, a fim de quitar a dívida do falecido.[44]

Por fim, a lei prevê que as prestações periódicas obtidas por meio de hipoteca inversa podem ser destinadas, total ou parcialmente, à contratação de um plano de previdência, a fim de garantir uma renda ao solicitante ou aos beneficiários, conforme dispuser o contrato (Lei 41/2007, Disposição Adicional Quarta).

Sujeitos da hipoteca reversa

São sujeitos da relação contratual o solicitante, o agente financeiro e os beneficiários, além dos herdeiros que figuram como terceiros interessados. Solicitante

---

42. CÁRDENAS, M. Carmen C. *La hipoteca inversa*: instrumento de previsión social. S/d. 43 p. Trabalho de conclusão do Curso de Graduação em Administração e Direção de Empresas. Universidade de Barcelona. Tutor: Antônio Alegre Escolano, p. 20. Disponível em: http://diposit.ub.edu/dspace/bitstream/2445/101405/1/TFG-ADE-Casademunt-MariCarmen-juliol16.pdf. Acesso em: 12 jun. 2019.

43. TORAL LARA, Estrella. La hipoteca inversa y el contrato de renta vitalicia, una alternativa viable. *Revista Actualidad Civil*, n. 16-2009, p. 10-11.

44. TORAL LARA, Estrella. La hipoteca inversa y el contrato de renta vitalicia, una alternativa viable. *Revista Actualidad Civil*, n. 16-2009, p. 17; CÁRDENAS, M. Carmen C. La hipoteca inversa: instrumento de previsión social. S/d. 43 pág. Trabalho de conclusão do Curso de Graduação em Administração e Direção de Empresas. Universidade de Barcelona. Tutor: Antônio Alegre Escolano, p. 22. Disponível em: http://diposit.ub.edu/dspace/bitstream/2445/101405/1/TFG-ADE-Casademunt-MariCarmen-juliol16.pdf. Acesso em: 12 jun. 2019.

é o proprietário de um bem imóvel residencial que conta mais de 65 anos de idade ou se encontra em situação de severa dependência, nos termos da Lei espanhola 39/2006, interessado em comprometer esse bem em troca de uma prestação pecuniária periódica. Beneficiário em regra é o próprio solicitante, mas nada impede que sejam nomeadas outras pessoas como destinatárias da prestação pecuniária, em conjunto com o solicitante ou isoladamente. A obrigação é instituída *intuitu personae*, de modo que a vida dos beneficiários funciona como módulo de duração do contrato. Pode-se instituir que o termo final da obrigação seja o falecimento do solicitante ou dos beneficiários designados.[45]

O credor hipotecário deve ser necessariamente um agente financeiro, por força da disciplina legal. Vale dizer que, nos termos da lei espanhola, não é possível instituir hipoteca inversa entre pessoas naturais ou entre pessoa natural e pessoa jurídica que não seja autorizada a atuar no mercado financeiro (Lei 41/2007, item 2 da Disposição Adicional Primeira). Trata-se de uma garantia de que o credor hipotecário se encontra sob as hostes do sistema financeiro, que conta com garantia do Tesouro Nacional.[46]

Os herdeiros do solicitante não são partes no contrato. Aliás, sequer são herdeiros, posto não haver herdeiro de pessoa viva. Não obstante, é inegável que têm interesse em preservar o bem hipotecado, seja por razões econômicas ou afetivas, tanto que a Lei 41/2007 lhes atribui legitimidade para resgatar o imóvel hipotecado, mediante pagamento das quantias pagas pela instituição financeira ao solicitante falecido (Item 5 da Disposição Adicional Primeira).

Objeto da hipoteca reversa

A hipoteca inversa ou hipoteca reversa pode recair sobre qualquer imóvel de propriedade do solicitante, mas a lei espanhola só concede benefícios fiscais relacionados com o Imposto de Transmissão e com os honorários e emolumentos notariais quando incidir sobre o imóvel residencial (Lei 41/2007, itens 7, 8, 9 e 10 da Disposição Adicional Primeira). Por disposição expressa da lei, a hipoteca inversa deve incidir sobre bem imóvel, não se admitindo sua instituição sobre bem móvel ou capital. Isso se justifica também porque a hipoteca é, por definição, direito real de garantia que se institui sobre bem imóvel. Também por essa razão, a hipoteca inversa deve ser levada a registro na matrícula do imóvel no Cartório de Imóveis.

---

45. TORAL LARA, Estrella. La hipoteca inversa y el contrato de renta vitalicia, una alternativa viable. *Revista Actualidad Civil*, n. 16-2009, p. 9.
46. CÁRDENAS, M. Carmen C. *La hipoteca inversa: instrumento de previsión social*. S/d. 43 p. Trabalho de conclusão do Curso de Graduação em Administração e Direção de Empresas. Universidade de Barcelona. Tutor: Antônio Alegre Escolano, p. 20. Disponível em: http://diposit.ub.edu/dspace/bitstream/2445/101405/1/TFG-ADE-Casademunt-MariCarmen-juliol16.pdf. Acesso em: 12 jun. 2019.

3. VIABILIDADE DOS CONTRATOS ASSISTENCIAIS NO DIREITO BRASILEIRO

Os contratos assistenciais são uma realidade no direito espanhol, onde existem três modalidades: contrato de renda vitalícia, contrato de alimentos e contrato de hipoteca inversa ou hipoteca reversa. Em todos esses casos, são formas contratuais pautadas na autonomia privada, por meio das quais a pessoa idosa pode utilizar o seu patrimônio para obter uma assistência pecuniária.

No Brasil, os contratos assistenciais certamente encontrarão barreiras legais e provavelmente algumas resistências sociais, sobretudo porque vigora entre nós a ideia de que a pessoa idosa não é capaz de tomar decisões acertadas e seu patrimônio deve ser preservado para contemplar os herdeiros após o seu falecimento. Sem dúvida, essa é uma ideia que precisa ser afastada porque, ressalvado algum problema de cognição que pode estar presente em qualquer pessoa, o simples fator etário não faz com que a pessoa perca a capacidade de se autodeterminar.[47]

Entre os contratos assistenciais admitidos no direito espanhol, o de renda vitalícia é o único que conta com similar no direito brasileiro, sob a rubrica de contrato de constituição de renda. Trata-se de modalidade pela qual o constituinte transmite um capital em bens móveis ou imóveis ao constituído, que se compromete a pagar uma renda fixa e vitalícia ao constituinte ou a terceiro (CCB, arts. 803 a 813).[48]

Pelo contrato de constituição de renda, o bem é transmitido imediatamente ao constituído, de modo que a obrigação de pagar a renda adquire natureza pessoal, desvinculada do bem recebido. Se a obrigação não for cumprida, o beneficiário pode exigir seu cumprimento compulsório ou a instituição de garantia, mas não lhe é dado vindicar o bem dado anteriormente (CCB, arts. 804, 805 e 810). É possível instituir usufruto, em favor do constituinte ou de terceiro, sobre o bem dado para constituição da renda. Em todo caso, o constituído é livre para alienar o bem dado para constituição de renda, desde que não haja prejuízo para o usufruto eventualmente instituído nem para o pagamento da pensão (CCB, art. 809).

---

47. De acordo com Débora Gozzo, "Não é a idade que faz com que a pessoa não possa exercer sua autonomia, mas sim, algum problema de cognição, que a torne incapaz de exercer plenamente sua autonomia e autodeterminação" (...). "O mero fator "idade" não é capaz de retirar a capacidade da pessoa idosa para autodeterminar-se. Afinal, de conformidade com o ordenamento jurídico brasileiro é-lhe garantido o exercício de sua autonomia existencial, conforme previsão constante do Estatuto da Pessoa com Deficiência". GOZZO, Débora. A recusa ao tratamento médico pelo paciente idoso. *Migalhas de Direito Médico e Bioética*. Disponível em: https://www.migalhas.com.br/coluna/migalhas-de-direito-medico-e-bioetica/364005/a-recusa-ao-tratamento-medico-pelo-paciente-idoso. Acesso em: 05 jan. 2025.

48. PEREIRA, Caio Mário da Silva. *Instituições de direito civil*. 8. ed. Rio de Janeiro: Forense, 1990, v. III – Fontes das obrigações. p. 342; GOMES, Orlando. Contratos. 12. ed. Rio de Janeiro: Forense, 1990, p. 458; DINIZ, Maria Helena. *Curso de direito civil*. 29. ed. São Paulo: Saraiva, 2013, v. 3 – Teoria das obrigações contratuais e extracontratuais. p. 593.

O contrato de alimentos não encontra previsão no direito brasileiro. Para nós, a prestação de alimentos é a quantia devida entre parentes e entre cônjuges ou companheiros, destinada à subsistência material daquele que necessita. Os alimentos no direito brasileiro são devidos em razão do vínculo familiar, com base no dever de assistência, tendo como parâmetros a necessidade de quem recebe e a possibilidade de quem os presta (CCB, arts. 1.694 a 1.710).

Embora os alimentos familiares possam ser instituídos por acordo judicial ou extrajudicial, trata-se de dever legal, não se podendo falar em contrato baseado na autonomia privada. Os alimentos familiares têm como fundamento o dever de solidariedade social e familiar, não a vontade individual das partes em um contrato. Ademais, a prestação de alimentos não tem contrapartida, como se verifica no contrato de alimentos previsto no direito espanhol.[49]

O contrato de alimentos tem como objeto uma prestação complexa que envolve assistência material, afetiva, emocional e espiritual, ao passo que os alimentos familiares têm seu objeto restrito ao fornecimento de uma quantia em dinheiro ou algum outro benefício material. De outro lado, a prestação de alimentos familiares é uma obrigação legal baseada na relação de parentesco ou de conjugalidade, na necessidade de um e na possibilidade do outro, ao passo que o contrato de alimentos não tem a ver com parentesco nem com necessidade/possibilidade, mas com a livre deliberação das partes com base na autonomia privada.

O contrato de hipoteca reversa ainda não encontra regulamentação no Brasil. Tramitou perante o Senado Federal o Projeto de Lei 52/2018, de autoria do senador Paulo Bauer (PSDB/SC), com proposta de introduzir os arts. 33-G a 33-Q na Lei 9.514, de 20 de novembro de 1997, com vista à regulamentação da hipoteca reversa. O Projeto continha algumas inconsistências que mereciam ser aperfeiçoadas, mas representava uma tentativa de regulamentar a matéria no Brasil, em linha com o que já acontece em outras partes do mundo. No entanto, o Projeto foi arquivado sem apreciação, em razão do encerramento da Legislatura, em dezembro de 2022.[50]

Imediatamente após o arquivamento do PLS 52/2018, no Senado Federal, surgiram outras duas propostas de regulamentação hipoteca reversa na Câmara dos Deputados: o PL 3096/2019, de autoria do Deputado Vinícius Farah (MDB/

---

49. Maria Helena Diniz escreve que os alimentos familiares têm fundamento na dignidade humana e na solidariedade social e familiar (DINIZ, Maria Helena. *Curso de direito civil*. 28. ed. São Paulo: Saraiva, 2013, v. 5 – Direito de Família. p. 636). De seu turno, Cristina Belenguer afirma que o legislador espanhol não estabeleceu nenhum requisito à sua celebração, senão a própria vontade dos contratantes (ALBALADEJO, Cristina Belenguer. *El contrato de alimentos*. 2012. 784 p. Tesis doctoral. Universidad de Alicante, p. 198).

50. BRASIL. Senado Federal. Projeto de Lei 52/2018. Disponível em: https://www25.senado.leg.br/web/atividade/materias/-/materia/132282. Acesso em: 05 jan. 2025.

RJ) e o PL 5587/2019, da Deputada Ângela Amin (PP/SC), os quais se encontram apensados para apreciação conjunta.

O PL 3096/2019 é bastante singelo, limitando-se a permitir a instituição de hipoteca reserva pela pessoa idosa, sem especificar a natureza jurídica, os modos e condições para a sua constituição e os efeitos desse negócio jurídico. Não se pode deixar de registrar que o projeto foi mal redigido, contendo erros ortográficos e confusão de conceitos jurídicos que dificultam a sua compreensão.[51] Por sua vez, o PL 5587/2019 recria e aperfeiçoa o extinto PLS 52/2018, introduzindo o Capítulo II-B, contendo os arts. 33-G a 33-Q, na Lei 9.514, de 20 de novembro de 1997, a fim de regulamentar a hipoteca reversa, que o novo projeto dá o nome de "alienação fiduciária reversa".[52]

De acordo com o PL 5587/2019, hipoteca reversa, agora denominada "alienação fiduciária reversa" é negócio jurídico por meio do qual o devedor reverso (instituição financeira), em contrapartida a empréstimos ou créditos destinados ao credor reverso (pessoa idosa), contrata a transferência para si de propriedade ou direitos reais sobre bem imóvel que integram o patrimônio do credor reverso (art. 33-G). A operação somente poderá ser realizada por instituição financeira autorizada e poderá incidir sobre a propriedade plena, sobre bens enfitêuticos, o direito de uso especial para fins de moradia, direito real de uso e a propriedade superficiária (art. 33-G, § 1º).

O contrato que constitui a alienação fiduciária reversa será levado a registro na matrícula do imóvel, operando-se o desmembramento da posse direta e indireta, com vedação da realização de outro negócio jurídico sem autorização do devedor reverso (art. 33-H).

O projetado art. 33-I estabelece as condições gerais a serem previstas no contrato, a respeito da avaliação do imóvel, dos valores dos créditos ou empréstimos, taxas de juros, condições de utilização do imóvel, prazos e condições de reversão da propriedade. Os parágrafos 1º e 2º desse dispositivo dispõem sobre o limite mínimo de idade de 60 anos para o credor e o limite máximo do valor do empréstimo ou crédito até 80% do valor do imóvel. De suma importância, o parágrafo 3º dispõe sobre a reversão da alienação fiduciária pelos herdeiros após o falecimento do proprietário do imóvel, desde que manifestado o interesse no prazo de 30 dias e desde que sejam quitados os empréstimos e créditos, com juros contratuais, correção monetária e despesas.

---

51. BRASIL. Câmara dos Deputados. Projeto de Lei 3096/2019. Disponível em: https://www.camara.leg. br/proposicoesWeb/fichadetramitacao?idProposicao=2204486#tramitacoes. Acesso em: 05 jan. 2025.
52. BRASIL. Câmara dos Deputados. Projeto de Lei 5587/2019. Disponível em: https://www.camara.leg. br/proposicoesWeb/fichadetramitacao?idProposicao=2226121. Acesso em: 05 jan. 2025.

O projetado art. 33-J trata das formalidades a serem cumpridas pelo devedor reverso (instituição financeira) para consolidar-se na propriedade do imóvel após o falecimento do credor reverso (a pessoa idosa). Os projetados arts. 33-L e 33-M tratam das limitações e obrigações do credor reverso, que não poderá alugar o imóvel e deverá arcar com o pagamento dos impostos, taxas e contribuições. Por outro lado, os projetados arts. 33-O e 33-P estipulam que o devedor reverso poderá ceder seus direitos a terceiros, bem como terá direito a reintegração liminar na posse do imóvel, em caso de não desocupação pelos herdeiros, após o falecimento do credor reverso.

O PL 5587/2019 corrige algumas inconsistências contidas no PLS 52/2018, a começar pela nomenclatura do instituto, uma vez que o PLS chamava de hipoteca reversa algo que na verdade era uma alienação fiduciária em garantia, isto é, a transferência da propriedade resolúvel de um imóvel para garantia de um negócio jurídico (Lei 9.514/97, art. 22). Cabe lembrar que a hipoteca também se constitui para garantia de um negócio jurídico, mas em forma de um gravame que incide sobre um bem do devedor, a ser levantado após a quitação do débito (CC, art. 1.473).

Desse modo, a diferença entre hipoteca reversa e alienação fiduciária reversa é que, nesta, opera-se a transferência do domínio do bem ao devedor reverso (instituição financeira), podendo o próprio credor reverso ou os seus herdeiros após o falecimento obterem a reversão do domínio, mediante quitação dos créditos e empréstimos, com os acréscimos legais e contratuais. Na hipoteca reversa, vigente no direito espanhol, não se transfere a propriedade ao devedor reverso (instituição financeira), mas apenas se institui um gravame com ônus de garantia em favor de uma instituição financeira, em troca de uma prestação pecuniária, que pode ser uma renda mensal ou uma quantia em dinheiro, podendo o credor reverso ou seus herdeiros após o óbito dar baixa no gravame, mediante quitação das prestações recebidas do devedor reverso (Lei 41/2007, de 7 de dezembro).[53]

Não se pode deixar de ver que o projeto brasileiro é mais favorável aos bancos e, por conseguinte, mais gravoso para as pessoas idosas e seus familiares. A alienação fiduciária reversa institui a propriedade resolúvel, facilitando a consolidação em favor da instituição financeira e dificultando a reversão pela pessoa idosa ou por seus familiares após o falecimento. A hipoteca reversa, por tratar-se de um gravame, pode ser baixada pelo credor reverso ou por seus familiares em caso de falecimento, mediante apresentação de simples termo de quitação junto ao registro de imóveis.

---

53. TORAL LARA, Estrella. La hipoteca inversa y el contrato de renta vitalicia, una alternativa viable. *Revista Actualidad Civil*, n. 16-2009, p. 6.

CONTRATOS ASSISTENCIAIS **325**

Causam estranheza as denominações "credor inverso" e "devedor inverso" para designar, respectivamente, a pessoa idosa que dá um imóvel em garantia de um empréstimo ou renda periódica e a instituição financeira que recebe um bem imóvel em garantia de um empréstimo ou de uma renda periódica. A questão pode ser resolvida a partir da natureza do negócio jurídico, cujo objeto não é a compra e venda de um imóvel, mas a constituição de uma renda em favor da pessoa idosa. Visto esse negócio jurídico pela ótica de constituição de renda, a pessoa idosa que aliena ou grava um bem imóvel se torna credora (reversa) de uma prestação pecuniária devida pela instituição financeira (devedora reversa).[54]

Como visto, os contratos assistenciais encontram significativos óbices legais e socioculturais para sua implementação no Brasil. O contrato de renda vitalícia tem seu paralelo no contrato de constituição de renda (CCB, arts. 803 a 813), mas os contratos de alimentos e de hipoteca reversa ainda dependem de estipulação por parte do legislador. Sem previsão legal, mostra temerário firmar essas modalidades de contratos assistenciais, com base exclusivamente na autonomia privada e na liberdade de contratar.

4. ANÁLISE CRÍTICA DOS CONTRATOS ASSISTENCIAIS

Os "contratos asistenciales" são uma realidade no direito espanhol, mas ainda dependem de regulamentação para serem admitidos no Brasil. Essas modalidades contratuais apresentam aspectos positivos, mas suscitam muitos cuidados e questionamentos, pois colocam em risco o patrimônio das pessoas idosas e a segurança financeira das famílias.

4.1 Aspectos positivos dos contratos assistenciais

Os contratos assistenciais apresentam aspectos positivos imediatos, a começar pela possibilidade de utilização do patrimônio da pessoa para seu próprio amparo e sustento durante a velhice. Com efeito, vigora entre nós a ideia de que a pessoa idosa é incapaz de tomar decisões sobre sua vida e seus bens, bem como que o patrimônio amealhado ao longo da vida destina-se à proteção de sua família após seu falecimento.

Ao mesmo tempo, são conhecidas as dificuldades de subsistência das pessoas idosas, diante do aumento da longevidade, da redução sistemática do valor das

---

54. Estrella Toral explica que, após intenso debate sobre a denominação do solicitante, o legislador espanhol optou por defini-lo como credor, já que é ele quem recebe um crédito hipotecário. Adiante, a mesma autora reafirma que credor é aquele que entrega seus bens em troca de uma prestação pecuniária e devedor é o que recebe os bens e se obriga a pagar a prestação pecuniária (TORAL LARA, Estrella. *El contrato de renta vitalicia*. 2008. 578 p. Tesis Doctoral. Director: Eugenio Llamas Pombo. Universidad de Salamanca, p. 166 e 347).

aposentadorias e do aumento das despesas com plano de saúde, medicamentos etc. Vale dizer que a pessoa idosa muitas vezes vê-se condenada a uma vida de penúria financeira enquanto preserva seu patrimônio para a herança dos familiares. Por isso, afigura-se positiva a possibilidade de utilização do patrimônio para proporcionar algum conforto às pessoas idosas durante os anos de velhice.

Cabe lembrar que a Convenção da ONU sobre os Direitos das Pessoas com Deficiência, a Convenção de Nova Iorque, admitida no Brasil por meio do Decreto 6.949, de 25 de agosto de 2009, assegura o exercício pleno e equitativo de todos os direitos e liberdades fundamentais pelas pessoas com deficiência, mediante remoção das diversas barreiras que possam obstruir sua participação plena e efetiva na sociedade em igualdades de condições com as demais pessoas. Na esteira da Convenção de Nova Iorque, foi promulgada a Lei de Inclusão da Pessoa com Deficiência (Lei 13.146, de 6 de julho de 2015), que pode ser aplicada analogicamente às pessoas idosas. Ademais, o Estatuto da Pessoa Idosa assegura à pessoa com mais de 60 anos de idade os mecanismos ao pleno exercício de sua dignidade e de seus direitos e liberdades fundamentais (Lei 10.741, de 1º de outubro de 2003, art. 2º e 10).[55] Na Espanha, os efeitos da Convenção de Nova Iorque repercutem na legislação ordinária, a exemplo da Lei 41/2003, que trata da proteção patrimonial das pessoas com deficiência e que introduziu modificações ao Código Civil espanhol, no item relativo ao contrato de alimentos. Além disso, a Lei 39, de 14 de dezembro de 2006, trata da promoção da autonomia pessoal e atenção às pessoas em "situação de dependência".[56]

Portanto, de acordo com a diretriz emanada da Convenção de Nova Iorque, a pessoa com deficiência, assim como aquela em situação de dependência, deve receber o apoio necessário ao exercício pleno e equitativo de todos os seus direitos e liberdades fundamentais (art. 1º). A pessoa com deficiência ou em situação de dependência só pode ser considerada incapaz em concreto, na medida de suas eventuais limitações físicas ou psíquicas, não para supressão de seus direitos e liberdades, mas para receber o apoio necessário, em todos os níveis, com vista à igualdade e a não discriminação (arts. 4º e 5º).[57]

---

55. NEVARES, Ana Luíza; GIRARDI, Viviani. Pessoa idosa: um novo sujeito e a tutela jurídica dos seus interesses nas relações familiares. In: EHRHARDT, Marcos; CORTIANO JÚNIOR, Eroulths (Coord.). *Transformações no direito privado nos 30 anos da Constituição*: estudos em homenagem a Luiz Edson Fachin. Belo Horizonte: Fórum, 2019, p. 738-739 e 742-745.

56. ALBALADEJO, Cristina Belenguer. *El contrato de alimentos*. 2012. 784 p. Tesis doctoral. Universidad de Alicante, p. 166-167.

57. "Es indubable que la Convención ONU ha marcado, a nivel mundial, un antes y un después en la promoción y protección de los derechos humanos de las personas con capacidades diferentes. La raíz de dicho Instrumento internacional, se mira la discapacidad con otros ojos, en clave de derechos. En realidad, no reconoce ningún derecho nuevo o, tal vez, sí, uno: el derecho de la persona a la diversidad y a recibir los apoyos necesarios para realizar su propio recorrido vital de manera independiente y autónoma. Sus principios cardinales son "in dubio pro capacitas" e "intervención mínima" (VIVAS

A possibilidade de realização de contratos assistenciais está em harmonia com a diretriz principiológica instituída pela Convenção de Nova Iorque, uma vez que permite à pessoa idosa dispor de seus bens, visando seu próprio conforto e bem-estar. A pessoa idosa não deve ser considerada incapaz *a priori,* mas antes deve receber todo apoio e assistência necessários à realização de seus direitos e liberdades fundamentais, a exemplo do direito à vida, à saúde, ao lazer e ao bem--estar (CRFB, art. 5º, *caput* e art. 6º, *caput*).[58]

4.2 Alertas e cuidados quanto aos contratos assistenciais

Conquanto os contratos assistenciais apresentem aspectos positivos, ao sublinhar a autonomia da vontade da pessoa idosa e possibilitar a utilização de seu patrimônio para atender às próprias necessidades, são necessários alguns cuidados especialmente no que diz respeito ao risco de dilapidação do patrimônio. Em primeiro lugar, os contratos assistenciais não devem ser lançados à vala comum dos contratos inominados, baseados exclusivamente na autonomia privada, mas devem ser disciplinados pela legislação civil, com parâmetros claros e objetivos. Por outro lado, é de todo aconselhável que os contratos assistenciais sejam formalizados por escritura pública, a fim de assegurar que a vontade da pessoa idosa seja livremente manifestada, bem assim para evitar possíveis questionamentos sobre sua capacidade.

Em boa hora, o PL 5587/2019 (art. 33-G, § 1º) corrigiu uma distorção contida no PLS 52/2018, de modo que contrato de alienação fiduciária reversa só pode ser firmado com instituições financeiras autorizadas e garantidas pelo Banco Central, como ocorre no direito espanhol, a fim de que seja garantida a solvência do constituído e o pagamento da renda ao constituinte (Lei 41/2007, Item 2 da Disposição Adicional Primeira). Por outro lado, é preocupante a opção do legisla-

---

TESON, Inmaculada. La convención ONU de los derechos de las personas con discapacidad en la práctica judicial española: una década de aciertos y desaciertos. *Revista Brasileira de Direito Civil –* RBDCivil | Belo Horizonte, v. 18, p. 127-150, out./dez. 2018, p. 128). Em igual sentido, confira: MENEZES, Joyceane Bezerra de; TEIXEIRA, Ana Carolina Brochado. Desvendando o conteúdo da capacidade civil a partir do Estatuto da Pessoa com Deficiência. *Revista Pensar,* Fortaleza, v. 21, n. 2, p. 568-599, maio/ago. 2016; MENEZES, Joyceane Bezerra de. O direito protetivo no Brasil após a convenção sobre a proteção da pessoa com deficiência: impactos do novo CPC e do Estatuto da Pessoa com Deficiência. *civilistica.com* || a. 4. n. 1. 2015; ALMEIDA, Vitor. *A capacidade civil das pessoas com deficiência e os perfis da curatela.* Belo Horizonte: Fórum, 2019, p. 192-193.

58. Tratando especificamente do tema da autonomia privada, Ricardo Lorenzetti afirma que: "La regla general que rige en materia de capacidad es que toda persona se presume capaz, y se ha invertido la carga argumentativa, quien argumenta lo contrario debe probarlo" (LORENZETTI, Ricardo Luís. Incidencia de la constitucionalización del Derecho privado en la regulación de la vida cotidiana de las personas – El caso del Código Civil y Comercial de la Nación Argentina. In: TEPEDINO, Gustavo; MENEZES, Joyceane Bezerra de (Coord.). *Autonomia privada, liberdade existencial e direitos fundamentais.* Belo Horizonte: Fórum, 2019, p. 81).

dor brasileiro pela alienação fiduciária reversa em lugar da hipoteca reversa, uma vez que essa opção, como dito acima, labora em favor das instituições financeiras, tornando mais difícil a reversão da propriedade pelo credor reverso ou por seus familiares em caso de falecimento.

Com relação ao contrato de alimentos, *de lege ferenda,* é importante que o legislador imponha a proporcionalidade entre o valor dos alimentos e o valor do bem comprometido pelo constituinte, levando em conta também a assistência emocional e afetiva. Deve o legislador também se posicionar sobre a possibilidade de contratar alimentos com algum dos filhos e com o cônjuge do constituinte, os quais têm dever legal de prestar alimentos e assistência à pessoa idosa (Estatuto da Pessoa Idosa, arts. 3° e 11; CCB, art. 1.694). Deve-se considerar que o contrato de alimentos tem objeto mais amplo, de assistência complexa e integral, material e afetiva, enquanto o dever legal de prestar alimentos em regra se resume ao pagamento de uma pensão mensal. No direito espanhol, a jurisprudência já se posicionou pela possibilidade de contratar alimentos com algum dos filhos sem prejuízo para a legítima, mas não se admite a contratação com o cônjuge porque o dever de assistência é inerente ao casamento.[59]

Outra questão a ser enfrentada é se a obrigação oriunda de um contrato de alimentos enseja a prisão civil do alimentante, em caso de descumprimento. Não resta dúvida que, embora nascida de um contrato, a obrigação tem natureza alimentar e caráter existencial, visto destinar-se à subsistência do alimentário. No entanto, a fim de evitar possíveis questionamentos, deve o legislador explicitar a possibilidade de prisão do devedor, mediante aplicação da lei civil e processual civil pertinente à matéria (CPCB, art. 528 e 911). No direito espanhol, o descumprimento de obrigação alimentar configura crime capitulado no Código Penal (CPE, art. 619).[60]

Uma última questão acerca dos contratos assistenciais diz respeito à tutela do direito à moradia, que no Brasil tem força de direito fundamental, garantido pela Constituição e efetivado no âmbito do Direito Privado pela via do bem de família (Lei 8.009, de 29 de março de 1990). Embora os contratos assistenciais tenham como principal finalidade amparar a pessoa idosa em situação de vulnerabilidade, muitas vezes o imóvel de sua propriedade serve de moradia para outras pessoas da família, que eventualmente também se encontram em situação de vulnerabilidade. Desse modo, na disciplina desses instrumentos, o legislador precisa harmonizar os direitos da pessoa idosa com a tutela do bem de família, igualmente amparado pela legislação brasileira.

---

59. ALBALADEJO, Cristina Belenguer. *El contrato de alimentos.* 2012. 784 p. Tesis doctoral. Universidad de Alicante, p. 220-224 e 316-317.

60. ALBALADEJO, Cristina Belenguer. *El contrato de alimentos.* 2012. 784 . Tesis doctoral. Universidad de Alicante, p. 694-695.

CONSIDERAÇÕES FINAIS

O aumento da longevidade é fenômeno social positivo, uma vez que as pessoas vivem mais e com melhor qualidade de vida, mas produz preocupações de diversas ordens. De um lado, há impacto sobre os sistemas públicos de previdência, exigindo seguidas reformas para aumento do valor das contribuições, aumento da idade mínima para se aposentar e redução do valor das aposentadorias. De outro, impacta os sistemas privados de assistência à saúde, tendo como consequência o aumento exponencial das mensalidades dos planos de saúde. Esses fatores conduzem ao empobrecimento da população idosa, cada vez mais dependente da solidariedade familiar e das políticas públicas de atenção ao idoso.

Em muitos casos, porém, a pessoa idosa é detentora de patrimônio suficiente para prover suas necessidades. Para tais situações, os contratos assistenciais surgem como instrumentos fundados na autonomia da vontade que tornam possível a utilização do patrimônio da pessoa idosa para lhe proporcionar conforto financeiro durante a velhice.

A legislação espanhola regulamenta três modalidades de contratos assistenciais: renda vitalícia, alimentos e hipoteca inversa. No direito brasileiro, apenas o contrato de renda vitalícia encontra similar, sob a rubrica da constituição de renda. O contrato de alimentos não encontra amparo legal e a hipoteca inversa ou reversa é objeto de projeto de lei.

Os "contratos asistenciales" apresentam aspectos positivos, especialmente por viabilizar o pleno exercício dos direitos e liberdades das pessoas idosas, assegurando-lhes melhor qualidade de vida. Porém, suscitam muitos cuidados e questionamentos, pois envolvem risco ao patrimônio da pessoa idosa e à segurança financeira das famílias.

Portanto, os contratos assistenciais são viáveis no direito brasileiro, desde que devidamente regulados pelo legislador, com a finalidade de preservar a autonomia e a dignidade da pessoa idosa, sem expô-la ao risco de dilapidação temerária de seu patrimônio.

REFERÊNCIAS

ALBALADEJO, Cristina Belenguer. *El contrato de alimentos*. 2012. 784 p. Tesis doctoral. Universidad de Alicante.

ALMEIDA, Vitor. *A capacidade civil das pessoas com deficiência e os perfis da curatela*. Belo Horizonte: Fórum, 2019.

ALVES, José Eustáquio Diniz. *Envelhecimento e longevidade*. Disponível em: https://www.ecodebate. com.br/2010/06/04/envelhecimento-e-longevidade-artigo-de-jose-eustaquio-diniz-alves/. Acesso em: 04 jan. 2025.

BRASIL. Câmara dos Deputados. *Projeto de Lei 3096/2019*. Disponível em: https://www.camara. leg.br/proposicoesWeb/fichadetramitacao?idProposicao=2204486#tramitacoes. Acesso em: 05 jan. 2025.

BRASIL. Câmara dos Deputados. *Projeto de Lei 5587/2019*. Disponível em: https://www.camara. leg.br/proposicoesWeb/fichadetramitacao?idProposicao=2226121. Acesso em: 05 jan. 2025.

BRASIL. Instituto Brasileiro de Geografia e Estatística. Disponível em: https://agenciadenoticias. ibge.gov.br/agencia-noticias/2012-agencia-de-noticias/noticias/41984-em-2023-expectativa-de-vida-chega-aos-76-4-anos-e-supera-patamar-pre-pandemia. Acesso em: 04 jan. 2025.

BRASIL. Senado Federal. *Projeto de Lei 52/2018*. Disponível em: https://www25.senado.leg.br/web/ atividade/materias/-/materia/132282. Acesso em: 05 jan. 2025.

CAHALI, Yussef Said. *Dos alimentos*. 4. ed. São Paulo: Saraiva, 2002.

CAPUCHA, Luís. Envelhecimento e políticas sociais em tempos de crise. *Sociologia*, Problemas e Práticas [Online], 74 | 2014. Disponível em: https://journals.openedition.org/spp/1479. Acesso em: 04 jan. 2025.

CÁRDENAS, M. Carmen C. *La hipoteca inversa*: instrumento de previsión social. S/d. 43 p. Trabalho de conclusão do Curso de Graduação em Administração e Direção de Empresas. Universidade de Barcelona. Tutor: Antônio Alegre Escolano, p. 22-23. Disponível em: http://diposit.ub.edu/ dspace/bitstream/2445/101405/1/TFG-ADE-Casademunt-MariCarmen-juliol16.pdf. Acesso em: 12 jun. 2019.

CASTRO, Marinella. Aumento da expectativa de vida tem impacto direto sobre a Previdência Social e a Saúde. O Estado de Minas. Online. *Caderno de Economia*. Disponível em: https://www.em.com. br/app/noticia/economia/2012/10/05/internas_economia,321444/aumento-da-expectativa-de-vida-tem-impacto-direto-sobre-a-previdencia-social-e-a-saude.shtml. Acesso em: 04 jan. 2025.

DELGADO, Mário Luiz. *Chegou a hora de revisitar a legítima dos descendentes e ascendentes*. Disponível em: https://www.conjur.com.br/2018-mai-13/processo-familiar-preciso-revisitar-legitima-descendentes. Acesso em: 04 jan. 2025.

DEVESA CARPIO, José Enrique; DEVESA CARPIO, Mar; DOMÍNGUEZ FABIÁN, Inmaculada; ENCINAS GOENECHEA, Borja; MENEU GAYA, Robert; NAGORE GARCÍA, Amparo. *La hipoteca inversa*: análisis financiero y comparación con otras alternativas de ahorro-pensión en España. Trabalho apresentado nas XX Jornadas Hispano-Lusas de Gestão Científica, 2011, p. 5. Disponível em: https://www.uv.es/pensiones/docs/productos-ahorro/La-Hipoteca-Inversa-Def.pdf. Acesso em: 12 jun. 2019.

DINIZ, Maria Helena. *Curso de direito civil brasileiro*. 28. ed. São Paulo: Saraiva, 2013. v. 5: Direito de Família.

DINIZ, Maria Helena. *Curso de direito civil brasileiro*: 3 – Teoria das obrigações contratuais e extracontratuais. 24. ed. São Paulo: Saraiva, 2008.

GOMES, Orlando. *Contratos*. 12. ed. Rio de Janeiro: Forense, 1990.

GOZZO, Débora. A recusa ao tratamento médico pelo paciente idoso. *Migalhas de Direito Médico e Bioética*. Disponível em: https://www.migalhas.com.br/coluna/migalhas-de-direito-medico-e-bioetica/364005/a-recusa-ao-tratamento-medico-pelo-paciente-idoso. Acesso em: 05 jan. 2025.

HIRONAKA, Giselda Maria Fernandes Novaes. *Morrer e suceder*: passado e presente da transmissão sucessória concorrente. São Paulo: RT, 2011.

INSTITUTO BRASILEIRO DE GEOGRAFIA E ESTATÍSTICA. *Em 2023, expectativa de vida chega aos 76,4 anos e supera patamar pré-pandemia*. Agência de Notícias IBGE, 29 nov. 2024.

https://agenciadenoticias.ibge.gov.br/agencia-sala-de-imprensa/2013-agencia-de-noticias/releases/26104-em-2018-expectativa-de-vida-era-de-76-3-anos. Acesso em: 04 jan. 2025.

LORENZETTI, Ricardo Luís. Incidencia de la constitucionalización del Derecho privado en la regulación de la vida cotidiana de las personas – El caso del Código Civil y Comercial de la Nación Argentina. In: TEPEDINO, Gustavo; MENEZES, Joyceane Bezerra de (Coord.). *Autonomia privada, liberdade existencial e direitos fundamentais*. Belo Horizonte: Fórum, 2019.

MENEZES, Joyceane Bezerra de. O direito protetivo no Brasil após a convenção sobre a proteção da pessoa com deficiência: impactos do novo CPC e do Estatuto da Pessoa com Deficiência. *civilistica.com*, a. 4. n. 1. 2015.

MENEZES, Joyceane Bezerra de; TEIXEIRA, Ana Carolina Brochado. Desvendando o conteúdo da capacidade civil a partir do Estatuto da Pessoa com Deficiência. *Revista Pensar*, Fortaleza, v. 21, n. 2, p. 568-599, maio/ago. 2016.

MOLINA, Nilton. *Impacto da longevidade na sociedade e na previdência social e privada*. Disponível em: https://www.editoraroncarati.com.br/v2/phocadownload/molina_16_junho_2016.pdf. Acesso em: 04 jan. 2025.

MOTA, Camilla Veras. Reforma da Previdência: por que 4 países da América Latina revisam modelo de capitalização, prometido por Paulo Guedes. *BBC News Brasil*. Online. Disponível em: https://www.bbc.com/portuguese/geral-47003508. Acesso em: 04 jan. 2025.

NEVARES, Ana Luiza Maia. A proteção da legítima deve ser mantida, excluída ou diminuída do ordenamento jurídico brasileiro? *Revista IBDFAM*: Família e Sucessões, n. 25, p. 77-94, jan./fev. 2018.

NEVARES, Ana Luíza; GIRARDI, Viviani. Pessoa idosa: um novo sujeito e a tutela jurídica dos seus interesses nas relações familiares. In: EHRHARDT, Marcos; CORTIANO JÚNIOR, Eroulths (Coord.). *Transformações no direito privado nos 30 anos da Constituição*: estudos em homenagem a Luiz Edson Fachin. Belo Horizonte: Fórum, 2019.

NOYA, Henrique. *O aumento da longevidade impõe desafios ao setor segurador*. 2018. Disponível em: http://www.sindsegsp.org.br/site/conversa-com-executivos.aspx?id=26. Acesso em: 04 jan. 2025.

PEREIRA, Caio Mário da Silva. *Instituições de direito civil*. 7. ed. Rio de Janeiro: Forense, 1990. v. V: Direito de família.

PEREIRA, Caio Mário da Silva. *Instituições de direito civil*. 8. ed. Rio de Janeiro: Forense, 1990. v. III – Fontes das obrigações.

RODRIGUES, Sílvio. *Direito civil*. 11. ed. São Paulo: Saraiva, 1981. v. 3: dos contratos e das declarações unilaterais de vontade.

SALVIANO, Ednéia. *O impacto do envelhecimento na velhice*. 2008. Dissertação de mestrado. Orientadora: Beltrina Corte. Pontifícia Universidade Católica de São Paulo, PUC/SP.

TIMÓTEO, Antônio. *Não é só aqui: 55 países já subiram idade mínima para se aposentar desde 95. Portal UOL*. Online. Disponível em: https://economia.uol.com.br/noticias/redacao/2019/03/01/previdencia-idade-minima-reforma.htm. Acesso em: 04 jan. 2025.

TORAL LARA, Estrella. *El contrato de renta vitalicia*. 2008. 578 p. Tesis Doctoral. Director: Eugenio Llamas Pombo. Universidad de Salamanca.

TORAL LARA, Estrella. La hipoteca inversa y el contrato de renta vitalicia, una alternativa viable. *Revista Actualidad Civil*, n. 16-2009.

VIVAS TESON, Inmaculada. La convención ONU de los derechos de las personas con discapacidad en la práctica judicial española: una década de aciertos y desaciertos. *Revista Brasileira de Direito Civil*, RBDCivil. Belo Horizonte, v. 18, p. 127-150, out./dez. 2018.

WORLD HEALTH ORGANIZATION. World health statistics overview 2019: monitoring health for the SDGs, sustainable development goals. Geneva: *World Health Organization*; 2019 (WHO/DAD/2019.1). Licence: CC BY-NC-SA 3.0 IGO, p. 4. Disponível em: https://apps.who.int/iris/bitstream/handle/10665/311696/WHO-DAD-2019.1-eng.pdf. Acesso em: 04 jan. 2025.

PLANEJAMENTO SUCESSÓRIO DO PATRIMÔNIO VIRTUAL SERÁ NECESSÁRIO? ANÁLISE DA PROPOSTA DE ALTERAÇÃO DO CÓDIGO CIVIL (PL 4/2025)

Fábio Ricardo Rodrigues Brasilino

Pós-Doutor pela Università degli Studi di Messina – Itália. Doutor em Direito – FADISP. Mestre em Direito Negocial – UEL. Especialista em Direito Internacional e Econômico – UEL. Especialista em Metodologia de Ensino – UNOPAR. Membro do Instituto de Direito Privado. Professor, Advogado e Parecerista. Trabalho vinculado ao projeto de pesquisa "Contratualização das relações familiares e das relações sucessórias", cadastrado sob o n. 12475 na PROPPG da UEL. E-mail: professorbrasilino@gmail.com.

Mathias Carvalho dos Santos

Graduando em Direito pela Universidade Estadual de Londrina – Paraná, Brasil. Trabalho vinculado ao projeto de pesquisa "Contratualização das relações familiares e das relações sucessórias", cadastrado sob o n. 12475 na PROPPG da UEL. E-mail: mathias.carvalho@uel.br.romualdo.

Sumário: Introdução – 1. A importância do planejamento sucessório no mundo virtual – 2. A personalidade civil e a herança digital – 3. A experiência estrangeira e a proposta de alteração legislativa no Brasil – 4. Inclusão da herança digital no planejamento sucessório – Considerações finais – Referências.

INTRODUÇÃO

Com a sociedade cada vez mais conectada, surgem novas demandas e transformações nas relações interpessoais. A tecnologia remodela esses vínculos, tornando realidade o que antes era impossível. Com essas mudanças, os bens virtuais ganham importância. Instrumentos de interação e entretenimento são criados, mudando a forma de ver a vida humana. Para o usuário, ampliam-se as possibilidades de expressão, acesso a informações de diferentes alcances e comunicação com outras pessoas.

O convívio on-line viabiliza a ideia de personalidade virtual do sujeito, que deve ser reconhecida quando se pensa em direito sucessório. As relações pessoais e profissionais se alteram junto com o crescimento do chamado "mundo virtual".

O entendimento que se tinha da intimidade, imagem e bens foi alterado, e isso afeta a todos.

Diante disso, o planejamento sucessório assume um papel importante para os detentores de bens digitais, pois o interesse em continuar com as redes sociais ativas, mesmo depois da morte, garante o legado da personalidade virtual construída em vida. Trata-se de verdadeiro respeito aos direitos da personalidade virtual. É o que o presente estudo pretende abordar.

Será analisada a proposta de alteração legislativa submetida ao Congresso, motivada pelos litígios levados aos Tribunais em relação a familiares que buscam acesso a arquivos ou contas armazenadas em serviços de internet. Busca-se, ainda, demonstrar que as redes sociais deixaram de ser uma mera forma de interação social e passaram a ser, também, uma fonte de renda para indivíduos ou famílias.

Apesar da falta (ou insuficiência) de legislação sobre a sucessão da herança digital sem antecipada presunção da vontade *post mortem*, os próprios serviços de rede, como Google e Instagram, tomaram para si a responsabilidade do usuário de se resguardar em vida, decidindo a quem se destinarão os dados contidos na plataforma ou, até, decidindo pela exclusão da conta e de seus dados.

O presente estudo adota uma abordagem qualitativa, utilizando o método dedutivo, com base em pesquisa bibliográfica e documental. O objetivo geral é analisar o planejamento sucessório como instrumento de proteção dos direitos civis da personalidade virtual.

A originalidade do trabalho reside, principalmente, no fato de discutir o planejamento sucessório sob a perspectiva da tutela dos direitos da personalidade virtual. Para alcançar o objetivo almejado, qual seja, defender a importância do planejamento sucessório do patrimônio virtual como forma de respeitar os direitos da personalidade virtual, o estudo será divido em quatro tópicos.

Em um primeiro momento, a discussão abordará a importância de amparar o mundo virtual por meio do planejamento sucessório. Na sequência, será tratada a questão da personalidade civil e da herança digital. Por fim, analisar-se-á como a mudança social provocada pela tecnologia tem levado as pessoas a se preocuparem com a personalidade virtual e com a tutela dos direitos da personalidade no ambiente digital.

Com o propósito de se aprimorar a legislação, deve-se discutir a evolução legislativa. Para colaborar com a discussão, será analisada a experiência estrangeira e, na sequência, serão analisados os projetos de lei que discutem a questão no Brasil. Por fim, o último tópico discorrerá sobre a inclusão da herança digital e a importância do planejamento sucessório.

A contribuição do presente estudo é discutir a importância de se reconhecer a herança digital e como a omissão legislativa prejudica a tutela dos direitos da personalidade virtual, caso a pessoa não faça um planejamento sucessório.

1. A IMPORTÂNCIA DO PLANEJAMENTO SUCESSÓRIO NO MUNDO VIRTUAL

O Direito das Sucessões é um tema que lida com a morte, um assunto que a sociedade, em geral, evita discutir. No entanto, a morte é uma das únicas certezas da vida, algo inevitável para todos. Após o mundo enfrentar uma pandemia recente, na qual todos estiveram vulneráveis, o tema aqui tratado tornou-se ainda mais atual e necessário. A composição da sociedade contemporânea contribui para a relevância do assunto na atualidade. Os principais fatores que têm levado a reavaliações no Direito das Sucessões decorrem de transformações nas estruturas familiares e na natureza dos bens, ou seja, são fruto de mudanças sociais e econômicas.[1]

Nas palavras de Silvio de Salvo Venosa, "genericamente, ou em sentido amplo, a palavra sucessão significa transmissão, o que pode decorrer de ato *inter vivos* ou *mortis causa*".[2] Sucessão entre vivos ocorre quando uma pessoa substitui outra em um negócio jurídico, por exemplo, enquanto a *mortis causa* se dá após o falecimento de alguém, em que seus herdeiros são chamados a substitui-lo em suas relações jurídicas. Neste sentido, afirma o autor:

> No direito, costuma-se fazer uma grande linha divisória entre duas formas de sucessão: a que deriva de um ato entre vivos, como um contrato, por exemplo, e a que deriva ou tem como causa a morte (*causa mortis*), quando os direitos e obrigações da pessoa que morre transferem-se para seus herdeiros e legatários.[3]

O direito das sucessões é um campo específico do direito civil cujo propósito é regulamentar a transmissão de bens, direitos e obrigações em razão da morte.[4] Do mesmo modo, Ana Luiza Maia Nevares completa "a função do direito das sucessões é estabelecer o destino das situações jurídicas transmissíveis do autor da herança, conforme ditames constitucionais".[5]

Com o avanço da internet, as formas de interação, lazer, comunicação e absorção de informações foram transformadas. A velocidade com que os dados

---

1. TEIXEIRA, Daniele Chaves. *Arquitetura do planejamento sucessório*. 2. ed. Belo Horizonte: Fórum, 2019. p. 29.
2. Idem, p. 13.
3. Idem, p. 17.
4. VENOSA, Silvio de Salvo. *Direito civil*: direito das sucessões. 13. ed. São Paulo: Atlas, 2013. p. 17.
5. TEIXEIRA, Daniele Chaves. *Arquitetura do planejamento sucessório*. 2. ed. Belo Horizonte: Fórum, 2019. p. 28. (Apud NEVARES, Ana Luiza Maia, 2009, p. 8).

se disseminam e alcançam os destinatários reforça a promessa de maior conectividade humana, integrando redes sociais, aplicativos de mensagens e plataformas de compras online, eliminando a necessidade de deslocamento para tarefas como reservar hotéis, comprar passagens ou encontrar restaurantes. A internet deixou de ser apenas um meio de comunicação para se consolidar como um ambiente virtual dinâmico, projetado para atender às diversas experiências buscadas pelos usuários.

A tecnologia remodela de forma significativa as relações humanas, ao viabilizar o compartilhamento de informações em larga escala, tornando-se um importante meio para a interação entre os indivíduos. Ao usuário é aberta a possibilidade não apenas de obter informações das mais variadas origens, mas também de se expressar e dialogar com os demais sujeitos.[6]

Nesse mesmo contexto, complementam Adriano Marteleto Godinho e Gabriel Honorato de Carvalho:

Aquilo que aparentava ser mera ficção tem se mostrado cada vez mais real. Numa era de hipermodernidade, na qual as pessoas têm se relacionado, de forma ascendente, pelos meios tecnológicos, tem-se a total incerteza da segurança da privacidade e do domínio pessoal da propriedade digital por cada cidadão/usuário. Em outras palavras, pode-se dizer que o usuário da internet não tem a certeza da possibilidade de determinação de seus conteúdos.[7]

Os mundos virtuais são ambientes em expansão. Sobre o tema alerta Andrea C. Silva:

Alguns relatórios, como o Horizon Report, indicam o uso de mundos virtuais como uma tendência da web para o futuro. [...] Os primeiros mundos virtuais surgiram nos anos 1960, em formato textual, em ambientes acadêmicos. Eram executados em mainframes e totalmente textuais. A maioria foi e ainda é criada para servir de ambiente para algum jogo. Os jogos desenvolvidos nesses mundos virtuais textuais eram os Role Playing Games (RPG). A maioria dos jogos era adaptada da versão de mesa para o uso nos mundos virtuais. Por serem originários da área de games, muitos dos termos utilizados nos jogos eletrônicos foram incorporados ao vocabulário dos mundos virtuais. À medida que as tecnologias avançam, os RPG, que iniciaram apenas no formato textual, evoluíram, e recursos gráficos foram adicionados. Com o advento da web, o jogo passou a permitir que muitas centenas, até milhares de jogadores se conectassem, dando origem ao termo Massively ou Massive Multiplayer Online Role-Playing Game (MMORPG)".[8]

---

6. LEAL, Livia Teixeira. Tratamento jurídico do conteúdo disposto na internet após a morte do usuário e a denominada herança digital. In: TEIXEIRA, Daniele chaves. *Arquitetura do planejamento sucessório.* 2 ed. Belo Horizonte: Fórum, 2019. p. 224.
7. CARVALHO, Gabriel Honorato de; GODINHO, Adriano Marteleto. Planejamento sucessório e testamento digital: a proteção dinâmica do patrimônio virtual. In: TEIXEIRA, Daniele chaves. *Arquitetura do planejamento sucessório.* 2. ed. Belo Horizonte: Fórum, 2019. p. 173.
8. SILVA, Andrea C. *Reconhecendo estilos de aprendizagem em mundos virtuais 3D como subsídio para design educacional.* Dissertação apresentada ao Mestrado em Design do Centro Universitário SENAC São Paulo, 2011.

Com efeito, o mundo virtual amplia as possibilidades de interação humana e, consequentemente, traz ao Judiciário novas demandas e conflitos antes inexistentes. Conforme destaca Luiz Antonio Capelato, é impossível que o legislador preveja e regule todos os casos da vida, todas as hipóteses que virão a ocorrer na realidade, pois esta, em suas infinitas manifestações cria, a todo instante, situações novas e específicas.[9]

O problema reside exatamente neste ponto: ausência de qualquer regulação que garanta à sociedade – nacional e internacional – um mínimo de segurança jurídica quanto aos seus conteúdos digitais. É o que se extrai de um cenário de repleta omissão legislativa, a começar, no Brasil, pela percepção da insuficiência tanto da legislação sucessória, como do Marco Civil da Internet,[10] legislação recente que já nasceu deficiente. Isso se pode dizer da Lei Geral de Proteção de Dados Pessoais que também não contempla a proteção da herança digital.[11]

As mudanças na abordagem do planejamento sucessório tornam-se necessárias para acompanhar a evolução das demandas sociais, especialmente em um mundo virtual que se mostra cada vez mais permanente. Daniele Chaves Teixeira usa de suas palavras, amparada pela doutrina de Pietro Perlingieri:

> Ao tratar da função social do direito sucessório, destaca o fato de que a perspectiva funcional do direito hereditário vem sendo ignorada pela literatura jurídica e de que o esforço reconstrutivo deve ser realizado diante da transformação no contexto social e econômico. Quando se fala de sucessão *mortis causa*, não se pode deixar de considerar que a morte é um fato natural, não obstante a sucessão seja um produto da política legislativa.[12]

É com base nos princípios constitucionais que é necessário olhar para a renovação da disciplina sucessória.[13] Não é apenas importante, mas também essencial que o planejamento sucessório acompanhe e se adapte às transformações sociais. Quando esse planejamento não abarca o novo universo digital, os bens digitais acabam ficando em um verdadeiro limbo jurídico.

---

9. CAPELATO, Luiz Antonio. *As fontes do direito privado e a construção da decisão jurídica*. Maringá: Unicesumar, 2007. p. 16.

10. A Lei 12.965/14 veio com a intenção de segurança jurídica para a utilização da internet, já que antes dela, dependia da interpretação do juiz. Porém, ainda existem pontos que não tem amparo legal, como os crimes praticados pela internet.

11. CARVALHO, Gabriel Honorato de; GODINHO, Adriano Marteleto. Planejamento sucessório e testamento digital: a proteção dinâmica do patrimônio virtual. In: TEIXEIRA, Daniele chaves. *Arquitetura do planejamento sucessório*. 2 ed. Belo Horizonte: Fórum, 2019. p. 174.

12. TEIXEIRA, Daniele Chaves. *Arquitetura do planejamento sucessório*. 2. ed. Belo Horizonte: Fórum, 2019. p. 58-59 (Apud PERLINGIERO, Pietro, 2009, p. 131-132).

13. TEIXEIRA, Daniele Chaves. *Arquitetura do planejamento sucessório*. 2. ed. Belo Horizonte: Fórum, 2019. p. 59. (Apud PERLINGIERO, Pietro, 2005, p. 256).

2. A PERSONALIDADE CIVIL E A HERANÇA DIGITAL

A personalidade consiste no conjunto de características próprias da pessoa. Portanto, ela não pode ser vista como um direito. Ela apoia os direitos e deveres que são irradiados dela, ou seja, é objeto de direito, é o primeiro bem da pessoa, que lhe pertence como primeira utilidade, possibilitando a sobrevivência e adaptação às condições do ambiente em que se encontra, servindo-lhe de critério para aferir, adquirir e ordenar outros bens.[14]

Carlos Roberto Gonçalves reforça que o conceito de personalidade está umbilicalmente ligado a pessoa. Defende o autor que "todo aquele que nasce com vida torna-se uma pessoa, ou seja, adquire personalidade. Esta é, portanto, qualidade ou atributo do ser humano". E complementa: "pode ser definida como aptidão genérica para adquirir direitos e contrair obrigações ou deveres na ordem civil. É pressuposto para a inserção e atuação da pessoa na ordem jurídica".[15]

Para participar de quaisquer relações ou negócios jurídicos, portanto, é necessário que o indivíduo seja dotado de personalidade jurídica. Arnold Wald discorre a respeito da capacidade de direito e da capacidade de fato, sendo o primeiro, a possibilidade de adquirir direitos e contrair obrigações por si ou por terceiros e o segundo, também chamada capacidade de exercício ou de negócio, em virtude da qual um indivíduo pode praticar pessoalmente os atos da vida civil, sem necessitar de assistência ou de representação.[16]

O Código Civil diz em seu artigo 2º que "a personalidade civil da pessoa começa do nascimento com vida; mas a lei põe a salvo, desde a concepção, os direitos do nascituro"[17] e no artigo 6º define que "a existência da pessoa natural termina com a morte".[18]

Diante do exposto, a personalidade civil da pessoa se inicia com o nascimento e encerra-se com a morte. Ou seja, o falecido não mais possuirá aptidão para se responsabilizar pelos direitos e deveres. Dessa forma, Cristiano Chaves de Farias e

---

14. SENGIK, Kenza Borges; Rodrigues Okçana Yuri Bueno Rodriguues. *Os direitos da personalidade e a sua tutela positiva: uma visão da proteção da autonomia privada no direito brasileiro.* Disponível em: http://www.publicadireito.com.br/artigos/?cod=228b25587479f2fc. Acesso em: 10 fev. 2025. p. 3 (Apud. DINIZ, Maria Helena, 2005, p. 121).
15. GONÇALVES, Carlos Roberto. *Direito civil:* parte geral. 10. ed. São Paulo: Saraiva, 2012. p. 90-91.
16. GONÇALVES, Carlos Roberto. *Direito civil:* parte geral. 10. ed. São Paulo: Saraiva, 2012. p. 163 (Apud. WALD, Arnold, 2002, p. 173).
17. BRASIL. *Lei 10.406.* Promulgada em 10 de janeiro de 2002. Disponível em: http://www.planalto.gov.br/ccivil_03/constituicao/constituição.htm. Acesso em: 15 fev. 2025.
18. Idem.

Nelson Rosenvald afirmam que "a morte completa o ciclo vital da pessoa humana, extinguindo a sua personalidade".[19]

Após a extinção da personalidade, compete aos herdeiros a proteção do patrimônio, chamado de espólio. Em relação aos direitos existenciais, a título de exemplo, o Código Civil, em seu artigo 12, legitima aos familiares o direito de postular indenização, caso os direitos da personalidade do morto sejam violados. Vale citar:

> Art. 12. Pode-se exigir que cesse a ameaça, ou a lesão, a direito da personalidade, e reclamar perdas e danos, sem prejuízo de outras sanções previstas em lei. Parágrafo único. Em se tratando de morto, terá legitimação para requerer a medida prevista neste artigo o cônjuge sobrevivente, ou qualquer parente em linha reta, ou colateral até o quarto grau.[20]

Nota-se, que mesmo com a morte do indivíduo, a legislação brasileira garante aos familiares a possibilidade de buscar a proteção dos direitos da personalidade do falecido. Nesse contexto de fundamentação, deve-se atentar ao fato de ser o direito à herança garantido como um direito fundamental pelo art. 5.º, XXX,[21] da Constituição da República brasileira.[22]

Segundo Flávio Tartuce "a herança pode ser conceituada como o conjunto de bens, positivos e negativos, formado com o falecimento do *de cujus*[23]".[24] Por sua vez, Venosa completa "herança como o conjunto de direitos e obrigações que se transmite, em razão da morte, a uma pessoa, ou a um conjunto de pessoas, que sobreviveram ao falecido".[25]

Ainda de acordo com Sílvio de Salvo Venosa:

> A herança entra no conceito de patrimônio. Deve ser vista como o patrimônio do *de cujus*. Definimos o patrimônio como o conjunto de direitos reais e obrigacionais, ativos e passivos, pertencentes a uma pessoa. Portanto, a herança é o patrimônio da pessoa falecida, ou seja, do autor da herança, sendo o patrimônio transmissível, portanto, contém bens materiais ou imateriais.[26]

A herança garante aos sucessores o direito de acessar os bens deixados pelo falecido, incluindo, atualmente, os bens digitais. Diante disso, os familiares têm

---

19. FARIAS, Cristiano Chaves de; ROSENVALD, Nelson. *Curso de direito civil*: sucessões. 3. ed. Salvador: JusPodivm, 2017. p. 88.
20. BRASIL. *Lei 10.406*. Promulgada em 10 de janeiro de 2002. Disponível em: http://www.planalto.gov.br/ccivil_03/constituicao/constituição.htm. Acesso em: 15 fev. 2025.
21. Artigo 5º, inciso XXX. É garantido o direito de herança (BRASIL, 1988).
22. TARTUCE, Flávio. *Direito civil*: direito das sucessões. 10. ed. Rio de Janeiro: Forense, 2017. p. 17.
23. A expressão *de cujus* está consagrada para referir-se ao morto, de quem se trata a sucessão (retirada da frase latina *de cujus sucessione agitur*) (VENOSA, 2013, p. 23).
24. TARTUCE, Flávio. *Direito civil*: direito das sucessões. 10. ed. Rio de Janeiro: Forense, 2017. p. 35.
25. VENOSA, Silvio de Salvo. *Direito civil*: direito das sucessões. 13. ed. São Paulo: Atlas, 2013. p. 22.
26. Idem, p. 23.

buscado, por meio de ações judiciais, não apenas a proteção prevista em lei, mas também a continuidade da presença digital, como a manutenção de perfis em redes sociais, e o direito de herdar os bens virtuais acumulados pelo falecido. O que se almeja, nesse contexto, é uma efetiva tutela dos direitos da personalidade no âmbito virtual.

Conforme relata Barbosa "levando em consideração o conceito de herança digital, sobrevém o impasse a respeito de como se pode regulamentar a sucessão dos arquivos digitais quando se faz inexistente o testamento".[27]

As redes sociais foram criadas inicialmente para compartilhamento de fotos, vídeos e mensagens com os familiares, amigos e trabalho. Com as novas possibilidades de interações sociais, os usuários começaram a lucrar com suas redes, possibilitando renda através de vendas e divulgação de produtos e serviços.

De acordo com o levantamento, o *Facebook* conta atualmente com 2,2 bilhões de perfis e ao menos oito mil usuários morrem por dia. Os pesquisadores concluíram que até 2100, a rede social poderá ter entre 1,4 a 4,9 bilhões de perfis de pessoas mortas. "Nunca antes na história um arquivo tão vasto de comportamento e cultura humana foi reunido em um só lugar. Controlar esse arquivo, em certo sentido, será controlar nossa história", disse o pesquisador David Watson.[28]

Em vista disso, nota-se a ausência de previsão legal no direito brasileiro. No entanto, mesmo sem uma legislação específica sobre o tema da herança digital, é possível a sucessão e tutela dos bens virtuais, que serão tutelados com as regras gerais de proteção. Apesar de tal situação, com o propósito de se aprimorar a legislação, deve-se discutir a evolução legislativa. O próximo passo será analisar os projetos de lei que discutem a questão no Brasil.

3. A EXPERIÊNCIA ESTRANGEIRA E A PROPOSTA DE ALTERAÇÃO LEGISLATIVA NO BRASIL

Diante das transformações e dos novos fenômenos que emergem na esfera social, surgem demandas e condicionantes inéditas para o Direito. A internet, em particular, trouxe novas perspectivas sobre o conceito de patrimônio. Os bens acumulados em vida agora incluem os bens digitais, o que levanta questões sobre a quem compete o direito de herdar esses ativos virtuais.

---

27. BARBOSA, Larissa Furtado. *A herança digital na perspectiva dos direitos da personalidade*: a sucessão dos bens armazenados virtualmente. Monografia apresentada ao Curso de Graduação em Direito da Universidade Federal do Ceará, 2017. Disponível em: http://repositorio.ufc.br/handle/riufc/29403. Acesso em: 10 fev. 2025. p. 50.

28. *O GLOBO. Em 2070, Facebook terá mais mortos do que vivos.* Disponível em: https://oglobo.globo.com/economia/em-2070-facebook-tera-mais-mortos-do-que-vivos-23652631. Acesso em: 07 fev. 2025.

PLANEJAMENTO SUCESSÓRIO DO PATRIMÔNIO VIRTUAL SERÁ NECESSÁRIO? **341**

No direito estrangeiro, a União Europeia demonstra, em seu âmbito legislativo, um interesse pioneiro na proteção de dados. Primeiro, a Convenção 108/1981, da União Europeia, que logo em seu artigo 1° assim destaca:

> A presente Convenção destina-se a garantir, no território de cada Parte, a todas as pessoas singulares, seja qual for a sua nacionalidade ou residência, o respeito pelos seus direitos e liberdades fundamentais, e especialmente pelo seu direito à vida privada, face ao tratamento automatizado dos dados de carácter pessoal que lhes digam respeito («protecção dos dados») (Comissão Nacional de Proteção de Dados).[29]

Recentemente, de modo avançado, a Europa deu um passo significativo ao consolidar o que pode ser chamado de "Legislação Europeia de Proteção de Dados Pessoais", composta pelo Regulamento (UE) 2016/679 do Parlamento e do Conselho, que estabelece normas para a proteção das pessoas em relação ao tratamento de dados pessoais; pela Diretiva (UE) 2016/680 do Parlamento Europeu e do Conselho, que trata da proteção das pessoas no tratamento de dados pessoais por autoridades competentes, com fins de prevenção, investigação, detecção ou repressão de infrações penais; e pela Diretiva (UE) 2016/681 do Parlamento Europeu e do Conselho, que regulamenta o uso dos dados dos registros de identificação de passageiros, alinhando-se ao propósito de proteção de dados pessoais, em sentido semelhante ao anterior.[30]

Nelson Rosenvald esclarece que a nova regulação da União Europeia "fundamentalmente moderniza as regras de proteção de informações, criando um 'mercado de dados' na União Europeia e estreitando a cooperação entre Estados Membros".[31]

Os Estados Unidos, por meio da ULC (*Uniform Law Comission*), construíram a legislação mais avançada do mundo para tratar dos ativos digitais. Em 2014, foi proposta a UFADAA (*Uniform Fiduciary Access to Digital Assets Act*), uma proposta de regulação, a qual cada Estado Federado poderia aprovar ou não no âmbito de seu território, regulando o destino dos bens digitais em caso de morte ou incapacidade. A proposta de lei, já apresentada e aprovada em 44 Estados norte-americanos, busca conciliar os interesses de todos os envolvidos:

---

29. CONSELHO DA EUROPA. Convenção para a Proteção das Pessoas relativamente ao Tratamento Automatizado de Dados de Caráter Pessoal (Convenção 108). Estrasburgo, 28 jan. 1981. Disponível em: https://dcjri.ministeriopublico.pt/sites/default/files/documentos/instrumentos/convencao_protecao_pessoas_tratamento_automatizado_dados_caracter_pessoal.pdf. Acesso em: 23 fev. 2025.
30. CARVALHO, Gabriel Honorato de; GODINHO, Adriano Marteleto. Planejamento sucessório e testamento digital: a proteção dinâmica do patrimônio virtual. In: TEIXEIRA, Daniele chaves. *Arquitetura do planejamento sucessório*. 2 ed. Belo Horizonte: Fórum, 2019. p. 181.
31. Idem, p. 181 (Apud. ROSENVALD, Nelson, 2018, p. 25).

o titular, sua família, terceiros que se relacionavam com o titular e os provedores de internet.[32]

Bruno Zampier, em sua obra "Bens Digitais", elabora acerca do destino da rede social *Instagram* do jogador de basquete Kobe Bryant, após o trágico acidente que ceifou sua vida em janeiro de 2020.[33] O autor destaca que o Estado onde Kobe vivia aprovou a UFADAA por meio do California Bill AB-691, em vigor desde 1º de janeiro de 2017. Diante disso, é necessário verificar se o jogador deixou alguma declaração em vida sobre o destino de seus ativos digitais. Caso contrário, caberá à família, especialmente à sua esposa, decidir sobre o futuro de suas redes sociais, incluindo a possível sucessão do acervo digital (incorpóreo).

O Senador Rodrigo Pacheco apresentou ao Congresso o PL 4º do 2025,[34] resultado de discussões feitas por uma comissão de juristas. A proposta legislativa trata da herança digital no Capítulo V – Patrimônio Digital, detalhando a inclusão desse conceito no Código Civil. Os principais artigos são:

(i) Definição de patrimônio digital: O documento define patrimônio digital como "o conjunto de ativos intangíveis e imateriais, com conteúdo de valor econômico, pessoal ou cultural, pertencente a pessoa ou entidade, existentes em formato digital". A definição inclui dados financeiros, senhas, contas de mídia social, ativos de criptomoedas, tokens não fungíveis (NFTs), milhagens aéreas, contas de jogos, conteúdos digitais (fotos, vídeos, textos), entre outros.

(ii) Transmissão hereditária do patrimônio digital: O projeto prevê que "a transmissão hereditária dos dados e informações contidas em qualquer aplicação de internet, bem como das senhas ou códigos de acesso, pode ser regulada em testamento". Além disso, o compartilhamento de senhas ou outras formas de acesso a contas pessoais será equiparado a disposições contratuais ou testamentárias expressas, desde que devidamente comprovadas.

(iii) Proteção dos direitos de personalidade: Os direitos de personalidade que se projetam após a morte, como privacidade, intimidade, imagem, nome, honra e dados pessoais, devem observar o disposto em lei especial e nas regras gerais de sucessão.

(iv) Acesso às mensagens privadas: O projeto restringe o acesso às mensagens privadas do falecido. Salvo expressa disposição de última vontade e preservando

---

32. ZAMPIER, Bruno. *Qual será o destino do Instagram de Kobe Bryant?*. Disponível em: https://supremoconcursos.jusbrasil.com.br/artigos/801580172/qual-sera-o-destino-do-instagram-de-kobe-bryant?ref=feed. Acesso em: 07 fev. 2025.

33. Bryant é um dos maiores ídolos do Los Angeles Lakers, por onde jogou por 20 anos e se aposentou em 2016. Foi cinco vezes campeão da NBA. Junto com ele no helicóptero que caiu na Califórnia, nos EUA, estava a filha de 13 anos do atleta (G1, 2020).

34. BRASIL. Senado Federal. Projeto de Lei 4º/2025. Disponível em: https://www25.senado.leg.br/web/atividade/materias/-/materia/166998. Acesso em: 15 fev. 2025. p. 211.

a intimidade de terceiros, essas mensagens não podem ser acessadas pelos herdeiros. Contudo, mediante autorização judicial e comprovação da necessidade, o herdeiro poderá acessar as mensagens privadas do falecido para fins específicos.

(v) Exclusão ou manutenção de contas digitais: Em caso de ausência de manifestação do titular, os sucessores legais podem pleitear a exclusão da conta ou sua conversão em memorial, garantindo a transparência na gestão dessa conta.

(vi) Nomeação de administrador digital: O projeto prevê que é possível nomear um administrador digital para gerir os bens digitais do falecido, seja por testamento, codicilo ou decisão judicial. Esse administrador terá a obrigação de prestar contas sobre os bens digitais durante o inventário.

(vii) Restrições contratuais: São nulas de pleno direito quaisquer cláusulas contratuais que impeçam o titular de dispor de seus próprios dados e informações digitais, garantindo que sua vontade prevaleça sobre termos de uso de plataformas.

Da análise do projeto, verifica-se que ele representa um avanço inicial na busca por regulamentação. No entanto, no que diz respeito às mensagens privadas, parece carecer de operacionalidade, um aspecto essencial que inclusive se alinha aos princípios norteadores do Código Civil. Assim como no passado, quando as mensagens eram trocadas por cartas e a privacidade absoluta do falecido não era garantida, o mesmo ocorre atualmente com as mensagens trocadas de forma digital.

Imagine-se a situação em que a senha de uma rede social é compartilhada com os herdeiros. Eles acessam a conta e encontram mensagens que, hipoteticamente, ofendem os direitos da personalidade do falecido. No entanto, devido à proibição legal, essa prova não poderia ser utilizada para preservar sua dignidade, o que configuraria um contrassenso em relação ao disposto no art. 12, parágrafo único, do Código Civil. Portanto, tal artigo não deveria ser aprovado pelo Congresso Nacional.

Em oposição ao posicionamento acima, Livia Teixeira Leal traz importante discussão quanto à problemática da permissão dos herdeiros para acessar os conteúdos virtuais. Segundo a autora:

> não é difícil de se identificar os problemas dessas propostas iniciais, sobretudo no que se refere à proteção do direito à privacidade. Em primeiro lugar, é desconsiderada a proteção do direito à privacidade dos terceiros que se comunicaram com o usuário falecido por meio de conversas privadas, e que teriam suas mensagens também devassadas pelo acesso dos herdeiros. Em segundo lugar, também haveria a violação da privacidade e da intimidade da pessoa falecida, que teria informações suas acessadas irrestritamente pelos familiares.[35]

---

35. LEAL, Livia Teixeira. Tratamento jurídico do conteúdo disposto na internet após a morte do usuário e a denominada herança digital. In: TEIXEIRA, Daniele chaves. *Arquitetura do planejamento sucessório.* 2 ed. Belo Horizonte: Fórum, 2019. p. 228.

Dentro da problemática do direito à privacidade, o Projeto de Lei 1.331/2015 propõe a alteração do inciso X, do artigo 7º da Lei 12.965/2014, conhecida como Marco Civil da Internet, o que inclui a legitimidade do cônjuge, dos ascendentes e dos descendentes para requerer a exclusão dos dados pessoais do usuário falecido. O texto do projeto de lei diz:

> X – exclusão definitiva dos dados pessoais que tiver fornecido a determinada aplicação de internet, a seu requerimento, ou, em se tratando de morto ou de ausente, a requerimento do cônjuge, dos ascendentes ou dos descendentes, até o terceiro grau, ao término da relação entre as partes, ressalvadas as hipóteses de guarda obrigatória de registros previstas nesta Lei.[36]

Ressalta-se, portanto, que até mesmo a exclusão dos dados da rede do falecido pelo cônjuge não preenche as lacunas da falta de uma legislação específica para a herança virtual. Com isso, o Brasil encontra-se em desamparo legal no que se refere aos sucessores de patrimônios virtuais, especialmente quando não há manifestação em vida do falecido. Essa situação gera conflitos inerentes à falta de regulamentação, evidenciando, assim, a importância do testamento digital como ferramenta para dirimir tais questões.

4. INCLUSÃO DA HERANÇA DIGITAL NO PLANEJAMENTO SUCESSÓRIO

Com a criação de uma identidade digital, e com o desenvolvimento e a consequente alteração da forma de se enxergar a morte, ocorre "a possibilidade de uma permanência *post mortem*, por meio dos dados e páginas digitais, que redimensionam a memória e o esquecimento humano".[37]

Considerando a omissão legislativa quanto a tal situação, uma alternativa que traz segurança é o planejamento sucessório, pois, além da proposta de melhor garantir a autonomia privada do próprio titular, possibilita uma melhor organização dos seus bens digitais, preservando o seu direito da personalidade digital e evitando litígios longos entre os herdeiros.[38] Partindo-se de tais premissas, o reconhecimento jurídico da herança digital tem grande importância jurídica na perspectiva sucessória, diante da própria influência legítima que se transparece

---

36. BRASIL. *Lei 12.965*. Promulgada em 13 de abril de 2014. Disponível em: http://www.planalto.gov.br/ccivil_03/constituicao/constituição.htm. Acesso em: 15 ago. 2020.
37. LEAL, Livia Teixeira. Tratamento jurídico do conteúdo disposto na internet após a morte do usuário e a denominada herança digital. In: TEIXEIRA, Daniele chaves. *Arquitetura do planejamento sucessório*. 2. ed. Belo Horizonte: Fórum, 2019. p. 224.
38. ALPHONSE, Ana Luiza de Oliveira. Herança digital: pontos controvertidos e planejamento sucessório. In: GHILARDI, Dóris; GOMES, Renata Raupp. *Estudos avançados de direito de família e sucessões*. Rio de Janeiro: Lumen Juris, 2020. v. 1. p. 270.

por meios virtuais, bem como do patrimônio econômico que as redes sociais podem gerar ao usuário.

Gabriel Honorato e Adriano Marteleto argumentam sobre o testamento digital, aqui utilizado no sentido de uma manifestação sucessória sobre os conteúdos digitais e não sob o viés de um testamento tradicional realizado por um meio eletrônico. Trata-se, pois, de ferramenta hábil para concretização dos direitos fundamentais da pessoa humana na perspectiva sucessória e dos direitos ligados à projeção da vontade dos autos da herança.[39]

O planejamento sucessório dos bens digitais é de suma importância para fazer valer a vontade do autor da herança em deixar o seu legado virtualmente criado em contínuo processo, mesmo após a sua morte, além de ser uma importante ferramenta de regulação privada.

Continuar o legado do sucedido nas contas de redes sociais, como *Instagram* e *TikTok* é a garantia de que estarão nas mãos corretas para tal. Além disso, o mundo virtual tornou-se uma fonte de renda essencial para muitas famílias, tornando imprescindível a continuidade das redes sociais para que os sucessores não enfrentem desamparo econômico.

Anota-se, nesse caminho, que já existem mecanismos de internet que suplantam a carência legislativa do testamento digital, a exemplo da iniciativa de algumas empresas como o *Google* e o *Facebook*, que já permitem que seus usuários manifestem uma espécie de "testamento digital" a fim de direcionar, antecipadamente, qual o tratamento desejam receber em suas reduz sociais ou caixas de e-mails no caso de falecimento, e de declarar se desejam que aqueles conteúdos se projetem para seus herdeiros ou não.[40]

A plataforma *Instagram* tem a opção "solicitação de memorial", em que o detentor da conta deixa um herdeiro destinado a receber o acesso e transformar o perfil em um espaço de memórias, e o herdeiro somente terá acesso ao preencher um formulário e apresentar um atestado de óbito.

Existem sites que oferecem serviços de proteção de contas e mediação para auxiliar o detentor da herança digital em suas decisões, como o encaminhamento ou encerramento de contas. Um exemplo é o site Morte Digital, que atua nesse sentido.[41]

---

39. CARVALHO, Gabriel Honorato de; GODINHO, Adriano Marteleto. Planejamento sucessório e testamento digital: a proteção dinâmica do patrimônio virtual. In: TEIXEIRA, Daniele chaves. *Arquitetura do planejamento sucessório*. 2. ed. Belo Horizonte: Fórum, 2019. p. 185.
40. Idem, p. 186.
41. MORTE DIGITAL. Disponível em: https://mortedigital.com.br/. Acesso em: 25 ago. 2020.

Observa-se que os próprios *players* se asseguram, de alguma forma, visando resguardar a vontade do herdeiro sobre bens virtuais. Ademais, para trazer maior segurança ao sucedido, se caracteriza o testamento público[42] ou testamento particular[43] como a melhor ferramenta, sendo os mecanismos mais tradicionais para a sucessão.

É necessária a compressão e esclarecimento da sociedade quanto à importância de fazer o planejamento sucessório, e de como isso aumenta o poder de decidir, ainda em vida, a projeção de seus bens virtuais. Por outro lado, é igualmente importante que tanto o sucedido quanto o sucessor tenham plena consciência da responsabilidade envolvida na transmissão e recebimento de uma herança digital, uma vez que ela contém dados, fotos e mensagens íntimas que representam uma vida inteira.

CONSIDERAÇÕES FINAIS

É inerente ao Direito proteger interesses juridicamente relevantes, o fenômeno da tecnologia e as novas formas de interações sociais faz com que novas demandas são postas. Os bens digitais, em especial as redes sociais, além de meio de comunicação tornam-se importantes instrumentos de riqueza, pois possibilita que seus titulares aufiram valores consideráveis com a sua utilização. Além da importância econômica, não se pode negar, que a imagem da pessoa, em respeito aos direitos da personalidade, pode ser defendida a qualquer tempo, mesmo após a morte. Com base nessas premissas, o presente estudo defendeu a necessidade de se reconhecer a importância da herança digital. No decorrer do texto, diversas conclusões foram tomadas no intuito de fazer uma construção lógica para o que defendemos. Todavia, listaremos algumas conclusões que são essenciais para a tese ora defendida:

1. O direito das Sucessões é um tema que lida com a morte, ou seja, algo que a sociedade em geral não gosta de tratar. Entretanto, é a uma das únicas certezas que se tem na vida, de que todos irão morrer. E, em tempos de pandemia, em que todos estão vulneráveis a se acometer de tal vírus, o assunto aqui tratado se faz atual e necessário;

---

42. Essa forma de testamento é a que apresenta maior segurança, pois ficará registrada em cartório. Sua maior desvantagem é não guardar segredo sobre a vontade do testador. Qualquer pessoa poderá ter acesso a ele, como qualquer escritura pública (VENOSA, 2013, p. 235).

43. Apesar de ser a categoria mais fácil e acessível para ser concretizada na prática, a modalidade particular não tem a mesma certeza e segurança do testamento público, sendo essa sua principal desvantagem. Ademais, existem algumas formalidades que devem ser preenchidas, o que demonstra que o negócio *mortis causa* em questão não é tão acessível assim, pois certa burocracia faz-se presente (TARTUCE, 2017, p. 236).

2. Com o avanço da internet alterou-se a possibilidade de interação, lazer, comunicação e a maneira como se absorve a informação. A rapidez com que os dados são espalhados e chegam até o destinatário, atrai com a promessa da interação humana, fazendo parte das redes sociais, aplicativos de conversação e meios de compras online, sem a necessidade de locomover ao local desejado, reservar hotel, comprar passagens e descobrir restaurantes. A internet deixou de ser apenar um meio de comunicação para se tornar também um ambiente virtual, idealizado por pessoal que procuram diversas experiências.

3. As alterações no pensar do planejamento sucessório, se faz necessário no intuito de acompanhar as mudanças conforme a necessidade da sociedade, ainda mais, quando o mundo virtual aparenta ser impossível de sumir.

4. É necessário que o planejamento sucessório se observe as mudanças sociais e se adapte a elas, por isso, ao ver que o planejamento sucessório não se respalda a esse mundo novo da internet, os bens digitais ficam em um verdadeiro limbo jurídico.

5. Nota-se a ausência de previsão legal no direito brasileiro, porém mesmo sem uma legislação específica sobre o tema da herança digital, é possível a sucessão e tutela dos bens virtuais, que serão tutelados com as regras gerais de proteção. Apesar de tal situação, com o propósito de se aprimorar a legislação, deve-se discutir a evolução legislativa.

6. O Brasil se encontra em desamparo legal para os sucedidos dos patrimônios virtuais sem alegação em vida, há conflitos inerentes para tal precedência e neste sentido, observa-se a importância do testamento digital.

7. Considerando a omissão legislativa quanto a tal situação, alternativa que traz segurança é o planejamento sucessório, pois além da proposta de melhor garantir a autonomia privada do próprio titular, possibilita uma melhor organização dos seus bens digitais, preservando o seu direito da personalidade digital e evitando litígios longos entre os herdeiros.

8. É necessária a compressão e esclarecimento da sociedade quanto a importância em se fazer o planejamento sucessório e como isso aumenta o poder de decidir, ainda em vida, a projeção de seus bens virtuais. Por outro lado, é de maior importância a plena consciência, tanto do sucedido, quanto do sucessor, a responsabilidade ao transmitir ou receber a herança digital de outro, pois encontra-se com dados, fotos e mensagens intima de uma vida inteira.

9. Como resumo deste artigo, concebe-se a seguinte oração: o presente estudo demonstrou a importância de se reconhecer a herança digital e como a omissão legislativa prejudica a tutela dos direitos da personalidade virtual, portanto uma alternativa viável é que a pessoa faça um planejamento sucessório do patrimônio virtual.

REFERÊNCIAS

ALPHONSE, Ana Luiza de Oliveira. Herança digital: pontos controvertidos e planejamento sucessório. In: GHILARDI, Dóris; GOMES, Renata Raupp. *Estudos avançados de direito de família e sucessões*. Rio de Janeiro: Lumen Juris, 2020. v. 1.

BARBOSA, Larissa Furtado. *A herança digital na perspectiva dos direitos da personalidade*: a sucessão dos bens armazenados virtualmente. 2017. 71f. Trabalho de Conclusão de Curso (Graduação em Direito) – Universidade Federal do Ceará, 2017. Disponível em: http://repositorio.ufc.br/handle/riufc/29403. Acesso em: 10 fev. 2025.

BRASIL. *Lei 10.406*. Promulgada em 10 de janeiro de 2002. Disponível em: http://www.planalto.gov.br/ccivil_03/constituicao/constituição.htm. Acesso em: 15 fev. 2025.

BRASIL. *Lei 12.965*. Promulgada em 13 de abril de 2014. Disponível em: http://www.planalto.gov.br/ccivil_03/constituicao/constituição.htm. Acesso em: 15 ago. 2020.

_____. Senado Federal. Projeto de Lei 4º/2025. Disponível em: https://www25.senado.leg.br/web/atividade/materias/-/materia/166998. Acesso em: 15 fev. 2025.

BRASIL. *Constituição da República Federativa do Brasil*. Promulgada em 05 de outubro de 1988. Disponível em: http://www.planalto.gov.br/ccivil_03/constituicao/constituicao.htm. Acesso em: 1º fev. 2025.

BRASIL. Câmara dos Deputados. *Projeto de Lei 1.331, de 2015*. Disponível em: https://www.camara.leg.b r/proposicoesWeb/fichadetramitaca o?idProposicao=1227967. Acesso em: 25 ago. 2020.

CAPELATO, Luiz Antonio. *As fontes do direito privado e a construção da decisão jurídica*. Maringá: Unicesumar, 2007.

CARVALHO, Gabriel Honorato de; GODINHO, Adriano Marteleto. Planejamento sucessório e testamento digital: a proteção dinâmica do patrimônio virtual. In: TEIXEIRA, Daniele chaves. *Arquitetura do planejamento sucessório*. 2. ed. Belo Horizonte: Fórum, 2019.

CONSELHO DA EUROPA. *Convenção para a Proteção das Pessoas relativamente ao Tratamento Automatizado de Dados de Caráter Pessoal (Convenção 108)*. Estrasburgo, 28 jan. 1981. Disponível em: https://dcjri.ministeriopublico.pt/sites/default/files/documentos/instrumentos/convencao_protecao_pessoas_tratamento_automatizado_dados_caracter_pessoal.pdf. Acesso em: 23 fev. 2025.

FARIAS, Cristiano Chaves de; ROSENVALD, Nelson. *Curso de direito civil*: sucessões. 3. ed. Salvador: JusPodivm, 2017.

O GLOBO. *Em 2070, Facebook terá mais mortos do que vivos*. Disponível em: https://oglobo.globo.com/economia/em-2070-facebook-tera-mais-mortos-do-que-vivos-23652631. Acesso em: 07 fev. 2025.

G1. *Acidente de helicóptero em Los Angeles mata Kobe Bryant, ex-jogador da NBA*. Disponível em: https://g1.globo.com/mundo/noticia/2020/01/26/acidente-de-helicoptero-em-los-angeles-mata-kobe-bryant-ex-jogador-da-nba.ghtml. Acesso em: 22 ago. 2020.

GONÇALVES, Carlos Roberto. *Direito civil*: parte geral. 10. ed. São Paulo: Saraiva, 2012.

LEAL, Livia Teixeira. Tratamento jurídico do conteúdo disposto na internet após a morte do usuário e a denominada herança digital. In: TEIXEIRA, Daniele Chaves. *Arquitetura do planejamento sucessório*. 2. ed. Belo Horizonte: Fórum, 2019.

SENGIK, Kenza Borges; Rodrigues Okçana Yuri Bueno Rodriguues. *Os direitos da personalidade e a sua tutela positiva: uma visão da proteção da autonomia privada no direito brasileiro*. Disponível em: http://www.publicadireito.com.br/artigos/?cod=228b25587479f2fc. Acesso em: 10 fev. 2025.

SILVA, Andrea C. *Reconhecendo estilos de aprendizagem em mundos virtuais 3D como subsídio para design educacional.* Dissertação apresentada ao Mestrado em Design do Centro Universitário SENAC São Paulo, 2011.

TARTUCE, Flávio. *Direito civil:* direito das sucessões. 10. ed. Rio de Janeiro: Forence, 2017.

TEIXEIRA, Daniele Chaves. *Arquitetura do planejamento sucessório.* 2. ed. Belo Horizonte: Fórum, 2019.

TEIXEIRA, Daniele Chaves. *Planejamento sucessório:* pressupostos e limites. 2. ed. Belo Horizonte: Fórum, 2019.

VENOSA, Silvio de Salvo. *Direito civil:* direito das sucessões. 13. ed. São Paulo: Atlas, 2013.

ZAMPIER, Bruno. *Qual será o destino do Instagram de Kobe Bryant?* Disponível em: https://supremoconcursos.jusbrasil.com.br/artigos/801580172/qual-sera-o-destino-do-instagram-de-kobe-bryant?ref=feed. Acesso em: 07 fev. 2025.

NEGÓCIOS JURÍDICOS PROCESSUAIS EM DIREITO DE FAMÍLIA

Silas Silva Santos

Doutor e Mestre em Direito Processual pela Faculdade de Direito da USP;
Professor na Universidade do Oeste Paulista (Unoeste). Membro do CEAPRO.
Coordenador Regional de Núcleo da Escola Paulista da Magistratura; Juiz de
Direito do TJ/SP.

Maria Clara Silva de Lima

Bacharel em Direito pela Universidade do Oeste Paulista (Unoeste). Pós-Graduanda em Planejamento Familiar e Sucessório no Centro Universitário Toledo
Prudente.

Ricardo Vinícius da Silva Zulli

Discente do Curso de Direito da Universidade do Oeste Paulista (Unoeste).

Sumário: Introdução – 1. Negócios jurídicos processuais: uma primeira aproximação – 2. Negócios jurídicos processuais nas ações de família: casuística – Considerações finais – Referências.

INTRODUÇÃO

Não tem sabor de novidade afirmar que as relações familiares, na atualidade, sofrem notória influência do fenômeno que se convencionou chamar de contra-tualização. Isso porque a proteção jurídica da família não se justifica pelo fato de se tratar de uma entidade jurídica, mas sim pelo fato de a família constituir-se num ambiente vocacionado a garantir o desenvolvimento da pessoa humana. Isso implica dizer que família deixa de ter um valor em si; o que prepondera, do ponto de vista jurídico, é a função que ela exerce na construção de cada indivíduo que se desenvolve no seu interior.

Logo, o atributo da autonomia daqueles que vivem no seio familiar alcança status jurídico a ponto de justificar a prevalência dos interesses dos sujeitos de direito que integram a família. A proteção jurídica, assim, desloca-se do instituto família para as pessoas que dela fazem parte.

Apesar do prestígio constitucional da família como categoria jurídica, o fato é que na Constituição de 1988, a partir de sua matriz fundamental de proteção da dignidade da pessoa humana, a família "deixa de ter valor intrínseco, como instituição capaz de merecer tutela jurídica pelo simples fato de existir, passando a ser valorada de maneira instrumental, tutelada na medida em que – e somente na exata medida em que – se constitua em núcleo intermediário de desenvolvimento da personalidade dos filhos e de promoção da dignidade de seus integrantes".[1]

O prestígio da autonomia e da liberdade das pessoas vai desaguar na proteção jurídica dos vários arranjos familiares, âmbito no qual preponderam as opções voluntárias de cada pessoa. Dá-se primazia à vontade das pessoas, e não mais aos figurinos rígidos da legislação, mesmo porque a "família não é titular de um interesse separado e autônomo, superior àquele do pleno e livre desenvolvimento de cada pessoa".[2]

Pois é nesse ambiente de maior liberdade que se apresenta pujante a noção de contratualização das relações familiares. Se é verdade que a liberdade incrementa o rol de possibilidades dos vários arranjos familiares, não é menos verdade que o ser humano tem uma propensão à busca por segurança. Diante dessa possível tensão entre liberdade e segurança, o contrato traduz-se em instrumento vocacionado a amparar e a equilibrar essa inevitável tensão.

Quando se transpõe a análise desse mesmo fenômeno para a seara do processo judicial, o prestígio da liberdade também se mostra presente, tanto que o CPC/2015 enuncia que, nas ações que envolvem o direito de família, todos os esforços serão empreendidos para a solução consensual da controvérsia (art. 694, *caput*). Isso evidencia que a resolução dos litígios será encontrada e definida pela convergência de vontade dos contendores.

Ainda no campo dos processos em que se discutem assuntos de direito de família, sobreleva a noção de flexibilização procedimental,[3] a fim de que o modo de ser do processo ajuste-se às peculiaridades da causa e também à vontade das partes.

É nesse contexto que se apresenta relevante o estudo dos chamados negócios jurídicos processuais, numa tentativa de se verificarem as potencialidades e os limites desse tipo de arranjo processual nas ações que versam sobre o direito de família.

---

1. TEPEDINO, Gustavo. A disciplina civil-constitucional das relações familiares. *Temas de direito civil*. 3. ed. Rio de Janeiro: Renovar, 2004, p. 398.
2. PERLINGIERI, Pietro. *Perfis do direito civil*: introdução ao direito civil constitucional. 3. ed. Rio de Janeiro: Renovar, trad. Maria Cristina De Cicco, 2007, p. 245.
3. Sobre o tema, confira-se, por todos, GAJARDONI, Fernando da Fonseca. *Flexibilização procedimental*: um novo enfoque para o estudo do procedimento em matéria processual. São Paulo: Atlas, 2008. Também é útil consultar BEDAQUE, José Roberto dos Santos. *Direito e processo*: influência do direito material sobre o processo. 5. ed. São Paulo: Malheiros, 2009, p. 68-70.

Este ensaio tem o escopo de analisar, casuisticamente, algumas situações em que os negócios jurídicos processuais podem constituir bom instrumento para encaminhamento de processos judiciais. Antes desse enfoque casuístico, entretanto, convém passar em revista algumas considerações gerais a respeito daquilo que disciplina o art. 190 do CPC/2015. É o que se faz doravante.

1. NEGÓCIOS JURÍDICOS PROCESSUAIS: UMA PRIMEIRA APROXIMAÇÃO

Mesmo na vigência do CPC/1973, José Carlos Barbosa Moreira anunciava que o sistema processual brasileiro conviveria com a possibilidade de convenções processuais a respeito do procedimento; a par das várias situações expressamente veiculadas pela legislação, autorizadoras de ajustes das partes sobre o procedimento, o notável processualista sinalizava que não haveria impedimento algum a que as partes convencionassem a não indicação de assistentes técnicos por ocasião da produção de prova pericial.[4]

Leonardo Greco, também na vigência do CPC/73, professou que, guardados alguns limites do que chamou de ordem pública processual, é "perfeitamente aceitável a regulação convencional do procedimento".[5] Daí uma primeira conclusão de que não há tanta novidade na admissão de convenções processuais ajustadas pelas partes.

De qualquer modo, o sistema legislado de hoje tem a virtude de não deixar dúvidas a respeito do cabimento de modificações procedimentais acordadas pelas próprias partes, mesmo fora dos casos em que a lei admite esse tipo de convenção. Em outras palavras, o CPC/2015 criou uma cláusula geral de negociação, dando ênfase ao autorregramento da vontade na tela do processo e permitindo, com isso, a celebração de negócios processuais atípicos.

Realmente, o art. 190 do CPC dispõe que, versando o processo sobre direitos que admitem autocomposição, é lícito às partes plenamente capazes estipular mudanças no procedimento para ajustá-lo às especificidades da causa e convencionar sobre os seus ônus, poderes, faculdades e deveres processuais, antes ou durante o processo.

Numa perspectiva conceitual, pode-se dizer que a convenção processual "é o negócio jurídico plurilateral, pelo qual as partes, antes ou durante o processo

---

4. Convenção das partes sobre matéria processual. *Temas de direito processual*: terceira série. 2. ed. Rio de Janeiro: GZ Editora, 2023, p. 120-121. Recorda-se que o texto original veio a público no ano de 1982.

5. Os atos de disposição processual – primeiras reflexões. In: MEDINA, José Miguel Garcia et al (Coord.). *Os poderes do juiz e o controle das decisões judiciais*: estudos em homenagem à Professora Teresa Arruda Avim Wambier. São Paulo: RT, 2008, p. 302.

e sem necessidade da intermediação de nenhum outro sujeito, determinam a criação, modificação e extinção de situações jurídicas processuais, ou alteram o procedimento".[6]

Conforme a doutrina, esse tipo de negócio deve ser formalizado por escrito; se obtido o ajuste de vontades por meio oral, a avença deve necessariamente ser reduzida a termo.[7] Tendo em vista que se cuida de negócio jurídico processual, o seu objeto consiste na "regulação, ainda que parcial, da relação jurídica processual ou ao menos do procedimento; respectivamente, os componentes substancial e formal do conceito de processo".[8]

Guido Alpa, tratando do sistema italiano, também esclarece que os negócios processuais, diferentemente daqueles do direito privado, têm eficácia circunscrita à esfera do processo.[9]

A título exemplificativo, o Enunciado 262 do FPPC[10] diz que é admissível negócio processual para dispensar caução no cumprimento provisório de sentença. O Enunciado 579 também do FPPC considera admissível o negócio processual que estabeleça a contagem dos prazos processuais em dias corridos. De igual modo, o Enunciado 19 do FPPC exemplifica os seguintes negócios processuais: pacto de impenhorabilidade, ajuste de ampliação de prazos das partes, acordo de rateio de despesas processuais, dispensa consensual de assistente técnico, acordo para retirar o efeito suspensivo de recurso, pacto para não se promover execução provisória, ajuste de mediação ou conciliação extrajudicial prévia obrigatória, dentre outras avenças.

Os sujeitos do negócio jurídico processual são as partes, e não o juiz; dessa forma, os litigantes podem convencionar a respeito de *seus* ônus, poderes, faculdades e deveres processuais. Por isso é que as partes não têm autorização para dispor sobre o exercício dos poderes instrutórios do juiz, sobre os pressupostos para concessão de tutela provisória ou sobre os requisitos de admissibilidade da ação, do processo ou dos recursos.

O art. 190, do CPC, ainda esclarece que apenas as partes plenamente capazes podem serem sujeitos de negócios jurídicos processuais. Consoante ao que esclarece a doutrina, a capacidade exigida aqui é a processual, e não a de direito material; é que se cuida de convenção a respeito do processo, cujos efeitos serão

---

6. CABRAL, Antonio do Passo. *Convenções processuais*. Salvador: JusPodivm, 2016.
7. YARSHELL, Flávio Luiz. Convenção das partes em matéria processual: rumo a uma nova era? In: CABRAL, Antonio do Passo; Nogueira, Pedro Henrique (Coord.). *Negócios processuais* (coleção Grandes Temas do novo CPC). Salvador: JusPodivm, 2015, p. 65.
8. YARSHELL, Flávio Luiz. Convenção das partes em matéria processual, cit., p. 66.
9. *Manuale di diritto privato*. 12. ed. Milano: CEDAM, 2023, p. 538.
10. Fórum Permanente de Processualistas Civis.

sentidos apenas na tela do processo, razão pela qual "a capacidade, o objeto e a forma devem atender às exigências processuais".[11] Implica dizer que a pessoa com menos de 18 anos pode celebrar negócio processual de forma válida, desde que assistida ou representada, conforme a idade.

Do mesmo modo, os entes despersonalizados que tenham capacidade de ser parte, tal como o condomínio, o espólio e a massa falida, podem figurar como sujeitos de negócio jurídico processual.

Tendo em vista que se trata de negócio relativo às posições processuais das partes, as pessoas casadas sob os regimes comunitários de bens precisarão da anuência do cônjuge para convencionar sobre processos que envolvam direitos reais imobiliários (arts. 73 e 847, § 3º, do CPC).[12]

Ainda na perspectiva dos sujeitos, o art. 190, p. único, do CPC, estabelece que se negará validade ao negócio processual em que alguma parte se encontre em manifesta situação de vulnerabilidade, entendida como "um estado de risco, uma situação permanente ou provisória, individual ou coletiva, que fragiliza ou enfraquece o sujeito de direitos, desequilibrando a relação jurídica".[13] Esse requisito, não há dúvida, tem forte incidência nos processos que envolvem o direito de família, bastando rememorar as situações em que haja algum tipo de violência doméstica ou familiar.

Sob outro enfoque, tem-se que o objeto do negócio processual deve ser lícito; por isso é que não se admite o pacto que autorize a tomada de depoimento pessoal sob tortura.

No seu aspecto temporal, o negócio jurídico processual pode ser estabelecido antes ou durante o processo. Dessa forma, nada impede que, no bojo de um contrato de transporte, sejam estipuladas regras procedimentais de um futuro processo judicial que possa surgir entre os contratantes. Igualmente, a convenção processual pode se verificar em qualquer fase do processo: no início, antes ou depois do saneamento, durante a instrução, na fase recursal e também na fase de cumprimento de sentença.

Por fim, cabe rememorar que, como todo e qualquer negócio jurídico, a convenção de que ora se cuida está sujeita ao controle de sua validade pelo juiz. De fato, o art. 190, p. único, do CPC, estabelece que, de ofício ou a requerimento, o juiz

---

11. CARNEIRO DA CUNHA, Leonardo. *Comentários ao Código de Processo Civil*: artigos 188 ao 293. São Paulo: RT, coord. de Luiz Guilherme Marinoni, Sérgio Cruz Arenhart e Daniel Mitidiero, 2016, p. 55-56. Em senso contrário: YARSHELL, Flávio Luiz. Convenção das partes em matéria processual, cit., p. 73.

12. CALMON, Rafael. *Manual de direito processual das famílias*. 4. ed. São Paulo: Saraiva, 2024, p. 365.

13. CARNEIRO DA CUNHA, Leonardo. *Comentários ao Código de Processo Civil*: artigos 188 ao 293, cit., p. 57.

controlará a validade das convenções previstas no *caput*, recusando-lhes aplicação somente nos casos de nulidade ou de inserção abusiva em contrato de adesão ou em que alguma parte se encontre em manifesta situação de vulnerabilidade.

A expressão "somente", contida no texto legal acima referido, ostenta valor hermenêutico superlativo; deve-se entender, portanto, que a regra para o sistema é a da plena validade e eficácia dos negócios jurídicos processuais; apenas excepcionalmente, nos casos expressamente listados no p. único do art. 190, é que se pode recusar a aplicação do pacto firmado pelas partes. "Fora daí, não é possível negar eficácia a um negócio processual, não sendo adequado o juiz dele discordar ou entender que não seria conveniente ou apropriado".[14]

Em acréscimo, o sistema de invalidades a ser aplicado é o do processo civil, e não o do direito civil. Implica dizer que "não se deve invalidar o negócio processual se não houver prejuízo, se for possível aproveitá-lo ou se a finalidade for alcançada".[15]

Feito esse apanhado geral, destituído de qualquer pretensão de análise exaustiva, abre-se convite para o enfrentamento de alguns negócios jurídicos processuais tipicamente voltados para os processos que veiculam temas de direito de família. É o que se verá na sequência.

2. NEGÓCIOS JURÍDICOS PROCESSUAIS NAS AÇÕES DE FAMÍLIA: CASUÍSTICA

Não é possível construir um elenco completo das possíveis convenções processuais nas ações que envolvam o direito de família. É que a criatividade dos profissionais do Direito e a liberdade que impera nessa senda incrementam em muito a extensão das possibilidades dos negócios processuais.

Apesar disso, parece útil pensar em alguns poucos exemplos como forma de abrir caminho para outras abordagens, permitindo que o leitor se valha de sua criatividade para, no caso concreto, delinear uma boa e profícua negociação processual.

De modo um tanto arbitrário, escolheram-se aqui quatro conjuntos de exemplos, divididos em dois grandes grupos: negócios pré-processuais e negócios incidentais. No âmbito dos incidentais, optou-se por apresentar um feixe de exemplos da fase de conhecimento, outro da fase recursal e um último da fase de cumprimento de sentença.

---

14. CARNEIRO DA CUNHA, Leonardo. *Comentários ao Código de Processo Civil*: artigos 188 ao 293, cit., p. 55.
15. CARNEIRO DA CUNHA, Leonardo. *Comentários ao Código de Processo Civil*: artigos 188 ao 293, cit., p. 55.

NEGÓCIOS JURÍDICOS PROCESSUAIS EM DIREITO DE FAMÍLIA **357**

Tendo em vista que o sistema admite que o negócio processual seja construído antes da propositura de qualquer demanda judicial, o pacto antenupcial aparece como campo fértil para esse tipo de convenção. Realmente, os cônjuges poderiam estabelecer, por exemplo, que numa eventual crise no relacionamento, as partes não poderiam se valer, desde logo, do divórcio; seria necessária, como condição para o divórcio, a submissão do casal a sessões de terapia por determinado período (cláusulas de paz ou de reflexão). E mais: seria admissível que o casal formulasse cláusula de tentativa prévia e obrigatória de solução extrajudicial do conflito; exemplificativamente, a convenção poderia estabelecer algumas sessões de mediação prévia e obrigatória, como condição para o divórcio.[16]

É claro que esse tipo de negócio processual teria sua aplicabilidade recusada pelo juiz em caso de verificação de alguma vulnerabilidade surgida dentro do casamento, tal como nos casos de violência doméstica ou familiar.

Já no campo de um processo instaurado, um negócio jurídico do tipo incidental poderia dizer respeito ao elastecimento dos prazos processuais; as partes também poderiam convencionar a não produção de determinadas provas (registros fotográficos, por exemplo). Numa ação de divórcio também seria viável que as partes pactuassem a não apresentação de pretensão à partilha de bens antes de implementado determinado negócio que já estivesse em tratativas (pacto de *non petendo*).

Em termos probatórios, as partes teriam abertura para convencionar sobre a inadmissibilidade de certas provas, como se fosse uma ilicitude probatória convencional. Assim, em vez de uma parte "ficar ameaçando a outra de exibir 'aquela' foto ou 'aquele' vídeo íntimos, ou *prints* da tela do *smartphone* contendo diálogos um pouco mais acalorados",[17] poderia ser útil aos contendores convencionar, de antemão, a proibição de utilização desses elementos probatórios, numa situação que a doutrina vem chamando de "cláusula antibaixaria".

Com reflexos na fase recursal, imagina-se que as partes poderiam definir processo de instância única, vedando-se a interposição de recurso contra a sentença de mérito. Não surpreende dizer que as partes também poderiam negociar o afastamento do efeito suspensivo da apelação, como forma de viabilizar a execução provisória do julgado.

Na seara do cumprimento de sentença, é possível imaginar uma convenção em que as partes estabeleçam a não utilização da prisão civil como mecanismo de coerção nos casos de execução de alimentos. Em contrapartida a essa vedação con-

---

16. Tudo o que se expôs sobre o pacto antenupcial aplica-se também ao contrato de convivência. Veja-se o Enunciado 24 do IBDFAM: "Em pacto antenupcial ou contrato de convivência podem ser celebrados negócios jurídicos processuais".
17. CALMON, Rafael. *Manual de direito processual das famílias*, cit., p. 391.

vencional da prisão civil, as partes poderiam estipular outras medidas coercitivas mais eficazes para a hipótese, tal como o estabelecimento de multa em percentual mais elevado do que o previsto no art. 523, § 1º, do CPC (10%). Por certo que não seria juridicamente viável a criação, pela via dos negócios processuais, de outras hipóteses de prisão civil que não aquela autorizada pela Constituição Federal.[18]

Ainda no campo da execução, as partes poderiam validamente dispor sobre a suspensão da exigibilidade da pensão alimentícia por determinado período, circunstância que equivaleria a um pacto de *non exequendo*. Também não surpreenderia uma convenção que impedisse a execução provisória de julgado condenatório, cabendo às partes esperar o trânsito em julgado da sentença; aqui se teria outra hipótese de pacto de *non exequendo*. No atinente à penhora, é válido afirmar que as partes poderiam negociar a ordem preferencial da penhora, afastando-se a ordem legal do art. 835, do CPC.

Por fim, numa execução de obrigação de pagar quantia, fruto de uma partilha entre cônjuges ou conviventes, seria plenamente viável a renúncia à impenhorabilidade de certos bens particulares.[19] E numa execução de alimentos, apresentar-se-ia como útil a renúncia à impenhorabilidade dos livros, das máquinas, das ferramentas, dos utensílios, dos instrumentos ou de outros bens móveis necessários ou úteis ao exercício da profissão do executado.[20]

Como se percebe desse sucinto rol de possibilidades, os negócios jurídicos processuais estão à disposição das partes para obtenção dos melhores resultados de cada processo individualmente apreciado, na consideração de que as especificidades das partes e do caso é que vão comandar este ou aquele ajuste procedimental, sempre na busca de se alcançarem resultados efetivos, adequados e tempestivos. Implica dizer que os negócios jurídicos processuais, ao fim e ao cabo, também estão a serviço do devido processo legal e da obtenção de acesso à ordem jurídica justa.

CONSIDERAÇÕES FINAIS

Embora seja correto dizer que o processo é instrumento *público* destinado a solucionar conflitos mediante a aplicação do Direito, isso não significa que haja uma preponderância ou um protagonismo exacerbado da atividade judicial.

Num ambiente em que se prestigia a liberdade das pessoas, cada qual sendo responsável pelo desenvolvimento de sua personalidade, a resolução de conflitos

---

18. GAJARDONI, Fernando da Fonseca. Convenções processuais atípicas na execução civil. In: ASSIS, Araken de; BRUSCHI, Gilberto Gomes (Coord.). *Processo de execução e cumprimento da sentença*: temas atuais e controvertidos. São Paulo: RT, 2021, v. 2, p. 371.

19. CALMON, Rafael. *Manual de direito processual das famílias*, cit., p. 407.

20. CALMON, Rafael. *Manual de direito processual das famílias*, cit., p. 407.

interpessoais, especialmente no campo das relações familiares, também integra o espectro da livre definição dos destinos pessoais.

De fato, constitui projeção da dignidade humana a liberdade para escolher o modo como se resolvem as contendas juridicamente relevantes. Daí que, especificamente na tela do processo judicial, estabeleceu-se que as partes plenamente capazes podem manipular o procedimento em juízo, mediante a formalização do que se convencionou chamar de negócios jurídicos processuais.

De conseguinte, a vontade das partes pode moldar o procedimento, sem que o juiz possa interferir nessa negociação, exceto para afastar nulidades ou para preservar interesses de partes vulneráveis.

Como se procurou evidenciar no texto, várias hipóteses de negócios jurídicos processuais ganham cores mais vivas na seara do direito de família, campo fértil para manipulações procedimentais que, no fim das contas, contribuem para a efetividade da tutela jurisdicional.

REFERÊNCIAS

ALPA, Guido. *Manuale di diritto privato*. 12. ed. Milano: CEDAM, 2023.

BARBOSA MOREIRA, José Carlos. Convenção das partes sobre matéria processual. *Temas de direito processual*: terceira série. 2. ed. Rio de Janeiro: GZ Editora, 2023.

BEDAQUE, José Roberto dos Santos. *Direito e processo*: influência do direito material sobre o processo. 5. ed. São Paulo: Malheiros, 2009.

CABRAL, Antonio do Passo. *Convenções processuais*. Salvador: JusPodivm, 2016.

CALMON, Rafael. *Manual de direito processual das famílias*. 4. ed. São Paulo: Saraiva, 2024.

CARNEIRO DA CUNHA, Leonardo. *Comentários ao Código de Processo Civil*: artigos 188 ao 293. São Paulo: RT, coord. de Luiz Guilherme Marinoni, Sérgio Cruz Arenhart e Daniel Mitidiero, 2016.

GAJARDONI, Fernando da Fonseca. Convenções processuais atípicas na execução civil. In: ASSIS, Araken de; BRUSCHI, Gilberto Gomes (Coord.). *Processo de execução e cumprimento da sentença*: temas atuais e controvertidos. São Paulo: RT, 2021. v. 2.

GAJARDONI, Fernando da Fonseca. *Flexibilização procedimental*: um novo enfoque para o estudo do procedimento em matéria processual. São Paulo: Atlas, 2008.

GRECO, Leonardo. Os atos de disposição processual: primeiras reflexões. In: Medina, José Miguel Garcia et al (Coord.). *Os poderes do juiz e o controle das decisões judiciais*: estudos em homenagem à Professora Teresa Arruda Avim Wambier. São Paulo: RT, 2008.

PERLINGIERI, Pietro. *Perfis do direito civil*: introdução ao direito civil constitucional. 3. ed. Rio de Janeiro: Renovar, trad. Maria Cristina De Cicco, 2007.

TEPEDINO, Gustavo. A disciplina civil-constitucional das relações familiares. *Temas de direito civil*. 3. ed. Rio de Janeiro: Renovar, 2004.

YARSHELL, Flávio Luiz. Convenção das partes em matéria processual: rumo a uma nova era? In: CABRAL, Antonio do Passo; Nogueira, Pedro Henrique (Coord.). *Negócios processuais* (coleção Grandes Temas do novo CPC). Salvador: JusPodivm, 2015.

ANOTAÇÕES